健康保险系列译丛
HEALTH INSURANCE TRANSLATION SERIES

编委会主任　宋福兴

What Is Health Insurance (Good) For?

简明健康保险经济学

—— 健康保险的好处是什么?

[美] 罗伯特·D. 利伯塔尔（Robert D. Lieberthal）　著

王　稳　范娟娟　译

中国金融出版社

责任编辑：王效端　张菊香
责任校对：张志文
责任印制：张也男

北京版权合同登记图字 01 - 2018 - 4610

《简明健康保险经济学》一书中文简体字版专有出版权属中国金融出版社所有。

图书在版编目（CIP）数据

简明健康保险经济学：健康保险的好处是什么？/（美）罗伯特·D. 利伯塔尔
（Robert D. Lieberthal）著；王稳，范娟娟译 . —北京：中国金融出版社，2018. 12
（健康保险系列译丛）

书名原文：What Is Health Insurance（Good）For?

ISBN 978 - 7 - 5049 - 7926 - 1

Ⅰ. ①简… Ⅱ. ①罗…②王…③范… Ⅲ. ①健康保险—基本知识
Ⅳ. ①F840. 625

中国版本图书馆 CIP 数据核字（2018）第 286864 号

简明健康保险经济学

Jianming Jiankang Baoxian Jingjixue

出版
发行　**中国金融出版社**

社址　北京市丰台区益泽路 2 号

市场开发部　（010)63266347，63805472，63439533（传真）

网 上 书 店　http：/ / www. chinafph. com

　　　　　　（010)63286832，63365686（传真）

读者服务部　（010)66070833，62568380

邮编　100071

经销　新华书店

印刷　北京市松源印刷有限公司

尺寸　185 毫米 ×260 毫米

印张　20. 5

字数　380 千

版次　2018 年 12 月第 1 版

印次　2018 年 12 月第 1 次印刷

定价　62. 00 元

ISBN 978 - 7 - 5049 - 7926 - 1

如出现印装错误本社负责调换　联系电话（010）63263947

改革开放40周年，我国保险业发生了深刻变化。近十余年来，健康保险业发展强劲，深度参与国家治理，成为构建多层次医疗保障体系的重要力量，为保障和改善民生作出了贡献。习近平总书记在党的十九大报告中指出："要完善国民健康政策，为人民群众提供全方位全周期健康服务。"健康保险作为国家健康服务产业中的关键环节，肩负着光荣而艰巨的使命，必须要着力解决人民不断升级的健康保险需求与不平衡不充分的健康保险供给之间的矛盾。

当前，正处在推动构建人类命运共同体的宏大时代背景下，要用中国智慧推动健康保险发展，为解决医改这一世界性难题提供中国方案。这既需要从本国实践中总结经验与教训，也需要从他国实践中获取借鉴与启迪。现代健康保险源于西方发达国家，有近200年发展史。相较于中国的起步探索，它们走了更长的路，积累了更为丰富的理论认知与实践经验，形成了较为系统成熟的健康保险经济学理论体系及实际运营模式，对我国健康行业发展有重要的借鉴价值。在这个学习借鉴过程中，无论是其理念层面的价值确立，还是制度层面的架构搭建，乃至运营层面的实务操作，都需要借助一定的载体和介质。经典著作，就是其最为重要的媒介。翻译出版这些经典著作，无疑是借鉴国外经验最为有效、最为便捷的手段与方法。

改革开放以来，我国引进翻译了大量国外保险经典著作，但健康保险专业领域的经典著作译介却是一片空白。近20年来，医疗体制改革在全球范围内广受关注，健康保险遂逐渐成为西方保险理论的研究热点，Amy Finkelstein、Michael A. Morrisey、R. D. C. Brackenridge、Leiyu Shi（石磊玉）等学者，因健康保险研究领域的突出成就，跃居闻名全球的经济学家。其经典著作有些是历久弥新的理论认知升华，有些则是丰富的运营经验结晶。这些升华与结晶，虽然研究的是西方发达国家的健康保险，归纳出的许多认知反映的却是行业的普遍行为。我们理应将这些经典著作，视为全人类的共同财富，虚心学习和借鉴，以促进我国健康保险业快速发展，造福中国人民。

中国人民健康保险股份有限公司组织翻译《健康保险系列译丛》，就是希望借助西方经济学名家的视角，对这个发源并蓬勃发展于西方国家的行业进行一次近距离、全方位、深层次的探究，祈愿会同之前组织编著的《健康保险系列丛书》，融合东西方行业辛勤积累的认知精华，从东西方不同的角度，相互映衬、相互补充，共同构建起健康保险行业的理论框架，更好地为我国健康保险又好又快发展提供坚实的理论基础。

"看似寻常最奇崛，成如容易却艰辛。"《健康保险系列译丛》的创造性和难度系数丝毫不亚于《健康保险系列丛书》，"译什么"成为摆在面前亟需解决的关键问题。中国人民健康保险股份有限公司党委书记、总裁宋福兴同志亲自挂帅，组建了以公司高管为成员的高规格编委会，邀请李保仁、王稳、卓志、孙祁祥、杨燕绥、王国军、朱铭来、李秀芳、王桥、张晓等来自保险、财税、公共管理、社会保障、医疗卫生等领域的著名专家组建学术顾问团，开展了多轮学术研讨，多角度论证、反复斟酌，从健康保险领域理论体系构建的完整性、国外健康保险研究焦点和趋势、候选书目的权威性和经典性以及对国内健康保险实践发展的借鉴性等角度明确了选版原则、选版方向和选版范围，确定了译丛翻译框架，为译丛的翻译出版奠定了扎实基础。

《健康保险系列译丛》兼具学术理论指导性和实践操作借鉴性，分为基础学理研究、焦点技术研究、国别借鉴研究等三类。基础学理研究类，侧重翻译基础性、经典型、学术型专著；焦点技术研究类，侧重翻译健康保险领域的焦点、难点、趋势技术研究等专著；国别借鉴研究类，侧重翻译西方发达国家及其健康保险市场发达地区的研究专著与重要报告。

《健康保险系列译丛》首次出版发行五本分册。其中基础学理研究类两本，分别是 *What Is Health Insurance（Good）For?* 和 *Health Insurance*；焦点技术研究类一本，为 *Brackenridge's Medical Selection of Life Risks*；国别借鉴研究类两本，分别是 *Delivering Health Care in America* 和 *Voluntary Health Insurance in Europe*。

What Is Health Insurance（Good）For? 中译名为《简明健康保险经济学》，由德国斯普林格（Springer - Verlag）出版社于 2016 年出版。Springer 出版社是世界上最大的科技出版社之一，有着 170 多年的发展历史，以出版学术性出版物而闻名于世。该书的作者 Robert D. Lieberthal 博士，学术研究经历相当丰富，在普华永道纽约事务所从事保险精算方面的研究咨询工作多年，目前在田纳西大学（University of Tennessee）教授健康金融学、健康经济学和健康保险方面的课程。

Health Insurance 中译名为《健康保险》（第 2 版），原书作者 Michael A. Morrisey 教授，是美国亚拉巴马大学（UAB）公共卫生学院教授，教授健康保险学的时间已有 25 年之久。在 UAB 任教之前，他已是美国医院协会（AHA）的资深经济学家。此次选译的版本为该书 2014 年第二版。

Brackenridge's Medical Selection of Life Risks 中译名为《人身风险的医学选择》（第 5 版），主编 Brackenridge 博士为美国人寿保险医疗主任协会（ALIMDA）、美国保险医学学会（AAIM）资深会员。该书是 Brackenridge 博士耗时 50 载的力作，第一版为 1977 年出版的《人身风险的医学选择》，向前可追溯至 1962 年刊印的《人寿保险的医学》。为适应医学专业和人身保险的发展，该书保持了平均 8 年再版一次的频率。为确保专业性和权威

性，Brackenridge 博士都会邀请行业重量级专家来负责相应章节的撰写。至第 5 版封山之作，已汇集了 37 位专家的鼎力之作。

Delivering Health Care in America 中译名为《美国医疗卫生服务体系》（第 7 版），该书作者 Leiyu Shi（石磊玉）教授目前在霍普金斯执教，专注于卫生政策和卫生服务领域的研究，出版过 10 多本教科书，发表过 200 多篇学术论文，以诺贝尔奖预测闻名的汤森路透（Thomson Reuters Corporation）评价石磊玉为"近 10 年世界最有影响的、被引用最多的科学家"。

Voluntary Health Insurance in Europe 中译名为《欧洲自愿健康保险》，是世界卫生组织（WHO）2016 年的一项力作。WHO 动用了 34 个国家 45 位知名专家参与编著，对欧洲自愿健康保险进行了全方位梳理总结，是迄今为止介绍欧洲自愿健康保险最为详尽的一本著作。

值此改革开放 40 周年之际，《健康保险系列译丛》既是对行业知识理论体系框架构建的创举，也是向伟大祖国强国复兴之路的献礼。首发出版仅仅是开始，未来，我们将不断丰富译丛书目，更多引进对行业发展有借鉴指导价值的经典著作。"雄关漫道真如铁，而今迈步从头越。"我们愿意与健康保险行业的全体同仁一道，共同为健康中国战略和国家多层次医疗保障体系建设贡献力量。

译者序

　　思想总是在高处，实践只是越来越趋于理性。美国保险业，特别是健康保险业经过百年多的发展积累了丰富的实践经验。健康保险已然成为美国人生活中不可或缺的部分，一些有关医疗服务和健康保险服务的美国公司排名已居全球最大公司的前列；医疗卫生服务产业规模巨大，约占经济总量的20%；绝大部分医疗卫生服务是由健康保险来埋单的，同时，健康保险也是美国政治体制中的重要组成部分。近20年来美国的保险理论研究有了长足发展，在经济学研究中的地位和影响力有了大幅提升。2017年，我带领研究团队对1997—2016年间《美国经济评论》（*American Economic Review*）等5种主要经济期刊收录的318篇保险类文献和《风险与保险杂志》（*Journal of Risk and Insurance*）收录的810篇文献进行分析，结果显示，保险类论文在经济期刊全部论文中的比例呈现上升趋势，而其中健康保险研究则呈现出明显且持续增长的趋势，并逐渐成为保险应用理论领域的热点研究内容。

　　他山之石，可以攻玉。美国健康保险理论和实践的发展揭示了健康保险业独特的发展规律。不同于其他保险只关注投保人、保险公司等两者间的合同关系，健康保险涉及投保人、保险公司、医疗服务机构以及政府等四方主体，这四方主体形成了错综复杂的纽带关系，相互作用、彼此影响，使得健康保险成为保险领域最为复杂、最为困难的业务领域，但也由此使得健康保险的研究工作变得越发迷人和有吸引力。目前，OECD国家除美

1

国、墨西哥外都不同程度地建立了全民医疗保险制度。美国健康保险界主流的观点和愿景是在全美国建立起由政府出资的全民医疗保险制度。这对于发展中的中国健康保险市场具有重大的启示意义。

尽管健康保险的研究文献与日俱增，但专注于该领域的研究专著却相对较少。非常感谢中国人民健康保险股份有限公司提供的机会，让我和我的研究团队参与《健康保险系列译丛》的翻译工作。中国人民健康保险股份有限公司经过多角度论证，从国外健康保险研究焦点和趋势、候选书目的权威性和经典性及对国内健康保险实践发展的借鉴性等角度遴选了五本经典著作。我和我的研究团队非常荣幸并高兴地接受了其中一本著作 *What Is Health Insurance（Good）For*？的翻译工作。

该部学术著作是由德国斯普林格（Springer – Verlag）出版社于 2016 年出版的。斯普林格出版社是世界上最大的科技出版社之一，有着 170 多年的发展历史，以出版学术性出版物而闻名于世。该书的作者 Robert D. Lieberthal 博士，学术研究经历也相当丰富。Lieberthal 博士自波士顿大学取得数学专业学位后，在普华永道纽约事务所从事保险精算方面的研究咨询工作；随后进入宾夕法尼亚大学沃顿商学院（The Wharton School, University of Pennsylvania）进行健康经济学方面的博士研究；取得博士学位后，先后在托马斯·杰斐逊大学（Thomas Jefferson University）、田纳西大学（University of Tennessee）任职，教授健康金融学、健康经济学和健康保险方面的课程。本书是 Lieberthal 博士多年来学习和实践的延续，是将业界与学术界思考有机结合的成果。我与 Lieberthal 博士有一点共同的学术经历，曾在沃顿商学院保险系做过短暂的访问学者，在翻译过程中，我与作者取得联系，希望能为中国读者写几句话，他欣然应允，在此，我对他表示衷心的感谢。

全书的研究主题围绕健康保险与医疗服务两大领域的关联关系展开，将来自健康经济学、风险管理与保险学、卫生服务研究等学科关于健康保险的学术研究整合起来，旨在通过对健康保险政策的运用为促进健康保险发展提供一个实践性、实用性的指导。在翻译过程中，我们没有按照原标题直译，而是选择更符合中文原意的《简明健康保险经济学》的书名，原书名只是作为副标题列出。全书的架构设计循序渐进，逻辑前后连贯一致，文字生动活泼。第一篇重点论述、界定了基本概念和框架，在第一章首先解释和验证了个体寻求健康保险的动因，在随后的第二、三章中对广义健康保险范畴进行了论述。本书的第二篇深入剖析了健康保险的需求和供给，第四、五、六章对健康保险市场上需求与供给的匹配进行了论述。本书的最后一篇则聚焦在健康保险政策领域，第七、八、九章分别阐述了不同领域的健康保险政策。第七章验证了由健康保险的团体购买者形成的经济权衡；第八章论述了政府在促进健康保险适度发展过程中所扮演的角色任务，从健康保险的角度论述了对公共政策的需求动因；第九章则对政策制定者和其他促进健康保险的机构和个人提供了一些适宜可行的政策建议。

总体来看，本译本有三大特色，即通俗性、实践性以及对中国读者的"友好性"。前两者更多得益于原著作的研究方法和写作思路，而第三个特色则更有赖于译者对原作的深入解读以及极力追求"信达雅"的再次创作。

一是通俗性。本书不同于其他经济学学术专著。近些年来，经济学专著以其高深的面孔吓退了许多人，不用说那些复杂的数学模型，单是晦涩的专业术语，就让很多读者望而却步。但作为一门经世致用的学问，经济学不应该是一门艰涩难懂的学问。弗里德曼曾说过，"经济学最令人着迷的是，基本原理简单到一张纸就可以写完"。阅读此译本，你会发现不需要具有高深的数学基础和学术研究功底，就完全能够读懂本书所论述的内容。全书处处可见经济理论，但几乎看不见复杂的数学公式，甚至对图表的运用都略显吝啬。我想，某种程度上，这可能得益于 Lieberthal 博士多年的行业从业经历。

二是实践性。对于那些想深入了解美国健康保险市场的读者，本书是一个非常好的选择。它对美国健康保险市场的剖析是多维度的，内容涉及美国健康保险市场的每一个角落。在时间维度上，本书梳理了健康保险的起源、发展及专业化的过程，探讨了当前美国的健康保险市场，并分析了健康保险的挑战与未来的发展趋势；在空间维度上，本书涉及了从联邦到各州的健康保险市场及保险范围，关注了各级监管差异性及市场政策的选择；在逻辑维度上，本书阐述了健康保险的重要性，论述了美国健康保险市场的需求和供给以及如何形成均衡，涉及的主体包括个人、雇主、保险公司、政府等，分析了各主体间如何相互作用，并分析了市场失灵的各种情况。

三是译本对国内读者相当友好。翻译不仅是两种语言间的转换，更是两种文化间的转换。我们翻译此书的目的是要让中文读者与源语言读者以同样的程度理解本书。但在实际翻译过程中，发现译文想要达到与原文真正的对等并非易事，特别是中外读者知识面和文化背景的巨大差异造成的难点，比如原文中涉及大量的当地社会文化背景情况、美式幽默以及复杂的句式结构等，如果不添加注释，必然会给读者阅读造成很大的障碍。著名翻译家袁可嘉曾多次提出"加注是翻译的重要部分"。通过合适的注释，能对这些理解难点成分做出补充，准确传达原作者的意思，拓宽读者的知识面，同时也保证读者的无障碍阅读。在添加译者注时，我们设定了几个原则——当注必注、准确精当、随文注释，力求为中文读者扫除阅读和理解障碍，避免理解陷阱，实现文本意义的增值。

本译本由王稳教授和范娟娟博士主译并校对，分工如下：第一、二章范娟娟博士译，第三、四章孙晓珂博士、范娟娟博士译，第五章吴真博士、范娟娟博士译，第六章吴真博士译，第七、八章杨洋博士译，第九章李雪博士译。范娟娟、李雪、孙晓珂博士负责一校并对其中专业术语及学术背景知识点进行了注校。范娟娟负责二校，王稳负责终校。

翻译工作特别是学术专著翻译，不是纯粹的语言转换，而是一种受历史制约的、面向译入语的思维活动，是在语言和文化之间求同的过程。在整个翻译过程中，我始终要求我的研究团队在进行翻译分析时，必须注意中英文双语的使用参数，比如文化背景、使用时期、习惯用语以及政治环境等等。这是一个极为考验研究团队学术功底和意志力的过程，几乎相当于一次再创作，但又比原创著作多了许多桎梏。个人以为，学术著作翻译工作的难度甚于文学作品。一千个读者会有一千个哈姆雷特，但对专业著作而言，一千个读者只能看到一个严谨的表述。整个翻译过程，好比戴着镣铐跳舞，既要紧紧忠实于原著核心又要舞姿优美洒脱，甚至要成为原著灵魂的解读者，要在原著创作环境和译稿读者环境之间寻找一种"最优"的平衡。每每一个词组，就能耗费大量的时间和精力去搜寻其背景支撑；每每一个组词，也可能在耗费大量脑力心智后却劳而无功，好像希腊神话中西西弗斯的永无止境、不断重复的煎熬。在某种程度上，这确实是一种煎熬，似乎胜利在望，又似乎永无边际。但我想，我们译本的价值和意义就体现在这里。当然，我们也深知，本译本最终还会面临学术思想在跨文化交流和传递中的一系列问题，诸如文化误读、信息增添与遗落等，我们欢迎也恳请广大读者，对本译本存在的错误和不妥之处，给予批评和指正。

王稳
2018 年 9 月

I was excited to find out my book would be translated for a Chinese audience. When it comes to healthcare delivery, China is a very similar country to the U. S. It is very large geographically with a one of the biggest populations in the world and a diverse population. China has a number of different regions just like the U. S. – a large coastal region, a large interior, and big mountainous areas. In both countries, there is the urban / rural divide in terms of care delivery – it is physically harder to deliver care in rural areas because populations are not as dense and some physical features, such as mountains, are a challenge to work around. In rural areas, people might need transportation support, and the closest hospital might be 30 miles away. On the other hand, in urban areas the cost of living is higher, so health insurance might need to pay physicians and hospitals more to get the same amount of care. These needs must be considered when trying to create payment schemes in a universal system. In the U. S. , Medicare has some geographic adjustment for the cost of care, but it does not work perfectly. I think that there is something that Chinese readers could learn from reading this book, both in terms of common problems faced by U. S. and Chinese governments, and in terms of similar solutions to these policy problems.

One path forward for all countries in terms of health insurance is for society to find a way to pay for the things that we as a society agree everyone should have. I

1

believe it should be a societal goal to address our health, since health is the most valuable asset we have as individuals and as a society. I am focused on health insurance because it is a way to pay for healthcare, but I recognize it may not be the most efficient way to achieve those societal goals. Perhaps we can improve our wellness and address our public health issues in other ways. Until we figure out how to do that, I will focus on the ways health insurance could get us closer to our heath goals.

I have the great privilege to work on these problems day in and day out. Previously, I have been focused on the U. S. , so what is most exciting to me about the book being published in China is the idea of extending my reach to another large, growing society. Other countries that are still growing their health insurance system, like China, can use the lessons that are in the book to set things up better now so that they do not go through some of the problems that we are having in the U. S. It is my greatest hope that readers can use the book to build a better system starting today, and I look forward to seeing it used to improve health worldwide.

Robert D. Lieberthal
2018. 10

作者致谢

    此书的撰写和出版得益于众多亲朋师友和多家机构不遗余力的支持与帮助。特别是我的家人，他们给了我极大的鼓励和信心，在本书的创作过程中，他们也是我最忠实的第一读者。一直以来，他们为我提供了接受良好教育的机会，甚至还教会我如何在学术领域中发展和突破自己。

    本书在很大程度上是我博士阶段学习和博士论文的延伸和升华。我在宾夕法尼亚大学（University of Pennsylvania）沃顿商学院（The Wharton School）接受了非常好的学术训练，非常感激母校提供的各类学术资源。在这里尤其要感谢我的导师兼论文答辩委员会主席 Mark Pauly，论文答辩委员会委员 Scott Harrington、Greg Nini、Jessica Wachter，也要感谢像"母亲"一样关心和教导我们博士生的 Joanne Levy。此外，我还要感谢卫生保健研究与质量管理局（AHRQ）通过 T32 培训补助金（5 – T32 – HS000009）和 R36 学位论文补助金（1 – R36 – HS018835 – 01）提供的资助。

    我的一些同事也在此书的创作过程中提供了帮助。Juan Leon 对本书的核心思想和早期的草稿提供了有价值的建议；Rob Field 帮我完善创作计划，并传授了他在出版学术书籍方面的经验；Richard Derrig、Cassandra Cole 和 Sandy Barth 就该书的写作提出许多非常好的修改意见；Mohammadreza Hojat 帮助我与斯普林格出版社接洽并指导我如何更好地与出版社合作；出版社的同仁 Janet Kim 和 Christina Tuballes 在本书的出版发行过程中给予了我极大的帮助；杰斐逊大学的管理人员，David Nash、Caroline Golab 和 David Glatter，教会我如何在繁忙的学术工作中进行合理安排，将出版一本学术专著的想法变为现实，并促成了我与出版社的圆满合作。

    在本书的创作过程中，我发现，很多关于写作和学术生涯的书籍都具有重要的

1

指导意义。虽然我从未见过其中任何一位作者，但他们给予我的帮助是巨大的。Paul Silvia 的《如何大量写作》和 William Germano 的《如何出版》，对如何撰写及出版发行学术著作极为有用；Robert Boice《给青年大学老师的建议》中"利用多次简短高效的时间来写作"让我深受启发，本书的撰写采取了这种方法；C. Wright Mills 的《社会学想象力》则向我展示了如何运用社会科学方法编著书籍。这些建议对我而言无异于如虎添翼，完成的书稿层层叠放在一起，直到某天，我才惊觉全书的创作已经全部完成。

最后，我还要特别感谢三位好朋友。杰斐逊大学的科学编辑 Jen Wilson 对本书的创作全过程给予了极大的帮助，为全书各个章节进行了认真细致的编辑，一路走来使我受益颇多。我的另外两位好朋友，Bill 和 Victoria，也发挥了不可替代的作用，他们不仅常常鼓励我，还时常鞭策和提醒我。如果不是他们，我可能还在第二章的撰写中停滞不前。当然，令人非常高兴的是，本书出版发行了。虽然有很多值得信赖和尊敬的专家指导、帮助，但作为作者，我对书中的错误和遗漏负全责。在个人网站 www. lieberthal. us 上，我会不断对本书进行更新和勘误。

Robert D. Lieberthal
2016. 9

第三篇　健康保险政策

第一篇

健康保险的重要性

第一章 健康保险的定义

第一节 医疗服务筹资

一、医疗服务筹资的定义

健康保险已然成为美国人生活中不可或缺的部分。美国的医疗卫生服务产业规模巨大，约占经济总量的 20%，而绝大部分医疗卫生服务是由健康保险来埋单的，这意味着健康保险管理运营的医疗服务费用支出高达数万亿美元（Keehan 等，2015）。同时，健康保险也是美国政治体制中的重要组成部分，政治光谱（political spectrum）① 分析表明，健康保险是每次选举中争议度非常高的议题（Newport，2016）。此外，由于健康本身具有很强的个性化特点，健康保险也因此呈现出较为突出的个性化特征。在现实中，因为拒付某些诊疗服务项目，健康保险还常常被讥讽为"贪婪"（Moynihan，2009）；尽管如此，大多数健康保险公司在宣传推广他们的健康保险产品时，都极尽溢美之词，在他们的描述中，健康保险可以让人们"毫无忧虑地生活"（McClung，2014）。

尽管健康保险在社会经济、医疗服务和政治体制中都扮演了相应的角色，但它依然是难以深入透彻理解的保险产品。就其本质而言，健康保险类似于加油站等"中介"实体。人们依赖加油站，是因为在他们需要汽油的时候，可以从加油站买到储存的汽油。很多人将健康保险视为钱包里的信用卡，当产生医疗服务需求时，可以随时使用健康保险保障服务。健康保险与医疗服务之间的关系，也类似于按揭贷款与房屋之间的关系。人们的满足感来自居有定所，而不是可以分期付款购买房屋；同样地，人们的满足感来自良好的健康状况，而不是支付健康保险保费的能

---

① 译者注：政治光谱是一种通过多维度几何坐标（geometric axes），来对比或形象化不同政治立场的方式，可参见《超越自由派与保守派：对政治光谱的再评价》（*Beyond Liberal and Conservative：Reassessing the Political Spectrum*），William S. Maddox and Stuart A. Lilie 著，卡托研究所（Cato Institute），1984 年出版．（ISBN 0932790437）

力。还应该指出的是，健康保险使得人们有能力支付之前他们自己无力负担的医疗服务费用，正如通过房屋按揭贷款，人们可以住在通过按揭贷款购买的房屋中，而不必立即一次性偿还他们难以承担的房价。

定义健康保险最简单的方法，就是将其视为为个体支付医疗服务费用的健康保险计划。例如在美国，很多人是通过自己的雇主、配偶或父母的雇主来获取健康保险的。2011 年，超过半数的个人（55.1%）获得了由雇主提供的商业健康保险，由雇主提供的健康保险也由此而成为美国最为常见的健康保险保障来源（DeNavas – Walt 等，2002）。还有许多人的健康保险保障来自公共（政府运营）社会保险计划，比如联邦医疗保险（Medicare）和州医疗补助（Medicaid）。[①] "2013 年，Medicare[②] 覆盖了 5 230 万人：其中 4 350 万 65 岁及以上老年人，880 万残障人员"（联邦医疗保险和联邦补充医疗保险信托基金，受托管理委员会，2014）。"在美国[③]，2013 年，Medicaid 平均为约 5 890 万人提供了医疗服务费用支持。此外，大约有 7 250 万人，即 1/5 的人口获得了 Medicaid 至少一个月的医疗服务费用支持"[④]（联邦医疗保险和州医疗补助保险服务中心精算师办公室，2014）。还有第三类群体，他们通过在非团险市场上直接从商业健康保险公司购买健康保险获得保障。

当前，常用"公共"和"商业"两词来区分健康保险的不同形式，这种方法虽然有用，但有时也会产生定义上的混淆。一般来说，由政府提供的保险计划通常被认为是"公共的"，比如，政府设立并管理的学校就是"公立学校"。对应地，由商业健康保险公司提供或由雇主提供的健康保险则被视为"商业健康保险"。如此一来，就把政府购买与个人或雇主购买区分开了。按照这种定义，美国商业健康

---

① 译者注：在国内出版的教材或发表的文献中，多将 Medicare 译为老年和残障医疗保险计划，Medicaid 译为贫困者医疗救助计划。在本书的翻译过程中，译者查询了美国社会安全局官方网站（www. socialsecurity. gov），发现了有关 Medicare 和 Medicaid 的官方中文版介绍。官方文件中，Medicare 被译为联邦医疗保险，Medicaid 被译为州医疗补助，这种译法更多考虑了原词本身的含义，Medi 前缀本身有"中央的"之意，Medicare 由美国联邦政府管理，Medicaid 由美国联邦政府和州政府联合管理。故在本书中，采用了美国社会安全局官方译法。

② 译者注：Medicare 是一种内容丰富的全国性保障计划，参保资格主要是年龄（后来也扩展到其他人群），主要为 65 岁及以上人提供住院和医生服务，其保障类型分为 A、B、C、D 四部分。A 部分（医院保险）保障范围包括住院病人的医院护理费用、专业护理机构康复照料费用、临终关怀护理费用、居家照护费用等，如参保人或其配偶已支付了 Medicare 税，则此部分保费无须参保人个人承担。B 部分（医疗保险）保障范围包括医生及其他医疗服务提供者的诊疗服务费用、门诊护理服务费用、居家照护费用、预防性服务费用等，此部分保费须有参保人个人按照规定标准缴纳保费。C 部分（优先计划）保障范围包括 A 部分和 B 部分所有涵盖的保障内容。D 部分（处方药保险）主要提供处方药保障或其他额外保障，比如超过 Medicare 规定住院天数的医疗费用等，此部分保险主要由 Medicare 许可的商业保险公司提供，所保障内容须经 Medicare 批准，参保人自愿购买并需要自行承担保费。

③ 译者注：2013 年，美国人口约为 3. 165 亿人。

④ 作者注：这些数字中不包括被儿童健康保险计划覆盖的儿童数（Children's Health Insurance Program, CHIP）。另外，很多人符合 Medicare 和 Medicaid 两个计划的参保标准，这部分人群被称为"双重资格"参保人。此外，还需说明的是 Medicaid 参保数量是个平均数字，因为在实际中，之前获得 Medicaid 保障的参保人，因个人情况的变化可能会丧失参保资格而失去 Medicaid 保障。

保险覆盖了 63.9％ 的人口，公共保险计划则覆盖了剩下的 36.1％（DeNavas‑Walt 等，2012）。当然这种分类方法会产生混淆和误导，因为在"商业"健康保险领域，还存在诸如政府补贴、政府干预等多种形式的政府行为；而在很多"公共"健康保险计划中，经办运营则是由商业健康保险公司或医疗服务提供者（如医生和医院等医疗服务机构）来实施的。

将健康保险视为医疗服务筹资形式时，人们对健康保险的关注点聚焦在健康保险商的资金流量上（flow of funds）。例如，由雇主提供的健康保险，因其庞大的保险规模，越来越受到人们的重视。一般情况下，健康保险已经成为仅次于雇员工资（现金工资）的最大的人力成本支出。在这种情况下，雇主面临如下多方面的权衡，比如员工对健康保险保障的需求，与对其他现金或非现金形式的福利需求间的权衡，以及雇主期望的盈利水平与其提供服务的成本支出间的权衡等。因此，不同类型的雇主对健康保险的需求量可能是不同的。根据美国劳工统计局（Bureau of Labor Statistics）公布的数据显示，2015 年 9 月，在私营企业，健康福利支出平均占员工福利支出的 8％，而在州政府和地方政府中，健康福利支出平均占员工福利支出的 12％（美国劳工统计局，2015）。

同样地，当把公共健康保险视为医疗服务筹资形式时，关注的焦点则集中在政府预算拨付的资金流量上。各级政府都有大量的健康保险需求，这些保险计划包括 Medicare、Medicaid，还有针对现役军人、现役军人家庭和退伍军人的保险保障计划。此类健康保险计划已经成为联邦政府、州政府和各级政府支出最高的三个项目之一，也因此成为公共政策的焦点问题而备受关注。例如，联邦政府 24％ 的财政预算用于 Medicare、Medicaid、儿童健康保险计划（Children's Health Insurance Program，CHIP）以及《平价医疗法》对健康保险交易所[①]的补贴（美国预算与重点政策中心[②]，2015）。上述预算比例与政府在社会保障方面的预算比例大致相当，并且还不包括为政府雇员花费的保险支出。单就这一点来说，就使得联邦健康保险制度成为联邦财政政策争论的焦点。

衡量雇主或政府提供健康保险的成本是一项非常复杂的工作，因为雇主和政府这两类主体，既可以看作是健康保险服务的消费者，又可以看作是健康保险服务的

---

① 译者注：健康保险交易所是健康保险产品的标准化交易平台，目前，欧美多国都设立了健康保险交易所。20 世纪 80 年代美国肯塔基州设立了国内第一家"国际医保交易所"，随后其他各州都陆续设立了相似的机构，加利福尼亚州于 1996 年设立的"加州选择交易所"被视为运营最成功的交易所。奥巴马《平价医疗法》中，联邦政府要求各州建立针对个人和小型企业的健康保险交易所，以推进全民医保的实现，给广大民众更多的健康保险产品的选择空间。根据《平价医疗法》规定，在美国健康保险交易所上市的产品须满足"合格健康保险计划"标准。比如，必须至少涵盖门诊、急诊、住院、预防服务及慢性病管理等 10 类医疗服务等。同时，对低收入者实现保费补贴，小型企业为雇员购买保险享受健康险税优政策等。

② 译者注：又译为美国预算与政策优先事项中心，为华盛顿方面智库。

提供商。一方面政府和雇主都在购买健康保险产品，另一方面许多雇主或政府机构也是健康保险产品和服务的供给者或生产者，可以被认为是健康保险商。例如，很多雇主经营"自保"健康保险计划，在计划实施过程中，雇主承担风险管理职能，而委托一家健康保险公司仅仅负责经办（第三方付费）。同样地，联邦政府和州政府也经常通过承包合同（外包）等形式，将部分或全部健康保险保障职能委托给专门经营健康保险业务的健康保险公司，当然，这些专业的健康保险公司在承接政府业务的同时，也能够直接向其他需求方提供健康保险产品。但在一些"传统"医疗保险项目比如 Medicare 中，联邦政府并没有把风险转移给保险公司，只是将 Medicare 的第三方支付[①]服务外包给了大型健康保险公司，即由保险公司为 Medicare 提供经办服务，政府仍然承担着参保人的医疗服务费用支出。[②]

当第三方机构为医疗服务付费时，比如健康保险公司为个人的绝大部分医疗服务费用支出埋单，就会产生因权衡管控、职责、效率（control、responsibility、efficiency）三个目标而引发的矛盾，这正是本书的研究主题。雇主、政府、健康保险公司和医疗服务提供者时常会面临这种矛盾冲突，因为健康风险是被这些不同主体分担或管理的。比如，承担风险管理职能和第三方付费会引发矛盾，为了承担更多的风险，就需要严格控制一个相关机构的医疗服务费用支出；相反，将健康保险服务外包会减少风险和费用支出，但会弱化对风险的管控。再如，引入多个保险商为医疗服务付费，可能会因为专业化的分工而提高效率，但也许会因分工链条的过长而降低效率，因为服务外包的前提是要具备更为严格和专业化的监管能力。本书的主要目的之一就是着重分析和揭示这些错综复杂的权衡和矛盾，以便于采取更好的政策选择，改进和完善健康保险的功能和作用。

二、医疗服务筹资的需求和供给

从资金流量的视角来看，在美国，目前健康保险为大多数医疗服务提供了"第三方付费"。根据美国联邦医疗保险和州医疗补助计划服务中心（CMS）数据显示，2013 年，美国 12% 的医疗卫生服务费用支出是"自付"的，这意味着患者本人需要直接向医疗服务提供者付费，剩下的 88% 由第三方付费（比如，由接受诊疗服务的患者之外的机构，或者患者的家庭其他成员等支付）。CMS 预测，到 2024 年，患者自付部分比例有望降低到 10%。健康保险不仅仅在美国非常重要，多数发达国

---

① 译者注：非传统金融机构在收、付款人之间作为第三方中介机构提供的货币资金转移服务。（《管理学大词典》）

② 作者注：当前很多 Medicare 的参保人（受益人）购买了 Medicare 的 C 部分保障计划，即 Medicare 优先计划，此计划由商业保险公司提供，所保障内容须经 Medicare 批准，参保人自愿购买并需要自行承担保费。因此，在这类保障计划中，健康保险公司要承担参保人医疗服务费用支出的风险。

家也都建立了全民医疗保险或全民卫生体系，以便提供更多的免费医疗服务。2012年，Rodin 和 de Ferranti[1]认为，"25 个最富有的国家现在有了多种形式的全民医疗保障（但美国除外，尽管已获得最高法院决议的支持，但政治反对的力量也很强大）"。[2]

测算医疗服务费用支出中的个人自付比例很重要，这涉及一个基本原理，即如何激励个人获取健康保险。获得健康保险，就可以帮助患者减轻或免除医疗服务支出带来的财务负担。就此意义而言，健康保险可以被视为"间接需求"的商品，换句话说，大多数人不会关心和评估健康保险的内在价值，但会从工具意义上看待健康保险的作用，即健康保险不但可以使得消费者释放资金去消费其他商品或服务，也能增强其管理高额医疗服务费用支出风险的能力。很多人自身无法负担高额的外科手术费用、癌症诊疗费用以及品牌药[3]（brand name drugs）费用。间接需求并不意味着健康保险是"不重要的"，事实上，就对健康保险本身的观测而言，消费者直接需求的是健康，而不是医疗服务，但是医疗服务以及作为医疗服务筹资形式的健康保险却是通向健康目的的手段和过程（Grossman，1972）。

从医疗服务提供者和消费者个人角度而言，健康保险也很重要，因为大多数医疗服务提供者和个人已经接受了健康保险作为医疗服务筹资方的事实。描述和概括具有如此多样性的医疗卫生产业显得尤其困难，鉴于它涉及了从单一的外科手术到全方位的、复杂的医疗卫生体制。但从现有实践来看，医疗服务产业中有 88% 的支出来自第三方付费的事实，表明在宏观层面上健康保险成为医疗服务筹资方的普遍性。此外，随着医疗技术手段的飞速发展，在拉动由医疗服务带来的经济总量增长的同时，也催生了对健康保险更强烈的需求，消费者渴求通过健康保险来为更高昂的医疗服务埋单。1991 年，Weisbrod 在一项创新性研究中明确指出，这种现象背后存在着一种机制，即"通过影响健康保险体系，科技进步将推动医疗服务费用支出的增长"。

然而，从微观经济层面来看，健康保险存在着本质上的异质性，比如，特定个体是否能够获得一个健康保险计划，或者获取一项特定的医疗服务，或者获取同等质量的医疗服务。有关医疗服务网络覆盖范围的"局限性"和医疗服务计划的"质量"等问题，对于理解健康保险与健康之间的潜在影响关系是非常重要的。回

---

① 作者注：国际经验很重要，但不是本书的重点。本书会比对美国之外其他国家的健康保险，但会更聚焦研究美国的健康保险体系，重点分析可能适合于美国国情的健康保险不同制度安排，详见本书第七章。

② 译者注：此处主要指奥巴马《平价医疗法》获得美国最高法院支持。自 2010 年起，ACA 的命运就一直处于不确定状态，直到 2012 年 6 月，美国最高法院作出了 ACA 合宪性的判决。

③ 译者注：brand name drugs，品牌药，又称原厂药。这个概念来源于美国，是指某一制药公司发现的药物获得 FDA 上市批准之后，原产制药公司持续生产的持有专利权的药物。与此相对的是仿制药（generic drug），则是指当品牌药的专利保护到期之后，其他公司采用与品牌药相同的有效成分制作的药物。

答这些问题是卫生服务研究（Health Services Research，HSR）的重点内容，这部分内容将在本章中后部分进行论述。对团体购买者来说，考虑并权衡不同健康保险计划的特点是非常重要的，这些内容将在第七章中论述。现在，一个显而易见的结论是，在美国，健康保险不是一种相同或同质化的服务，而是由不同组织机构为不同群体消费者提供的一系列服务。

借助于第三方支付的功能，健康保险可以有效地分散或管理健康相关的风险。健康风险和健康风险管理将是第二章的研究主题。分析和总结健康保险的风险管理功能的一个有效的途径是，将第三方支付看作是风险管理的基础，但并不能认为，有了第三方支付，健康保险商就提供了风险管理，即不能将第三方支付与风险管理画等号。举一个极端例子，对诸如从高层楼梯上跌落等不可预期的意外伤害引发的有关索赔申请，健康保险商给付了全部或大部分费用，在类似这样的案例中，健康保险商就提供了风险管理服务。而在另外一个极端案例中，第三方支付就没有承担任何的风险管理职能。比如，某一健康保险商将客户的资金汇集起来，用以支付全部客户的年度健康体检费用。事前，保险商会与众多医疗服务提供者谈判并协商适合的服务价格，保险商仅仅作为第三方付费者来支付协商好的健康体检费用。如果每个客户都在此价格下进行了年度健康体检，这就不存在风险，也就没有风险管理服务的存在。仅有的"筹资"因素就是第三方的间接支付，第三方中介机构在接受健康体检的客户与提供相应医疗服务的医生或医疗机构之间寻求资金上的收支平衡。

本书探讨的健康保险，介于这两个极端事例之间。很多医疗服务是有风险的，因为发生概率既不可能为零也不可能为1。另外，很多与医疗服务风险相关的医疗服务费用支出，一定程度上与个人的风险管控能力有关。换句话说，医疗服务费用支出常与个体的行为管控有关，个体的行为能够减弱甚至消除比如糖尿病等疾病的风险。理论上，对健康保险商来说，即使没有第三方付费，也可以提供风险管理服务。保险机构可以预测个人所遭受的风险，预测预期的医疗服务支出，并指导个人通过预防措施、预防性储蓄和保险等综合手段来更好地保护自己防范风险。这种咨询顾问服务就是风险管理服务，在其他金融服务中非常多见，但在健康保险领域，风险管理通常会与第三方支付捆绑在一起。

三、医疗服务筹资的主观特征

健康保险与其他类型保险最大的不同在于，它保障的是健康资本。从经济学视角看，健康资本是指，健康可以作为一种人们拥有的可估价的资产。健康保险保障健康资本，就此意义而言，健康保险的支付建立在个人健康状况的基础上。个人一旦遭受意外伤害或患病，或健康状况很差，就能根据他或她的实际健康状况，从健康保险公司获取保险金。因此，"承保"健康保险时，需要回答诸如此类的问题，比如"人的寿命值多少钱"（在文献中也称"生命价值"[1]），"使个体恢复到完全健康状态的价值是多少?"[2] 当我们把保险看作是一个相对客观的金融产品时，这些问题似乎更具有哲学意味。事实上，传统保险模型之所以具有财务属性，是因为把保险的作用看成是用金钱帮助个体来应对他们所面临的风险。保险的基础是将个体所遭受的损失"货币化"，因此健康保险的基础是将个体的健康用货币价值来衡量，比如健康损失的货币化或现有健康状态的货币化。

承保健康保险的挑战在于健康资本的价值具有非常强的主观性和个体的差异性。"健康资本"[3] 这个词的应用和起源本身就是健康保险经济学研究的核心，这将在第二章中重点论述。生命价值的主观性已经成为共识，但价值的主观性并不构成对其进行经济学分析的障碍，比如，两个不同的个体会对同一枚钻石戒指作出不同的价值判断。健康资本的主观性对经济分析的挑战性，主要在于健康不能像钻石戒指一样进行买卖，即人的生命价值无法进行市场交易。因此，经济学家和保险学家不能像对待其他保险产品一样，使用"市场价值"或"重置价值"来对人的生命价值定价。

从政策角度而言，美国的健康保险是一系列特殊的个性化的政策组合，在其他大多数发达国家，健康保险却是全民的、强制性的或是由政府提供给全体公民的。而在很多国家包括意大利等，医疗服务作为基本人权还被写入宪法。医疗服务作为基本人权成为宪法承诺，这样的做法在全球有关人权公约履约评估时，会获得最高的"强度评价得分"（Kinney 和 Clark，2004）。[4] 在美国，健康保险保障非常多样化，但仍然不是完全意义上的强制性保障。[5] 这种具有很强的个性化特点的健康保险制度，在某种程度上与健康保险的公共或团体特征存在明显差异，那么为了实现

---

① 译者注：1924 年，保险学家侯伯纳教授在洛杉矶全美人寿保险承保商年会上提出：把生命价值确立为人寿保险的经济基础。他强调，人的生命价值概念比仅仅承认人具有经济价值的意义更重要，其内涵也更广泛。侯伯纳教授认为，人的生命价值是指个人未来实际收入或个人服务减去自我维持的成本后的未来净收入的资本化价值（侯伯纳. 人寿保险经济学（中译本）[M]. 北京：中国金融出版社，1997）。

② 作者注："承保"是指评估风险、设计保险合同并销售给个人或团体消费者的过程。

③ 译者注：Grossman（1972）提出了健康需求的人力资本模型，健康作为一种"耐用"资本品，首次被视为不同于其他人力资本的"健康资本"。

④ 译者注：此处主要指 2004 年 Eleanor D. Kinney 和 Brain Alexander Clark 对二战后世界各国宪法的统计分析研究成果。在人权与宪法基本权利的体系中，健康权是一项年轻的权利。二战后，健康权才进入国际人权法领域，并逐渐得到更多国家宪法的保障。1946 年 7 月 22 日，《世界卫生组织宪章》宣布："享有可能获得的最高标准的健康是每个人的基本权利之一"，这是健康权首次被宣布为基本人权。目前，《经济、社会及文化权利国际公约》与《世界人权宣言》《公民权利和政治权利国际公约》一起，并称为"国际人权宪章"。《经济、社会及文化权利国际公约》于 1966 年 12 月 16 日由第 21 届联合国大会通过，1976 年 1 月 3 日生效，是国际上重要的人权公约，该公约对健康权等制定了具体的评判标准。中国政府已于 2001 年正式加入该公约，并于 2003 年已向联合国提交了首份国家履约报告。

⑤ 作者注：《平价医疗法》（ACA）虽然扩大了美国健康保险体系的功能和保障范围，但仍然不是强制保险。

承保的目的，保险商是如何将个体风险聚合起来形成风险池的？

健康保险商应对健康主观性问题，主要是务实地着眼于健康保险支付医疗服务费用的实践。类似其他保险产品，诸如机动车辆保险或房屋保险，为医疗服务付费的特点使得健康保险成为一种通用服务。个人可以对自身的健康状况进行差异化或个性化的估价，但是被用来恢复或维系健康状况的医疗产品或服务，则被定义为商品。例如，流感疫苗就是医疗商品，找内科医生看病也是一种类型的医疗商品。多数的健康保险计划建立在"利益"基础上，用来支付确定好的服务，包括门诊诊断、一天的住院，或是 30 天特定药品的供给等。保险，特别是人寿保险，遵循"补偿"原则，即被保险人接受现金补偿以弥补遭受的损失。目前，建立在补偿原则基础上的健康保险计划是非常少见的，主要集中在诸如"重大疾病保险"等产品上，罹患合同约定的疾病如癌症的个人可以获得既定的现金给付（Pokorski，1997）。从这个意义上来说，健康保险可以把这些商品或服务的存在和定价看作既定的，这样就可以忽略在健康资本文献中讨论较多与价值相关的哲学意义上的问题。简单说来，健康保险支付昂贵的医疗产品和服务，并管理其风险。

健康保险作为医疗服务筹资方，很难对其进行精准定义。因为在某种程度上，对医疗服务本身的定义就比较主观，无法用客观的、标准化的定义来界定。比如，15 分钟的内科医生问诊①，即使在常规情况下，仍然不能视为一个标准化医疗服务。因此，确定某种医疗服务是否属于健康保险保障范围，必须要由医生或其他专业人员进行鉴定。假如，个体接受了常规的 15 分钟内科医生问诊，健康保险商在受理赔付申请时，会审核个体是否有就医问诊需求，问诊医生是否具有医学学位以及职业医生许可证，只有审核确认后，健康保险商才会支付相应的问诊费用。当然，这势必会引发关于医疗服务的主观性和保险公司管控医疗行为的争议，比如，保险公司如何能确定患者首次问诊的必要性。

保险公司管控风险之所以成为一个问题，是因为健康保险商签发保单的基础源自医学专业判断，但医生在专业诊断中会有一定程度的自由裁量权，这种自由裁量权使得保险公司产生无法掌控的风险敞口。在健康保险的发展历史上，可以常常看到，"习以为常"的诊疗服务收费让位给更容易定义的、更容易管理的诊疗服务付费模型。出现这个结果的原因是健康保险中的成本管控争议。对健康保险公司而言，成本管控不可回避，可客户和医疗服务提供者对控费的异议也不容忽视。为解决这两者冲突带来的压力，健康保险公司取消了建立在减少选择基础上的费用管控，转而选择更容易定义的诊疗服务付费模式（Mechanic，2004）。由此一来，定义医疗服务范围的能力就成为了健康保险的重要职能，这与其他保险组织的风险管

---

① 译者注：美国常规问诊制度，对问诊时间有相对明确的要求，一般为 15 分钟。

理功能具有很大的区别。另外，定义医疗服务范围和为医疗服务定价付费等两类服务，既可能由一家健康保险公司确定，也可以由多家健康保险公司协商确定，这主要取决于市场上健康保险的供给情况。因此，理解健康保险需要了解传统保险模型，需要知晓医疗服务的构成，需要清楚保险商是如何定义并估价医疗服务以及评估医疗服务有效性的。

健康资本的主观性涉及保险常见的两难境况，即保险市场的信息不对称问题。通常情况下，健康保险市场的信息是不对称的，这意味着，寻求健康保险的客户和保险商对损失发生的概率有着不同程度的信息掌握。在机动车辆保险市场上，想购买机动车辆保险的客户可能知道他或她作为司机的"好坏"程度，而提供机动车辆保险的保险公司可能掌握具有相似驾驶行为特点的被保险人遭受损失的概率。健康保险市场也面临类似的信息不对称情况，健康状况评估的主观性和内在性更进一步加剧了这种不对称。通常，信息的差异对健康保险经营非常重要。如果一个人申请医疗服务费用赔付以恢复健康时，保险商在某种程度上只能依赖于个人自我陈述的健康状态来进行赔付。信息不对称以及由此引发的逆选择问题，将在本书第三章中重点论述。

当然，健康保险提供者和医疗服务提供者也有不与消费者共享的信息。相比于消费者，他们有另外的信息优势。健康保险商不但拥有一般群体的医疗服务平均费用支出信息，而且还主导健康保险产品的设计，这方面的专业知识是多数个体所不具备的。而医疗服务提供者在医疗服务方面的专业性，比如哪些诊疗行为是适合的，或对特定个体最有效，这些专业知识或信息也是普通消费者所不具备的。除此之外，还有因时间成本和专业的个性化等带来的信息优势，比如掌握这些专业知识的时间成本支出（理论上，消费者可以学习医学，但需要有足够的时间投入），另外，还有一些真实的个性化信息，比如医生对诊疗措施有效性的真实评估，可能是医生不愿意或不能披露的。这自然而然地引出一个问题，健康保险是否是医疗服务最好的筹资方式。

四、医疗服务筹资的其他方式

从根本上来说，健康保险是一个"第三方"，它在需要医疗服务的个人和提供医疗服务的机构之间发挥媒介作用。因此，健康保险的运营会产生超过理赔成本之外的附加成本，这个附加成本就是设计、开发或管理健康保险产品的成本。所有健康保险产品的研发及销售过程都会产生相应的运营成本。而这类成本支出无论如何最终必须有人来负担。健康保险作为第三方的性质，使得保险补偿滞后于医疗服务的提供，由此产生的时间差，形成了医疗服务资金的时间成本，这是健康保险融资机制的重要特点。

此外，任何一个保险生产者即保险商，为运行保险计划，还必须要制定、应用以及固化一系列规则，形成"规则手册"（rulebook），实际上，制定和实施规则手册是健康保险商价值和作用的重要体现。但就消费者个人而言，还是希望能避免支付医疗服务费用之外的附加成本，他们更愿意将支付附加成本的费用用于其他消费。

需要关注的健康保险另一方面是它的"公共性"，很多消费者个体希望规避这种公共性。因为，健康保险的公共性意味着普遍性或大众性，"要关注整体人群，要考虑到社区或国家层面；要有普遍性、全民性、普适性"（Murray，1933）。一些由政府运营的或财政支持的健康保险项目大多是公共的；而其他的由雇主经营或筹资支持的健康保险，在一定程度上也具有公共性，因为雇主的利益与雇员的健康息息相关。健康保险的公共性与健康作为个人私有财产的内在特性产生了冲突，但这并不否认健康具有公共产品特征；相反地，一个人的健康在某种程度上与他或她的家庭、朋友、雇主以及社会是密切关联的（经济学称之为外部性或溢出）。在这种情况下，享有健康保险的被保险人，为了获得健康保险服务，就必须服从于那些管控自己的健康或医疗服务的措施。

医疗服务的筹资形式，除了健康保险外，还包括个人的筹资活动。个人可以通过累积储蓄以应对未来可能发生的医疗服务费用支出，可以称之为预防性储蓄，预防性储蓄是保险研究文献的重要内容（Kazarosian，1997）。对个人而言，另一个健康管理方法是疾病的预防。预防是降低健康风险的经典方法，也是保险文献研究中的重要内容。预防性措施可以被视为健康保险的替代品或补充品，而将购买保险和预防组合为一体则是最好的风险管理措施（即将两者作为同期的决策选择）（Nordquist 和 Wu，1976）。个人的其他替代性选择还包括，当个人无法动用现有储蓄时，可以通过借贷等金融工具为医疗服务筹资。本书的一个研究主题是，对比分析健康保险与个人筹资行为的优劣势。一般而言，个人筹资的优势是个人筹资成本会低于健康保险保费支出。它的主要缺点是，负面的健康冲击往往与负面的收入冲击相关联，一旦个人健康状况不佳，不仅仅是增加了医疗服务费用支出，影响当期收入；而且还会限制个人赚取收入的能力，影响对未来医疗服务费用的支出。

公共卫生服务，也是极具吸引力的替代健康保险的措施，这是因为公共卫生服务能以较低的人均费用投入获取较高水平的健康产出。公共卫生干预，比如改进的卫生系统，可以在一个大群体范围内以相对低水平的人均成本获取更多的健康产出，这是因为公共卫生项目具有规模经济效应，即兼有较高的固定成本支出和相对较低的可变成本的特征。同时，公共卫生项目还具有范围经济效应，即同一公共卫生项目，可以在同等价格水平上为范围很广的不同个体提供服务。例如，建设和维护水处理厂的成本很高，但把一个额外的家庭接入污水管道系统的成本就比较低。

个体对水的洁净程度要求都是一样的,不会因为个体差异而有所不同。此外,公共卫生干预有一个很大的优点是,它们不依赖于个人为健康付费的意愿和能力;其缺点是,不能像医疗服务那样针对性地干预个体的健康状况,因此,在某种程度上,公共卫生干预也会因缺乏社会效率而产生无谓损失(deadweight loss),也称为税收的福利净损失。

对医疗服务筹资的其他方式进行研究的另一个原因是,在美国和其他发达或发展中国家,公民健康水平的提高也源于医疗卫生体系之外的各类干预措施。Victor Fuch经典著作《谁可生存》① 中分析并指出,文化及其他因素在公民健康管理中具有重要的作用。比如,由于宗教活动或宗教行为的不同,犹他州的居民比内华达州的居民更健康(Fuchs,1974)。一般地,公共卫生制度,相比于医疗卫生服务,对降低死亡率和疾病发生率等更加有效,作用更大。但也应当看到,医疗服务比公共卫生有更强的边际效应,当个体突发心脏病等急性病时,医疗服务可以使其得到救治甚至恢复到之前的健康状况,否则他或她就会因病死亡(Weisfeld 和 Zieman,2007)。

因此,医疗服务被认为是一种高效率、高成本的改善健康水平的方法和途径。分析和确定个体的医疗服务边际效应是一个非常困难的过程。健康保险因病而异、因人而异地化解健康风险的基础就在于它能为医疗服务"埋单"。一个重要的结论是,健康保险可以有效地管理健康风险,但成本也比较大,这就需要把健康保险与其他筹资方式协调起来,包括自我保健、预防、干预和公共卫生服务项目等。上述其他筹资方式对于通过最优保险政策的设计促进健康保险更有效率运行是非常重要的,这个问题将在本书第三篇重点论述。

第二节 健康保险的发展

在给出健康保险定义的基础上,本节将梳理和研究健康保险的发展历程,这也是健康保险研究的重要内容。健康保险的发展历程可以从绝对和相对两个维度来阐述。绝对维度描述了现阶段健康保险在医疗卫生产业中规模庞大、作用重大的地位;相对维度则追溯到100年或者50年来健康保险如何成为医疗服务的主要筹资方式。通过对健康保险发展历程的分析和梳理,可以更好地分析和描述美国健康保险发展的现状和未来的发展趋势。

---

① VR Fuchs. *Who shall live*? [M]. World Scientific Press, 2011.

一、健康保险多样化的起源

众所周知，健康保险部分起源于其他类型保险产品。健康保险的早期形式包括保险公司销售的"意外伤害和失能保险"。意外伤害和失能保险起源于 19 世纪后期，主要为因人的生命或健康受到伤害而遭受的损失提供补偿。其中，护理保险保单为病患在家接受的护理服务所产生的支出提供补偿（Bluhm，2007）。20 世纪 20 年代和 30 年代，保险市场开始自由化，此类保单的保障内容扩展到医疗服务支出，并逐渐从失能保险产品中独立出来（Bluhm，2007）。这些早期的健康保险形式就是现代健康保险的雏形。

合作社（cooperative societies）是一种不同于保险公司的保险组织形式，也提供了大量的保险保障产品和服务。保险合作社，也称为互助共济会（mutual aid society），是非常普遍的保险组织形式。"到 20 世纪 20 年代，超过三分之一的成年男性从互助共济会中领取疾病、意外伤害、死亡保险金"（Gottlieb，2007）。这些合作社一般都由同行业的人员组成，风险分散能力和规范性较弱。在现代保险中，一般都认为精算定价是保险的基础和核心，但在合作社的运营管理中，几乎没有任何方式的保险精算定价。Gottlieb（2007）对合作社如何在缺失精算定价基础的运营情况进行了深入研究，他指出，"为了应对信息不对称问题，合作社在发展中逐渐形成了很多严格的自律规则。比如，为减轻逆选择问题，拟加入合作社的人员必须接受医疗体检和'身份调查'"。

在健康保险的早期发展过程中，还存在过由雇主提供的被称为"行业疾病基金"（industry sickness funds）的团体健康保险，这类产品一般都是为同一家公司的雇员提供保障。"类似的基金，由员工通过雇主或工会来组织实施，提供了包括因病离职等在内的补偿，是健康保险的萌芽形态，逐渐发展成 19 世纪末期和 20 世纪初期最大的行业组织"（Murray，2007）。这些基金与合作社相似，都得益于赞助商的资金支持，也存在着早期合作社所面临的资金的可持续性等问题，他们会使用医疗体检等手段来保证参保人员的风险水平维持在可控范围。"为尽可能降低道德风险和逆选择问题，基金为投保人和理赔申请人设置了一系列条款，比如等待期条款、理赔申请时的医学体检等条款"（Murray，2007）。

许多行业疾病基金都能追溯到早期的铁路和其他行业特定基金。例如，根据美国劳工委员会（U. S. Commission of Labour）1908 年的一项调查，铁路基金是当时美国最大的行业疾病基金，全国共有 31 个铁路基金，覆盖成员达到 262 747 名（Murray，2007）。

职业是商业健康保险中一个重要的定价因素。"保险公司将可保职业划分为若干组，每组的平均损失赔付大致相同；保险公司有一系列费率，每组费率对应不同的风险等级组"（Dickerson，1963）。如果特定行业的风险过高而被视为不可保风险，采用职业定价就会存在一定的困难。比如试飞员、高空作业工人、隧道挖掘工人等，这些职业往往都在传统保险保障之外（Dickerson，1963）。在现代美国健康保险体系中，这些行业疾病基金是多数由雇主提供的健康保险的基础。

在健康保险发展的早期，医疗服务提供者也是关键因素。1929 年，位于得克萨斯州达拉斯市的贝勒大学医院开发了一种早期的"预付制住院保障"计划。该计划覆盖了贝勒大学全体老师。1 250 名老师，每人每月向贝勒医院支付 50 美分的保费；相应地，在未来的 12 个月内，每位教师都有资格接受共计 21 天的"半私人住院服务"①（包括手术室的使用和其他附属服务，比如麻醉剂、实验室检验等）（Fein，1986；Kimball，1934）。在这项计划中，可以看到"管理式医疗"的雏形：不再用固定的按月按人来支付保险金赔偿，而是用特定医疗服务提供者所提供的确定好的服务来支付赔偿。对罹患疾病的消费者，不是直接给付现金，转而提供相应的医疗服务，这就是所谓的健康保险"服务基础"。对医疗服务提供者的选用，隐含着健康保险一个重要的衡量维度，即健康保险保障水平的质量问题，因为一旦选定了医疗服务提供者，比如案例中的贝勒医院，就意味着贝勒大学的全体教师都接受了贝勒医院对医疗服务范围和质量的定义。

贝勒计划为罹患疾病的教师提供住院保障，但将服务医院限定在贝勒医院。这一做法在 20 世纪 30 年代引起了争议，争议的焦点在于医院是否以预付费医疗行为的方式预先销售了医疗服务，以及作为事实上的健康保险公司是否过分限制了患者的选择权（Law，1974）。很显然，预付费计划是健康保险的一种形式，某种程度上，它为计划中的参保人提供了医疗服务的资金支持。贝勒医院模式后来被发展为蓝十字（Blue Cross）计划，主要为参保人的住院费用提供保险保障，州政府在 20 世纪 30 年代和 40 年代多次立法以推动住院服务计划（Law，1974）。1933 年，纽瓦克、新泽西州分别组织实施了蓝十字计划。第一个蓝十字计划，是由新泽西州的纽瓦克医院协会组织成立的，为参保人住院提供保障（美国国家卫生服务调查和医疗服务技术信息中心，NICHSR，2013）。由此看来，预付费计划，不仅仅是健康保险的一种形式，一定程度上也是健康保险公司、蓝十字计划、蓝盾计划最重要的源起之一。

在蓝十字计划为参保人提供住院保障的同时，蓝盾（Blue Shield）计划也逐渐

---

① 译者注：在美国，病房中有四张床、两张床和单张床设置，单张病床房间被称为私人病房，其他则称为半私人病房。在 19 世纪和 20 世纪早期，绝大部分病房中病床数都非常多，私人病房、半私人病房数量很少，患者如果想入住私人或半私人病房，需要自行承担相应费用。目前，在美国，新设立的医院必须有 50% 以上的私人病房。信息来源：Boardaman，Anthony E and Forbes，（2011），A Benefit - cost Analysis of Private and Semi - Private Hospital Rooms，*Journal of Benefit - cost Analysis*：Vol. 2：ISS. 1，Article 3.

兴起，为个人接受医生诊疗服务提供资金支持。"1939 年，加利福尼亚的医生组织在成功阻止了一项州政府提议的健康保险计划后，为患者接受医生诊疗服务设计了一个保险计划，这个计划最终成长为蓝盾计划"（Fein，1986）。在蓝盾计划的起源和发展中，可以看到与蓝十字计划相同的驱动因素。"医生看到了医院保险计划对医院的好处，于是设立了这种保险计划，为医生所提供的住院服务，特别是外科手术费用提供保障"（Freeborn 和 Pope，1994）。同蓝十字计划一样，蓝盾计划不是保险公司设计的，而是医生自发地为自己的诊疗服务发起的保障计划。与住院保险类似，蓝盾计划的保障范围聚焦在相对昂贵的医生诊疗服务上，这些服务通常发生在医院。①

　　早期的健康保险产品的一个共同特点是，很多健康保险计划把风险管理措施和第三方对医疗服务付费捆绑起来。在贝勒医院的案例中，贝勒医院计划不给参保成员提供现金补偿，而是提供住院服务这样的实物服务。该项目的风险管理功能表现为，只为生病的参保人提供补偿；该项目的第三方付费功能体现为，它不是直接支付现金来补偿费用损失，而是以直接提供医疗服务的形式来补偿，这就是通常所说的保险的补偿原则。蓝盾计划在很大程度上也适用保险补偿原则，蓝盾计划也是向参保人提供医疗服务，而不是现金补偿；并且是有组织地给大量医生给付，而不是保有一个基金以支付特定的诊疗设施费用。"通常情况下，当商业保险公司按住院天数或住院时间来计算需要支付给个人的固定保险金的时候，个人首先要承担住院费用。而蓝十字计划向医院付费，则意味着蓝十字计划的参保人只需要承担住院费用中的共付部分和保单中明确扣除的部分费用，其他的费用由蓝十字计划与医院结算，这相当于蓝十字计划给参保人的一个预期保证"（Kotelchuck，1976）。

　　风险管理功能和第三方付费功能是理解早期健康保险形式的关键，两者都包含了金融的核心能力。很多早期的健康保险通过人群间的风险分散等方式为个人可能遭受的损失提供相互之间的保障，这就是健康保险的风险管理功能。第三方付费功能源自医疗服务提供者希望将因服务不确定性而产生的大量的、有风险的支付变为相对规律的支付。将分散的支付变为一次性支付或改变支付时间是融资必不可少的作用，这种早期的健康保险被视为"互换"，即"合同双方达成一致，改变付费周期内的支付资金流量"（Corb，2012）。在贝勒医院的预付费计划中，对教师的财务风险进行管理是该项目的第二个目标，这个财务风险是指与健康相关的收入不确定性所产生的购买医疗服务的财务风险。健康保险的早期形式以及医院预付费计划是

---

　　① 作者注：同样的诊疗服务，在医院内就比在医院外昂贵得多（联邦医疗保险支付顾问委员会，Medicare Payment Advisory Commission，MEDPAC，2013）。在现代卫生经济学中，医生可以在医院外提供非常宽泛的诊疗服务，但这些服务也是非常昂贵的，需要诸如健康保险等形式的资金支持。

否是真正意义上的健康保险，在当时引起了很多的争议，这种争议与现代健康保险中争议焦点有异曲同工之处，比如，相对确定支出的预付费医疗计划是否是真正的健康保险，健康保险是否必须包括风险管理要素等。

二、健康保险的政策与发展

行业疾病基金和以职业定价为基础的健康保险是由雇主提供的健康保险的早期形式，但真正将就业与健康保险计划密切联系在一起的则是政府的税收政策。二战后，美国政府面临的最大的宏观经济困境就是日益增长的通货膨胀。联邦政府为了降低通货膨胀，所采取的政策措施之一就是对工资和价格实施管控。这样一来，存在用工竞争的企业，为了吸引和留住优秀的员工，开始尝试其他方法为员工提供福利，由雇主提供的健康保险就是重要的员工福利内容之一。根据 Thomasson（2003）的研究，"20 世纪 40 年代和 50 年代的政府政策，显著地推动了以就业为基础的保险制度的产生和发展"（Thomasson，2003）。

另一方面将就业与健康保险紧密在一起的税收政策，是关于由雇主赞助发起的健康保险政府税收优惠政策。最初的税收优惠措施产生了一个问题，即是否应该将健康保险理赔金作为永久性收入来征税。美国税务局（Internal Revenue Service，IRS）在 1954 年规定，由雇主提供的、作为福利的健康保险不纳税（Thomasson，2003）。对个人消费者而言，即使能以同样的费率水平直接从健康保险公司购买健康保险产品，个人还是会倾向于参加由雇主提供的具有同样保障水平的健康保险计划。原因很简单，就是通过雇主获得的健康保险，保费是间接地税前支付的，而直接通过保险公司购买的保险产品则是用税后收入购买的。[①] 企业员工，特别是面临高边际税率时，会有比较强的动力参加由雇主设立的健康保险。

那些针对政策和税收变化，积极寻求为员工提供健康保险的雇主，将面临一系列与健康保险公司不同的动因。当医疗服务提供者和健康保险公司试图将不可预测的事故（比如疾病）变为可预测的保费收入时，雇主的目标则是努力保证该企业的人力资本达到企业发展需要的水平。因此，雇主会更关注员工福利的成本，其目的是以特定成本提供的健康保险可以被员工们愉快地接受。

既然健康保险只是雇主达到目的的手段，那么由雇主提供的健康保险产品就比健康保险公司和医疗服务提供者所提供的产品形态更加丰富。可以说，二战后美国

---

① 作者注：员工从雇主处"购买"健康保险是建立在这样的假设上，取消健康保险保障，雇主将提高员工收入。雇主支付健康保险保费是员工福利理论关注的焦点。健康经济学家会问员工是否愿意为了获得 1 美元的健康保险而放弃 1 美元的收入。经济学理论的标准答案是"是的"。Pauly 从经济学角度提供了一个相对宽泛地解决问题的方法，"这个命题的逻辑学论证是，在劳动力市场上，健康保障支出下降几乎全部是因为工人的工资而不是企业的利润"（Pauly，1997）。

商业保险商的增加，一定程度上是健康保险市场上雇主需求增加催生的结果。商业保险商签发保单是基于经验费率，这意味着在特定的健康保险计划中，风险池中或由个人组成的团体保险中，医疗服务的利用程度是大致相同的。而蓝十字或蓝盾计划更可能使用社区或团体费率（community rating），在这种定价方法下，参保人适用同一费率，这一费率是以参保人居住区域内平均的医疗费用支出作为定价基础测算的，与经验费率存在一定的差异性，但这种差异性最终会随着经验费率法的普及使用而消除。"如果蓝十字准备从低成本的保险商那里获取低风险客户的话，采用经验费率就是必然的选择。这种改变对说服低风险群体是有用的。低风险群体认为他们应当补贴高风险客户的成本，是因为蓝十字计划使用经验费率服务了整个社区，并且还提供优质的服务"（Law，1974）。

未来一段时间内，商业保险公司将与蓝十字、蓝盾计划继续共存，但一旦两种类型的保险商都使用社区费率进行定价，两者之间的区别就显得没有意义了。目前，尽管很多蓝十字或蓝盾计划仍然以非营利机构形式存在，但已经丧失了很多政府之前所赋予的特权，比如免除支付联邦所得税（普华永道咨询公司，2005）。明确健康保险市场上经验费率的使用范围，已经成为政府政策制定的一个重要课题，并且成为了公共保险政策定价的主要决定性因素。本书将所有健康保险公司都视为以生产和销售健康保险为目的的团体。第五章将会重点论述关于健康保险公司多样性，以及雇主提供健康保险产品的情况等。

健康保险发展过程中的另一个里程碑，就是多个由政府提供的健康保险计划的问世和发展。Medicare 和 Medicaid，这两个计划是美国政府推动健康保险发展的首次尝试，创立于 1965 年，作为社会保障法的一次扩展。Medicare 被设计成为 65 岁及以上人口提供住院和医生诊疗服务，而 Medicaid 被定义为"增加极其贫困人员对诊疗服务的使用以及减少个人自付支出的负担"（Weissman 和 Epstein，1994）。这两类计划有相同的要素，比如与社会保障的联系，并且目前在联邦层面由联邦政府的一个行政部门，即隶属于美国卫生与人力资源服务部（Health and Human Services，HHS）的联邦医疗保险与州医疗补助保险服务中心（CMS）来统一运营。

尽管 Medicare 和 Medicaid 同期诞生，但两项计划在很多方面都有所不同。Medicare 的参保资格主要是年龄（后来也扩展到其他人群），而 Medicaid 参保资格是收入、资产、健康状况等的综合评估。Medicare 被设立为系列的全国性计划，A 部分提供住院保障，B 部分提供医生诊疗服务保障。Medicaid 则是联邦政府和州政府合作发起的项目。联邦政府承担 Medicaid 的部分支出，州政府负责剩余部分并负责项目的运营管理。因此各州 Medicaid 的保障内容都会有所不同。亚利桑那州直到 1982 年才设立 Medicaid，是最后设立 Medicaid 的州政府。而在此之前，亚利桑那州设立了"亚利桑那医疗服务费用控制系统"（Arizona Health Care Cost

Containment System，AHCCCS）（Brecher，1984）。上述差异导致了各州参保率的不同，"各州对收入标准、家庭构成（如单亲父母、配偶一方失业）以及是否为贫困人口提供了医疗保障等，认定的标准都是不同的"（Weissman 和 Epstein，1994）。

设立 Medicare 的动因是因为老年人医疗服务费用支出非常高，而他们获得相应的商业保险保障的难度又很大。老年人口平均医疗费用支出比一般人群要高（Lassman 等，2014），而 65 岁及以上人口的风险厌恶程度更高，这意味着他们会更在意不同形式保险的保障内容（Halek 和 Eisenhauer，2001）。[①] Medicare 为 65 岁及以上人口持续消费医疗服务提供资金支持（ALemayehu 和 Warner，2004）。然而，难以预料的是，Medicare 和 Medicaid 带来的结果是，将医疗费用支出从个体矛盾转移成了全社会的政策矛盾。这两个计划支出的成本越来越高，"随着时间的推移，Medicare 和 Medicaid 不断增长的费用支出已经成为联邦卫生政策讨论中压倒一切的议题"（Phelps，2003）。

与商业保险计划不同，Medicare 和 Medicaid 带有显著的社会保险的特点和目的。当健康保险公司、医疗服务提供者、雇主等不同主体代表特定经济主体利益时，政府致力于代表全体社会利益。与传统保险计划仅仅关注风险保障和维持健康资本不同，Medicare 更强调社会资源的再分配和政府的政策性指引。Medicare 和 Medicaid 可以被看作是保障大量人群的医疗服务费用支出风险的安全网。需要注意的是，这两类社会保险项目的局限性，都没有涵盖针对所有健康风险的保障内容，也不会成为覆盖全体国民的全民保险计划。此外，这两类计划通过承担健康风险或支付医疗服务费用来为参保人提供保障，他们或直接提供相应服务，或从商业机构购买服务。直接或间接提供公共产品是社会保险项目的一方面，本书将此类问题界定为服务的"内包与外包"，换句话说，政府在何种程度上直接提供健康保险，以及在何种程度上通过外包给健康保险公司或医疗服务提供者等商业机构来提供健康保险。

三、健康保险的专业化发展

随着健康保险的专业化发展，"内包或外包"的决策选择对政府或雇主而言就很重要了。过去，接受医疗服务就像是去肉店买肉或去加油站加油，针对个人健康问题所购买的医疗服务都是由个人承担，医疗服务消费产生在个体和医疗服务提供者之间。而现在，很少有个体直接购买医疗服务，医疗服务消费与其他大多数消费品之间有了很大的区别。健康保险逐渐发展成为第三方付费者，从保费或一般性税

[①] 作者注：有趣的是，Halek 和 Eisenhauer（2001）发现风险厌恶随年龄增加而下降。但这仅仅是研究 65 岁及以上人口的风险厌恶等级附加的二进制变量。

收中为医疗服务付费。第三方付费机制下，接受医疗服务的个人不直接为服务付费。健康保险的快速发展和普及对医疗服务支付系统的要求越来越高，使得个人、雇主和政府越来越难以适应。

医疗服务的第三方付费机制，始于20世纪30年代，到21世纪，已经比较普遍了。贝勒医院成为最早引入预付费保险项目的先行者（Fein，1986；Kimball，1934），而政府公共政策，比如 Medicare 和 Medicaid 的设立以及针对由雇主提供保险的税收免除，促使健康保险在更大的范围上发展起来。对第三方付费进行更加精准的定义，需要做好两方面的评估，即个人支付医疗费用的比例以及医疗服务是如何定价的。实际上，第三方支付交易还包括一些不由第三方直接支付的医疗服务或产品，如使用廉价抗生素的费用等。还有一种情形，第三方付费者对药品理赔申请的处理过程中会涉及处方药的价格谈判，因此，对第三方付费的定义还要包括价格谈判、定价以及赔付申请等功能。

全书的研究主题围绕健康保险与医疗服务两大领域的关联关系展开。随着医疗服务技术的日臻成熟，健康保险不但要为新的医疗服务或商品提供资金方面的支持，还要管控新的医疗服务增长可能引发的财务风险。一个最好的例子是有关处方药的保障问题。在早期的健康保险中，处方药都不在保障范围内，后来才逐渐成为健康保险的主要保障内容。例如，2003 年之前，Medicare 都不提供处方药保障（CMS，2005）。但从另一角度来看，健康保险的存在和发展，为医疗服务新技术的产生和推广构建了内嵌式的交易平台和资金支持机制，有力地推动了医疗服务的快速发展，催生了更多、更复杂、更高成本的新技术。健康保险与医疗服务的发展也推动了相应的学科发展，有关健康保险政策、健康经济、风险管理和保险以及卫生服务研究等学科的文献层出不穷，将在第三节中进行介绍。

第三节　健康保险的研究文献

一、健康保险政策

健康保险的政策文献集中在以下方面，包括由雇主提供的健康保险的税收优惠政策，社会保险项目的法律法令，以及最新的健康保险相关法律，比如奥巴马《平价医疗法》（ACA）等。健康保险政策研究是一种介于健康政策与保险政策的交叉研究，涉及所有促进人口健康的法律、法规和其他规章，以及作为健康促进方式的健康保险方法论。此外，健康保险政策的研究范畴，还包括对促进商业或社会（公共）保险合理应用的法律、法规和其他规章（Field，2006）。

《平价医疗法》（ACA）是研究和应用健康保险政策最好的案例，这部法律对美国现有的健康保险体系的影响非常大。之前没有保险保障的个体，会通过Medicaid和商业的非团体健康保险市场的扩展，而得到一定程度的保障。但新出台的法规①，对健康保险的经营管理进行了诸多限制，包括禁止用个人健康状况来确定保费（如医学核保），以及禁止在健康保险保单中设置赔付上限等。与此同时，这些行政规章也对消费者的行为进行了相应的限制，如针对不购买健康保险的个人及不为员工提供健康保险的雇主设置了处罚条款。这些处罚条款的出台也是受众多保险政策文献研究影响。试想一想，如果没有这些针对消费者的处罚条款，禁止医学核保就会给保险公司经营带来诸多困难，比如，个体在预见到疾病时会通过逆选择来购买健康保险产品，而在身体状况良好时降低保障额度，最终将会导致健康保险商退出健康保险市场。

本书旨在通过对健康保险政策的研究为促进健康保险发展提供一个实践性、实用性的指导。全书的架构设计为循序渐进、前后连贯，健康保险政策将在后几章中重点论述。本书在第一章首先解释和验证了个体寻求健康保险的动因，在随后的第二、三章中对广义健康保险范畴进行了论述。本书的第二篇深入剖析了健康保险的需求和供给，第四、五、六章对健康保险市场上需求与供给的均衡问题进行了论述。本书的第三篇则聚焦在健康保险政策领域，第七、八、九章分别阐述了不同领域的健康保险政策。第七章分析和考察了健康保险的团体购买者的不同决策选择；第八章论述了政府在促进健康保险适度发展过程中所扮演的角色，从健康保险的角度论述了对公共政策的需求动因；第九章则对政策制定者和其他促进健康保险的机构和个人，提供了一些可行的政策建议。

本书的第二个目的，是基于健康经济学、风险管理与保险学、卫生服务研究②等学科知识而形成的关于健康保险结构的综合视角，提出相应的促进健康保险发展的政策建议。因此，上述三种学科知识是全面研究健康保险政策的基础。健康经济学提供了市场导向的视角，将健康保险看作医疗服务的付费方。健康保险学提出的主要政策目标是基于成本收益匹配的原则（也就是经济学中常见的最优化、效率、成本效率等范畴）促进健康保险发展。风险管理和保险学将健康保险视为保险的一种形式，期望政策的制定者和保险商从风险管理和支付医疗服务费用的角度来实现健康保险的最优化效率。卫生服务研究从效率或者产出的角度看待健康保险。健康

---

① 译者注：此处主要是指《平价医疗法》，本书于2016年出版发行，彼时美国大选尚未尘埃落定，奥巴马ACA法规仍在执行；2018年翻译本书时，特朗普医改议案正在积极努力替代ACA。2017年1月唐纳德·J.特朗普成功当选美国第45任总统，总统选举伊始，特朗普就许下承诺，当选后废除ACA。2017年5月4日，众议院以217票赞成比213票反对的微弱优势通过了旨在取代奥巴马医改的相关议案，美国或将进入"Trump care"时代。

② 译者注：卫生服务研究是近年来卫生领域中新发展起来的一类科学研究，主要研究内容是如何合理地组织卫生事业，充分发挥医学科学技术及卫生资源（人力、设备及经济等）的作用，以保护公民健康，提高公民健康水平。

保险的产出对理解健康资本的主观性以及通过健康保险来提升健康价值至关重要，下面将对这些学科知识进行更为详细的探讨。

二、健康经济学

在经济学模型中，市场源自或被定义为满足特定商品或服务需求的系统或机制。[①] 市场由两方组成，即需求方和供给方。一个正常运转的市场将需求方（消费者）、供给方（生产者）联系在一起，并实现供求平衡。在理性经济学模型中，市场机制反映的是，在价格机制作用下，供需双方如何进行经济资源再分配的隐性或显性的决策。消费者和生产者交易的目的就是实现经济资源的有效配置。经济学理论认为，需求和作为消费者的个体是市场经济的核心，健康保险也不例外，即无论消费者（如患者）的需求是直接的还是间接的，他们是健康保险市场上最终的需求方。美国健康保险的充分发展以及大多数发达国家实施的全民医疗保险保障体系等，已经充分证明了健康保险的普及性。[②]

健康保险市场的存在价值就是要促使健康保险服务需求与健康保险供给实现均衡。在美国的健康保险市场上，作为需求方的市场主体有着不同的类型，其中一个消费者群体，就是那些为分散和化解健康风险而购买商业健康保险的个体消费者。此外，雇主和政府也购买了大量的健康保险，也是重要的需求主体，在第四章中会进行专门论述。而在健康保险的供给方，也存在多种形式的供给主体，其中一类供给主体就是健康保险公司，其主营业务就是设计并销售健康保险产品；而雇主、政府、医疗服务提供者也是健康保险的供给主体，他们也提供不同类型的健康保险产品，这在第五章中进行详细论述。

在为未来不确定的医疗服务付费过程中，健康保险扮演了特殊的角色。个体会面临大量的与自身健康相关的风险，健康保险作为一种筹资机制，既为医疗服务费用提供了资金支持，又提供相应的风险管理服务。然而，个体是有差异的，有的人更健康，有的人对健康服务有更强烈的偏好，有的人不愿意承受风险，即具有风险厌恶倾向，等等。一个令人困惑的问题是，这种个体的差异性和多样性，即对于金融产品的偏好和拥有的资源具有明显差异化的不同消费者和供给者，是如何达成健康保险合同的。

健康保险需求通常被经济学家定义为间接的而非直接的需求。健康保险仅仅具有工具价值（instrumental value），即为医疗服务付费，但医疗服务本身是健康

---

① 作者注：为了特定的社会或政治目的或修正"市场失灵"，市场可以被制度规制所改变，此部分内容在第八、九章中进行讨论。

② 作者注：OECD 国家中有关健康保险普及性的例子比比皆是（OECD，2003）。

生产的一种资源投入。与健康保险不同，健康则不仅具有内在价值，也具有工具价值。人们享受健康状态带来的愉悦感，珍惜有意义的活动并从中获得满足感，比如花时间与家人和朋友相处，努力工作赚钱养家等。由此可见，尽管健康保险不提供直接的价值，个体还是有可能愿意放弃某些机会成本和稀缺资源去获取健康保险的。

健康保险中存在的间接选择问题，可以由经典经济学的委托代理模型来说明。委托代理模型描述了这样的问题，一方个体或组织实施某类有成本或有费用支付的活动，而另一方个体或组织从这种活动中受益（Smith 等，1997）。例如，某人雇佣律师来协助谈判合同，则双方形成委托代理关系，律师为代理人，代理谈判合同的行为是需要委托人支付费用的。然而，从合同中受益的人不是律师，而是雇佣律师的委托人。经济学理论认为，委托代理关系（即代理人从事委托的事务，而委托人获得收益）会导致激励问题，即代理人没有动力去实现委托人利益最大化的目标。如果负责谈判合同的律师得到的是固定报酬，即使从委托人角度来看，合同没有实现委托人的利益最大化，但律师还是会有很强烈的动机去迅速结束合同谈判以便获取应得的报酬。因为健康保险第三方付费的特性，即健康保险商付费，而被保险人得到保险利益，委托代理模型可以很好地解释这种委托代理关系。因此，经济学家担心健康保险商可能没有动机来实现被保险人利益的最大化。

健康经济学模型也解释了市场为什么失灵、市场是如何失灵的以及公共政策如何矫正市场失灵等。众所周知，市场失灵是经济学最重要的范畴之一，在健康保险经济学中更是具有特殊的意义，因为健康保险市场存在大量的市场失灵现象。基于健康保险的委托代理模型揭示了一种潜在市场失灵现象，即保险公司会站在自己利益最大化的立场而不是站在被保险人利益最大化的立场。由于健康资本的主观特性和医疗服务的个性化效果，健康保险的委托代理问题更加突出。消费者个体和健康保险商都有各种不同形式和内容的信息，但都选择不与对方共享，这严重妨碍了被保险人与保险人的合约正常履行。比如，个人选择不将有关个人健康状况的敏感性信息对保险商披露，如精神类疾病。一般地，理性的被保险人为了避免承担更高的健康保险保费，他们通常会选择不告知保险商自己的详细健康状况，以免可能导致保险商对其拒保。同样地，也存在很大的可能性，如果健康保险商不是一个完美的代理人，那么理性的被保险人会放弃购买健康保险。事实上，在上述案例中，一些人没有获得健康保险商的保障，可以视为市场失灵的一种形式。市场失灵的问题，也即信息不对称问题，在健康经济学和风险管理与保险学理论中都有大量的讨论。

三、风险管理与保险学

风险管理与保险学，主要是关于保险市场如何帮助人们管理各种类型风险的理论。健康风险只是人们面临的一种风险，当驾驶时（机动车辆保险），当拥有房屋时（房屋保险），当提供专业服务时（职业责任保险），人们也都会面临各种风险。因此，信息不对称现象影响健康保险市场功能的问题，在其他保险市场也同样普遍存在。在机动车辆保险中，个体可能选择不去披露他或她的某一方面的驾驶行为。在房屋保险中，个人可能选择不去披露他或她是如何看管房屋，以及房屋目前的状况。如同健康保险市场，财产和意外伤害保险公司、修房子或修汽车的人，具备专业知识，但他们选择不与个体来分享这些专业知识。从这个意义上讲，研究风险管理和保险研究文献是非常有价值的，不仅可以了解保险市场运行的基本原理和原则，也可以得到一些完善保险市场包括健康保险市场的政策建议。

健康保险本质上是保险的一种形式，因为它也为有价资产即健康资本提供保障，这将在第二章中进行深入论述。如机动车辆保险等财产保险，可保财产是法律上认可的有形的真实财产，比如车辆。在人寿保险中，可保财产是无形资产，比如人的生命价值，但人寿保险能通过事先确定一个保险金给付金额来回避这些比如"生命价值是多少？"等难题。类似地，在健康保险合同设计过程中，也可以通过事先确定的医疗服务给付金额和不同健康状态下的保险金给付金额等方式，来回避"健康和生命价值是多少"等这样的问题。

保险的一个重要原则是有价值的财产才是可保的。此原则具有实际的功能价值，因为保险的测算基础是精算损失模型，该模型被用来测算出某类保单项下的期望索赔金额（Klugman，2012）。从这个角度看，保险的目的是预测个体所可能面临的损失，以及遭受损失后，通过保险的方式予以"完全"补偿。如果财产的价值不可衡量，从保险商的角度而言，就无法设计出相应的保险产品。

一个特殊的例子是，独一无二的或无法替代的财产，比如，一张家庭的老照片，可以很好地说明上述原则。关于不可替代财产的研究可以追溯到 Cook 和 Graham（1977）的研究，他们认为，保险被用于保障可被货币衡量并能被修复或被替代的财产。房屋可以被修复，或在极端情况下，可以推倒重建。健康保险也做了类似的假设，只要有针对疾病或意外伤害的资金支持，就可以让个体完全恢复健康或至少部分程度恢复健康。

在保险理论中，保险合同的订立需要遵循一些基本的通用原则，把这些原则应用在健康保险合同中非常重要，但也有一定挑战性。保险合同订立的六个原则分别是，诚信（如最大诚信）原则、补偿原则、代位求偿原则、重复保险中的损失分摊原则、可保利益原则以及近因原则[①]等，详见表1.1。一方面，这些原

---

① 译者注：国内教材常归纳为保险四原则，其中代位求偿原则、重复保险中的损失分摊原则通常都是作为补偿原则的派生原则。

则都适用于健康保险合同。例如，重复保险中的损失分摊原则，在健康保险中的应用也是非常普遍的，常常有如下情况，一个人有多张健康保险保单，因为他是双重资格参保人，既是 Medicare 也是 Medicaid 的参保人。另一方面，也有一些困难，比如，补偿原则是否适用如下情况，健康保险不能使一个生病或受伤的人恢复到之前的健康状态。再比如，近因原则下，一种损失可能是由两种或以上的伤害造成的，然而，许多疾病，如糖尿病和其他慢性疾病，大多是多年来个人生活习惯、环境和遗传基因等因素综合作用的结果，在实际赔付时确定患病的近因就非常困难。

表 1.1　　　　　　　　　　　保险合同的六大原则

保险基本原则	定义
最大诚信原则	在信息披露方面，对投保人、保险人双方都有高于其他多数民事合同的要求标准（Richter 等，2014）
补偿原则	保险应该在遭受损失后给予被保险人全部补偿，但不应该使其通过获得超出实际损失的赔偿而获利（Parker，1999）
代位求偿原则	保险人依法赔偿损失后，取得被保险人向责任方索赔的权利的一种转让（King，1951）
损失分摊原则	赔偿金额不应超过实际损失，每一保险人应均分损失，而不应支付合同中全部金额（Merkin & Steele，2013，p. 144）
可保利益原则	一方面明确合法投机与保险之间的界限，另一方面明确保险与潜在的有害赌博的界限（Merkin & Steele，2013，p. 25）
近因原则	对损失的发生最直接起主导作用的原因决定了保险人应该负责何种赔偿责任（Simon，1972）

一般来说，健康的主观性特征使得上述保险原则在健康保险经营的实际应用中会面临很大的挑战。许多保险的基本原理和概念是基于损失是客观的假设，但对于健康保险来说，这种假设多是不切合实际的，例如，肉体上的疼痛和精神上的创伤等，并无经济上的损失，更多的是主观感受（Richter 等，2014）。一个突出的问题是，如何界定健康风险和损失的全部价值？而一旦无法界定，如何把补偿原则、代位求偿原则和重复保险中的分摊原则等应用在健康保险合同的订立过程中。在实践中，保险商会通过设置一年内或终生的保单赔付限额来处理此类问题。然而，终生或年度赔付限额会将风险重新转移给被保险人，根据 ACA 法的某些条款，这是不合法的（Thrasher，2013）。还有一个例子，由于健康具有相对主观性和个性化特点，如何履行最大诚信义务也是很难界定的。这不仅仅是如实相告、完全披露的问题，无论是在签订保险合同前，或是在遭受损失后，个人都有可能不清楚或无法表

述当前的自身健康状态。① 然而，无论是否能恢复到之前的健康状态，诚实的开始对于保险商处置被保险人遭受的损失还是非常重要的。

在保险的运营管理过程中，也有很多独特的、重要的精算或赔付原则。商业健康保险合同中一个重要的原则就是"共济性"。共济性原则表明了健康保险商在本质上仅仅是"转移损失"的实体，所有的损失最终都将转嫁给保险计划中支付保费的参保人（Eeckhoudt 等，2005）。与商业健康保险不同的是，社会保险中的共济原则，则是"根据某种规则分担损失"（Wilkie，1997）。商业（非政府）保险公司可以被视为个人所缴纳的保费的管理者，他们设置合同中的支付限额，既作为支付规则，也是为了确保这些基金能完全覆盖健康保险风险池中某些遭受损失的个体的索赔申请。公共（政府）健康保险商则可以使用保费、个人资金（如共付）以及一般性税收等来支付保险金，当然，公共健康保险的支付水平受限于政府支付医疗服务的意愿和能力。

保险通常也依赖于承保来实现对成本的管控。承保被定义为"风险的选择以及以何种条件承保"（Head，1968）。从保险公司的角度来看，承保是很重要的，因为它是保险合同偿付能力和可行性的基础；从保险监管者角度来看，"必须保障保险公司的稳健经营，以及整个健康保险体系功能的可持续性"，同时，"索赔申请人和保单持有人的利益也必须是安全的"（Pentikainen，1967）。这就既涉及支付能力问题，也涉及支付意愿问题，消费者是否有能力为保险合同付费，或者是否有意愿来支付保费（Russell，1996）？根据 ACA 法，政府、雇主和医疗服务提供者，不能通过承保的方式将某些个体排除在保险保障范围外；即使在非团体市场上，健康保险公司也不再被允许拒保或歧视性承保。②

四、卫生服务研究文献

健康保险，同其他类别保险一样，最终衡量它的是其在个人遭受损失后恢复健康的过程中所产生的效果。但是，仅从健康和医疗风险管理角度，并不能充分衡量健康保险的实际效果。当损失容易被货币化衡量时，健康保险的效果就容易被判断。当损失，比如健康方面的损失不容易用货币来衡量时，判断健康保险效果的相对合理方式，就是衡量健康保险是否能更好地帮助个人完全恢复健康或恢复到遭受

① 作者注：事实上，在健康经济学中有大量文献研究不同健康状态的评估和定价问题。"质量调衡生存年数 QALY"经常被用来说明不同状态下健康的价值。诸如时间权衡法、标准博弈法等方法也被尝试用来确定健康的价值。这些方法的使用不在本书讨论范围内。感兴趣的读者可阅读 Drummond 等 2005 年的文献。
② 译者注：ACA 法中，禁止保险公司因个人既往病史而对参保人进行价格歧视或拒保。但在特朗普医改革方案中，放开了对参保人背景调查的限制，允许各州批准保险公司对有既往病史或其他问题，同时之前没有参保的参保人征收超额保费。

损失之前的状态。但个人健康恢复的效果既依赖于医疗服务技术，又依赖于个体的自我护理能力及其意志力（Horwitz，1993）。为了更准确地衡量健康保险的效果，需要分析和研究卫生服务领域的相关文献。

卫生服务研究学科，关注的是一国医疗服务系统提供医疗服务的效率和效果。2002 年，Lohr 和 Steinwachs 指出，"卫生服务研究是一个多学科交叉的科学调查方法论，分析和研究社会因素、筹资机制、组织结构和流程、医疗卫生技术、个人行为等要素，如何影响医疗服务效果、医疗服务的质量和成本乃至人们的健康和福利。"它的研究范围涵盖个人、家庭、组织、机构、社区以及全体国民。卫生服务研究可以被视为一种转化医学学科，它将关于人类健康的生物学基本理论与不断演进的实际应用于临床的生物医学疗法有机结合起来。

卫生服务研究的一个基本理论，是分析研究美国医疗保险体系为医疗保险服务提供融资的实际效果。随着时间的推移，美国的医疗体系越发复杂，临床试验和其他研究场景所呈现出的医疗服务的功效，与许多实际案例中医疗服务的实际效果差别越来越明显。因此，什么因素促使医疗服务能够提高人们的健康水平，就是一个在特定情境下的经验型问题，而卫生服务研究就是在此情境下研究医疗服务行为的。如果健康保险是医疗服务的主要支付方，那它将是卫生服务研究学科的重要研究对象。从上述文献中，可以看出卫生服务研究对健康保险的研究重点主要集中在"筹资"和"成本"两个重要方面，重要程度不亚于对医疗服务组织和管理以及医疗服务的途径等学科内容。从这个意义上说，健康保险本身就是医疗服务研究者关注的一个主题，也是一个潜在的健康服务功效的媒介者。

更准确地说，健康保险是卫生服务研究的重要组成部分，是因为不同的付费机制会对医疗服务产生不同的经济激励。保险商可以通过不同的支付方式，形成不同的激励，从而改变医疗服务提供者的行为。例如，Medicare 在 20 世纪 80 年代创立的"预付费制度（PPS）"（详见第五章），改变了根据医疗服务实际成本来为住院提供补偿的费用支付方法，转而根据患者个人的情况支付固定费用。它改变了医疗服务提供者的补偿方式，对降低高成本支出、低运行效率的医疗服务行为有显著的激励作用，大大提高了健康保险体系的总体效率。

卫生服务研究领域大量文献集中在健康保险对医疗服务利用的影响、健康产出以及医疗服务有效性等方面。这些文献可以追溯到由 Jack Wennberg 以及他的同事们开创性地对"医疗服务差异化"的文献研究上。在三篇系列论文中，Wennberg 和他的同事们对缅因州和佛蒙特州的医疗服务体系在外科手术、住院管理、医院绩效等方面的差异化情况进行了全面详细的分析（Wennberg 和 Gittelsohn，1975；Wennberg 等，1975）。他们的研究结果表明，不仅在缅因州内，而且在缅因州和佛蒙特州之间，医疗服务都存在着非常大的差异化。例如，"相对于人口规模，在缅因州做过扁桃体手术的人口比例高于佛蒙特州 37% 以上，而在佛蒙特州做过静脉曲张手术的人口比例高于缅因州 80% 以上"。这种差异的实际财务意义在于："在发病率最高的地区，9 种手术的人均花费为 29.39 美元；而在发病率相对低的地区，9 种手术的人均花费为 11.93 美元，相差将近 1.5 倍"（Wennberg 和 Gittelsohn，1975）。医疗服务文献中关于差异化研究的一个重要启示是，健康保险商要将这些差异看作是给定的，要提升健康保险的效率，可以通过改变医疗服务付费方式来降低医疗服务中无法解释的变量因素影响。

除健康保险机制之外，卫生服务研究也有助于分析和检验其他医疗服务付费机制的实际效果。例如，保险经济学经常讨论作为风险管理机制的预防性储蓄、预防、风险规避等三类风险管理机制和方法，如何转移或减少损失。卫生服务研究常常把它们作为健康保险的补充或替代，对每一种方法的健康服务效果上都进行了阐述。例如，2003 年，Deaton 认为个人财富、教育程度和影响健康的社会因素等都会对健康具有重要的正面效果。在某种意义上，风险自留也是一种健康管理方法的选择，也与健康保险有竞争和替代关系。在美国，健康保险必须要有足够的吸引力，或是说费率是被保险人可承受的，否则，个人很有可能选择风险自留。从潜在意义上说，根据商业健康保险的相关法律规定，这相当于个人交了税，即个人无法享受由购买健康保险所带来的免税收益。与之相反的是，"除墨西哥、美国之外，所有OECD 成员国都有全民（或准全民 quasi - universal）医疗保障向公民免费提供医疗服务或商品"（OECD，2013）。有关没有保险保障的人群的讨论将在本书第六章进行论述。

对于医疗服务研究学科，除了健康保险体系，其他很多医疗服务付费方式的研究也是十分重要的。公共卫生或由公共基金支持的医疗服务提供者和辅助机构，是两种最重要的由公共筹资体系支持的非健康保险方式，作为健康保险的替代角色，将在本书第九章中详细论述。公共卫生资源可以被广泛地用于提高大众的健康水平，同时公共基金支持的社区门诊也可以为个体提供基本的医疗服务，或者免费接种疫苗服务。从历史发展来看，尽管政府拥有和运营的医院的病床数量不断下降，但由公共资金支持的医院却越来越多（Hansmann，1996）。从相反的立场来看，这个现象反映出私人财产保险文献中一个重要的研究焦点是，为什么很少有甚至没有公共资金支持可保险财产，比如个人的机动车辆或房屋。①

公共卫生和提高健康水平的非医疗服务干预的存在，严重影响了健康保险对其

---

① 作者注：另一个反例是洪水保险，联邦政府不仅管理着政府保险项目（国家洪水保险计划，National Flood Insurance Program，NFIP），而且会采取基于公共利益的泛滥平原管理措施，来减少由洪灾导致的损失概率以及损失程度。

他资源的合理配置和利用。因为即使没有健康保险的筹资支持，公共卫生和提高健康水平的非医疗服务干预仍然可以提升社会的健康水平。换句话，如果其他替代机制可以在较低的价格水平上更有效地促进健康水平，为什么要资助和使用健康保险呢？回答这个问题，以及回答何时使用健康保险的问题，正是本书的主题。在接下来的第二章中，将通过对被保险财产，即健康资本的分析研究来回答这个问题。

参考文献

［1］Alemayehu, B. , & Warner, K. E. (2004). The lifetime distribution of health care costs. *Health Services Research*, 39 (3), 627 – 642.

［2］Bluhm, W. F. (2007). *Individual health insurance*. Winsted, CT：ACTEX Publications.

［3］Brecher, C. (1984). Medicaid comes to Arizona：A first – year report on AHCCCS. *Journal of Health Politics*, *Policy and Law*, 9 (3), 411 – 425.

［4］Bureau of Labor Statistics. (2015). *Employer costs for employee compensation—September 2015*. Washington, D. C. ：U. S. Department of Labor (No. USDL – 15 – 2329).

［5］Centers for Medicare and Medicaid Services. National health expenditure projections 2014 – 2024. Washington, D. C. ：Centers for Medicare and Medicaid Services. Retrieved from https：//www. cms. gov/Research – Statistics – Data – and – Systems/Statistics – Trends – and – Reports/NationalHealthExpendData/Downloads/Proj2014. pdf.

［6］Centers for Medicare and Medicaid Services. (2005). Medicare program；Medicare prescription drug benefit. Final rule. *Federal Register*, 70 (18), 4193 – 4585.

［7］CMS Office of the Actuary. (2014). 2014 *actuarial report on the financial outlook for Medicaid*. Washington, D. C. ：Centers for Medicare and Medicaid Services.

［8］Cook, P. J. , & Graham, D. A. (1977). The demand for insurance and protection：The case of irreplaceable commodities. *The Quarterly Journal of Economics*, 91 (1), 143 – 156.

［9］Corb, H. (2012). *Interest rate swaps and other derivatives*. New York：Columbia University Press.

［10］Deaton, A. (2003). *Health*, *income*, *and inequality*. *National Bureau of economic research reporter*：*Research summary*. Spring, 2003. Cambridge, MA：National Bureau of Economic Research.

［11］DeNavas – Walt, C. , Proctor, B. D. , & Smith, J. C. (2012). *Income*, *poverty*, *and health insurance coverage in the United States*：2011. Washington, DC：U. S. Government

Printing Office (No. P60 – 243).

[12] Dickerson, O. (1963). *Health insurance.* Homewood, IL: Richard D. Irwin Inc.

[13] Drummond, M. F., Sculper, M. J., Torrance, G. W., O'Brien, B. J., & Stoddart, G. L. (Eds.). (2005). *Methods for the economic evaluation of health care programmes* (3rd ed.). New York: Oxford University Press.

[14] Eeckhoudt, L., Gollier, C., & Schlesinger, H. (2005). *Economic and financial decisions under risk* (1st ed.). Princeton, NJ: Princeton University Press.

[15] Fein, R. (1986). *Medical care, medical costs: The search for a health insurance policy.* Cambridge, MA: Harvard University Press.

[16] Field, R. I. (2006). *Health care regulation in America: Complexity, confrontation, and compromise.* New York: Oxford University Press.

[17] Freeborn, D., & Pope, C. (1994). *Promise and performance in managed care: The prepaid group practice model.* Baltimore, MS: Johns Hopkins University Press.

[18] Fuchs, V. R. (1974). *Who shall live?: Health, economics, and social change.* New York: Basic Books.

[19] Gottlieb, D. (2007). Asymmetric information in late 19th century cooperative insurance societies. *Explorations in Economic History,* 44 (2), 270 – 292.

[20] Grossman, M. (1972). On the concept of health capital and the demand for health. *The Journal of Political Economy,* 80 (2), 223 – 255.

[21] Halek, M., & Eisenhauer, J. G. (2001). Demography of risk aversion. *Journal of Risk and Insurance,* 68 (1), 1 – 24.

[22] Hansmann, H. (1996). The changing roles of public, private, and nonprofit enterprise in education, health care, and other human services. In V. R. Fuchs (Ed.), *Individual and social responsibility: Child care, education, medical care, and long – term care in America* (pp. 245 – 276). Chicago: University of Chicago Press.

[23] Head, G. L. (1968). Underwriting. In five easy lessons? *Journal of Risk and Insurance,* 35 (2), 307 – 310.

[24] Horwitz, R. I., & Horwitz, S. M. (1993). Adherence to treatment and health outcomes. *Archives of Internal Medicine,* 153 (16), 1863 – 1868.

[25] Kazarosian, M. (1997). Precautionary savings—a panel study. *Review of Economics and Statistics,* 79 (2), 241 – 247.

[26] Keehan, S. P., Cuckler, G. A., Sisko, A. M., Madison, A. J., Smith, S. D., Stone, D. A., et al. (2015). National health expenditure projections, 2014 – 24: Spending growth faster than recent trends. *Health Affairs,* 34 (8), 1407 – 1417.

[27] Kimball, J. F. (1934). Prepayment plan of hospital care. *Bulletin of the*

American Hospital Association, 8, 42 – 47.

［28］ King, C. G. (1951). Subrogation under contracts insuring property. *Texas Law Review*, 30 (62).

［29］ Kinney, E. D. , & Clark, B. A. (2004). Provisions for health and health care in the constitutions of the countries of the world. *Cornell International Law Journal*, 37 (2), 285 – 355.

［30］ Klugman, S. A. , Panjer, H. H. , & Willmot, G. E. (2012). *Loss models: From data to decisions*. Hoboken, NJ: Wiley.

［31］ Kotelchuck, D. (1976). *Prognosis negative: Crisis in the health care system*. New York: Vintage Books.

［32］ Lassman, D. , Hartman, M. , Washington, B. , Andrews, K. , & Catlin, A. (2014). US health spending trends by age and gender: Selected years 2002 – 10. *Health Affairs*, 33 (5), 815 – 822.

［33］ Law, S. A. (1974). *Blue cross: What went wrong?* . New Haven, CT: Yale University Press.

［34］ Lohr, K. N. , & Steinwachs, D. M. (2002). Health services research: An evolving definition of the field. *Health Services Research*, 37 (1), 15.

［35］ McClung, J. (2014). What it means to live fearless. Retrieved from http: // ibxinsights. com/2014/04/mean – live – fearless/.

［36］ Mechanic, D. (2004). The rise and fall of managed care. *Journal of Health and Social Behavior*, 45 (Extra issue), 76 – 86.

［37］ Medicare Payment Advisory Commission. (2013). *Report to the congress: Medicare and the health care delivery system, June* 2013. Washington, D. C. : MedPAC.

［38］ Merkin, R. , & Steele, J. (2013). *Insurance and the law of obligations*. New York: Oxford University Press.

［39］ Michel – Kerjan, E. , & Kunreuther, H. (2011). Disaster management. Redesigning flood insurance. *Science*, 333 (6041), 408 – 409.

［40］ Moynihan, C. (2009, September 29). 17 held in protest outside health Insurer's offices. *The New York Times*. Retrieved from http: //cityroom. blogs. nytimes. com/2009/09/29/17 – held – in – protestoutside – health – insurers – offices/.

［41］ Murray, J. A. H. (1933). *The Oxford English dictionary*. Oxford, U. K. : Clarendon Press.

［42］ Murray, J. E. (2007). *Origins of American health insurance: A history of industrial sickness funds*. New Haven, CT: Yale University Press.

［43］ National Information Center on Health Services Research and Health Care

Technology (NICHSR). (2013). Key projects and milestones in health services research. Retrieved from https：//www. nlm. nih. gov/nichsr/ihcm/02history/keyproj. html.

[44] Newport, F. (2016, February 1). Democrats, republicans agree on four top issues for campaign. *Gallup.* Retrieved from http：//www. gallup. com/poll/188918/democrats – republicans – agree – fourtop – issues – campaign. aspx.

[45] Nordquist, G. , & Wu, S. (1976). The joint demand for health insurance and preventive medicine. In R. N. Rossett (Ed.), *The role of health insurance in the health services sector* (pp. 35 – 72). Cambridge, MA：National Bureau of Economic Research.

[46] Organization for Economic Cooperation and Development (OECD). (2013). *Health at a glance* 2013：*OECD indicators.* Paris：OECD.

[47] Parker, J. (1999). Replacement cost coverage：A legal primer. *Wake Forest Law Review*, 34, 295 – 332.

[48] Pauly, M. V. (1997). *Health benefits at work：An economic and political analysis of employment – based health insurance.* Ann Arbor：University of Michigan press.

[49] Pentikänen, T. (1967). On the solvency of insurance companies. *ASTIN Bulletin*, 4 (3), 236 – 247.

[50] Phelps, C. E. (2003). *Health economics* (3rd ed.). Boston：Addison – Wesley.

[51] Pokorski, R. J. (1997). Insurance underwriting in the genetic era. *Cancer*, 80 (S3), 587 – 599.

[52] PricewaterhouseCoopers. (2005). *Continuing developments in the taxation of insurance companies：1986 – 2004：A history.* Washington, D. C. ：PwC.

[53] Richter, A. , Schiller, J. , & Schlesinger, H. (2014). Behavioral insurance：Theory and experiments. *Journal of Risk and Uncertainty*, 48 (2), 85 – 96.

[54] Rodin, J. , & de Ferranti, D. (2012). Universal health coverage：The third global health transition? . *The Lancet*, 380 (9845), 861 – 862.

[55] Russell, S. (1996). Ability to pay for health care：Concepts and evidence. *Health Policy and Planning*, 11 (3), 219 – 237.

[56] Simon, S. I. (1972). Proximate cause in insurance. *American Business Law Journal*, 10 (1), 33 – 45.

[57] Smith, P. C. , Stepan, A. , Valdmanis, V. , & Verheyen, P. (1997). Principal – agent problems in health care systems：An international perspective. *Health Policy*, 41 (1), 37 – 60.

[58] The Boards of Trustees, Federal Hospital Insurance and Federal Supplementary Medical Insurance Trust Funds. (2014). 2014 *annual report of the boards of trustees of the federal hospital insurance and federal supplementary medical insurance trust funds.* Washington,

D. C. ：Centers for Medicare and Medicaid Services.

［59］The Center on Budget and Policy Priorities. （2015）. *Where do our federal tax dollars go?* Washington, D. C. ：CBPP. Retrieved from http：//www. cbpp. org/research/ federal – budget/policybasics – where – do – our – federal – tax – dollars – go.

［60］Thomasson, M. A. （2003）. The importance of group coverage：How tax policy shaped US health insurance. *The American Economic Review*, 93 （4）, 1373 – 1384.

［61］Thrasher, M. （2013）. Requiring meaning for the Affordable Care Act's prohibition on annual limits. *George Washington Law Review*, 82 （5）, 1674 – 1698.

［62］Weisbrod, B. A. （1991）. The health care quadrilemma：An essay on technological change, insurance, quality of care, and cost containment. *The Journal of Economic Literature*, 29 （2）, 523 – 552.

［63］Weisfeldt, M. L. , & Zieman, S. J. （2007）. Advances in the prevention and treatment of cardiovascular disease. *Health Affairs*, 26 （1）, 25 – 37.

［64］Weissman, J. S. , & Epstein, A. M. （1994）. *Falling through the safety net： Insurance status and access to health care.* Baltimore, MD：Johns Hopkins University Press.

［65］Wennberg, J. E. , & Gittelsohn, A. （1975）. Health care delivery in Maine I： Patterns of use of common surgical procedures. *The Journal of the Maine Medical Association*, 66 （5）, 123 – 130.

［66］Wennberg, J. E. , Gittelsohn, A. , & Shapiro, N. （1975a）. Health care delivery in Maine III：Evaluating the level of hospital performance. *The Journal of the Maine Medical Association*, 66 （11）, 298 – 306.

［67］Wennberg, J. E. , Gittelsohn, A. , & Soule, D. （1975b）. Health care delivery in Maine II：Conditions explaining hospital admission. *The Journal of the Maine Medical Association*, 66 （10）, 255 – 261, 269.

［68］Wilkie, D. （1997）. Mutuality and solidarity：Assessing risks and sharing losses. *Philosophical Transactions of the Royal Society of London. Series B, Biological sciences*, 352 （1357）, 1039 – 1044.

第二章　健康资本的保障

第一节　健康的经济价值

一、健康的消费与投资

微观经济学的一个重要的研究对象是消费者个体的经济行为。个体每天都在作出不同的消费决策，他们选择午餐吃什么，或者选择步行或是驾车去赶赴下一个会议，或者选择下班后去或不去健身房等，这些个人的消费决策，是微观经济学关于个体行为理论研究最为重要的内容。经济学的一个基本的初始假设是，消费者对不同类型产品的消费具有不同的消费偏好，其消费决策的目标就是要满足各自的消费者偏好。用经济学专业术语来说表示，个体总是基于"效用的最大化"作出消费选择，比如，消费者选择喝咖啡来代替喝水，是因为喝咖啡带来的效用比喝水更大。①

健康的经济学意义在于，它是一种个体消费的商品。同人们饮用咖啡一样，人们从良好的健康消费中获得效用。也就是说，"健康消费"如同喝咖啡，人们从现在或未来的良好健康状态中获取正面、积极的收益。在既定时间期限内，比如某一天，个人获取的效用或收益部分来源于健康消费。如果个人的健康状况良好，那他就能从健康消费中获取更多的效用；而如果个人的健康状况相对较差，那他从健康消费中获取的效用就相对较少。因此，人们对良好的健康状态的偏好，是经济学模型研究的共有知识结构。

健康商品不同于其他商品的是，它既有内在价值，又有工具价值。良好的健康状态可以给人带来正面的积极效用，因为健康给人带来愉悦的感觉。一个人健康状况良好，不仅可以使他从事工作赚取收入，也能使他照顾自己和他人，以及从事其他休闲活动。健康的内在价值体现为个人良好的自我感受，直接增加了其效用满足

---

① 作者注：有关效用最大化的经济学论述不在本书讨论范围内。感兴趣的读者可以参看 Varian 的《微观经济分析》第 7 章关于效用最大化的讨论（Varian，1992）。

程度；而健康的工具价值则体现为拥有良好健康可以赚取工作收入，间接地增加了其效用满足程度，即通过货币化的工资收入可以购买各种具有效用的消费品。此外，良好的健康状态促使人们更积极快乐地享受生活也体现出健康的工具价值，因为这也间接地增加个人的效用，人们有机会与朋友或家人聚会，可以使人享受时光和生活的美好。

健康商品，同其他类型消费品一样，总是受到个人选择偏好程度的影响。理性选择经济学分析研究所有的消费决策行为，包括今天消费多少不同的商品，以及到明天能储蓄多少（Mas - Colell 等，1995）。从这个意义上说，选择经济学也同样适用于健康商品消费，即可以分析研究人们能够在何种程度上选择消费健康商品。个体可以决定如何从当前的健康状态中获取直接的收益，也可以决定是从事有益于健康的活动，还是进行损害健康的活动。当然，个体也可以决定通过参与市场交易活动来获得多少健康的间接收益或效用，比如在健康状态下工作赚取收入。

同样地，选择经济学也应用于分析在个体有多个选择的情况下，健康产品消费量的大小。经济学喜欢用商品的"非饱和性"规律来解释消费选择越多越好的问题。比如，蛋糕好吃的话，有两块蛋糕会比有一块蛋糕令人高兴，而有三块蛋糕又会比有两块蛋糕更令人兴奋等。既然良好的健康状况是有益的，人们对健康消费量的需求就是多多益善。但同时，经济学也强调边际效用递减规律的作用，人们对某类商品的消费总是有限度的。比如，人们从第一块蛋糕中获得的效用要高于第二块蛋糕，第二块又高于第三块，总之，前一块蛋糕带来的满足感一定高于后一块。因此，尽管人们更偏好于良好的健康状态，但他们也不可能想穷尽所有的时间和资源来试图获得和保持完美的健康状态。

要实现健康商品的效用最大化，需要平衡当前的健康消费和未来的健康消费。在经济学上，这被概括为"跨期效用"最大化问题（Mas - Colell 等，1995）。可以看到，健康消费的边际效用或收益是递减的。众所周知，未来的健康状况虽不确定但也是可以被决定的，一定程度上取决于今天个体的"健康"或"不健康"的决策。通过个体的健康消费决策可以清楚地看到这种跨期平衡策略。为了未来的健康，人们愿意在"今天"投入大量时间和金钱，因此，当前巨额的医疗服务费用支出清晰地表明了个体追求未来健康的强烈愿望。

健康的边际收益递减和健康状态随时间推移而恶化的事实表明，个人的健康状态或收益总会比之前的更差，除非人们能将当前良好健康状态转移到未来。一般来说，一段时间内持续的、多样化消费所带来的效用要高于一次性消费所带来的效用。比如，对按月领取薪水的人来说，通常情况下，在一个月内用完薪水比一次性花费完更好。在金融领域，货币和银行等技术手段和途径可以帮助个人实现不同期间的收入转移。如果也存在类似跨期转移健康的方式和技术，那将是一个完美的状态，因为个体可以根据需要来选择健康消费的时间和程度。当然，人们不可能进行这样的选择，也就是说，不可能像储存美元或汽车等其他实物资产一样存储当前的健康。一个现实可行的选择是，通过当前的健康投资来改善和确保未来的健康消费。

二、健康投资

人们虽不能储蓄健康，但可以为健康而投资。按照经济学的定义，投资是指今天付出成本支出以获得未来的收益。投资的成本和回报通常表现为货币化或非货币化的形式。例如，当投资者建立一家新公司时，不仅要投入启动资金，也要花费大量的时间和精力。回报则既包括新公司带来的收入，也包括自己成为老板的愉悦的体验和感觉。同样地，健康投资也有货币和非货币化两种形式的成本投入和回报。健康投资的成本包括看医生的费用以及诊疗过程的时间成本，而回报则包括源于未来健康状况的满足感以及基于良好健康状况的工作能力的提高。健康投资的能力意味着很大的投资机会，即通过当前花费的资金、精力和其他资源等，可以为个人赢得未来进行健康消费的回报。

预防和健康促进①是特别重要的两种健康投资类型。预防的目的是为了提高未来的健康消费水平，并最终提升健康的未来效用。从这个意义上讲，预防的费用支出可以被认为是一种健康投资。同样，不同形式的健康促进也是健康投资。当下所进行的体育锻炼、健康饮食、充足睡眠都是有成本的行为：锻炼需要时间和努力，健康食品比较昂贵，睡眠时无法进行其他活动等，从一定意义上说，这些活动可以提高未来的健康水平，也是各种形式的健康投资。②

尽管很多通用的投资原则都适用于健康投资活动，由于不存在交易良好健康的市场，在健康投资领域应用投资模型就具有较大的困难。股票和债权等金融证券是可以买卖的，实物性资产也可以在市场上进行交易。但健康却是无法替代的商品，既无法在个体之间进行直接交换，也无法在市场上进行买卖。从这个角度而言，健康投资就是单向投资，投资在健康上的货币成本无法转换成货币收益或其他金融商品。因此，目前的医疗服务技术，或者跨期转移健康的技术，不仅花费巨大，而且

---

① 译者注：健康促进（health promotion）是1986年11月21日世界卫生组织在加拿大渥太华召开的第一届国际健康促进大会上首先提出的，是指运用行政的或组织的手段，广泛协调社会各相关部门以及社区、家庭和个人，使其履行各自对健康的责任，共同维护和促进健康的一种社会行为和社会战略。

② 作者注：没有足够的案例说明，这些行为的结果会使明天的身体更健康。但是，有这些行为的人，明天的健康状况一定会比没有这些行为的人的健康状况好，经济学通过反向事实来验证未来，如未来个人可能面临的状况是什么？

效果也非常有限。为了理解上述典型事实对健康保险机制的影响，接下来将通过对健康资本模型的介绍和阐述来分析和说明健康消费的特征。

三、健康资本模型

迈克尔·格罗斯曼（Michael Grossman）的健康资本模型[①]最早将健康视为资本商品。此模型首次发表于 1972 年，Grossman 表示他旨在"……构建一个'良好健康'商品的需求模型"（Grossman，1972）。该模型的假设基础是，个体通过健康促进行为和购买医疗服务（Grossman 用 Medical care 表示 health care）等对健康进行投资，这部分内容将在本章进行详细论述。就像对汽车厂的投资最终生产出汽车一样，对未来健康的投资也会"生产"出健康。Grossman 将健康看作是资本物品，不同于 Gary Becker 等 1967 年提出的资本模型，该模型认为健康资本的生产需要投入相应的实物资本和人力资本，而个体的生产能力在于能够赚取收入。相对来说，健康资本是非市场化商品，即健康资本不能买卖，不能被直接用来转换为货币收入去购买其他商品。

健康资本模型关注的基本问题，或者 Grossman 试图回答的问题是：（1）人们投资健康资本的力度有多大？（2）诸如年龄等变量是如何影响健康资本投资决定的？第一个问题的答案很大程度上取决于健康资本的投资品价格。如果医疗服务或其他形式的健康资本保护措施花费比较便宜，人们就倾向于更多投资。第二个问题的答案则取决于健康的需求弹性，即人们对于健康状态变化所作出的反应。一般地，当人们随着年龄增大（或因为其他原因而导致健康水平下降），会增加对健康的需求，最终会直接拉动对医疗服务的投资需求。

按照健康资本模型，受伤的人有可能恢复到受伤之前的健康状态。假如某人不慎从梯子上跌落，造成了腕关节损伤，在经过治疗和休息后，是有可能痊愈的，甚至可以恢复到受伤之前的健康状态。在这个案例中，个人的损失就是受伤后康复过程中所花费的时间和金钱。治疗伤患的费用或价格将决定患者康复的程度。如果达到完全康复所花费的资金和时间太多，个人很可能不选择恢复到受伤之前的状态，而选择康复到差一些的健康状态。当然，这些决策可能会随着个人情况比如年龄等的变化而变化，同一个人在 25 岁和 50 岁时所作出的决定可能是不同的。健康资本

---

① 译者注：该模型认为，人们对于"良好健康"的需求可以用供给和需求曲线来解释，并且对于健康需求的最优决策受到生命周期中财富和生存时间的约束。包括教育在内的环境变量或者"品味"（taste）因素是通过影响健康投资的成本作用于健康资本存量在各个年龄段的最优需求。健康资本对于人们生产健康时间从而获得各类市场和非市场活动的回报具有不可替代的作用。Grossman 模型中假设健康资本的折旧率是外生的，随着年龄的增长而增大，并且，人们可以理性预期自己的生存年限。当健康资本存量低于某一临界值时，人们将停止一切市场和非市场活动，生命即将终止。所以，为了弥补健康折旧，人们会进行健康投资。

的价值如何随时间而变化，以及人们如何应对这些同健康资本有关的风险，将是下一节的研究主题。

第二节　风险厌恶和健康风险

一、健康资本的变化

健康资本模型中最重要的因素之一，就是健康资本的价值随时间而变化。健康资本价值随时间而降低反映了资本资产的共同特征。"减值"或折旧，是描述实物资产的价值随时间变化的常用专业术语。即使有定期的保养、安全的驾驶行为和细致的维护，汽车的功能和价值还是会随着使用时间的延长而降低和衰减，无论再怎么保护，终会有报废的时候。同样地，因为没有人会万世永生，健康资本的价值一定会随时间推移而衰减。特别需要指出的是，在人生阶段中的某一个时点，健康水平会出现陡然的下降，迫使人们必须作出相应的选择以面对健康状况的恶化。

除折旧外，健康资本的变化也可能是不连续的。类似于金融资产或实物资产突然间的增值或贬值，健康资本的价值很有可能出现跳跃式的增长或减少。健康价值中的这种剧烈的变化，被称为健康资本冲击（capital shock），大多是负面的。例如，疾病或受伤都能使个人健康资本出现陡然地贬值。在冰面上滑冰，摔倒并损伤了踝关节，可称为遭受了负面的健康资本冲击。受伤的个人很难从意外伤害中获取益处。这种情况在金融或实务资本的变化中也很常见，比如，如果石油公司因非法商业行为被起诉，公司的股票会出现暴跌；再如，如果一辆汽车发生了交通事故，汽车的价值会立刻贬值。

需要说明的是，在健康资本贬值和形式多样的健康冲击之间，并没有特别清晰的区别界定，相反地，在两者的判定中，还存在大量的灰色地带。例如，罹患肺癌的人，健康资本会有明显的下降，但肿瘤的发展一般会经历一个相对长的时间，所以罹患癌症既可以看作是负面的健康冲击，也可以看作是长期的健康资本折旧。尽管意外伤害通常被视为负面的健康冲击，但有相当多数的疾病发作和伤害结果的形成会历经一段时间，形成健康冲击的时间会影响到健康资本的可保性，在随后的章节中会有介绍。

对健康资本价值变化的不同预测水平也值得关注。健康资本价值的某些确定性变化可能被预测为具有较高程度的确定性。健康折旧作为一个长期的确定性的过程，是容易预测并规划的；而健康冲击则很难预测，特别是在事件发生率比较低的情况下。对健康变化进行预测的目的是预防或管理这些负面的冲击，比如说加大对健康的投资等。理性经济人常常会基于经济学的"成本与收益"原则来衡量健康投资，即收益是否能够超过成本？

还有一个难点是，健康资本价值随时间而变化与健康资本的时间跨度密切相关。很多金融资产都有固定的时间范围或时间结构，比如一年期债券。也有一些金融和实物资产具有随机的时间跨度结构，也就是说这些资产没有一个贬值为零的固定日期，例如，股票就没有一个确定的终止日期。像汽车等实物资产，可能有预期的使用时长，但没有具体的报废日期。而绝大多数实物资产都有一个有限的期望时域，这意味着资产价值最终会归零。同绝大多数实物资产类似，健康资本最终也会贬值为零，但这个日期无法事前固定下来，而且一定程度上取决于人们对健康的管控程度。

二、健康资本的估值

如果把健康视为一种资本形式，那就意味着它同其他金融或实物资产一样，具有可衡量的价值。资产可以增值（价值增加）或贬值（价值下降），但一旦资产价值减少到零，就不再具有价值的可变性。未来健康的期望价值可描述为：当前的健康资本，减去所有折旧和负面冲击，再加上所有增值和正向冲击。资产价值的变化会影响个人的投资组合进而会改变个体的财富总量。人们会很自然地将财富理解为金融资产，比如银行账户里的资金，或者股票和债券的投资组合等；也习惯将财富视为实物资产，比如房子或汽车。虽然这些形式的金融和实物资产是个人全部资产组合的重要组成部分，但就其整体价值而言，健康资本和它们同等重要（Murphy和Topel，2006）。

健康资本类似于股票或债券，可以被界定为"复合证券"，或者定义为"或有状态依存求偿权组合"（Huang和Litzenberger，1988）。每个或有求偿权的成本等于该求偿权的预期回报，即事件发生的概率乘以支出。例如，可以认为每半年付息的10年期债券的价值等同于债券的20笔回报收益的现值之和，按季度付息的股票的价值等同于所有股东股息回报收益的现值之和。按照每天对健康商品的消费，健康资本也同样带给个体大量的小额收益。对这些总健康资本的小额收益估值，是生命价值研究文献的核心内容。与之相关的是，大量文献也分析研究健康行为的微小变化，这些微小变化不仅会增加未来的死亡率和发病率的风险，也会以额外的支付或收益的方式对当前的健康收益情况产生影响。

为了对健康资本估值，可以将期望价值计算公式应用于健康资本"支付"给良好健康的"流量"变化和决策上。未来健康的期望值等于每种健康状态的值与该状态发生概率的乘积。以流感为例，个体健康的局部状态与感染流感的概率有关。可以设置未来四种不同流感感染概率及感染结果（详见表2.1）。

表 2.1 流感季节突发事故的可能情况

状态	概率	回报
无流感	P_n	V_n
轻度流感	p_m	V_m
严重流感与住院	p_s	V_s
致命流感	$P_f = 1 - P_n - p_m - p_s$	$V_f = 0$

在每一种状态下，健康的期望价值都等于该状态下的健康价值（回报）乘以该状态发生的概率。将各种状态下的健康期望值进行加总就得到了流感季节中总的健康期望价值。对于所有可能的疾病来说，加总所有的概率可以得出一个总的健康价值，这被称为具有哲学意义的思想实验。[①] 这种计算方法，也称为期望值法，在现实中，只能通过一些近似值来表达，如公式 2.1 所示：

$$E[V] = \sum_{i=\{n,m,s,f\}} p_i V_i \tag{2.1}$$

上述计算公式给出了流感季中的平均健康期望效用，当然可以据此计算出期望效用的方差。计算方差需要大量的、不同的产出结果。但产出结果越多，个人面临的健康回报的变动性就越大。方差的计算结果也会受到不同产出结果差异性的影响。在方差计算中，如果不同产出结果（即未感染流感、轻度流感、严重流感和死亡）的发生概率或回报收益都存在较大的差异性，就会导致整个流感季节场景产生较大的方差，即该公式推导出的结果就不能相对可信地反映现实情况。期望价值的方差可以通过数学形式表示，如公式 2.2 所示：

$$Var[V] = (\sum_{i=\{n,m,s,f\}} p_i V_i^2) - E[V]^2 \tag{2.2}$$

这个公式的要点是计算出人们在流感季节中面临的风险大小。人们既想获取良好的健康状况，又需要短期及长期的健康状态的确定性或可预测性，而这与人们如何维系自身的健康资本息息相关。

三、健康风险厌恶

健康资本模型通过一个特定时段的健康资本价值变化来刻画健康风险的特征。个人财富的经济风险是指，在未来的多种可能性的世界状态中，至少有一种状态会发生（Gollier，2001）。风险对健康资本管理和跨期替代问题都非常重要，因为人们都想避免健康资本的贬值和负面健康冲击，就需要进行健康资本投资。但从另一

[①] 译者注：思想实验常被哲学家和理论科学家使用，当真正的实验在实践操作过程中或在理论应用层面不可能实现时，可以通过想象，创建一个情景来检验某个假设。它设想对研究内容作出各种条件的干预会产生何种结果，而不是真正实施这种干预，从而发挥想象来说明不同情况的可能性（Roy A. Sorensen. Thought Experiments. New York, Oxford University Press, 1992, p205）。

方面来讲，风险也是健康投资的障碍，因为相比未来不确定性的消费，人们更偏好当期消费。个体的预期寿命是不确定的，未来的消费将伴随着效用延期的风险，并且未来的消费也是不确定的，因此，人们更偏好于当期的消费而不是健康资本的投资。

对于资本商品而言，它的风险来自资产以及相应经济回报的或有属性。资产是指，当且仅当一种确定性状态发生时，财产的所有人将获取收益（Mas‐Colell 等，1995）。债券持有人所持有债券的风险相对较低，只要债务人有能力偿还，债券都会有一个固定的、预定的回报；而股票等风险类资产，有很多种潜在的可能性回报，但每种回报的发生概率都较低。对比债券，股票就是高风险资产。因此，资本商品的风险管理就具有重要的意义，个体可以通过投资来降低风险，也可以通过采取各种风险管理措施来应对资产风险的变化。

健康资本风险的高低取决于个体状况。个体的健康状况存有较大差异，加上促进健康的方法和途径也多种多样，因此健康资本会有各种可能性的回报。健康既会受自身内部各个生理系统的影响，也会受外部各种意外伤害和疾病的影响，并且常常会出现内外两类因素叠加，导致个人面临的健康风险不断上升。当然，人们可以进行多种形式的健康投资，可以采取多种形式的防范和预防性的有助于健康的活动，也可以选择购买多种新时代医疗服务。由此，经济学家们就需要多方面地分析和解释人们是如何作出有关健康资本管理决策的。

风险厌恶是一个重要的经济学概念，被用来解释有关财富的不同选择，也可以被用来解释和优化投资组合选择。拥有一定财富水平的个体在投资和财富管理方面会有多种选择，可以投资诸如房屋和汽车等实物资产，也可以投资股票和债券等金融类资产。某些资产可能有较高的期望收益，而另一些资产也会面临较高的风险（收益的方差变动性较大）。风险厌恶范畴，可以解释拥有相同财富量的人，为何一个人将更多的钱投资到股票上，而另一个人却投资到债券上，因为后者就是典型的风险厌恶者。① 风险厌恶这个概念，适用于财富选择，也同样适用于健康资本决策问题。

通常来说，风险厌恶程度的衡量是关于个体在投资组合的期望回报和风险之间进行权衡的边际选择问题。在上述流感的案例中，人们根据自身健康资本状况所作出的一个微观决策就是接种流感疫苗。接种流感疫苗被认为是一种投资，因为人们之所以付出费用、时间以及个体的不舒适感来注射疫苗，是为了降低未来感染流感的风险。流感疫苗也是一种边际选择，因为它仅仅能改变未来感染流感的概率，而这仅是个人全部健康资本投资中很小的一部分。在某种程度上，选择流感疫苗来测

---

① 作者注：这个假设前提是，通常情况下，债券比股票更安全。

度风险厌恶程度是非常恰当的，因为就健康资本的预期增值而言，注射流感疫苗的成本可能超过预期收益，即注射流感疫苗的期望收益为负的概率较高。

观察人们如何作出健康资本投资决策时，常常将"风险厌恶"与"风险中立"进行对比分析。当有正向期望收益时，风险中立者会倾向于进行投资。对所有人来说，倾向于高收益而非低收益，这是主流经济学的基本假设。就健康资本而言，任何干预手段或金融产品的期望收益都必须超过期望成本。[①] 然而，风险中立者对于回报结果的分布并不关心，换句话说，如果安全性高的债券和有风险的股票具有相同的回报，风险中立者并不关心投资到哪个金融资产上，他们只关心收益的期望价值。类似的，在流感疫苗的案例中，只要期望收益超过期望成本，风险中立者就会选择注射流感疫苗。

根据风险厌恶程度的差异，两个风险厌恶态度不同的人会作出不同的选择。相比风险中立者，风险厌恶者更不喜欢风险。而风险厌恶可分为不同的程度，更高程度的风险厌恶者对风险的容忍度会更低，他们更倾向于具有确定性的高回报的健康资本投资。喜欢冒险的人可能会作出具有更大风险的投资决策。文献中有许多经典的数学模型和方法来定义和衡量风险厌恶程度，最终都可归结为一个基本的保险问题，即个体为规避面临的风险愿意支付多少保费。因为个体之间存在大量的异质性，这个问题对保险机制的运行是十分重要的。总之，风险厌恶不能一概而论，它有不同的程度和水平，一个人可以是风险中立者，可以是轻度的风险厌恶者，有时可能是极度的风险厌恶者。

四、健康保险选择

评估风险厌恶程度的一个动因是它有助于解释人们为什么要购买保险。当人们购买保险时，通常也意味着放弃了高收益回报。保险产品设计原则常常是"精算不公平"（actually unfair）的，即个人期望支付的保费会高于未来索赔的保险金。因此，购买保险是一种低收益的投资（一般来说，收益还可能是负的）。在经典的风险厌恶模型中，Arrow 和 Pratt 运用精算方法度量保险的价值，即人们为了获取未来的确定性而愿意放弃当前消费商品的数量是多少（Arrow，1963；Pratt，1964）。这表明，健康保险与健康预防、健康促进和医疗服务具有很大的区别，人们选择这些健康管理措施是因为它们具有正的期望投资收益，但保险不具备这个特点。[②]

就健康资本管理而言，风险厌恶也暗含了一系列复杂的计算过程。风险厌恶者必须评估产出结果的分布范围（标准差），大多数产出结果具有正向或负向的

---

① 译者注：根据生产产品的直接和间接评估费用成本推算出的产成品的一个成本期望值。

② 作者注：事实上，个人选择期望回报收益为负的与健康有关的活动时，某种意义上就是购买了保险。

概率（偏态），一些低概率事件具有极端的结果分布（峰度）。因此，一个风险厌恶者可能会对风险评估有无止尽的考量。[1] 运用上述决策框架来分析健康资本，风险厌恶者会从不同的未来健康状态以及加总期望值等角度评估每一个与未来健康有关的决策。而风险中立者没有这种复杂数量评估需求。用数学术语来说，他们会将所有的考虑转化为一个简单的数字，即期望价值，本质上是一个平均值（均值）。因此，风险中立者仅会从纯期望值角度来评估未来健康投资的每一个决策。

意识到自身健康资本面临各种风险的风险厌恶者，可能更倾向于通过购买保险来预防所有可能的损失。如果在保险市场上，能够购买或有求偿权来防范或有事件，比如为某天可能感染流感而获得支付的货币价值，那么也就可以通过购买保险来防范个人的健康风险。风险厌恶者会计算流感给总人力资本带来的损失大小，然后购买充足的或有索赔权来弥补全部的损失。同样地，他们会购买保险为其所面临的风险提供保障，也会购买其他的保障产品来预防流感、滑倒或摔倒等意外伤害事故，以及其他可预见的伤害或事故。为此，风险厌恶者将改变投资资产组合，包括通过购买各种小微保险合同的形式，来为可保标的提供保障。这样一来，购买保险前，风险厌恶者的财富由健康资本的价值、货币和其他非健康财产构成；购买保险后，他们的财富构成则变为健康资本、或有索赔权和少量的货币。

在实践中，购买一张单一的为所有损失提供赔付的保险保单是最有效的。如果为应对不同风险去购买多种形式的或有索赔权，交易成本会非常大。此外，也不可能存在能交易所有或有索赔权的完美市场。这就是金融市场特别是健康保险市场上常见的不完全竞争市场问题（Arrow，1963；Doherty 和 Schlesinge，1983）。通常，可以把不同的保险产品组合起来应对一个较长时期内的不同类型的健康风险，比如各种疾病或伤害事故。

风险厌恶有不同的程度，当考虑健康保险的成本时，风险厌恶的程度就具有重要的意义。当保险在精算上是公平时，风险中立者就会无视他们当前的投资组合和购买保险之后的投资组合。而风险厌恶者则可能更强烈地倾向于持有包括货币量较少但基于公平费率的全额保险的投资组合。当保险在精算上不公平时，不同个体对健康保险的需求量是不同的。一个温和的风险厌恶者可能更偏好于包括仅为应对严重损害比如威胁生命的疾病提供保险保障的投资组合；而一个极端的风险厌恶者，即使保险的期望收益逐渐降低，也可能更偏好于既包括应对灾害性的，也包括应对小的意外伤害的保险保障在内的资产组合。健康保险的最优范围问题将是第三章讨论的主题。

---

① 作者注：当降低的偏态和峰度更能反映整体风险厌恶精度时，风险厌恶者会更关注减少的变量。

在Medicare 和 Medicaid 的运行过程中，常常运用所谓的中间模型和方法，该模型强调保险商也要分担部分风险，但这部分风险仅限于政府的"风险走廊"政策和政府补贴政策。将 Medicare 和 Medicaid 归为社会保险是比较合适的，它们不同于个人出资购买的用来保护健康资本的商业保险。关于社会保险的公开出版文献浩如烟海，本书的研究范围仅限于社会医疗保险。至于 Medicare、Medicaid 和其他类似的保险项目，关键的问题是，它们如何更好地保护健康资本，以及保险成本如何在个人和政府之间进行分担。Medicare、Medicaid 被选择作为一类健康保险形式，一定程度上是因为这两类保险计划允许个人去管理健康资本风险。同时，这两类保险计划可以被看作"精算优惠"形式的保险产品，因为，在该计划下，参保人个人支付的保费会少于未来可能获得的预期收益（而纳税人支付了两者差额）。

就健康保险范围而言，另一个重要的问题是如何定义和描述健康保险合同的赔付范围。在传统经济学模型中，面临财富组合的风险，风险厌恶者会对愿意接受风险的整体水平进行分析和评估，然后他们购买保险为全部资产组合提供保障，以容忍在既定保险价格下的期望风险水平。风险厌恶者真正渴望的是能为一切财产包括健康、生命、私有房产等的全部损失提供保障的"超级保险"保单，而不是为他们所面临的每一种风险提供一种保单。[①]

鉴于健康保险利益的范围的不同，个人运用健康保险管理风险是相对困难的。一般地，健康保险商倾向于将健康保险分为诸如住院服务、门诊服务、处方药、精神卫生服务等不同保险利益类型。而从消费者角度看，保险的综合利益保障作用相对弱化，他们更希望为健康提供保险，但并不关注健康损失是如何被保障的，也不关心保险商对保险合同中的医疗服务所下的定义。消费者关注的重点是能将维持健康的时间成本和货币成本进行最小化，以及减轻治疗过程中的疼痛感和不适感。理论和模型中，常常简单地假定人们可以通过调整购买保险的额度来适应不同的风险厌恶水平，但这个假设忽略了一个事实，即个人不仅仅希望最小化资金支出，更希望所接受的医疗服务有更好的治疗效果。本书下一章将对健康保险的范围问题，包括保障范围是什么，是部分保险，还是全部保险等进行详细讨论。在此之前，第三节将重点论述健康保险如何为医疗服务付费。

---

① 作者注：另外，消费者可能非常关注介于两个保单之间的保障边界争议，边界争议下，保险人试图通过将保单责任推给另一家保险公司的方式来规避所需要承担的责任。比如，消费者发生了交通事故，承保机动车辆保险的保险公司和健康保险公司可能都会要求另一方保险公司来承担损失的赔偿，这将给被保险人带来极大的不确定性。

第三节 医疗服务费用支出的金融中介机制

一、间接健康保险

从上文的讨论中可以看出，把健康定义为一种资本形式，并且把健康行为定义为一种投资，给分析和研究工作带来了很大的便利。然而，通过储蓄或投资来直接转移健康是不可能的，正如 Phelps（2003）所指出的，"因为健康保险并不能保障健康，人们将健康保险嘲讽得一无是处。当然，这可能是正确的，但这种嘲讽是毫无价值和意义的。很明显，目前的社会所处的发展阶段，还没有任何技术手段能够实现对健康的直接保障。必须认清的一个事实是，健康保险已经成为应对医疗服务费用支出风险的次优选择。"Phelps 认为，上述的批评意见是肤浅的，但却揭示了问题的本质，即人们对健康的需求是直接的，但对医疗服务的需求却是间接的。同样，人们对于减少风险的需求是直接的，而对于购买保险的需求却是间接的。

由于健康的价值无法用货币来衡量，健康保险的支付通常也是非货币化的。在第一章中，已讨论过健康保险商一般是基于保险利益原则，而不是基于补偿原则进行医疗费用赔付的。但这也带来了一个问题，个人对健康保险的需求可能是双重的间接需求，即个人运用健康保险来为医疗服务埋单，而人们需要医疗服务又是为了维持或获得健康。在这种金融中介方式中，健康保险为个人提供了重要的风险管理服务，即有助于管理与控制相关的健康风险和医疗服务成本。

与购买医疗服务有关的财务风险，实质上是个人的预算约束风险。从经济学角度来看，诊疗费用如果超过个人的财务承担能力时，个人很有可能不去购买全部的诊疗服务。它也超出了经济学家通常所称的个人的"流动性约束"，从理论上说，整个生命周期的收入是能负担相当规模的医疗服务费用支出的；但在实践中，却无法借支未来的收入来支付当前的医疗服务费用（Deaton，1991）。值得关注的是，上述财务风险与健康资本风险既有相互联系，又有相互区别。

尽管与医疗服务相关的财务风险很大，但这种风险在人群中的分布却仍然是随机和不均衡的。在个人、组织机构和政府预算中，平均的医疗服务支出占比都相当大，但这个平均支出水平却掩盖了个体间巨大的差异。这是因为绝大多数医疗服务费用都是间接支出的（保险商代表个人支付），而且支出还呈现出偏态分布，即小部分人花费了绝大部分的医疗服务费用（Berk 和 Monheit，2001）。如果健康保险的消费选择通常都由个人根据自身情况来决定，那么这种个体的异质性会减弱公众对健康保险的购买需求。对风险中立者而言，如果保费在精算上是不公平的，重大灾难的发生概率可能无法刺激他们去购买保险。但对风险厌恶者来说，与高额的、不确定医疗账单有关的财务风险就是促使他们购买保险的关键动因，而接下来他们的消费决策则取决于重大损失的发生概率和严重程度。

其实，人们购买的多数的医疗服务都是可以预测的，并且费用支出也相对较低。人们之所以购买健康保险，是希望通过健康保险来应对这些较低的财务支出风险，也是为了平滑整个生命周期的医疗服务费用支出。但在现实中，人们的医疗服务购买行为是分散的、不连贯的，很难对个人预算实施有效的管理。而购买健康保险，就可以相对完美地解决这种跨期替代问题。可以将医疗服务支出与 30 年期、固定利率的房屋抵押贷款做比较。由于有了房屋抵押贷款，未来 30 年的住房消费支出是十分平滑的，30 年时间的约定还款期限内偿还的贷款费用都是固定的。但医疗服务有所不同，即使在约定的特定时间范围内，医疗服务的费用支出也常常是波动的。正如先前看到的，商品消费的边际效用递减规律作用的一个重要的结果是，人们并不喜好这种一次性的大额消费。购买健康保险，可以实现平滑医疗费用支出的目的，而这种财务风险管理是有别于健康保险作为健康风险管理工具的职能。即使消费是一定的，人们也更喜欢平滑其一段时期内的消费支出，健康保险的财务风险管理功能恰恰可以帮助人们实现这样的目的（Eeckhoudt 等，2005）。

二、健康价值的货币化

既然健康保险的基本功能之一是为医疗服务支出付费，那么很重要的一点就是要弄清楚，在缺失保险的情况下人们如何对由健康保险埋单的医疗服务行为进行估值。在经济学家看来，可以使用人们愿意为某种医疗服务支付的金额来确定医疗服务的价值。"在信息完备和科学知识易得的条件下，价值可以被定义为人们对所提供医疗服务项目的最大化支付意愿"（Pauly，1995）。对任一医疗服务干预工具的估值，都是基于个人对医疗服务的支付意愿来确定的。人们愿意支付健康干预的原因是为了保护或储存健康资本。为了尽最大可能地、真实地反映健康的实际影响，可以设计下面的实验：假定一个理性人面临负面的健康冲击，如果直接购买健康是可能的，那么他愿意用来避免或反转冲击的支出是多少？

最大化的支付意愿成为医疗服务货币化定价的重要决定因素有如下两个原因。第一，几乎在所有的情况下，个人最终支付的价格一定会低于最大化的支付意愿，因此，消费者所接受的诊疗干预的经济价值就是净收益（net benefit），即最大化支付意愿减去实际不得不支付的费用。第二个原因，对风险厌恶者来说，诊疗干预的最大化支付意愿必定会超过他们事前确定的预期收益价值。对保险商而言，了解健康保险的最大化支付意愿非常重要，有助于在精算定价过程中调整不公平的费率（超过保险合同预期收益率的费率）。

生命价值文献中，一个重要的方法是对通过购买或有求偿权获得的健康资本的变化进行估值。生命价值文献已经证明"为了小幅度降低死亡概率，人们愿意支付的费用是多少"（Phelps，2003；Viscusi，1978）。因此，保险公司可以据此对健康资本进行估值。生命价值估值方法也有助于说明，在健康市场缺失的情况下，可以通过其他健康风险管理的替代工具弥补市场的作用。

健康保险的功能是量化健康冲击和健康折旧的规模或数量。换句话说，健康保险的金融中介作用就体现在人们如何看待和评估自己的生命价值，以及如何用货币化的形式表现出来。在经济学理论中，通常会将健康冲击的货币化估值与个体为保护健康资本和降低健康风险所需的实物商品联系起来。而金融学的基本原理要求，要通过健康保险为医疗服务建立和实施一个有效的支付或报销系统，也就是说，健康保险的一个重要的目的是管理与医疗服务支出有关的财务风险。为帮助个体维护健康资本并管理健康风险，充当"完美代理人"的保险商开始成为自愿支付医疗服务费用的主要承担者，并将决定着人们如何估值自己的生命价值。[①] 这种运作机制形成分析和评估健康资本全部价值的基础，如此一来，个体就能在给定的保险价格下，决定到底购买多少金额的保险。然而，对健康保险而言，这只是在理论上非常有用的生命价值的估值方法，在实践中还缺乏可操作性。因此，保险商常常运用更实际的方法测度生命价值，即以医疗服务价格视为生命价值的货币化价值，当然它必须限定在保险合同保障的保险利益范围内。

三、健康资本货币化的挑战

在健康保险中，运用一个非常实证主义的方法评估和衡量生命价值是令人疑虑的，原因在于生命价值存在大量的异质性。"即使在单一类型的研究中（比如由Moore 和 Viscusi 开创的劳动力市场研究，1988a，b），预估结果中也会存在大量的可变因素"（Moore 和 Viscusi，1988a，b；Phelps，2003）。健康的价值因人而异，因为个体对于特定健康产出状态的估值会有不同的偏好。上文中讨论过，总的健康价值等于生命全周期内各种健康状况概率的加总。而每一种或有状态包含两方面价值，一是从每种潜在的健康状态中所获取的支付价值，二是基于最大化个人支付意愿的医疗服务商品价值。估值的多样性意味着拥有相同健康资本的不同个体可能有不同的估值。这种不同个体对健康资本估值的差异性，有助于解释健康保险支付意愿的差异性。

风险厌恶的差异性是另一种重要的健康产出风险估值的多样性的表现形式。风

---

① 作者注：委托代理理论是健康保险产业的核心，某种程度上，保险商"代表"患者与医疗服务提供者进行接洽协商。有关健康保险委托代理问题的研究多见于卫生经济学和健康保险文献研究，比如 Smith 等（1977）。

险厌恶程度更高的人，在接受预防性医疗项目时，往往比风险厌恶程度低的人有更强的支付意愿。因此，拥有相同健康资本的两个人，即使健康资本的估值是一样的，在防范健康风险方面也可能会有不同的偏好。这其中的差异性有助于解释人们对健康保险支付意愿的差异性，因为风险厌恶程度也会影响支付意愿水平。

即使个人有健康保险来应对医疗服务所带来的财务风险，但个人仍然会面临其他的与保险付费机制相关的非财务风险。因为健康保险要为个人所接受的医疗服务付费，个人必须将当前"全部"的健康状态告知给保险公司，这也有助于被保险人的治疗和康复。同样，保险商要对意外伤害或疾病进行充分补偿的话，需要借助涵盖各种医疗费用的价格表（如费用支付表）完成对特定意外情况下医疗服务的费用赔付。可以举一个特定意外情况的案例。在心脏外科手术中，某个还没有诊断出心脏瓣膜关闭不全的患者由于其他心脏问题实施了心脏外科手术，该患者此时的状态并不是"和新的一样"，医生不仅要处理确诊的问题，也应该对现在诊断出但之前未提及的心脏瓣膜不全进行修复手术。一个基本的事实是，健康资本可以被货币化估值，但无法进行直接的买卖，在某种程度上，这意味着健康是不可替代型商品，也就是说，健康保险完全不能替代健康。有关不可替代型商品的保险问题研究文献非常多（如 Cook 和 Graham，1977），但在此书中，只是关注这种不可替代的风险就可以了。

基准风险是一个重要的金融学概念，它描述的是金融工具的收益率与消费者预期存在偏差的情形。例如，一个投资人希望通过保险来防范股票资产组合价值变动带来的风险，但他所获得的保险合同只能是基于标准普尔 500 指数的整体价格走势，这种情况下该投资人就接受了一定的由个人拥有的资产组合和市场整体的资产组合之间的收益率差异所形成的基准风险（Heckinger 等，2014）。就健康保险而言，人们需要健康，而由健康保险为医疗服务付费。健康保险的基准风险是非常重要的，因为它限制了健康保险全面管理财务风险的程度。从某种意义上说，健康保险不能保护健康资本，因为金钱不能代替健康，这既是因为技术限制（完全的治愈并不存在），更多则是心理上的限制（一个罹患疾病又被治愈的人，在感觉上仍然觉得身体没有比得病之前好）。尽管基准风险存在于所有类型的保险中，比如房屋保险不可能真实地把一所房屋恢复到火灾发生之前的状态，但在健康保险中，基准风险体现得更为突出，因为健康估值因人而异，而且不存在健康或人的生命的"重置市场"。

尽管基准风险是跨人群的突出问题，但特定群体的基准风险程度更多取决于个体的特征、个人罹患的疾病以及医疗技术的发达程度。换句话说，个人的健康风险或健康资本的异质性越大，面临健康基准风险的概率就越大。因为健康保险合同承保的主体是特定健康保险计划中平均的、有代表性的成员，对非代表性的其他人员或有特殊健康风险的个人而言，健康保险的保障针对性就没有那么强。同样地，就疾病水平来说，在其他条件相同的情况下，与患有普通疾病的人相比，罹患罕见疾病的人，被承保的难度更大。就健康医疗服务技术来说，当特定区域内的医疗服务技术越发先进，会更容易确定医疗服务、健康保险，乃至较低的基准风险。大量存在的基准风险对健康保险非常重要，原因就在于它会直接影响保险需求，基准风险越大，个人对健康保险的需求就越低。下面将讨论的一个重要问题是健康保险支付意愿的差异化，健康保险商需要确定一个普遍适用的保险利益原则以适应承保和定价的要求。

四、健康保险的定价

对健康保险商而言，一个现实的任务就是运用一个标准化方法来货币化个体和群体的健康风险。这个方法，用来确定在不同的意外情况下医疗服务的补偿水平，就是常见的医疗服务偿付系统。该系统中，最常用的精算术语是"精算损失模型"，其用途是设计、应用和测算医疗支出费用。从保险商的角度看，该模型应用的关键是它必须是标准化的，因为保险商的保险合同承保的不是一个人，而是风险特征不同的群体；同时，还要保险公司也要运用该模型来计算每张保单的保险成本。

给定保险合同下，一旦确定了个体的期望成本，基本就能保证该个体可以获得相对公平的精算费率。群体期望成本则是一个平均值，是保险商为具有相似风险状态的群体而可能支付的期望值。由个体组成的、为签发保单的目的而形成的群体也被称为风险池。保险商组建风险池的目的是聚合保费，聚合的保费主要是为了支付未来的赔付、保险的经营成本以及给保险商精算误差预留一个边际量，即准备金。当然，很多保险商也会做一些预算，从为特定的被保险人提供保险服务的过程中获取相应的利润。

健康保险商在测算被保险群体的索赔成本时，使用个体在不同的意外情况下与健康价值估值类似的期望价值计算公式。基本的保险定价方程式如下：

$$E(损失) = E(概率) \times E(损失程度)$$

保险商非常关注期望损失，即赔付成本。期望损失可以在群体、个体层面，甚至特定医疗干预层面进行评估计算。例如，在美国，国民医疗卫生方面的平均支出等于一年内每个人使用医疗服务的期望概率（效用）与平均健康服务成本（价格）的乘积。

在个体层面，期望的医疗服务支出也等于个人使用医疗服务的概率乘以医疗服务的期望成本。由于个体特征的差异性，在医疗费用支出上，个体与群体存在差异。与健康状况差或年龄大的人相比，健康或年轻人的平均医疗费用支出会比较低。此外，这些与支出有关的变量也不是一成不变的，比如孕龄期女性在医疗服务方面的支出大于男性，然而随着年龄的增长，特别是到老年时，同等年龄下，男性在医疗服务方面的支出是大于女性的。

同样的计算公式可以应用在医疗干预层面上，也就是计算特定的医疗服务的平均费用支出。医疗干预的支出水平与群体或特定个体使用干预的概率以及平均费用有关。因此，一个群体的预期费用损失的计算，既可以采取"自上而下"的方法，也可以采取"自下而上"的方法。一种模型和方法是指将一个人年度赔付申请总额进行加总（密度法）；另一种模型和方法是指估算出每项诊疗干预服务的成本，并将这些分散的值加总成一个总成本费用（累加法）（Bluhm，2007）。

通常，个体或群体的期望损失是不同的，这种不同取决于与健康冲击或健康折旧相关的风险期望概率和期望损失程度。比如流感在群体中的发生概率就不尽相同，幼儿、老年人或体质较弱的人更容易感染。在相同的健康冲击下，流感所造成的期望损失也会有所不同。例如，相对健康的人感染流感的可能性就比健康状况差的人要低。所以，对于健康状况差的人，医疗服务和健康保险的成本就会比较高，因为他们患病的概率相对较高，且得病后产生更高支出的可能性也更大。但这种平均化的、相对高的费用支出，不一定能真实地反映出不同种类疾病或意外伤害所造成的损失。比如，与处于长期照护中的人相比，健康的人有更多的走出家门的机会，也因此更有可能遭遇交通事故而受伤。但从另外的角度来说，同样的意外事故可能会给健康程度较差的个人造成更为严重的后果。

尽管健康保险商评估了医疗服务的所有成本，但最终只是支付了健康冲击的部分成本。实际支付占总成本的比率取决于健康保险合同的财务特征，包括免赔额、共付额以及共同保险等。以流感为例，健康保险商的支付可能仅仅是部分注射疫苗的费用，即使因流感而住院，个人也不得不支付部分账单。上述两种情形凸显了保险的两个目的：一是对于大多数人来说，注射疫苗的成本是可控的，保险保障的目的就是要平滑这类消费；二是住院费用可能远远超出个人支付能力，保险保障的目的就是要分摊这种巨额的费用支出。

把个人部分分担的医疗费用支出考虑计算在预期损失内，有两种基本的方式。首先，它们直接减少了保险商的预期赔付金额，假定保险合同包含了20%的共付条款，这意味着个人将承担20%的医疗费用，会直接降低保险商的成本。其次，个人部分承担的费用通过影响保险事故的发生概率和损失程度，从而间接地降低期望损失。这是因为，当个人得知必须为部分账单付费时，将会减少就医诊疗的频率，甚至可能在某些情况下选择更保守的干预治疗。当然，还需要考虑影响索赔期望值的另一个关键因素，即保险中的道德风险。关于健康保险中个人和保险公司分摊费用方面的更多细节，将在第七章重点介绍。

在健康保险经营中，还存在一部分超出理赔申请的成本，这些成本也是要计入保费的。传统的健康保险商会将此类支持保险合同运营的成本作为附加因素。就像前面已经论述的，附加因子包括行政管理费用，保险商期望获得的边际利润，以及为应对超额预期赔付而预留的准备金的成本等（Bluhm，2007）。行政管理费用也应当计入费用支出，这是因为在评估医疗费用时，需要保险商投入相应的时间和人力，需要大量的数据计算，需要计算机硬件基础及其他资源。第三方付费的特性，不但要求保险商核实个人的理赔申请，还要求保险商代表被保险人支付相应的医疗服务费用。与此相反，没有参加保险的个人，不仅需要个人去支付自己的医疗费用，一定程度上还需要个人亲自去评估自己医疗费用支出的合理性。当然，这些消费者可能节省了雇佣健康保险商等第三方来完成相应工作的成本，而且个人可能也不需要相应利润。但是，为了应对未来医疗服务支出所带来的财务风险，并且使未来的医疗服务消费支出更加平滑，不购买健康保险，就必须要提前储存一笔费用。因此，只要购买健康保险，个人必将面临附加成本加入保费的情况。

健康保险产品的定价，还必须考虑的另一种情况是，负责管理医疗费用赔付支出的机构与负责实际费用支出的机构可能是同一家机构，也可能不是。造成这种偏差的主要原因是健康保险的第三方支付功能可能是由多个机构来承担的。一家健康保险公司可能负责测算参保群体的损失风险，并要负责赔付他们的费用损失；而雇主、政府等其他组织，只需负责他们自己的赔付申请。另一种情况是，政府可能只是负责确定医疗服务成本，而保险公司负责在保险合同保障范围内确定被保险人的赔付申请。

上述责任的划分，既同健康保险的成本有关，也同管理运作的方式有关。如果不同的组织对健康保险服务有着不同的定义，责任划分就能降低保险的成本。这是由于不同的机构具有各自的优势，比如，健康保险公司在处理理赔申请时会更有效率，但雇主在保险风险池的组合方面则更具优势。责任划分也是管理的需要，因为它将决定由谁来作出健康保险消费选择。健康保险市场的主体如何来供给健康保险产品的相关内容，将在第五章中详细介绍。

五、第三方付费的规模和范围

第三方付费功能是健康保险的基本功能之一，其范围经济效应和规模经济效应对于降低健康保险成本具有十分重要的意义。应该有理由相信，保险的规模化发展形成的规模经济可以有效地降低保险的成本。健康保险的经营是建立在医疗核保承保的基础上的。理论上，保险商可以发现并聚集具有相同损失分布的人，这样就能减少保险组合中的风险扩散和延伸。这个理由与群体的统计特征有关，也即众所周知的大数法则。① 大数法则是指，对于给定的概率分布，分布中样本数量的增多会增加样本概率分布的确定性。更规范地说，"大数法则，在统计学上，就是指随着具有相同分布的、随机产生的变量的增加，样本均值越接近理论均值的定理"（Routledge，2016）。② 例如，如果一个人感染流感的概率为20%，而保险商仅为此一人提供保障，那保险商将承担大量风险。一旦此人感染流感，保险商一定会支付比期望损失更多的赔付；但如果此人未感染流感，则保险商的赔付又一定会比期望损失少很多。如果保险商承保1 000个具有相同风险特征的人，那么感染流感的人数的概率将更确定并趋向于200人。

在上述案例中，通过构建风险池来形成规模经济效应的关键是1 000人感染流感的概率是相似的。"相似"是一个相对无法确定的概念，与流感或其他健康冲击的发生概率有关。理想情况下，风险池中的每一个人都有相同的健康事故发生概率。但事实上，任何一个风险池都会有变化，因为没有两个人是完全相同的。将相似的而不是完全相同的个体放在一个风险池中会降低保险的成本，这是因为在这种情况下，平均每人缴纳的保费比每个人单独缴纳的保费要少。这样一来，人们的谨慎性储备就可以投资到其他更具有经济价值的领域。需要指出的是，大数法则不适合健康人群与非健康人群混合的群体，将损失概率不同的大量人群进行汇集是不能在风险管理上产生规模效应的。

保险商将大量人群汇集在一个风险池中可以利用范围经济效应。范围经济不同于基于大数法则的规模经济。健康保险的范围经济是指保险商降低第三方付费运营管理成本的能力。保险经营过程中有很多固定成本，比如承保和管理团体保单的成本、根据保险合同建立医疗赔付系统的费用等。从这个角度而言，大型保险商将比小型保险商更可能提供较低费率的产品。但超过某一临界点，人群规模的增加就不能带来经营管理成本的下降。这个临界点是一个经验判断问题，会随着保险种类和被保险群体的不同而有所变化。

影响保险范围经济和规模经济的一个显著难题是群体的多样性或异质性。保险商可以选择向不同风险等级、不同风险厌恶程度和不同健康资本估值的人，提供适合他们的不同类型的保险产品。但为了获得赔付过程中第三方支付的范围经济，保险商会使用相同的赔付系统来管理每一个同等风险组中的个体赔付申请。例如，保险商对健康状况不太好的人和比较好的人，签发的合同可能是相同的，但不同的是

---

① 译者注：概率论的主要法则之一。要了解大数法则在保险中的意义，首先要区别事件出现的概率及与事件相关的风险（不确定性）。如果损失概率从为数有限的损失风险单位取得（例如由雷击造成住宅损毁取得），其概率就可能很小，但不确定性却很大，因而该损失概率不可信。

② 作者注：更确切地说，大数法则有很多，包括"强"和"弱"的法则形式。本书将大数法则视为一个单一定律，规定在一些特定条件下，随着随机抽取次数的增加，抽取的平均值变得越来越精确。

会将这两类人分别放入不同的风险池并按不同的费率来收取保费。当然，保险商也可以将成本高于预期损失的群体同成本低于预期损失的群体混合起来，以分散风险并产生相对稳定的精算结果。需要注意的是，按不同风险等级对人群进行分类承保的方式，会因保单数量的减少而降低保单的规模效应。但是，如果保单承保范围过大，一定程度上，就会限制单一的医疗费用偿付系统（医疗费用价格表）在赔付时的使用。因此，保险商可能要在健康保险的产品个性化和费率适用性之间作出权衡。

综上所述，一个清晰的结论是，健康资本是有价值的并且能够成为可保资产；而不清楚的是，仍然无法确定每个人是否希望获得相同的保险额度。在本章的讨论中，假定群体具有多样性或异质性，而实际上可能还会存在相反的情况。接下来的研究，将在分析上述一般性原则的基础上，更聚焦于最优健康保险设计等细节上。应当关注的问题，包括个体想拥有多少保单，应该组合多少个风险池，以及如何进行适应性调整，将在下一章通过研究最优健康保险文献来给出答案。

参考文献

［1］Arrow, K. J. （1963a）. Liquidity preference, *lecture VI. In Lecture notes for economics* 285, *the economics of uncertainty* （pp. 33 – 53）. Stanford, CA：Stanford University.

［2］Arrow, K. J. （1963b）. Uncertainty and the welfare economics of medical care. *The American Economic Review*, 53 （5）, 941 –973.

［3］Becker, G. S. （1967）. *Human capital and the personal distribution of income：An analytical approach.* Ann Arbor, MI：Institute of Public Administration.

［4］Berk, M. L. , & Monheit, A. C. （2001）. The concentration of health care expenditures, revisited. *Health Affairs （Project Hope）*, 20 （2）, 9 –18.

［5］Bluhm, W. F. （2007）. *Individual health insurance.* Winsted, CT：ACTEX Publications.

［6］Cook, P. J. , & Graham, D. A. （1977）. The demand for insurance and protection：The case of irreplaceable commodities. *The Quarterly Journal of Economics*, 91 （1）, 143 –156.

［7］Deaton, A. （1991）. Saving and liquidity constraints. *Econometrica*, 59 （5）, 1221 –1248.

［8］Doherty, N. A. , & Schlesinger, H. （1983）. Optimal insurance in incomplete markets. *The Journal of Political Economy*, 91 (6), 1045 – 1054.

[9] Eeckhoudt, L. , Gollier, C. , & Schlesinger, H. (2005). *Economic and financial decisions under risk* (1st ed.). Princeton, NJ: Princeton University Press.

[10] Gollier, C. (2001). *The economics of risk and time* (1st ed.). Cambridge, MA: MIT Press.

[11] Grossman, M. (1972). On the concept of health capital and the demand for health. *The Journal of Political Economy*, 80 (2), 223 – 255.

[12] Heckinger, R. , Ruffini, I. , & Wells, K. (2014). Over – the – counter derivatives. In R. Heckinger, D. Mengle, R. Steigerwald, I. Ruffini, & K. Wells (Eds.), *Understanding derivatives: Markets and infrastructure* (pp. 27 – 38). Chicago, IL: Federal Reserve Bank of Chicago.

[13] Huang, C. , & Litzenberger, R. H. (1988). *Foundations for financial economics*. Englewood Cliffs, N. J. : Prentice Hall.

[14] Mas – Colell, A. , Whinston, M. D. , & Green, J. R. (1995). *Microeconomic theory* (1st ed.). New York: Oxford University Press.

[15] Moore, M. J. , & Viscusi, W. K. (1988a). Doubling the estimated value of life: Results using new occupational fatality data. *Journal of Policy Analysis and Management*, 7 (3), 476 – 490.

[16] Moore, M. J. , & Viscusi, W. K. (1988b). The quantity – adjusted value of life. *Economic Inquiry*, 26 (3), 369 – 388.

[17] Murphy, K. M. , & Topel, R. H. (2006). The value of health and longevity. *The Journal of Political Economy*, 114 (5), 871 – 904.

[18] Pauly, M. V. (1995). Valuing health care benefits in money terms. In F. A. Sloan (Ed.), *Valuing health care: Costs, benefits, and effectiveness of pharmaceuticals and other medical technologies* (1st ed. , pp. 99 – 124). Cambridge, UK: Cambridge University Press.

[19] Phelps, C. E. (2003). *Health economics* (3rd ed.). Boston: Addison – Wesley.

[20] Pratt, J. W. (1964). Risk aversion in the small and in the large. *Econometrica*, 32 (1/2), 122 – 136.

[21] Routledge, R. (2016). Law of large numbers. *Encyclopœa Britannica*. Retrieved from http: //www. britannica. com/science/law – of – large – numbers.

[22] Smith, P. C. , Stepan, A. , Valdmanis, V. , & Verheyen, P. (1997). Principal – agent problems in health care systems: An international perspective. *Health Policy*, 41 (1), 37 – 60.

［23］ Varian, H. R. （1992）. *Microeconomic analysis* （3rd ed. ）. New York：W. W. Norton and Company.

［24］ Viscusi, W. K. （1978）. Wealth effects and earnings premiums for job hazards. *The Review of Economics and Statistics*, 60 （3）, 408 – 416.

第三章　健康保险的范围

第一节　保障程度的度量

一、健康保险数量的定义

传统市场中，数量是指消费者从生产者那里所得到的特定商品数或特定服务量。可以使用最简单的供求模型来反映商品的消费数量，这些被用来示例的商品通常都是简单的日常商品，比如食品；当然也会有些现实中不存在的抽象商品（例如经济学中常用的劣等商品 "widget"①）。透过供求模型，经济学得以假设并解释消费者在特定价格下对特定商品的消费数量，比如吃了几个苹果或使用了多少加仑的汽油。当然，模型中有一个基本假设，即商品必须是可以替代的。即对司机而言，任一给定数量的汽油都具有完全的可替代性，通俗地说，就是两加仑同等质量的汽油是完全相同的。

多数常规的保险模型会将关注点放在人们为了保护整个投资组合而选择的保障数量。在代表个体总体财富的投资组合中，健康资本是个人所持有的更广范围资产的一部分。为了避免财富冲击带来的损失，风险厌恶者会设法为其部分或全部财产投保。戈利耶（Gollier，2001）用下面的方法解释了"标准投资组合问题"。"当一个风险厌恶者拥有的资产可能遭受 $\tilde{y}$ 的随机损失时……他可以选择自留风险份额 α，并通过支付保费的方式，将剩余的（$1-\alpha$）份额风险转移至保险商。保险费与预期赔偿金额成正比，这也被称为保单的精算价值"（Gollier，2001，第61页）。

在标准投资组合问题模型中，为了在降低风险（规避风险）和保险成本支出之间寻求平衡，个体会选择自留的风险水平。由于人们的健康资本与生俱来，除非选择获取健康保险，否则一生中都将处于健康冲击和健康资本贬值的风险之中，因

---

① 译者注：widget，本意为小组件、小器具等，一般用于假设的情境中，可指代任何类型的产品。西方经济学家经常使用 widget 代替 something。

此，投资组合模型也成为界定健康资本保险程度的最佳方法。$(1-\alpha)$ 衡量个人通过保险合同获得的总保障数量（即保险数量），α 表示个人选择自留的风险数量。当 $\alpha = 0$，$(1-\alpha) = 1$ 时，个人有全额保险；当 $\alpha = 1$，$(1-\alpha) = 0$ 时，个人是"未保险"或"自保"。在这个分析框架中，风险保障被视为纯粹的商品，这意味着提供给既定消费者的具有同等保障数量的两份保险合同被认为是完全无差别的。

个人和保险商都面临着选择所管理风险数量的问题，即确定合适的 α 值。购买健康保险时，个人必须决定自留风险的大小。保险商则面临着相反的问题，即愿意承担多少风险。个人接受的 α 值越高，意味着自留了较高的与健康资本相关的风险。对保险商而言，$(1-\alpha)$ 值越高，意味着保险商承担了较高的与被保险人健康资本相关的风险。因此，α 也被称为共保率。在某种意义上，购买部分保险的个人和他们的健康保险商是共同保险人。假定共保率为 20%，即 $\alpha = 0.2$，个体就为其 80%（$1-\alpha = 0.8$）的风险购买健康保险合同，也即个人自留了 20% 的风险。

在实践中，健康保险商能够以多种方式与个人共担健康资本风险。除共同保险以外，限制健康保险保障范围的主要方式还有免赔额、共付额和赔偿限额等。在上述的个人风险分担（费用分摊）方式中，当某一种分摊方式对应着较低的 $(1-\alpha)$ 时，换句话说，该方式也对应着较高的个人自留的风险数量 α。然而，共同保险、免赔额、共付额和赔偿限额等不同的风险分担方式对个人的财务责任（个人承担的费用风险）的影响是不同的，意义也不同。共同保险以风险分摊比例为基础，而共付额[①]、免赔额和赔偿限额是以固定金额为基础。共付额通常适用于医疗服务成本较低的情况；共同保险则对成本较高的医疗服务或预期医疗服务成本较高的个人尤为重要。共付额针对个人索赔或具体医疗干预行为；免赔额和赔偿限额则针对个人较长时期内发生的全部损失——如一年期保单，甚至终生保险。表 3.1 举例说明了这些个人财务责任分担方式的应用。

表 3.1　　　　　　　　　　　　　　健康保险范围的限制方式

健康保险限制方式	计量方式	应用例子
共同保险	相对值	个人每次支付 20% 的赔偿金额
免赔额	绝对值	对于每次的赔偿金额，个人支付前 1 000 美元 对于一年内发生的赔偿金额总和，个人支付前 5 000 美元

---

① 译者注：共付额（copayment）又称自付额，指承保范围内接受诊疗服务等必须向保险公司支付的固定金额，比如，每次看内科医生，无论诊疗服务的费用支出是多少，被保险人必须要支付 5 美元；再如，无论每次购药的实际成本是多少，被保险人都必须支付 2 美元。参见《保险学辞典》（第 4 版），哈维·W. 鲁宾著，李晓林译，上海财经大学出版社，2010 年。

续表

健康保险限制方式	计量方式	应用例子
共付额	绝对值	个人每次支付 10 美元的医生就诊费用
赔偿限额	绝对值	个人支付超过 10 000 000 美元的索赔金额 对于一年内发生的索赔金额总和，个人支付超过 3 000 000 美元的部分 对于被保险人一生中发生的索赔金额总和，保险商最多支付 50 000 000 美元

一般来说，对于不同类型的健康保险合同，风险厌恶者会有不同的偏好。从被保险人的角度来看，不同的风险分担方式下，个体所承担的财务责任不同，收益和成本也不相同。而从保险商的角度来看，也是如此。共同保险对于个人的价值在于，即使是最小额度的索赔，也能获得给付。共同保险降低了所有医疗服务的价格，就像优惠券一样——20% 的共同保险合同相当于所有医疗服务价格"优惠 80%"。免赔额对于个人的价值在于，它只限制了对最小损失的保障范围，从而集中于为更具有灾难性的损失提供保险赔付。在免赔额条款下，个人可以确定自付费用的最高限额。共付额让消费者分摊了小部分医疗费用，从而也降低了保费。对有经济能力的人来说，承担 10 美元的就诊共付额并不沉重，所以为了获得更低成本的保险，消费者可能愿意接受具有共付额条款的保险。赔偿限额的主要好处是有利于降低保险成本，因为保险商会向愿意投保较低保险额度的个人收取较低的保险费。

当订立健康保险合同时，通常会综合使用个体所承担的财务责任和保险商的保单预期赔偿金额来衡量该合同所提供的保障数量，也即常说的精算价值，或者说，一个特定的保险合同在给定的年度中为预期总医疗服务费用提供多大比例的保障。举例说明，如果预期某人在某一年将发生 5 000 美元的医疗费用，而该消费者保险计划的预计赔付金额为 4 000 美元，则该保单的精算价值为 80%，也相当于共保率为 20% 的保险计划。精算价值并不一定与共保率完全对应，因为在一个保险计划中，可以通过共同保险、免赔额、共付额和赔偿限额等多种组合来达到特定的保障水平。例如，保单 A 是一个包含共保率为 20%、保单年度免赔额为 5 000 美元的组合，则 α 为 0.25；保单 B 是一个包含共保率为 15%、保单年度免赔额为 15 000 美元的组合，则 α 为 0.30。那么，虽然保单 A 有较高的共保率，但保单 B 提供的保障程度却低于保单 A。这种以合同预期索赔为基础的计算被称为事前精算假设，它不以实际索赔为基础。

当然，也可以根据"事后"的实际赔付情况来计算保障数量。保险合同到期后，被保险人可以计算出总的自付费用和总的医疗服务费用支出，据此即可得出健康保险对医疗服务费用的补偿比例。就整体情况而言，这一计算结果应该等于"事前精算"的结果[①]，但具体到个人，"事前精算"和"事后计算"的结果则会有很大不同。例如，如果个人购买了年度免赔额为 1 000 美元的保单，在一年的保险期内，该消费者只产生 500 美元的索赔，保险商就不会给予任何的经济赔偿，这种情况是基于"事后"的实际结果，也相当于没有保障，即 $\alpha = 1$。相反地，如果该个体同样购买了年度免赔额为 1 000 美元的保单，当遭遇费用损失高达 30 万美元的保险事故时，根据合同约定，保险商将给付几乎全部的损失金额，相当于全额保险，即 $\alpha = 0$。因此，赔付的事后计算方法也可用于计算保险合同的医疗赔付率，即保费中用于支付医疗索赔的比例。

一个健康保险合同对于被保险人提供的保障额度还与健康保险的第三方支付功能有关。第三方支付功能的强度因保险类型而有所差异。在损失补偿保险中，如果保险商向个人支付了一笔一次性付清的保险赔付，可以被认为是被保险人获得了较少的第三方支付服务。当保险商以医疗服务项目为基础直接向医疗服务提供者付款时，可以被认为是保险商提供了适量的第三方支付服务。当然，也存在获得较多第三方支付服务的情况，如由管理式医疗服务的付费方提供的第三方服务。当保险商把所有医疗服务支付捆绑在一起时，或者按人数支付医疗服务费用时，一般就认为健康保险商提供了大量的第三方支付服务。

二、健康保险质量的评估

健康保险作为一种特殊商品，不仅可以从健康保险的数量方面来衡量，还可以从健康保险的质量方面进行评估，因为即使是相同的健康保险合同，健康保险商在具体合同履行过程中也会存在很大的差异。这种差异与健康资本的主观性有关，毕竟，被保险人和保险商签订健康保险的目的是共同分担和应对健康医疗服务费用支出。但如果损失金额本身的衡量就有一定程度的误差，那么即使对于两个共保率都为 20%、被保险人相同的保单，也会因为个体人力资本的差异化估值而产生不同的赔付金额。因此，所谓高质量的健康保险，会将这种误差降到最低。

健康保险质量的评估，可以从消费者或医疗服务提供者两个不同的角度来展开。从消费者的角度来评估保险质量的原因在于，获得健康保险的最终动机来自想要保障其健康资本的风险厌恶者。健康保险的质量是决定个人从健康保险安排中所获得效用数量的因素之一。从医疗服务提供者的角度评估健康保险质量的原因在于，利益激励决定了他们所提供的医疗服务的数量和质量。与消费者相比，医疗服

---

① 译者注：这是因为单个保险合同具有或然性，即保险金的给付有赖于特定保险事故比如接受诊疗服务的发生；但对整个保险市场而言，不具有或然性。

务提供者还具有更多关于医疗服务质量变化等的关键信息优势。在评估健康保险质量时，考虑这一优势尤为重要，因为与定义数量相比，健康保险质量评估无疑更加难以把握。

对于健康保险的质量，消费者关心的是保险商提供的相关医疗服务的保障范围，也称为医疗保险服务网络或范围（如医保报销的药品范围）的宽度或窄度。消费者的这种关心，不仅是因为在一定条件下，医疗服务提供者在治疗技术和疗效方面的差异，也可能是因为人本主义精神方面的偏好，比如"医生对病人的态度"等。消费者可能希望医疗服务提供者是熟悉自身特定健康状况的，并且是最具专业知识的，以便更好地帮助他们维持健康资本。但健康保险商为了降低健康保险成本，会选择与有限的医疗服务提供者合作，如此一来，提供等同数量财务保障的保险计划，就可能产生质量上的差异。

健康保险的质量还可能受到不同的诊疗服务价格和健康保险保费的影响。举例说明，需要进行膝关节置换手术的人可能会发现，对于"医保范围内"和"医保范围外"的外科医生，其所提供的医疗服务价格有巨大差异。当医保网络外的外科医生有更丰富的经验、更好的治疗效果，或者是个人的首选医生时，保险商提供的医疗服务网络就会降低消费者感知到的保险质量。医疗服务提供者与消费者关于健康保险质量的观点是一致的，他们都认为，保险商支付的赔偿金额越多，其所提供的健康保险质量就越高。因此，医疗服务提供者更愿意接受赔付更高的保险形式，如商业健康保险；而不太乐意为保险赔付率较低的患者提供医疗服务，如 Medicaid（Decker，2012）。保险商可以利用这种消费偏好倾向，在保险数量不变的情况下，通过提高可感知到的保险质量从而收取更高的保费。

医疗服务提供者还根据索赔审核的严格性来评估质量。在结构性的补偿机制中，保险商扮演了重要的第三方支付角色，常常会将这种角色带到保险合同发生的索赔处理过程中。从医疗服务提供者的角度来看，保险商的索赔审核过程越简单，所提供的保险合同质量越高。当被要求提供相应材料时，诚实的医疗服务提供者会提供他们所认为合理的材料。如果被要求需要提交大量材料、进行特定程序或药物的事先授权以及其他形式的"医疗费使用检查"，医疗服务提供者可能就会认为该保险商的保险合同质量较差。[①]

医疗服务提供者也可能会偏好赔付时效或理赔的速度。对医疗服务提供者和相

---

① 作者注：与关于患者和消费者的健康保险观点和健康保险选择的文献相比，关于医生和医疗服务提供者的健康保险质量看法的文献还比较少。此前的研究发现，医生强烈认为健康保险公司等"……对减少医疗服务费用负有'重大责任'……"同一项研究在调查医生对第三方支付的意见时发现，"很少有人对'取消按服务项目收费的模式'（7%）表示热情"（Tilburt 等，2013）。未来，关于医疗服务提供者的健康保险认知的研究可能将会有较大的进展。

关的辅助机构来说，等待赔付的时间机会成本很高，在等待应收账款的这段时间里，他们必须想办法筹措营业资金。保险商作为一种金融中介，要对赔付申请进行裁决和赔付，但是否赔付或何时赔付存在一定的不确定性。这样一来，医疗服务机构用所提供的医疗服务来换取保险商的未来支付时，就会存在一定的风险，因为医疗服务提供者不能像收回实物资产（比如汽车）使用权那样"收回"改善的健康资本。在支付相同的赔偿金时，理赔速度越快，保险质量越高，这能降低医疗服务提供者的财务风险。

卫生服务研究文献主要着眼于通过健康服务结果来评估健康保险质量。较高质量的保险能更好地改善健康结果，如生存率和生活质量。如果能够在健康保险供给和更好的健康状况之间建立因果关系，就可以说保险质量较高。例如，萨默斯（Sommers）和同事的研究发现，从未保险状态转变到有保险的状态可以降低死亡率。2010年马萨诸塞州的全民保险改革，将健康保险的覆盖范围扩大到之前没有保险的人，保险范围的扩大降低了那些从无保险状态转向有保险状态的人群的死亡率（Sommers 等，2012，2014）。

尽管死亡率是评估健康保险质量的客观指标，但还没有充分证据证明高质量保险与低死亡率之间的必然联系。因此，很难用死亡率作为评估健康保险质量的代表指标。在对很多案例的研究中发现，健康保险数量或质量与死亡率之间没有因果关系。一些经典的研究，包括兰德的健康保险实验和俄勒冈健康保险实验发现，虽然高血压和抑郁症等情况有明显改善，但不能得出高质量保险与低死亡率之间存在因果关联关系（Baicker 等，2013；Manning 等，1987）。

卫生服务研究文献也进行了大量的关于基于健康保险本质特征的基准健康风险评估方法。健康保险计划正是运用这种"基于价值的保险设计方法"，试图调整财务责任的衡量标准，以反映不同人群接受医疗服务的潜在效果（Chernew 等，2007）。保险商通过设计和开发"基于风险的健康保险合同"，试图根据可能产生的各种健康结果向医疗服务提供者付款（Frank 等，1995）。然而，很少出现不同条件下同样的健康结果。在很多情况下，大多数健康结果都更主观，或者说是基于患者报告，特别是疼痛和精神疾病。因此，要采用多种方法，通过客观和主观健康结果来评估健康保险的质量。

在很多情况下，可以用一个更低的衡量标准或方法，以表明更高质量的保险能保证更多的被保险人获得医疗服务。医疗服务的获得与医疗网络的覆盖面、索赔审核和付款时效性的评估密切相关。有关获得的财务评估方法用来研究保险对医疗服务总额或自付费用的影响程度。然而，财务因素只是阻碍医疗服务的潜在因素之一，其他诸如位置、医疗服务提供者和医疗设施的供给以及个人参与度，都会影响医疗服务的使用。所以，通常根据获得的医疗服务数量（利用率）以及与医疗服务相关的健康结果，来评估获得情况（Gold，1998）。需要指出的是，从某种意义上说，医疗服务的获得情况也可以通过应对特定类型的健康冲击来评估。比如心脏病的特殊情况，在何种程度上一个心脏病发作的病人能获得紧急治疗？在何种程度上该心脏病患者能够获得来自心脏病专家或相关保健医生的后续治疗和护理，并且持续监测身体状况和医疗方案以预防心脏病的复发？因此，一般地，常常用医疗供给或等待时间来说明医疗服务质量的水平，因为拥有更高质量保险的人，能够更快、更容易地找到愿意提供治疗的医疗服务提供者或医疗设施（Thompson等，1998）。

保险质量越高，客户服务就越好。更高质量的健康保险能更积极地响应被保险人的需求；同样地，更高质量的健康保险的理赔速度也更快。目前，越来越多的评估健康保险和医疗服务质量的方法被用于实践中。国家医疗保险质量认证委员会（NCQA）提供的医疗服务有效性数据和信息集（HEDIS）方法，以及 Medicare 的可以帮助个人选择健康保险的"Medicare 优选计划星排名"方法，是根据客户服务或满意度进行质量评估的两种常用方法（Reid 等，2013；Thompson 等，1998）。与其他质量指标一样，这些客户服务排名方法在一定程度上是难以把握的，甚至可能与其他评估质量和数量的标准不相关或负相关。

健康保险质量的另一个重要方面是保障期限。保障期限是保险合同为个人提供保障的持续时间。例如，对特定年份发生的所有损失提供保障的保险，其保障期限为一年。在许多拥有全民健康保险制度的国家，保障期限等于一个人的一生。在美国，大多数健康保险是一年一保（一年期）。这意味着在该保单一年期的保单年度内，健康保险商对任何健康状况出现的问题都会进行赔付。但这也意味着，在保障年度结束时，被保险人可能会面临保费的调整，这种调整则反映了其未来预期索赔的变化。

具有确定期限的保险计划可以将整体的保障额度分为年度的部分保障。一年一保的健康保险产品最适合于那些关心离散且随机的健康冲击的风险厌恶者。例如，先前没有确诊心脏问题的个体心脏病发作，就遭受了离散的健康冲击。作为风险管理者，保险商的工作是预测并支付心脏病发作的被保险人的医疗服务费用。一年期的保险不适合为较长时期的健康状况恶化提供保障。例如，糖尿病是一种多年积累形成的慢性疾病，很难确定一个人罹患糖尿病的"那一天"。相反，一个人罹患糖尿病的征兆会随着时间的推移而显现（Tabák 等，2009）。在一年期的保险机制下，糖尿病患者支付的精算保费包含了其在这一年内需要医疗服务支出的各种可能性。对于患有糖尿病等疾病的个人而言，这笔费用很可能高于非糖尿病人群。

当然，保险商也可以将某类健康状况比如既往症状排除在保障范围外，也就是常说的除外责任条款。但由于《平价医疗法》（ACA）的实施，目前，这种做法在美国是违法的。既往病症列为除外责任，意味着很多人无法获得商业健康保险，或者健康保险保障范围仅仅局限在"新"的伤害或疾病上。现在，这种做法已经被ACA法所禁止，更多的人可以获得保险，特别是他们能够以自己认为合理的价格在非团险市场上购买保险。然而，当保险商不能将既往症状列为除外责任时，他们很有可能限制保险保障范围的扩大程度。

健康保险保有率的相关文献，主要是实证分析和研究个人持有健康保险时间长短的问题。比如，针对非团体健康保险和小团体健康保险的主要批评意见是，人们倾向于缩减保险范围或在有保险状态和无保险状态之间的游离。例如，2008 年Pauly 和 Lieberthal 发现："……购买个人保险的人最有可能变成无保险状态，小团体的被保险人变成无保险状态的可能性较小，大团体的被保险人变成无保险状态的可能性最小。"在一定程度上，保险的保有率取决于健康状况："然而，对于健康状况较差或一般的人来说，小团体的被保险人变成无保险状态的可能性，远远高于那些有个人保险的人。"研究还发现，"……较低的收入和较低的教育程度，往往与没有获得或失去商业保险有关。较差的健康状况与较少的公共保险收益有关"（Jerant等，2012）。平价医疗法（ACA）可能会通过扩大低收入人群的 Medicaid 资格、为非团体保险提供补贴，以提高美国健康保险的保有率和覆盖范围。

三、健康保险价格的决定

在市场中，价格指的是针对特定的商品或服务，消费者给出的或生产者收到的一定数量的货币。可以这样理解一组价格："……最简单的市场行为就是价格接受行为。假设每个企业都把价格看作是给定的……"（Varian，1992，第 25 页）。在本章中，假定被保险人也是价格接受者，因为他们把健康保险价格看作是给定的。在这个以货币表示的特定价格上，消费者可以从生产者那里获得特定数量的特定商品。[①] 价格决定行为在本书的后半部分尤为重要，因为足够多的保险商可以通过他们的行为影响价格，特别是存在卖方垄断时；同样，足够多的健康保险购买者可以通过他们的行为影响价格，特别是买方垄断的情况。

在保险市场中，保费是指因为保险交易，消费者给出的或生产者得到的货币数量。保费由两个基本要素组成：一个是保单预期索赔额，提供的保险数量$(1 - \alpha)$ 确定了保险合同的索赔成本；另一个因素是保险的附加因子，用来支付保险开发、承保和营销等方面的管理成本。此外，保险商也需要一定的资本和利润

---

① 作者注：甚至这些模型不需要货币本身。基本的数学计算方法涉及的是计价单位，或者是价格和数量固定的某种商品，以便表示其他所有商品的价格和数量（Mas－Coleil 等，1995，第 325 页）。把货币看作某种商品是很方便的，因为它是一个具有固定价值的交换单位，即一美元具有一美元的固定价值。在资产定价模型中，把计价单位看作无风险资产也是很方便的，这意味着每一单位都有固定收益（Gollier，2001，第 332 页）。

率。将预期赔付与上述所有额外成本相加就得到了总保费（更多详细信息请参考 Bluhm，2007，第146 – 148 页）。

当把保险视为金融资产时，其价格就是"……预期赔付加上风险溢价。这种风险溢价是通过风险资产收益的协方差与定价核①来衡量的"（Gollier，2001，第 332 – 333 页）。但是，一些健康经济学家认为健康保险的价格仅仅是指健康保险的运营成本。实际上，健康保险的"价格不单是支付的精算保费，它包括消费者不得不支付的平均赔付费用。保险价格是保险商在期望收益基础上的加成"（Phelps，2003，第330 页）。

保险商以合同的预期赔付为基础，根据保险安排的特点计算保费。精算公平保险合同的保费等于预期赔付。精算不公平保险合同的保费高于预期赔付，这意味着保险有一个正的附加因子。精算有利保险合同的保费低于预期索赔，因为保险有一个负的附加因子。

精算公平性范畴与风险管理的价格有关。精算公平保险合同的风险管理价格为零，而精算不公平合同的风险管理价格大于零。精算有利合同的风险管理价格为负——持有这种保单的个人是在被"支付"的情况下规避自身的风险。风险管理的价格也决定了个人购买满足其风险偏好的保险的意愿大小。风险中性的个人只会购买精算公平或精算有利的保险，因为他们不会为风险管理付费。只要价格对风险厌恶的个人不是太"不公平"，他们就愿意购买精算不公平的保险，这是因为风险厌恶的个人对风险管理的需求为正，所以只要风险管理价格不是"太高"，他们就愿意付费。

第二节　最优健康保险分析

一、健康保险的替代属性

由于健康保险商品消费的替代属性的内生性特征，基于个人不同风险厌恶程度的保费支付意愿是非常重要的。从社会角度来看，花在健康保险上的钱不能用于其他商品和服务。此外，保险数量、质量和价格的差异，也意味着不同的健康保险安排有着不同的替代特征。非常有必要将健康保险视为大规模的消费预算支出的组成部分，因为本质上，健康资本几乎是其他各种形式消费的补充和支撑，即个人的健

---

① 译者注：定价核（price kernel），也被称为随机贴现因子（Stochastic Discount Factor，SDF），是资产定价中的一个重要概念。对于初始价格为 p_1，p_2，…，p_n 的 n 项资产，期末收益为 $\tilde{x}_1$，$\tilde{x}_2$…$\tilde{x}_n$（所有的 x 都是随机变量），那么定价核或 SDF 是能够满足以下条件的 $\tilde{m}$：$E(\tilde{m}\tilde{x}_i) = p_i$，$\forall_i$。

康程度决定了自身从吃、住以及与他人的交往中所得到的效用。不同的个体可以获取不同程度的健康资本保障，从理论上讲，也就表明个体可以根据花费在该保障上的支出权衡想要获得的保障程度。

健康保险的替代规则也可运用在雇主和政府分别为雇员和公民购买保险的情况中。雇主在健康保险上花费的每一美元，要么必须通过降低利润来支付，要么必须减少雇员的现金工资（收入）将成本转嫁给雇员。政府在健康保险上花费的每一美元，也都必须通过减少其他项目的花费来支付费用，或者通过提高个人税收来筹资。[①] 雇主和政府面临同样的选择，即与个人消费的所有其他商品相比，健康保险开支应该是多少？

可以将最优保险问题分解成两个较小的问题：（1）是否获得了保险；（2）如果已经获得了健康保险，保障的程度是多少。以这种方式分析保险决策的原因与第二章引入的保险模型有关，该模型表明：有些人可能有保险时更好，另一些人反而在没有保险时可能会更好。经济学家将这种选择描述为有保险状态和无保险状态之间的"外延边际"。在健康保险方面，由于健康保险选择的非连续性，即个人面临着最低保险数量的限制（这个限制是指 α 小于但接近 1），因此投保或不投保的决策至关重要（Gruber，2008）。

在获得健康保险的前提下，个人的下一个选择是购买保险数量的"内涵边际"。[②] 个人在不同价格下购买的保险数量不同，风险厌恶模型通常会通过对不同价格点上所购买保险数量的微小差异的检验来解释内涵边际问题。个人可能在 $\alpha =$ 0.20 和 $\alpha = 0.15$ 的两种保险中进行选择。后一种保单以更高的保费提供更多的保障，这也意味着可用于健康或非健康替代消费的钱更少。个人在健康水平、风险厌恶程度和经济资源方面的多样性，使得保险的收益和成本因人而异。在其他条件都相同的情况下，对于一个健康状况较差的个人、一个风险厌恶程度较高的个人以及一个拥有更多经济财富的个人来说，所拥有的保险数量多多益善。

在考虑健康保险的相对价值时，具有期望健康资本水平的个人也必须考虑所有的能保障健康资本的选择。健康保险的三个重要替代品分别是医疗服务、预防和预防性储蓄。换句话说，花在健康保险上的每一美元都可直接用于医疗服务，从而实现更直接的健康资本增长。预防是健康保险的另一种替代品，旨在降低未来健康损

---

① 作者注：政府也可以借钱，但这种借贷只是将成本转嫁给未来的纳税人，因为未来的纳税人将通过纳税偿还这些债券的本息。

② 译者注：梅里兹（Melitz，2003）最早提出将企业的出口活动区分为内涵边际（intensive margin）和外延边际（extensive margin）以来，在企业的微观层面上，内涵边际即指现有出口企业和企业出口产品在单一方向上量的扩张，而外延边际则指企业出口产品种类的增加以及企业进入新出口市场等方面。在此处，内涵边际指获得多少数量的保险，外延边际指是否获得保险。

失的可能性或损失程度，从而减少健康保险需求。预防性储蓄是一个人为了缓冲未来的医疗支出而进行储蓄的行为（Kazarosian，1997）。预防性储蓄的好处是节省的每一美元都可用于未来的任何消费，意味着健康状态一直较好的人可以将这笔钱花在非医疗服务消费上。这三种替代品都无须支付类似健康保险附加成本的额外费用。但与这些替代品相比，健康保险的主要优势在于它保障了更广泛的健康风险，即范围更广的健康冲击（意外事件）。

经济学还将健康保险看作是改变财富的不同世界状态和医疗服务价格的一种服务。当健康保险购买者未来的健康状况不佳时，健康保险将给予补偿。因此，在某种意义上，健康保险将财富从健康的世界状态"转移"到不健康的世界状态，这就无限接近了健康保险的内涵，即作为一种金融工具将当下良好的健康"储蓄"以供明天之用。健康保险商提供实物而非现金福利，使得健康保险改变了医疗服务的价格。从价格的意义看，提供实物福利会改变个人的预算约束，医疗服务会变成一种相对更有吸引力的消费品。因此，获取健康保险（而不是购买医疗服务、预防或预防性储蓄）的另一个原因就是，健康保险提供了更低价格的医疗服务，特别是在人们最需要时。

健康保险的一个严重的缺陷是，由于赔付形式和赔付数量的不确定，可能会增加风险。健康资本估值和健康保险范围的主观性，意味着购买健康保险可以减轻风险，但不能消除风险。特别需要注意的是，健康保险的收益体现为服务形式而非现金形式。即使极具前瞻性的个人，可能也无法确定在健康状况下降后，他们所得到的医疗服务是否符合他们的偏好，是否与他们希望接受的医疗类型一致。即使是"全额保险"，医疗服务结果也存在一定的不确定性，因为没有任何保险可以使个人恢复到他们遭受损失之前的健康状态。最后，有保险的个人会受制于一定的不确定性，这种不确定性是由医疗服务提供者对他们健康状况进行专家评定的能力、保险范围"应该"包括什么、保险商和医疗服务提供者之间可能存在的分歧带来的。

鉴于健康保险的边际成本不是零，边际收益也非无限大，健康保险的价值是有限的。从保险商角度来看，保单设计、审核赔付申请并进行赔付等都会有成本支出；从消费者的角度来看，搜寻、选择健康保险并支付保费，也需要付出较高的成本。健康保险的边际收益有限，是因为与健康有关的风险是有限的，即从经济学角度看，个人的健康资本并不具有无限价值。事实上，健康资本的改善和边际成本的增加可能会导致边际收益下降，这蕴含的经济学意义就是，可能存在平衡边际成本和边际收益的"最优"保险数量（Pauly，2000）。

二、最优健康保险的基准

什么是最好的健康保险？最优健康保险是对这一问题的经济回答。在全部消费预算约束下，最优健康保险是指能平衡个人的风险管理偏好、医疗服务筹资偏好以及非健康保险商品消费偏好的保险数量。值得一提的是，最优健康保险不但考虑了健康资本价值，也考虑了很多情况下其他替代品（如医疗服务、预防和储蓄）以较低成本改善健康状况的可能性。对于个人而言，最优健康保险是通过选择一种使边际收益和边际成本相等的健康保险来确定的。健康保险作为消费者整体消费组合的一部分，使其边际收益等于边际成本，是实现健康保险价值最大化的一般性的经济解决方案。

边际成本和边际收益的相等意味着最优保险可能是全额保险、部分保险或者根本没有保险。对于某些个人而言，最优保险可能是全额保险。全额保险是承保上限，这是因为如果保额超过损失的 100%，就变成了投机（参见第一章中所述的"重复保险中的损失分摊原则"）。全额保险也意味着医疗服务消费的完全平滑，即无论健康状况如何，医疗支出都固定在支付的保费金额上。全额保险也可以看作是医疗服务支出的"总额预算"，因为支付的保费确定了个人预算中用于医疗服务的费用总额。这对风险厌恶者来说是有吸引力的，即消除了他们的财务风险来源。对于大多数人来说，最优保险是部分保险。部分保险不同于全额保险，因为它不保障全部损失。健康保险市场中，几乎所有的保险都是部分保险，这些保险运用共同保险、共付额、免赔额和其他保险限制，约束医疗服务费用。对于一些人来说，不投保可能是最优的，特别是当个人是风险中立者或风险爱好者时。

即使是部分健康保险，在某种意义上，健康保险也比其他形式的保险更充分，因为它允许消费者预先支付医疗服务费用，在某种程度上，我们可以预估这个费用，甚至可以完全预测。从健康保险为个人提供的内容来看，这是金融中介或以服务为基础支付索赔的本质。例如，健康保险通常提供年度健康体检，且不需额外费用［目前，《平价医疗法》（ACA）要求健康保险提供这种服务］。在由同质个体组成的团体中，如果每个人都认为自己需要一年一次的体检（检查），那么他们可以每人支付自己的检查费用；将每个人的钱汇集起来，再用汇集的钱支付每人费用（检查的成本）的做法，是没有意义的。事实上，我们可以认为这种汇集有些浪费，因为它没有带来收益，只是增加了复杂性。

最优保险是一种经济概念，可作为我们评估健康保险现行制度及其有效性的基准。研究健康保险市场的建立之前，本章先考虑健康保险的整体范围。最优健康保险可以帮助我们认识到，健康保险的当前状态与其可以达到的良好状态之间，还存在多少差距。最优健康保险也可以评估为改善当前健康保险制度所作出努力的价值，即使这个制度并没有使多数人的健康保险达到最优状态。经济学需要计算从现行健康保险制度转变为更优的健康保险制度所需要的成本，这个转变成本会与从次优健康保险转变为最优健康保险所带来的收益相比较，以用来判断制度变更是否通过了"成本收益"测试。

保险制度变更是个比较难以理解的问题,我们尝试以《平价医疗法》(ACA)为例从保障角度来阐述这种变更。总的来说,ACA 使许多健康保单更接近于全额保险。这主要是通过消除承保限制(如保障范围的年龄限制)以及限制共付额、限制共同保险和免赔额条款下的个人自付金额来实现的。ACA 直接规定健康保险的承保范围必须包括一定程度的"基本健康福利",这也使得一些年度限额较低的保险变为非法的(CMS, 2016)。因为保险商必须对一定比例的风险进行管理,这一变化让个人更多地转向全额保险。但另一方面,这种变化也可能会导致一些人选择不购买保险,因为他们认为保费太高。为了判断这些政策的价值,我们需要了解经济学如何看待健康保险的最优化,即为个人和社会确定"最优"保险数量的过程。

三、最优保险的决定

任何消费最优化的经济过程都是先孤立地考虑问题本身,然后增加约束条件,使经济学的概念和模型更接近现实。首先,经济学研究当保险是保障健康资本的唯一方法时,最优健康保险会是什么。该过程能够分离出个人变量对最优保障程度的影响。对于面临精算公平的健康保险的风险厌恶者,最优保险数量为全额保险,即 $\alpha = 0$(Mossin, 1968)。原因在于,健康保险的边际收益总是正的—— α 从高到低的变化总是会使风险厌恶者收益变得更好,因为他们会有更多的保障抵御风险。相反,健康保险的边际成本为零——对于风险厌恶者,α 从高到低没有发生任何成本,这是因为没有附加成本。可以看到,在外延边际上,任何风险厌恶者都会选择获得保险,并且在内涵边际上,他们会选择全额保险。

如果健康保险是精算不公平的,那么风险厌恶者的最优决策将是部分保险。换句话说,如果有一些与保险相关的成本,最优健康保险数量将由 $0 < \alpha \leq 1$ 的情形决定。阿罗(Arrow, 1963)和普拉特(Pratt, 1964)的早期研究已经证明了这一结果。可以通过考虑这个不等式的两侧来理解部分保险的最优性:$\alpha > 0$ 和 $\alpha \leq 1$。全额保险不是最优的原因与风险的价格为正有关。一旦风险价格为正,个人必须权衡保险支出与其他商品的支出,因此不会选择购买全额保险,而是将部分预算分配给保险,剩余预算用于其他消费。$\alpha \leq 1$ 的原因是最优保险数量会因人而异。保险商因附加成本收取的价格越高,个人希望分配给健康保险的预算越少。在极端情况下,附加成本可能会高到即使是风险厌恶者也认为保险"过于昂贵",因此选择 $\alpha = 1$,即不投保。

之前的研究已经谈到部分保险的最优化问题,可以激励共同保险、免赔额以及其他限制条款在精算不公平保险中的应用。例如,免赔额在保持较低索赔费用的情况下,将最具灾难性的损失转移给保险商,使个人获得最优化健康保险数量

（Schlesinger，1981）。其他形式的不确定性，包括保险商偿付能力和保单支付的不确定性，常常被用于激励个人获得最优的部分保险。例如，对于个人从保险商购买的保险，由于偿付能力问题，可能没有能力全额赔付，那么个人购买部分保险也是最优的（Munch 和 Smallwood，1980）。这些模型描述了健康保险的两个基本特征：一是健康保险的承保成本很高，二是健康保险的赔付是不确定的。也就是说，购买健康保险的被保险人不能确定未来他们将获得哪些索赔，也不能确定他们的保险商是否能够履行赔付责任。

在将最优健康保险作为健康保险制度的基准时，考虑健康保险相关的限制因素也很重要。许多保险文献的研究都依赖于个人和保险商有选择任何合适的保障水平（$0 \leq \alpha \leq 1$）的能力。实际上，个人、保险商和健康保险监管机构可能会认为某些保险形式是"不可接受的"。例如，让财富很少或没有财富的人，购买免赔额为 5 000 美元的最优保险（个人必须支付低于 5 000 美元的所有损失），是非常困难或不可能的。对于保险商而言，为个人提供全额或近乎全额的最优保险，可能由于诸如"道德风险"等原因而无法接受（详见第三节的讨论），甚至一些保险公司会拒绝提供这样的保单。最后，如果监管机构认为保险的保费是"不可承受"的，那该保险就无法被接纳，即使有消费者愿意购买这样的保险，监管机构也不会允许保险商出售这样的保单。基于一定限制条件的经济学方法，也就是所谓的"次优"方法。在某种程度上，这种对于次优的健康保险制度的路径依赖，以及健康保险制度的政治属性，是个人、组织和政府能够并愿意选择某种健康保险的决定性因素。

学者们还扩展研究了运用最优健康保险理论来确定健康保险最优范围的问题。最优健康保险所计算出的财务责任，一定程度上因研究背后的数据和假设条件的不同而有所不同。一些研究表明，最优的共同保险比率范围在 25% ~ 58%（Cutler 和 Zeckhauser，2000，第587页）。这个 α 比在本书中提到的许多类型保险的共保率要高得多，包括在《平价医疗法》（ACA）实施之前和之后的保单。值得注意的是，很多估计值不是"纯粹"的共同保险合同，因为多数研究还考虑了"止损"条款。在面对极高的、灾难性损失的索赔申请时，比如损失为 25 000 美元或以上的索赔申请，止损条款将会限制共保水平甚至取消共同保险（Cutler 和 Zeckhauser，2000，第587页）。

相对较高的共保率，既可被视为最优保险的障碍，同时也是健康保险发展的基准。但是，对于大部分美国人来说，自付 25% 的医疗服务费用意味着会大幅增加预防性储蓄和私人支出。但当前的储蓄率也许没有能力承担这 25% 的财务责任。相反，在许多发达国家，自付费用占总支出的比例接近 25%。"平均而言，患者自付医疗支出的 20%；这个比例在荷兰和法国不到 10%，在智利、韩国和墨西哥超过

35%"（经济合作与发展组织，2013）。还有很重要的一点需要考虑，总花费的自付比例是个平均数，有可能掩盖人群中的巨大差异，即一些人的自付费用在其收入中所占比例很高，而另一些人的占比很低。在美国，这种差异尤其明显：一些人拥有较多的健康保险，而另一些人的保险保障较少，或者根本没有健康保险。

低成本或免费健康保险的低参与率也是最优健康保险研究的一个突出问题。例如，Medicaid是政府向低收入人群或某些特定健康状况人群提供健康保险补贴的项目，但参与率远低于100%。这种现象的经济学含义是，如果这些免费或低成本医疗救助计划的普及率更高，美国的未保险率会降低很多。经济学家努力寻找这些低成本或免费健康保险的低参与率的原因。"如文献中所假设的，造成低参与率的三个主要原因是：①缺乏信息（信息成本）；②与申请相关的行政成本，需要大量文件、收入证明和与工作人员的沟通（过程成本）；③与公共救助计划相关的不名誉感（结果成本）（Craig，1991）"（Aizer，2007）。换句话说，公共健康保险看上去似乎是免费的，但与非全民健康保险相关的时间成本和其他担心可能会阻碍被保险人的申请。许多国家已实施了全民保险方案，美国也提出了其他的解决方案，如强制购买健康保险或全民健康保险项目。为了确定最优的强制或全民健康保险，需要借助一些方法和工具，以比较分析提高保险覆盖率的收益与因保险需求提高和政策执行而增加的成本。

第三节　保险范围限制

一、保险商的限制

保险经济学强调，风险管理的作用是一种对完全保险"供给方"的约束。所有保险商必须重视风险管理工作，也就是说，必须遵守偿付能力和财务可行性原则。健康保险商提供健康保险商品的一个基本原则是提取准备金，用来支付高于平均水平（预期）的索赔。由于业务规模和财务上的复杂性，保险商可能更有能力管理个人医疗服务费用支出的风险，但这种能力也是有限的。从某种意义上讲，保险商是代表全部被保险人管理准备金的"中介"实体。保险商向一个人支付的赔付不能再用于另一个人，因此，对于导致整个风险池破产或导致不可接受的高额保费的风险，保险商就无法承担。

健康服务研究则强调，成本效率原则对完全保险供给方约束的重要性。成本效率原则是指在给定特定健康服务的费用时，所能实现的健康水平。成本效率原则对健康保险供给的限制，主要是因为并非所有的健康冲击都可以完全被扭转或恢复，并且用于医疗服务的资源是有限的（Neumann，2004）。鉴于健康保险的理赔以服务而非现金为基础，保险商需要选择特定条件下的保障范围。因此，健康保险的保障范围受到医学发展水平的限制——医疗服务越能使人恢复到原来的健康水平，保险商所能提供的保障就越多。

二、信息不对称

理性经济学模型常常包含信息完备、消费者理性等各种假设，但在健康保险模型中，完全信息的假设必须放松。完全信息意味着商品的买方和卖方都充分了解该商品的特征、价格以及数量。作为交易的基础，这很重要。完全信息代表着商品认知的两个不同方面：首先，没有关于商品的未知信息；其次，完全信息也是对称的，即买方和卖方都有相同数量的商品信息。即使这些信息可能是部分信息，但仍然是对称的，即买卖双方都有关于被交换商品相同的不完全信息。当然，在健康保险市场上，常见的现象是，信息可能是部分的和不对称的，即交易的一方或双方不与对方共享所拥有的信息（Osborne 和 Rubinstein，1994）。

健康保险市场的不完备信息和不对称信息表现为不同的形式。健康的信息不完备源于个人的健康特质和随机特点。个人可能充分了解他们的健康风险，但有些风险是随机的，比如某特定个体在未来 10 年内罹患心脏病的概率是不确定的。目前尚不清楚这种风险是否可以准确量化，但是很明显的一点是，并非所有需要用来量化风险的信息都是可获得的。健康资本的多因素性和主观性意味着个人在购买保险时，可能没有充分了解他们的健康状况。

对于健康资本，不完备信息的另一个重要方面是个人可以从不同健康状态中获得不同的效用水平。两个脚踝受伤的相似个体，可能会从伤害中体验到完全不同的负效用水平。在相同的受伤事件中，一个人可能会经历极度的疼痛，而另一个人可能只是体验到了中等的疼痛和不适感。虽然经济学通常凭借这些稳定和显性偏好，确定健康变化的成本和健康改善的收益，但是，至少直到受伤以后，个人或许才能真正知道严重伤害会损害多少健康效用。从这个意义上说，在许多情况下，定义和衡量与未来伤害或疾病相关的"负效用"是不可能的，这使得关于未来健康状况的价值信息是不完备的，但不一定是不对称的。由于未来健康价值的不确定性，通过消费者选择获取其对各种健康保险特征的偏好十分困难，因为消费者根本就没有机会进行足够多的选择。

保险合同双方也有强烈的动机隐瞒信息，以期利用信息的不对称获得收益。首先，个人有强烈的动机隐瞒其真实的健康风险水平。在订立保险合同时，虚假描述自己的健康状况会被认为是欺诈行为，但当个人面临是否要向健康保险商透露自己特定健康状况的选择时，理性上他会选择避免告知一些可能促使保险商加费的信息。① 其次，健康保险商虽然不会隐瞒所要求披露的信息或歪曲信息内容，也不会违反第一章提到的最大诚信原则，但可以决定有选择地向个人披露关于保险范围等的信息。因为通常是由一个代表较大团体的组织购买健康保险，健康保险中会包含消费者没有考虑或没有能力提前考虑的特征，这在第七章将进一步详述。

信息不对称的另一个突出问题是，一些保险商可能会以各种方式扭曲市场的功能。健康保险市场中有许多保险商，一些保险商提供的保险质量较高，另一些则质量较低。如果消费者事先难以辨别保险商的质量，那么高质量的保险商在收取更高价格时就会遇到麻烦，这有可能导致保险总体质量的下降（Armstrong 和 Chen，2009）。健康保险的这个问题越来越显著，不仅因为医疗服务索赔的主观性质，也因为许多健康保险的提供者不是传统的健康保险公司，而是雇主、政府或医疗服务提供者。

作为医疗服务专家的医疗服务提供者，也存在信息不对称问题。健康经济学认识到了这个问题，即医疗服务提供者在向个人提供医疗服务时，可以从信息优势［"供给者（医生）诱导需求"或 SID］中获得利益。健康保险的第三方支付系统，即由保险商而非患者直接支付医疗费用，可能会给医疗服务提供者带来从信息优势中获得利益的额外渠道，因为医疗服务提供者不需要直接增加病人的经济负担，就可以提供额外的医疗服务，并从中获益（Pauly 和 Satterthwaite，1981）。

三、道德风险

健康保险市场上的道德风险，是医疗服务价格影响保险作用和效果的一种现象。经济学强调价格对于个人作出当前消费决策和跨期替代决策（即决定是在今天消费，还是为明天储蓄）的作用和影响。在一定的假设条件下，如果允许买卖双方自由交易商品，就能得到有效配置经济资源的市场价格。然而，自由贸易能够获得这种好处的一个基本的假设是经济人的理性特征，而这种所谓的理性是道德风险产生的根源。保利（Pauly，1968）首先强调了"道德风险"的理性基础，"……与无保险状态相比，有保险状态下的个人将会寻求更多医疗服务，这种反应不是道德败坏的结果，而是理性的经济行为。"其次，他指出个人偏好在确定最优健康保险合同（或者说合同）中的作用，因为包括风险厌恶程度在内的个人偏好决定了最优合同。

---

① 作者注：当然，保险公司可以向消费者提问，然后根据个人特征进行评级（承保）。公司从消费者处得到和使用的信息量总是有限的，消费者也可能会歪曲事实，即实施欺诈行为。ACA 的主要变化之一是非团体保险市场上此类承保的终止。然而，在团体市场或政府提供的保险市场上，这类承保多年来（或以往）并不典型。

　　道德风险的价格效应，主要问题是健康保险可能导致医疗服务或保障的低效率。个人发生损失后，任何用于赔付医疗服务费用的保险，都会直接降低其对于个人而言的价格。可以用一个餐馆用餐的通俗事例来解释一下。如果一个团体的五个人达成一致，无论点什么菜，大家平均分摊费用，那么账单就会有"上涨"的趋势（即更随意地消费）。这是因为每份账单额外花费 1 美元，仅需在每个人支出中增加 0.2 美元。一般来说，保险面临的突出问题是，保险损失的边际成本超过边际收益。如果健康保险降低了医疗服务的价格，这可能会使医疗服务的消费量达到很高的水平（造成低效率）。医疗服务的"过度消费"就是因为保险商承担了部分甚至是全部的费用支出，可以被看作为一种成本，它驱动了每一个被保险人保费的上涨。

　　健康保险的道德风险由于多种原因，成为健康保险市场应该重点关注的问题。健康保险常常以服务的形式补偿，而非向被保险人支付现金，这使被保险人不受他们所得到的医疗服务现金价格的影响。健康资本也是一种资本形式，其价值没有内在的限制。相比之下，财产和意外事故保险商可以自然限制总损失规模，比如，汽车保险商可以申报汽车"全部损失"，并以汽车的市场价值（或重置价值）作为赔付上限。健康保险商采用这种方法的难度更大，因为人的生命价值不是市场商品。

　　就保障范围而言，道德风险会产生直接的经济成本。与道德风险有关的直接经济损失，包括提供健康保险的成本及健康保险商支付的医疗服务费用。由于保险索赔审核制度产生了一定的成本，向被保险人进行赔付的成本，可能高于没有健康保险的人使用相同数量医疗服务所需的费用。[①] 这意味着健康保险的保费高于每人自付医疗服务费用的平均成本。当个人有保险时，这种较高的保费支出会增加个人用于医疗服务的预算金额，从而减少可用于其他形式消费的金额。然而，这并不一定会降低保险价值，从某种意义上说，对于支付更高保费并获得更多医疗服务的个人，付出与回报是成正比的。但是，附加成本与索赔总额有关，在这个意义上，使总赔付增加的道德风险也会强加给个人更高的保险供给成本。道德风险增加的健康保险可变成本代表了个人和其他保险购买者的实际成本。

　　在保障范围方面，道德风险不仅产生直接成本，也产生间接的经济成本。人们通过健康保险获得的额外一单位医疗服务边际收益可能较低，从这种意义上说，道德风险降低了医疗服务的价值。自费购买医疗服务的个人，倾向于购买边际收益最高的医疗服务。任何增加个人医疗服务预算的计划，都可能使他们购买边际收益较低的医疗服务。这就是"低效率的医疗服务"的含义，通常指由于健康保险，个人

---

　　① 作者注：需要注意的是，假定索赔时两个人其他的所有条件相同，显然与事实不符。例如，保险公司可以利用其规模，压低特定服务的价格，支付较少的赔付成本，这个成本包括较低的谈判费率和索赔审核费用。这就是经济学理论中的规模经济和范围经济可以说明健康保险的作用的重要原因。

获得了没有健康保险时不会购买的医疗服务。

在没有全额保险或保障所有损失的保险的情况下，一个规律性的现象是一定会有道德风险（Hölmstrom，1979；Winter，2000）。因为有保险的消费者通常比没有保险时消费更多，健康保险商进行保险定价时，会同时考虑没有保险时个人的医疗服务偏好和道德风险的价格效应。反过来，消费者在决定是否购买保险时，会将这种更高的价格因素考虑进来。因此，对于健康保险市场上可获得的保险产品，衡量道德风险对保险范围的影响虽然困难，但并非不可能（Chiappori 和 Salanie，2000）。

将健康保险支出用于购买具有最高价值医疗服务的愿望，是第三方支付、医师许可证制度和部分保险的理论基础之一。通常，第三方支付系统转移了个人或医生的费用决定控制权，这往往被看作一种降低道德风险的方式（Arrow，1963）。另外，如果许可证制度包括一个可以阻止低价值医疗服务的机制，医师和医疗服务专业人员的执照许可和审核制度就能够限制道德风险问题。较低的共付额能提高护理价格，从而使有保险的个人所面临的医疗服务价格更接近于全价，并降低可能鼓励有健康保险的人获得额外医疗服务的价格效应。

四、逆向选择

健康保险市场的逆向选择是指，那些更有可能进行保险索赔的人最先寻求购买保险的现象。考虑到不透露提高保费的信息符合人们的最佳利益，逆向选择［在精算文献中也称为"逆选择"（Bluhm，2007，第四章）］与道德风险一样，可以看作是对私人信息的理性反应，而且应该预料到，除非个人被问及，否则不会自愿提供这些信息。[1] 逆向选择是保险业面临的一个重要问题，因为它会强加给其他人成本：当个人支付的保费低于其预期成本时，保险池的其他成员将会弥补这一差额。

逆向选择与道德风险不同的是，逆向选择发生在获得保险之前，而道德风险发生在个人购买保险之后。[2] 布卢姆（Bluhm，2007）在讨论"逆选择的管理"时，区分了"外部""内部"和"持续"的逆选择。"外部"逆选择是指，被保险人在投保之初就已经知道他更有可能索赔的倾向；"内部"的逆选择是指，被保险人更积极地响应保险商的续保提议的行为；"持续"或"累积"的逆选择是指，随时间推移索赔额逐渐增加的被保险人更愿意保留保险的倾向（Bluhm，2007，第84－85页）。

---

① 作者注：像在讨论承保时提到的（注释4），如果健康保险公司询问被保险人的健康状况或其他信息时，被保险人虚假描述自身情况是一种欺诈行为。

② 作者注：同样需要注意的是，这不是一个黑和白的区别。"事前道德风险"是指个人预料到自己未来能够通过保险满足医疗服务需求，而不采取预防性行为（Ehrlich 和 Becker，1972）。

健康经济学中的一些理论模型，可以用来分析研究逆向选择如何影响或限制健康保险的范围。逆向选择的主要问题是，消费者拥有过多的私人信息，可能导致健康保险商的保险供给不足。试想一下，保险在市场上出售，生产者不仅要响应消费者的需求，而且要试图理性地预测消费者的行为，并将预测结果考虑到保险供给过程中。一般地，以下两个经典模型可以很好地解释逆向选择现象。

关于逆向选择的第一个重要的模型是阿克洛夫（Akerlof，1970）的"柠檬"模型。在这个模型中，阿克洛夫研究二手车市场和信息不对称（卖家比买家更了解汽车）的可能性。他发现，尽管所有卖家愿意接受的价格都低于买家愿意提供的价格，但由于买家无法分辨二手车的质量的高和低，市场上不会产生任何二手汽车（柠檬）交易。把这个模型运用到健康保险上，意味着尽管消费者愿意支付的价格超过保险商能接受的最低价格，但在自由交易的市场上，健康保险也可能是无法可得的。阿克洛夫认为，这种可能性是 Medicare 存在的一个理由，即那些可能被健康保险商视为"不可保"的老年人，由政府为其提供保险。

关于逆向选择的第二个重要的模型是，罗斯柴尔德和斯蒂格利茨（Rothschild 和 Stiglitz，1976）关于一个具有私人信息特征的竞争性保险市场的研究。个人可以自由地接受或拒绝任何保险合同，并且出于风险厌恶，他们具有购买保险的动力。保险商也可以自由地提供任何保险合同，他们的主要制约因素是竞争性市场："……参与者可以自由进入市场，且不存在垄断行为。"这种自由市场作用的结果是"分离均衡"，即高风险的人以较高的价格购买风险保障程度相对更高的保险，而低风险的人以较低的价格购买风险保障程度相对更低的保险。关键的问题是，在这个分离模型中，保险商实现的利润为零，将保险合同分成两类是这个市场中所能形成的最好状况，但这并没有为保险商带来正的经济利润（租金）。这个模型也有助于保险商诱导被保险人"披露"他们的预期索赔水平。即使个人不愿意分享其私人信息，保险商也可以通过提供具有差异化的费率以及相应的不同保障水平的健康保险，来确定哪个被保险人的风险等级可能较高，哪个被保险人的风险等级可能较低。

关于逆向选择的实证研究说明了这种理性倾向是如何实质性地影响和改变保险范围的。卡特勒和勒贝（Cutler 和 Reber，1998）给出了"逆向选择死亡螺旋"的典型例子。之所以被称为"死亡螺旋"，是因为逆向选择可能造成某些健康保险合同的不可持续，使得保险商退出保险市场的供给。一个重要的实证研究是关于"死亡螺旋"的逆向选择如何影响哈佛大学的员工福利计划，哈佛大学不得不由最初的为雇员缴纳不固定金额的健康保险计划转向缴纳固定金额（也称为"代金券"制度）的雇主保险计划。大学的教职工很快就从成本较高的优选医疗机构组织（PPO）[①] 计划转向了成本较低的健康维护组织（HMO）计划[②]，并且这种转换首先发生在那些更年轻、更健康的员工群体。三年后，哈佛大学被迫放弃了原先的 PPO 计划。研究人员对上述情况进行了分析，由于逆向选择，再加上所保留的低费率和低成本的保险计划使得健康计划提供者从保险公司变为哈佛大学，最终导致了参保人的福利损失，乃至 PPO 计划的破产。

科恩和西格尔曼（Cohen 和 Siegelma）2010 年的一篇文章提到，已有大量研究检验了健康保险的逆向选择问题。一些文献研究得出了存在正面结果的情形（存在逆向选择），而另一些文献研究得出的结论是在一些情况下存在负面结果（未发现逆向选择现象）。一些研究者还讨论了逆向选择理论在实践中可能无法得到证实的原因，即个人可能并不了解他们的健康状况，也不了解如何将其转化为保险利益，而保险公司因为拥有数据和复杂的预测技术，可能具有信息优势。一些研究者还提出了"顺向选择"的可能性，即那些更加厌恶风险并因此更有可能购买保险的人，他们的健康风险也较低。这涉及保险理论研究中一个非常普遍的问题：许多关于逆向选择的不确定结果，是由未观察到的风险厌恶差异、不可观察的健康状况差异和不同健康状况的差异化偏好等导致的。

由于在实践中难以区分逆向选择效应和道德风险效应的影响，一定程度上，一些效果是两种现象共同作用的结果。例如，在某种程度上，罗斯柴尔德和斯蒂格利茨聚焦于道德风险的研究，他们的研究论文中没有出现"逆向选择"（相反，他们把分离均衡作为一种"自我选择"模型）（Rothschild 和 Stiglitz，1976）。一些实证研究着眼于个人健康计划选择，无法控制参保人群中不可观察的差异。鉴于道德风险和逆向选择都属于信息不对称的问题，被保险人和健康保险商一样，可能对研究人员隐瞒其基本的偏好。

五、其他经济外部性

在经济学中，外部性指一种可能性，即消费者没有支付获得的产品和服务的全部价格，或生产者没有支付提供的产品和服务的全部成本的可能性。这违背了无约束优化模型中的潜在假设，即消费者和生产者能内部化他们决策的所有后果（即受

[①] 译者注：优选医疗机构组织（Preferred Provider Organization，PPO）是一种管控型医疗组织（Managed Care Organization），其中医生、医院或其他医疗服务提供者与保险公司或其他第三方管理组织达成一致，向保险公司或第三方管理组织的客户以较低的价格提供医疗护理服务。

[②] 译者注：健康维护组织（Health Maintenance Organization，HMO）是以固定的年度费用提供健康服务的医疗保险集团，为健康保险、自费的医疗服务福利计划、个人和其他实体提供或安排管理式医疗服务，在预付费的基础上，同时与医疗服务提供者（医院、医生等）协调或形成服务联盟。

到的影响）。消费者决策的主要结果是支付价格，这意味着支付的货币或交易资源不能用于其他目的。生产者决策的主要结果是所生产商品或服务的供给成本，即生产者应该承担或负责生产商品或服务的全部成本。对于健康保险来说，这意味着消费者需要支付健康保险的全部成本，生产者需要负责保险供给的全部成本。

健康保险市场上，两个最重要的外部性是道德风险和逆向选择。道德风险和逆向选择会给其他消费者或生产者造成一定的福利损失，这些损失的原因是个体行为带来的结果。从某种意义上说，如果个人的消费量使得医疗服务效率较低，他就把成本强加给了团体内的其他人，也就是说，货币资源配置在低价值服务上而不是更好地花费在其他商品上，社会整体上就遭受了损失。逆向选择可以看作是对其他消费者或生产者征收了福利税。对于那些利用信息优势、以精算有利价格购买健康保险的个人，要么是计划的其他成员，要么是遭受损失的健康保险商，补贴了他们的医疗服务费用。

人们有可能获得他们无力支付的医疗服务，也可以被称为一种经济外部性。例如，人们往往对医疗服务提供者和医疗机构有这样的期望，或者通常法律上也有这样的要求，医疗服务机构和设施在对患者治疗的过程中可以不考虑其支付能力。阿罗（Arrow，1963）关于医疗服务制度经济学研究中指出，对医生行为的特殊期望是医疗服务市场的一个独特之处。医院受到相关法律的约束，如《紧急医疗救助和活跃分娩法》（EMTALA）规定，医院要为"……有严重（包括剧痛）急性症状的患者……"以及"……正在宫缩的孕妇……"提供治疗（Lee，2004）。在没有上述保证的情况下，个人会理性地预测医疗服务成本，并通过健康保险或预防性储蓄来安排相应的保障计划。关于这些保障计划的一个担忧是，那些无力支付费用的人所发生的医疗服务成本，有一部分落到了那些有健康保险的人身上，这是一种外部性。如果健康保险支付了那些没有支付能力的人的费用，就可以认为是无保险的人将外部成本强加给了那些有健康保险的人。这种成本的外部性是实施强制健康保险的主要理由之一。然而，有健康保险的人承担的无保险个人医疗费用的规模和重要程度，是健康经济学和卫生服务研究中最重要的争论之一（Gruber，2008）。

不完全市场是另一种外部性，这可能阻止个人获得他们想要的保险。在保险研究理论中，常常会有一些基于金融模型的基本假设，而不完全市场是一个突出的问题。许多金融模型都假设，任意的风险性或有事件都可作为"或有求偿权"或金融证券进行买卖（Huang 和 Litzenberger，1988）。对于健康保险来说，完全市场意味着存在着可以交易任何可能的健康风险的市场。完全市场非常重要，因为完全市场为如下的保险决策提供了依据：个人可以购买任何的保障水平，或保险商可以出售任何保障水平（α）的保险。如果不存在完全市场，可能以任何的价格都无法获得一定的保障水平。不完全市场可以看作是一种市场失灵，由于额外的成本使得被保险人和保险商不能达成协商一致的合同，也不能为他们承担的部分风险提供再保险，导致个人获得的保险少于他们想要的水平。

在相关外部性问题讨论中，因为健康保险商可能无法按照承诺支付收益或进行赔付，健康保险本身可能就是风险。一家保险商无力赔付的情况可被看作外部性，因为该保险商可能会将破产损失转嫁给其他相关方，例如承担保险商破产成本的政府。在这种情况下，个人通过健康保险以减少风险的同时，也承担了健康保险商可能破产的风险，即使这个风险较小但不为零，因此，个人得到的保障比自己预想的少。因为被保险人或医疗服务提供者依赖于保险商支付的索赔，这种市场失灵将成本强加给了他们，同时也将成本强加给承担保险商破产损失的纳税人。因此，对健康保险实际拒赔的关注往往少于对一般可行性问题的关注，这些问题包括向医疗服务提供者支付费用的及时性及保险商索赔审核的严格性。

为了确保健康保险市场的参与者能够内部化自身行为成本，可以从健康保险的财务费用因素方面着手，或者进行专门的机制设计。例如，设计和开发不完全保险产品的主要理由，就是要使得个人自身健康状况的信息优势成本实现内部化。让有保险的个人承担一定的财务责任，是让他们承担部分因个人风险或行为所导致的医疗服务费用的一种方式，这通常被称为风险共担（Neuman 等，2007）。但是，使用财务责任来应对信息不对称问题也不是完美的，因为基于医疗服务成本形成的财务责任并不能分辨医疗服务的有效性和无效性。还有一个涉及低收入人群自费限制的重要问题。当个人不能或不愿意支付这些费用时，社会将承担大部分费用，从而使成本外部化。

同样地，将医疗服务提供者的行为内部化为健康保险成本，在实践中既有成功的案例，也有失败的案例。预付制（PPS）就是将提供医疗服务的责任赋予医疗服务提供者的一种内部化机制。预付制是由 Medicare 设计的，在这个模式下，Medicare 设定了每一个治疗细节的固定费用，通过向医院直接支付，将医疗服务提供者的成本内部化。评估预付制作用效果的一个重要指标是，缩短的住院时间（LOS），该指标表示由健康保险诱致的、无效率的、过度使用的医疗服务减少程度。对于预付制的效果，已有的研究结论并不一致，有研究认为预付制对缩短的住院时间只有轻度的影响，也有的研究认为可能没有影响（Epstein 等，1991；Newhouse 和 Byrne，1988）。预付制和相关制度会增加健康保险制度的运营成本，因为它是一个更复杂的需要支付更多管理成本的制度。也有充分的证据表明，医疗服务提供者可以继续使用他们的信息优势，为特定团体和特定健康状况的人群提供低效率的高水平治疗和低效率的低水平治疗，以使其从 Medicare 和其他保险商处获得的利润最大化，这有时被称为违法的虚报医药费行为（upcoding①）（Silverman 和 Skinner，2004）。在这种情况下，社会继续承担第三方支付产生的外部性后果。从根本上来说，这种成本的发生率以及哪种制度可以最大限度地降低社会成本，将是决定最优健康保险制度的关键因素，并决定谁负责这种费用。②

六、消费者和生产者的非理性

最后也是最重要的一个问题是，市场主体的非理性行为可能会限制健康保险的范围。在现实中，市场主体的态度、偏好、行为经常与期望效用最大化的根本假设相背离③，因此，所作出的经济决策也并非全都具有前瞻性的。在保险领域，消费者的行为偏差主要包括损失厌恶、框架效应和零风险偏差。损失厌恶是指，消费者对损失负效应的敏感度要高于收益正效应的敏感度，这一倾向可能会导致消费者高估健康保险的效用。④ 框架效应⑤是指，当采取不同的表述方式来描述风险时，所得出的风险评价结论可能会不一致。比如，对于两个相同的健康保险合同，如果条款解释方式不同，框架效应可能导致个人从中获得的体验效用不同。零风险偏差是指，把小风险看作无风险的倾向，这可能会导致个人低估健康保险保障他们免受灾难性事件的程度（Kahneman，2003）。上述每种行为偏差都会影响和削弱风险厌恶

---

① 译者注：Upcoding 是一种违法的虚报医药费行为。在美国，医生或其他医疗服务提供者执行的每一项程序都有一个编码，以向保险公司、Medicare、Medicaid 或其他任何支付费用的人（甚至是你自己）开具账单发票，这个编码叫做 CPT code（通用医疗程序编码）。Upcoding 即医疗服务提供者使用比所执行程序价格更高的程序的编码开具发票账单的行为，目的是从保险公司等支付者处得到更多给付。

② 作者注：就谁从当前建立的系统中获得了最大收益而言，还有一个更加政治化的问题。这个问题很重要，因为它影响和限制了可能用于改善健康保险和健康保险市场的解决方案。关于更深入的研究，史蒂文·布里尔（Steven Brill）的 *America's Bitter Pill*：*Money*，*Politics*，*Backroom Deals*，*and the Fight to Fix OurBroken Healthcare System* 回答了推动 ACA 改革方案出台的多方力量（Brill，2015）。

③ 译者注：期望效用理论以完全理性人为假设前提，认为同等数量的收益和损失带给个体的效用是完全相等的。卡尼曼（Kahneman）和特维斯基（Tversky）（1979）通过大量的实验研究得出，个体对损失的敏感性要远大于对收益的敏感性，即边际损失要比边际收益要敏感得多。

④ 译者注：损失厌恶是行为经济学中的核心内容，但它不同于传统的风险厌恶。行为经济学中的损失厌恶认为，微观个体的效用函数对于相对小的损失和获得是非对称的，具体来说，人们在进行相关获得和相关损失决策的时候所表现出的不对称性。即人们对损失要比对相等数量的效益要敏感得多。比如，失去 100 元所带来的负效用，难以用增加 100 元所带来的正效用来弥补。

⑤ 译者注：框架效应又称框架依赖，是指对于同一个选择问题，决策者往往会因为问题表述的不同而作出不一致的判断和决策。即选择问题以何种方式呈现，在一定程度上会影响个体的决策行为。框架效用的一个典型案例就是疾病假设试验。假设非洲将爆发一场非常严重的疾病，可能会导致 600 人死亡，现有两个备选方案可以控制疾病的爆发。A 方案，能挽救 200 人的生命；B 方案，1/3 的概率能挽救所有人的生命，还有 2/3 的概率无法挽救任何人的生命。实验结果显示更多参与实验的被试者选择了 A 方案，虽然这两个方案的期望值是一样的。但下次的测试中，实验者改变了问题的表述，即 A 方案，有 400 人会面临死亡；B 方案，1/3 的概率没有人死亡，还有 2/3 的概率都会死亡。实验结果显示更多参与实验的被试者选择了 B 方案。卡尼曼（Kahneman）和特维斯基（Tversky）对上述实验的解析是：人们的选择偏好实际上取决于问题的框架本身，并非问题的期望效益以及风险，在不同的问题框架下，个人的选择结果往往是不一致的。

者渴望购买精算公平保险的结论。传统经济模型无法解释保险市场的这些非理性现象，常常被归为行为经济学或行为保险学（Kunreuther 等，2013；Richter 等，2014）的研究范围。

实证研究表明，行为经济学可以对古典经济学无法说明的健康保险购买决策过程进行解释。例如，现状偏见，即偏好保持事物原有状态的倾向，使得个人倾向于保留原有的健康保险，而不是将其转换为更好的保单。亨德尔（Handel，2013）也例证了现状偏见。在亨德尔的实验中，雇主向员工提供几种保险，其中一种保险明显劣于其余保险。在先前选择了最差保险的雇员中，即使无须付出任何经济上的转换成本，仍然有相当多的人选择继续持有该保险而不是转换成其他的优质保险，亨德尔将这种现象归因为"心理成本"。行为经济学的解释是，这些雇员对原有保单产生了一定程度的"依恋"或偏见，或因先期参保而先入为主地认为该保险具有较高价值。所以，相比于已有的保险，新的健康保险产品可能会因个体对原有保险的"依恋"或偏见而降低其感知价值，从而阻碍个体转换保险产品。

健康保险消费者需求的另一种非理性形式是，基于理性框架的操作系统（iOS）与现实中对于高概率低损失事件的保障普遍性的矛盾和不一致现象。这个保险需求模型意味着，保险通常是不完全的，[1] 且保障范围集中于特定的灾难性事件。这是因为只有在市场是完备的、保险是无风险的和信息是完全对称的情况下，完全保险才可能是最优的。不完全保险对发生概率低但损失高的灾难性事件如罹患严重的心脏病进行赔偿，但会将高概率低损失的索赔排除在保障范围外。当然，一般地这类不完全保险并不常见，例如，许多人批评 Medicare 计划的 D 部分药物保障范围就存在所谓的"甜甜圈漏洞"[2] 或对小额药费的补偿范围有限。这促进了《平价医疗法》（ACA）下的 Medicare D 部分的改变，即"关闭"甜甜圈漏洞（CMS，2015）。但这也在一定程度上限制了保险范围，因为它不鼓励保险商向个人提供特定类型的部分健康保险。

本篇着重于强调健康保险的重要性，下一篇将重点关注健康保险市场，着力研究健康保险市场的建立与完善，探讨保险需求、供给及保险产业的组织机构。这种研究健康保险市场的逻辑基于次优健康保险是健康保险最优化这一实践认知。可以将个人、组织及政府的行为和偏好视为给定，而不是试图创造真空条件下的最优系

---

① 译者注：partial insurance，部分保险，也称为不完全保险，即被保险标的没有得到全部的保障，在财产保险中应用较广，与不足额保险（under‐insurance）含义相同。

② 译者注："甜甜圈漏洞"又可称为 Medicare D 部分的保险范围缺口（Medicare Part D coverage gap），指美国联邦政府管理的 Medicare D 部分处方药保险的被保险人，自付处方药费用的时期，这个费用处于最初的保障限额和灾难性保障临界值之间。当保险公司和被保险人共同为保障范围内的所有处方药支付的金额达到政府规定的数额时，就进入了缺口；当消费者单独为处方药支付的额外金额达到上限时，缺口就被填平了，被保险人不再单独支付超过上限的处方药费用。

统。总结第三章的研究，本章第二节是对最优健康保险市场的描述，引出了第三节关于健康保险一些制度性因素对健康保险范围的制约作用的研究。第三章主要是描述了健康保险系统的最优基准，包括变化中的健康保险制度的改进可以使健康保险系统向最优基准靠近。在经济学中，这被称为"实证"而非"规范"的经济学研究，意味着描述市场经济运行实际上是什么样子，而不是应该成为什么样子。[①] 第四章将研究健康保险的需求问题。

参考文献

[1] Aizer, A. (2007). Public health insurance, program take – up, and child health. *The Review of Economics and Statistics*, 89 (3), 400 – 415.

[2] Akerlof, G. A. (1970). The market for "lemons": Quality uncertainty and the market mechanism. *The Quarterly Journal of Economics*, 84 (3), 488 – 500.

[3] Armstrong, M., & Chen, Y. (2009). Inattentive consumers and product quality. *Journal of the European Economic Association*, 7 (2 – 3), 411 – 422.

[4] Arrow, K. J. (1963). Uncertainty and the welfare economics of medical care. *The American Economic Review*, 53 (5), 941 – 973.

[5] Baicker, K., Taubman, S. L., Allen, H. L., Bernstein, M., Gruber, J. H., Newhouse, J. P., et al. (2013). The oregon experiment—effects of medicaid on clinical outcomes. *New England Journal of Medicine*, 368 (18), 1713 – 1722.

[6] Bluhm, W. F. (2007). *Individual health insurance*. Winsted, CT: ACTEX Publications.

[7] Brill, S. (2015). *America's bitter pill: Money, politics, backroom deals, and the fight to fix our broken healthcare system*. New York: Random House.

[8] Centers for Medicare and Medicaid Services. (2015). *Closing the coverage Gap—Medicare prescription drugs are becoming more affordable*. (No. 11493). Washington, D. C.: Department of Health and Human Services.

[9] Centers for Medicare and Medicaid Services. (2016). *Information on essential health benefits (EHB) benchmark plans*. Retrieved from https://www.cms.gov/cciio/resources/data – resources/ehb. html.

[10] Chernew, M. E., Rosen, A. B., & Fendrick, A. M. (2007). Value – based insurance design. *Health Affairs*, 26 (2), w195 – w203.

---

① 米尔顿·弗里德曼（Milton Friedman）的"实证经济学论文集"重点强调了实证经济学方法的使用，提供了一种实证对规范经济学的扩展处理（Friedman, 1953）。

［11］Chiappori, P. , & Salanie, B. (2000). Testing for asymmetric information in insurance markets. *The Journal of Political Economy*, 108 (1), 56.

［12］Cohen, A. , & Siegelman, P. (2010). Testing for adverse selection in insurance markets. *Journal of Risk and Insurance*, 77 (1), 39 – 84.

［13］Craig, P. (1991). Costs and benefits: A review of research on take – up of income – related benefits. *Journal of Social Policy*, 20 (4), 537 – 565.

［14］Cutler, D. M. , & Reber, S. J. (1998). Paying for health insurance: The trade – off between competition and adverse selection. *The Quarterly Journal of Economics*, 113 (2), 433 – 466.

［15］Cutler, D. M. , & Zeckhauser, R. J. (2000). The anatomy of health insurance. In A. J. Culyer & J. P. Newhouse (Eds.), *Handbook of health economics* (1st ed. , pp. 561 – 643). Amsterdam: Elsevier.

［16］Decker, S. L. (2012). In 2011 nearly one – third of physicians said they would not accept new Medicaid patients, but rising fees may help. *Health Affairs*, 31 (8), 1673 – 1679.

［17］Ehrlich, I. , & Becker, G. S. (1972). Market insurance, self – insurance, and self – protection. *Journal of Political Economy*, 80 (4), 623 – 648.

［18］Epstein, A. M. , Bogen, J. , Dreyer, P. , & Thorpe, K. E. (1991). Trends in length of stay and rates of readmission in Massachusetts: Implications for monitoring quality of care. *Inquiry*, 28 (1), 19 – 28.

［19］Frank, R. G. , McGuire, T. G. , & Newhouse, J. P. (1995). Risk contracts in managed mental health care. *Health Affairs*, 14 (3), 50 – 64.

［20］Friedman, M. (1953). *Essays in positive economics*. Chicago: University of Chicago Press.

［21］Gold, M. (1998). Beyond coverage and supply: Measuring access to healthcare in today's market. *Health Services Research*, 33 (3 Pt 2), 625 – 684.

［22］Gollier, C. (2001). *The economics of risk and time* (1st ed.). Cambridge, MA: MIT Press.

［23］Gruber, J. (2008). Covering the uninsured in the United States. *Journal of Economic Literature*, 46 (3), 571 – 606.

［24］Handel, B. R. (2013). Adverse selection and inertia in health insurance markets: When nudging hurts. *The American Economic Review*, 103 (7), 2643 – 2682.

［25］Hömstrom, B. (1979). Moral hazard and observability. *Bell Journal of Economics*, 10 (1), 74 – 91.

［26］Huang, C. , & Litzenberger, R. H. (1988). *Foundations for financial economics*.

Englewood Cliffs, N. J. : Prentice Hall.

［27］ Jerant, A. , Fiscella, K. , & Franks, P. （2012）. Health characteristics associated with gaining and losing private and public health insurance. *Medical Care*, 50 （2）, 145 – 151.

［28］ Kahneman, D. （2003）. Maps of bounded rationality: Psychology for behavioral economics. *The American Economic Review*, 93 （5）, 1449 – 1475.

［29］ Kazarosian, M. （1997）. Precautionary savings—A panel study. *Review of Economics and Statistics*, 79 （2）, 241 – 247.

［30］ Kunreuther, H. C. , Pauly, M. V. , & McMorrow, S. （2013）. *Insurance and behavioral economics: Improving decisions in the most misunderstood industry.* Cambridge, UK: Cambridge University Press.

［31］ Lee, T. M. （2004）. An EMTALA primer: The impact of changes in the emergency medicine landscape on EMTALA compliance and enforcement. *Annals of Health Law*, 13 （1）, 145 – 178.

［32］ Manning, W. G. , Newhouse, J. P. , Duan, N. , Keeler, E. B. , Leibowitz, A. , & Marquis, M. S. （1987）. Health insurance and the demand for medical care: Evidence from a randomized experiment. *The American Economic Review*, 77 （3）, 251 – 277.

［33］ Mas – Colell, A. , Whinston, M. D. , & Green, J. R. （1995）. *Microeconomic theory* (1st ed.). New York: Oxford University Press.

［34］ Mossin, J. （1968）. Aspects of rational insurance purchasing. *The Journal of Political Economy*, 76 （4）, 553 – 568.

［35］ Munch, P. , & Smallwood, D. E. （1980）. Solvency regulation in the property – liability insurance industry: Empirical evidence. *The Bell Journal of Economics*, 11 （1）, 261 – 279.

［36］ Neumann, P. J. （2004）. *Using cost – effectiveness analysis to improve health care: Opportunities and barriers.* New York: Oxford University Press.

［37］ Neuman, P. , Cubanski, J. , Desmond, K. A. , & Rice, T. H. （2007）. How much "skin in the game" do medicare beneficiaries have? The increasing financial burden of health care spending, 1997 – 2003. *Health Affairs*, 26 （6）, 1692 – 1701.

［38］ Newhouse, J. P. , & Byrne, D. J. （1988）. Did medicare's prospective payment system cause length of stay to fall? . *Journal of Health Economics*, 7 （4）, 413 – 416.

［39］ Organization for Economic Cooperation and Development （OECD）. （2013）. *Health at a glance 2013: OECD indicators.* Paris: OECD.

［40］ Osborne, M. J. , & Rubinstein, A. （1994）. *A course in game theory.* Cambridge, MA: MIT Press.

［41］ Patient Protection and Affordable Care Act, 42 U. S. C. § 18001 (2010).

［42］ Pauly, M. V. (1968). The economics of moral hazard: Comment. *The American Economic Review*, 58 (3), 531 –537.

［43］ Pauly, M. V. (2000). Optimal health insurance. *The Geneva Papers on Risk and Insurance. Issues and Practice*, 25 (1), 116 – 127.

［44］ Pauly, M. V. , & Lieberthal, R. D. (2008). How risky is individual health insurance?. *Health Affairs*, 27 (3), w242 – w249.

［45］ Pauly, M. V. , & Satterthwaite, M. A. (1981). The pricing of primary care physicians services: A test of the role of consumer information. *The Bell Journal of Economics*, 12 (2), 488 – 506.

［46］ Phelps, C. E. (2003). *Health economics* (3rd ed.). Boston: Addison – Wesley.

［47］ Pratt, J. W. (1964). Risk aversion in the small and in the large. *Econometrica*, 32 (1/2), 122 – 136.

［48］ Reid, R. O. , Deb, P. , Howell, B. L. , & Shrank, W. H. (2013). Association between Medicare Advantage plan star ratings and enrollment. *Journal of the American Medical Association*, 309 (3), 267 – 274.

［49］ Richter, A. , Schiller, J. , & Schlesinger, H. (2014). Behavioral insurance: Theory and experiments. *Journal of Risk and Uncertainty*, 48 (2), 85 – 96.

［50］ Rothschild, M. , & Stiglitz, J. (1976). Equilibrium in competitive insurance markets: An essay on the economics of imperfect information. *The Quarterly Journal of Economics*, 90 (4), 629 – 649.

［51］ Schlesinger, H. (1981). The optimal level of deductibility in insurance contracts. *Journal of Risk and Insurance*, 48 (3), 465 – 481.

［52］ Silverman, E. , & Skinner, J. (2004). Medicare upcoding and hospital ownership. *Journal of Health Economics*, 23 (2), 369 – 389.

［53］ Sommers, B. D. , Baicker, K. , & Epstein, A. M. (2012). Mortality and access to care among adults after state medicaid expansions. *New England Journal of Medicine*, 367 (11), 1025 – 1034.

［54］ Sommers, B. D. , Long, S. K. , & Baicker, K. (2014). Changes in mortality after Massachusetts health care reform: A quasi – experimental study. *Annals of Internal Medicine*, 160 (9), 585 – 593.

［55］ Tabák, A. G. , Jokela, M. , Akbaraly, T. N. , Brunner, E. J. , Kivimäki, M. , & Witte, D. R. (2009). Trajectories of glycemia, insulin sensitivity and insulin secretion preceding the diagnosis of type 2 diabetes: The Whitehall II study. *The Lancet*, 373 (9682), 2215 – 2221.

［56］Thompson, J. W. , Bost, J. , Faruque, A. , Ingalls, C. E. , & Sennett, C. (1998). The NCQA's quality compass: Evaluating managed care in the united states. *Health Affairs*, 17 (1), 152.

［57］Tilburt, J. C. , Wynia, M. K. , Sheeler, R. D. , Thorsteinsdottir, B. , James, K. M. , Egginton, J. S. , et al. (2013). Views of US physicians about controlling health care costs. *Journal of the American Medical Association*, 310 (4), 380 – 389.

［58］Varian, H. R. (1992). *Microeconomic analysis* (3rd ed.). New York: W. W. Norton and Company.

［59］Winter, R. A. (2000). Optimal insurance under moral hazard. In G. Dionne (Ed.), *Handbook of insurance* (pp. 155 – 183). Dordrecht, Netherlands: Springer.

第二篇

健康保险市场

第四章 健康保险需求

第一节 健康保险需求函数

一、健康保险市场的需求方

微观经济学，着眼于作为经济运行基础的微观主体的经济行为，是经济学的一个重要的分支。与宏观经济学相对应，微观经济学研究个人、企业和政府的特定行为和决策。宏观经济学通常关注总量的变化，比如美国钢铁的总生产量或健康保险总供给量。这些总量非常重要，且会在本书中反复出现，当然本书有关健康保险市场行为的分析研究则主要是指个体行为。本章的主题是研究健康保险需求行为的各个方面。在第二章和第三章中，进一步论述了个体为什么需要健康保险。本章中将重点研究健康保险需求是如何产生的。

在微观经济学中，模型分析的对象通常设定为个体，很少同时将个人、团体和政府等机构作为研究对象。这样的做法很大程度上是为了简化模型的处理，更便于得到有关需求的数学函数结论。此外，既然本书的健康保险价值的分析框架是建立在个体层面上的健康价值，本章的研究基础也顺其自然地落在了个体层面上。本章第一节介绍健康保险需求的"微观基础"，即个体层面的需求机制；接下来，第二节和第三节分别介绍个体和团体的保险需求。

针对消费者行为偏好的一系列约束是整个微观经济学的基础，可以通过理性选择模型来检验和解释个人的选择决策（Von Neumann 和 Morgenstern，1947）。由于偏好的存在，经济学家才得以解释为什么个人从某种商品消费中得到的效用会高于从其他商品中得到的效用，以及个人所做的经济决策选择。偏好也为经济学家提供了一个分析"个人决策问题"的角度，"……个人必须从一系列相互排斥的替代方案中作出选择"（Mas – Colell 等，1995，第 5 页）。

偏好，描述了个人如何作出特定的消费决策，并引出了效用的概念。[①] 经济学将"……偏好关系视为个体的原始特征"（Mas – Colell 等，1995，第 5 页）。如果认为偏好是既定的，并会影响决策选择，那就能用其来解释个人消费选择的最优形式，以及制度选择是如何改善个人效用并最终增进社会效益的。就健康保险而言，可以用偏好来研究个人是否购买健康保险以及购买多少健康保险的决策，并利用消费者决策选择来影响健康保险政策的制定。

对给定的个人偏好集，可以通过价格与该个体在该价格下消费的商品量之间的关系来描述需求，并使用需求来解释市场经济的运行以及个人所做的决策选择。人们作出的所有决策选择以及为选择所支付的价格，共同形成了对商品和服务的整体需求。此类消费者需求模型同样适用于健康保险消费，也可被用来研究个人对保险价格以及该价格下可获得的保险数量的变化呈现出的反应。

在评估健康保险时，可以运用需求概念来反映风险管理和第三方支付这两种有区别但又相互联系的健康保险服务功能。风险管理因风险厌恶而产生价值；第三方支付因个人希望借助健康保险计划为所接收的诊疗服务"埋单"而产生价值。因此，可以为每一种需求分别建立需求函数，也可以把两种需求捆绑起来建立一个需求函数，区分两种需求的原因在于，不同的健康保险市场会有不同的健康保险供给方式。例如，个人健康保险市场的健康保险供给是捆绑形式，即风险管理和第三方支付"打包"出售；由雇主提供健康保险所形成的市场往往提供"分解"形式的健康保险商品，即雇主提供风险管理而健康保险商提供第三方支付服务。

本章将对不同人群的健康保险需求的异质性进行大量研究。需要指出的是，正是风险厌恶的异质性导致了不同群体的健康保险需求的差异性。例如，不同医疗健康服务的偏好就决定了第三方支付需求的差异化。建立基于偏好模型的研究框架就意味着在评估健康保险产品或政策时必须考虑如何适应偏好，而不是试图改变或调整偏好。研究需求包括需求的差异性非常重要，因为健康需求与健康保险供给相互作用、相互影响，在下一部分将重点阐述。

二、需求的价格函数

需求函数或需求曲线描述了商品或服务的价格以及该价格下所需要的商品数或

　　[①] 译者注：新古典经济学框架下的消费者选择行为理论建立在追求效用最大化、理性选择、偏好稳定、完全信息的内在假定与消费者选择自由、价格充分弹性、纯经济预算约束、没有流动约束的外在假定等一系列的严格假设前提之下，它对消费者选择行为的研究采取了二分法的研究范式，即将选择的过程分为两个方面，一个是外在约束，一个是内在的偏好，理性人会在约束条件下追求自身效用的最大化，而效用的大小取决于偏好。尽管它对社会现实有一定的解释能力，但其理论的缺陷也是显而易见的，即它不能说明偏好如何形成，又不能预言偏好的影响，但它却基于偏好的差异去"解释"行为（Becker）。在新古典理论中描述偏好的概念有两个，即消费集（consumption set）或选择集（choice set）与偏好关系（preference relation）。

服务量之间的关系。这也适用于健康保险，需要从价格方面来考虑对健康保险的需求。需求函数与个体为给定数量（$1-\alpha$）的保险所支付的保险费有关。当然，个人对健康保险的偏好也决定了其对保险价格的反应，可称为需求的价格弹性。它度量了需求量对价格变化的敏感性，即价格发生既定的小幅变化时，价格弹性程度将决定消费者改变消费的幅度，即改变保险购买数量。价格弹性描述了个人可接受的保费变化，例如保险数量从 $\alpha = 0.20$ 略微提高到 $\alpha = 0.19$ 时的保费变化。

图 4.1 显示了健康保险的三条基本需求曲线，分别是需求完全无弹性（价格变化不会引起消费数量的变化），一条是需求相对缺乏弹性（价格变化引起消费数量的一定变化），另一条是需求弹性较高（价格变化引起消费数量的巨大变化）。由于"一定变化"或"巨大变化"这些词的用法不够精确，经济学使用数学公式和图表来表示弹性大小。垂直的实线（1）表示健康保险需求完全无弹性，当价格下降时，消费者根本不会改变他们的消费数量。斜率为 -10、几乎垂直的虚线（2）表示健康保险需求相对缺乏弹性，为了让消费者购买额外 1 单位健康保险，其价格需要下降 10 个单位。最后，斜率为 -1.0 的点对角线（3）表示需求高弹性，即价格变化会引起消费数量的一对一的反应。也就是说，价格每下降 1 个单位，消费者就会多购买 1 单位的健康保险。

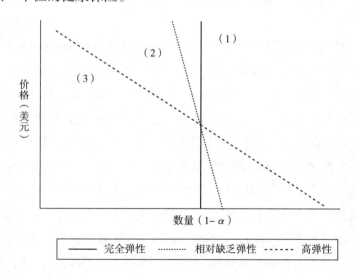

图 4.1　健康保险需求曲线

需求法则表明，价格的"补偿性"上涨会引起需求下降。而当价格下跌时，在其他条件不变的情况下，个人对该商品的消费量会增加。但价格可能会因多种不同原因而发生变化。因此，健康保险的价格上涨可能反映了潜在成本的增加，例如，当保险商运营健康保险产品的成本增加时，他们就会提高保费中的附加费用，从而造成健康保险产品价格的上涨。此外，健康保险价格的上涨也可能反映了财富的增加，因为财富的增加会促使个人对自身的健康价值产生更高的估价，这种被推高的估价最终将通过健康保险的价格反映出来。需求法则把健康保险价格变化与消费者反应联系在一起，对研究消费者行为非常重要。经济学处理这个问题的方式是研究价格的"补偿性"上涨对消费者行为的影响，这里的"补偿性"上涨是指保持财富效应不变时的价格变化（Mas – Colell 等，1995）。这种方法对于研究健康保险价格、价值以及消费者支付意愿等都非常重要，因为健康资本价值越高，健康保险价格越高。但这种价格的上涨应该被看作是社会的净收益，而不是健康保险"太贵"所造成的损失。

关于健康保险价格，需要注意的一点是，每个人从特定健康保险计划中获得的预期收益与保费之间存在差异。造成这种差异的原因是，没有两个人的健康风险是同质的。即使在对风险进行了全面评估的医疗保险计划中，也没有完全相同的两个人。假设在精算公平保险计划中，每人的平均成本为 5 000 美元。如果 A 预计未来一年的预期成本为 4 950 美元，而他支付了 5 000 美元的保费，那么他支付的净价（保费减去预期收益）为 50 美元。对他来说，这个保险是略微精算不公平的。如果 B 预计未来一年的预期成本为 5 050 美元，而他也要支付 5 000 美元的保费，所以他支付的净价格是 -50 美元，他期望从保险中获得小额经济收益，因为该保险略微精算有利于他。

针对个人的保险价格计算很重要，因为每个健康保险市场的保费厘定规则都不尽相同，这意味着即使是同一保障内容，也会因费率厘定的不同而导致个体间交叉补贴水平①的不同。过去，在非团体市场中（个人直接从健康保险商购买保险），个体之间的交叉补贴非常少，即个人的预期索赔额和所缴纳的保费很接近；而在雇主提供的健康保险市场中，健康保险是团体费率，个人之间的净价格可能会有很大的差异，会存在大量的相互之间的保费交叉补贴。

在健康保险市场中，当保险的附加成本为负时，研究个人行为也很重要。在这种情况下，健康保险为个人提供净收入，也称为负净价。这是因为美国的许多健康保险产品是在考虑被保险人参加了社会保险（即由政府提供）的前提下研发设计的。由政府发起设立的健康保险计划通常是非营利性的，因此，在社会保险中，费率的厘定可以仅仅考虑精算的公平性，这样一来，也最大程度地利用了政府设立健康保险的规模经济效应。在实践中，当政府保险计划是作为"……广泛的、有针对性的再分配转移计划……"而构建时，提供的收益往往超过收取的保费（Persson 和 Tabellini，2000，第 7 页）。对于政府资助的健康保险计划，准确估计被保险人支

① 译者注：此处的交叉补贴，是指在同等保障且费率水平一致的情况下，低风险的个体为高风险的个体多缴纳了保费。

付的价格，对于确定个人是否愿意申请此类保险很重要。

三、有约束的支付意愿

限制或约束个人对某特定商品和服务的购买意愿，主要因素是该个体的预算集。个人的预算集决定了他的支出和储蓄总额。预算集可以采用最简单的经济模型来表示，即人们可以用来交易的商品"禀赋"。更普遍的方法是，根据个人可用于消费的收入和财富价值来计算预算集。预算集的存在意味着个人、家庭、雇主或政府在健康保险上的支出金额是有限的，这也符合经济学关于资源有限性的经典假设。

目前，关于个人健康保险消费数量的约束方式有两种，预算集可视为其中的一种。个人花费在所有商品上的预算金额是固定的，而健康保险就是所选择消费的商品之一，因此，从这个意义上，个人可以把健康保险作为其预算集的一部分进行评估。当然，个人也可以不将其他商品的消费支出转化为财务预算，而将健康保险和所有其他消费进行直接比较和权衡。

预算集的财务决策和消费品替代的问题，在数学上是无区别的，但却给健康保险消费者提供了不同的权衡方法。单从财务角度看，可以研究年收入为 40 000 美元的个人，他们需要决定将多少钱用于健康保险。一年中，在健康保险上花费的钱越多，所享有的健康保障就越多，就意味着有更多的钱可用于购买医疗服务，但相应地，能花费在其他商品或劳务上的钱就越少，或者，也可以研究一个人可以购买的一篮子商品的价格，其中某些篮子包含相对多数量的健康保险和相对少数量的其他商品。鉴于前一种计算的主观性质，一篮子商品的视角具有避免考虑健康资本经济价值的优势。

图 4.2 显示了健康保险与所有其他商品之间的直接替代关系。Y 轴表示健康保险的购买数量，X 轴表示所有其他商品和服务的购买数量。需求曲线向右下方倾斜，因为健康保险的消费数量越多，所有其他商品的消费量越少，反之亦然。该线与 Y 轴的交点是一个极端情况，表示个人只购买健康保险。这也被称为"角点解"，因为它处于需求曲线和 Y 轴形成的角点，在这个角点上，个人作出了极端选择，以替代所有其他形式的消费为代价，购买最高数量的健康保险。在另一个极端的角点解中，需求曲线与 X 轴相交，个人只购买其他商品和服务，不购买健康保险（即无保险状态）。图 4.2 重点描述了个人预算集的分配问题，即分配给消费的所有资源数量有限。图 4.2 还显示了健康保险与所有其他商品之间的另一种替代关系，其中虚线（2）表示，在其他形式的消费品变得相对昂贵，健康保险价格没有变化时，整体消费下降，健康保险和所有其他商品占总消费的比例也发生变化。

个体资源配置问题，还可以由"无差异曲线"（即描述如何从不同的消费篮子

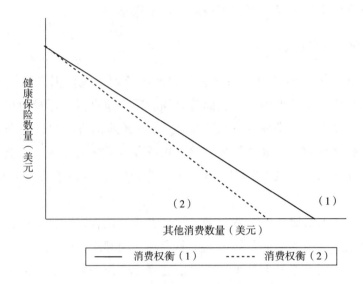

图4.2　健康保险商品和其他商品的替代

中获得既定效用水平的曲线）来说明。因为健康保险和其他商品的不同组合产生不同的效用水平，个人会设法达到其预算约束下可能达到的最高无差异曲线（Varian，1992，第101页）。这种资源配置问题的解决方案很有吸引力，因为它表明，存在阻碍人们购买更多健康保险的天然限制，即获得更多的健康保险会剥夺人们从其他商品的消费中获得相对更多效用的能力。这个观点也很有用，因为如果考虑一篮子中"其他"的商品和服务是什么，就会看到，篮子中包括许多由健康保险支付的商品或代替健康保险的商品。例如，这个篮子可能包括个人可以直接购买的医疗服务，也有预防疾病和促进健康的其他商品，这些都是除健康保险之外的保障健康资本的商品。

　　一篮子中其他形式的健康管理商品的可得性，使得人们可以根据相关健康商品相对价格的高低，来决定购买更多或更少的健康保险。例如，假定作为一种补偿形式的预防服务商品变得相对便宜时，意味着健康预防服务提供商能够以较低的成本提供既定数量的健康预防服务。也可能出现如下情况，流感疫苗的生产者适应价格的变化转而生产更贵的蝇类疫苗。在此案例中存在两种情形，一种情形是，由于消费篮子中的一种商品（流感疫苗）价格上涨，个人可以获得的消费总量减少；还有另一种情形是，购买的其他非健康保险产品的相对价格提高，而购买的健康保险数量不变 [参见图4.2中的虚线（2）]。因此，人们的健康保险消费量最终是增加还是减少，取决于他们对这种需求的"补偿性"下降的反应。

　　一个正确的做法是，由于健康资本和健康保险的性质，应该在一个较长的时间框架内研究个体的消费和预算集。一个人的一生而不是某个单一时间点或单个时间段（比如一年），才是分析研究健康资本价值及其变化问题的理想时间框架。这是因为大量的健康方面的花费实质上都是试图在未来保持良好健康状况的投资决策，而不是让今天感觉更好的消费决策。而同时，健康风险的发展周期和影响周期也许会很漫长，比如，像糖尿病等慢性疾病是长期积累的结果，与没有患糖尿病的人相比，罹患慢性病的个体终生的健康状况都会变差。

健康资本的终生观点，使得有必要考虑个人的终生预算，即一个人在其一生中拥有的、可用于花费的总金额。由于个人预期寿命以及工作薪酬的不确定性，预算集也存在很大的不确定性。此外，由于健康保险费用存在未来的不确定性变化，可用于人力资本的预算也是不确定的。但从理论上讲，是可以计算出一个具体的数字和金额的，在考虑当前和未来消费决策的同时，还可以计算和确定个人用于健康保险最优的预算份额。这个计划过程是财务规划行业的基础，也是联邦政府确定Medicare 和 Medicaid 的长达 75 年预算的基础（国会预算局，2012）。

四、健康保险的边际收益递减

第二章中的风险规避模型表明，消费者可能面临着风险管理边际报酬递减的情况。拥有近乎全额保险的消费者，为了获得全额保险而额外购买最后 1 单位健康保险，他从中获得的效用小于部分保险消费者额外购买 1 单位保险所得到的收益。对于保险从 $(1 - \alpha) = 0.50$ 变为 $(1 - \alpha) = 0.51$ 和从 $(1 - \alpha) = 0.99$ 变为 $(1 - \alpha) = 1.00$ 的两种情况，假设在所有的保险数量范围内，保险数量增加任一单位时，保费增长都相同，那么前一种情况会带来更大的效用增加。Arrow – Pratt 风险规避模型，考察了对风险微小变化（而不是大的或整体变化）的反应（Pratt, 1964），因此，研究个人保险需求意味着权衡保险数量边际和可用于其他形式的消费预算边际。当然，没有必要将没有保险的个人和获得了全额保险的人进行比较，因为这两种情况存在太大的反差。但可以考虑那些有部分保险的人，他们需要决定是否保留保险或购买什么样的保险，是购买共同保险率更低、稍微更有利的保险，还是共同保险率更高、稍微不利的保险。

在研究边际的保险选择时，边际收益递减的经济原则表明，随着健康保险的消费越来越多，额外数量的健康保险消费给效用带来的增加也越来越小。共同保险率越低，个人在进一步降低共同保险率时，得到的效用越少。进一步说，每"增加"一单位保险，个人的支付意愿会变得相对更低。这种风险管理边际收益递的经济规律建立在保险价格为正的假设上（即精算不公平），而对以精算公平或精算有利的价格提供的保险产品，个人对其的需求则是多多益善。

如果保险的价格为正，则会因边际报酬递减而限制消费者对第三方支付的需求。可以从健康计划保障的医疗服务的有效性来分析第三方支付的边际报酬递减。保险商为了改善现有保障计划，会根据共同保险水平或总赔付比例提供相同水平的风险管理，并仅仅对超过某一有效阈值的医疗费用进行支付。在某种意义上，保险商可以为一些成员提供代理服务，他们在分配预算时会理性地减少效率更低服务的使用，从而有利于更高效率的服务。代表个人作出这种权衡的保险商，将提供与保险本身的风险管理职能无关的，但却很有价值的服务。从经济角度看，这种保险可能更昂贵，即保险商将不得不雇用临床专家来研究各种治疗方法的有效性，同时建立一个与服务提供者沟通保障利益的系统，并对提供的服务进行审查，以确保只涵盖了适当的服务内容。但由于医生的专业服务也存在边际收益递减，会让消费者认为每一单位边际收益价值相对较低，进而会影响到健康保险的筹资。对健康保险筹资的医疗服务有效性的担忧，也是运用第一章的卫生服务研究工具分析健康保险价值的主要原因之一。

上文中提到的可以购买其他商品和服务作为替代品，也会限制消费者的健康保险需求。考虑到几乎所有的商品和服务，而不仅仅是健康保险，都是边际收益递减的。健康保险边际收益递减的速度、其他商品及服务边际收益率递减的相对速度，以及总预算集之间的相互作用，最终决定了健康保险的需求。在一个完整的经济模型中，经济主体考虑所有商品和服务的权衡，并根据可获得的健康保险和其他商品的类型，作出最优决策。

五、不同类型的需求函数

传统的健康保险需求函数，作为理性经济学模型的最简单应用，就是消费者直接购买保险的行为。从根本上讲，在个人层面上分析决策行为，存在理论和实践两方面的原因。理论上的原因是，大多数微观经济模型都以个体作为分析单元，或将个人的效用水平作为分析的出发点。即使在社会层面上，也用总福利，即社会福利，来衡量所有个体成员的总体效用。[①]

分析个体需求的实践方面的原因是，当考虑个体的行为时，数学模型可以更容易处理效用计算、需求曲线推导和最优解等问题。与直接计算团体效用相比，把一些独立个体的效用加总更容易，然后确定效用最大化的影响因素，并考虑如果他们的团体结构不同，效用是否会更高。然而，如果需要分析团体保险需求，则需要更为精确的计算方法和模型。

雇主提供的保险和政府提供的保险涉及更复杂的需求模型。雇主提供的保险中必须包括雇主的利润最大化需求和个人的最大化健康保险需求。因此，在分析雇主提供的团体保险时，牵扯到两类不同的最大化问题，即企业所有者的利润最大化目

---

① 作者注：重要的是，每个人效用的权重不必相等。更普遍的是，将个体效用加总作为社会福利衡量标准是否恰当，对于经济学家和其他人士来说，是一个重要哲学问题（Sen，1980）。

标和员工的效用最大化目标。政府提供的保险必须包括政府的社会福利需求和公共选择的考虑。从这个意义上讲，社会保险作为一种服务，不仅能够以可能最优的价格满足个人健康保险需求，同时也可以通过向公民提供最低健康保险保障水平，并将政府健康保险计划所得的支付收入转移给相关的受益人，从而增进社会福利。

第二节　个人需求

一、保险的直接购买

个人可以直接从健康保险公司那里购买健康保险，通常称为"非团体"或"个人健康保险"市场。本书用"非团体健康保险"一词把这种类型的保险与政府或雇主提供的保险区分开来，因为非团体保险既可以为个人提供保障，也可以为家庭提供保障。在非团体健康保险市场中，希望从健康保险公司购买保险的个人或家庭，可以直接或通过保险经纪人，比较多家保险公司的报价。保险公司在非团体保险市场上提供多种标准化的保险合同，各种保险的保费也不相同。虽然市场上有各种各样的合同，但每个合同都是所谓的格式化合同，只能被"接受或放弃"，这也意味着在非团体市场上，个人无法同保险公司协商变更健康保险合同。非团体健康保险是一份"附和合同"，即保险公司出售给个人的合同是保险公司事先拟定好且消费者无法变更的合同（Miller，1988）。

购买非团体保险的个人或家庭可以预料到，健康保险公司通过确定个人预期损失（索赔）计算保险费。预期损失以发生医疗服务索赔的可能性以及索赔的严重程度为基础进行测算。[①] 依据决策选择的理论框架，在非团体市场，个体消费者将会比较所购买的保险在一定保费水平上的保障程度和市场上出售的保险数量。在美国，平均来说，非团体保险是精算不公平的。因此，个人通常只在不具备获得雇主承担的或政府提供的保险资格时，才会去购买非团体保险。此外，在过去，个人和家庭仅仅是将非团体健康保险作为接续雇主提供的健康保险之间的"桥梁"，因此，非团体市场的"保有率"一般都很低（Pauly 和 Lieberthal，2008）。

不同区域定居的被保险人，其非团体保费差别很大。这是因为即使在同一国家，不同地区的医疗服务基本成本也不尽相同。比如，由于不同区域的就诊和住院治疗费用可能不同，使得不同区域的流感治疗费用可能存在很大差异等。此外，患者接受到的医疗服务水平或医生提供医疗服务的积极性也可能因地而异，这方面的

---

① 作者注：在第五章中，我们研究了健康保险监管如何限制健康保险公司按照个人风险等级向其收取相应保费的能力。

早期研究成果被称为"小地域差异"① 文献，文献中对扁桃体手术率的差异的研究具有一定的说服力。具体说来，对扁桃体炎发病率相似，但扁桃体切除率不同的研究表明，"……医生之间对于适应症和疗效的观点存在差异"（Wennberg 和 Gittelsohn，1973）。这样，期望的索赔强度的差异，将改变用于计算预期损失的预期索赔概率或损失程度。

各州关于健康保险监管严格程度的差异，也会影响健康保险计划的价格和可得性。各州保险监管机构有能力和权力通过各种方法监管保险保费的可行性和偿付能力（Klein，1995）。监管往往会设定可接受的保险的最低价格水平（下限），这有助于提高保费；但也会对可接受保费的最高水平（上限）进行限制，以降低保费。各州有关非团体健康保险的监管一定程度上鼓励了雇主提供的团体保险发展，因为在团体保险中，雇主可以"自保"并避免各州的保险监管（Jensen 等，1995）。各州关于非团体健康保险保费审查的监管也存在较大差异。此外，健康保险计划必须涵盖哪些收益，各州也有不同的利益强制规定。保险利益强制规定意味着所有保险合同必须提供特定服务，这有助于提高保险数量，并且如果规定是"有约束力的"（即规定强制要求健康保险商纳入他们本来不会纳入健康保险计划的福利），保费也会相应提高。

《平价医疗法》（ACA）带给非团体市场三大变化，即引入健康保险交易所、补贴以及强制个人购买健康保险。健康保险交易所是联邦政府和州政府试图为非团体健康保险市场带来多元化结构的尝试。这反映了一个事实，即对于消费者来说，理解和购买保险是非常困难的，而交易所设计的初衷是使非团体健康保险的购买变得更加容易（Corlette 等，2013）。ACA 根据收入情况为购买非团体保险的个人和家庭提供补贴。这些补贴有效地限制了个人的最高保费。强制医疗保险是 ACA 中的一项规定，即对不购买健康保险的个人征税。虽然这些变化的长期影响仍有待观察，但一个重要变化是，非团体保险市场在逐步扩张，并逐渐成为美国相对更重要的健康保险供给方。

二、解释个人保险需求

在传统的保险模型中，风险厌恶者有保障风险资产的需求。例如，戈利耶（Gollier，2001）以一个拥有金融资产风险投资组合（股票和债券）的人为例，个人由于风险厌恶而需要保险。戈利尔指出，这种模型同样适用于风险规避者的保险

---

① 译者注："小地域差异"指对于可使用选择性治疗和大量未知效率治疗的情况，医生可能会偏爱不同方式的治疗行为。尽管小地域差异起源于医患之间的信息隔阂，但其产生的真正原因可能是源于医生的不确定性和缺少信息。即使所有医生对他们的患者很好地履行了中介职责，但他们自身对有效医疗过程实际效率的缺陷的了解可能会使患者福利受损（舍曼·富兰德，艾伦·C. 古德曼，迈伦·斯坦诺，卫生经济学，2010）。

需求（Gollier，2001），这构成了本书第三章的理论基础。该模型的一个假设是，健康保险的风险管理功能可以用货币表示价值。这类似于健康资本价值的货币化，好比通过股票市场上的买卖可以很容易地将股票价值转换为美元标价的货币资产一样。

很多关于个人健康保险需求的权威性论文，都把非团体市场当作保险消费模型的应用例子。例如，阿罗（Arrow，1963）的论文《不确定性和医疗服务的福利经济学》是《美国经济评论》有史以来发表的 20 篇顶尖论文之一。从某种意义上说，这篇文章开创了健康经济学这个学科。他在"最优保险理论"一节中提出，个人无论是从保险公司购买保险还是从政府那里获得保险，都基于以下假设：

假设一个中介、一家大型保险公司或政府随时准备在精算公平的基础上提供保障医疗费用的保险。也就是说，如果医疗服务费用是一个平均值为 m 的随机变量，那么公司将收取保费 m，并同意补偿个人所有医疗费用。在这种情况下，个人肯定会更偏好于投保，从而获得福利收益（Arrow，1963）。

著名的兰德健康保险实验（RAND Health Insurance Experiment）也使用了相同的基本模型。在兰德健康保险实验中"共有 14 种按服务项目付费的保险种类，参加实验的家庭拥有其中一种保险，或归为预付费的实验组……"这项研究是计算健康保险文献中提出的最优健康保险数量和最优共同保险的基础（Manning 等，1987）。兰德健康保险实验把个人作出的医疗服务支出决策，作为感兴趣的结果（依赖）变量。实验中的组（实验）变量是在该项研究中个人被分配到的健康保险计划。研究人员利用个人在不同保障数量的健康保险计划下的行为，推断在有健康保险的情况下，健康保险影响个人预算分配的方式。

消费者的支付意愿也决定了健康保险的经济价值。需求曲线，以及对需求曲线和需求弹性的估计，是决定和量化支付意愿的重要方法，即在经典的经济模型中，经济学根据消费者的支付意愿衡量价值（Pauly，1995，第 103 页）。在健康经济学中，由于健康保险作为消费者和其他人购买的实际产品，支付意愿的分析研究是非常必要的。

可以通过分析健康保险的购买决策以及被保险人的保险金额来区分个人的健康保险偏好。在某种程度上，那些决定购买健康保险的人（有保险保障的人）与那些决定不购买保险的人（无保险保障的人）是有差异的。在其他因素不变的情况下（如财富水平、教育程度、性别），购买保险的人更偏好保险商品的消费，这可能是因为他们风险厌恶程度更高或对自身健康资本的主观估值更高，也可能是他们知道自己很有可能获得比保费更多的收益（逆向选择）。在某种程度上，那些购买相对更高数量健康保险的人与那些购买较少数量健康保险的人也存在差异。个人更高的财富水平、更高的风险厌恶程度以及自己更可能使用健康保险（即逆向选择），都可能促使个体选择购买更高数量健康保险。

在非团体市场需求研究中，需要指出的是，个人是可以作出理性选择的，也因为此，才有可能在非团体市场上运用决策的理论框架来分析个人的健康保险需求。对经济学家来说，非团体保险市场的场景是极具吸引力，因为非团体市场满足了很多微观经济学中基于选择的研究方法所要求的理论需求，即可以研究个人的实际消费选择，而不是试图抽象出或改变这些选择偏好。但是，非团体市场研究也存在一定的障碍，个人在非团体市场上的选择可能会因健康保险的供给而受限，毕竟各州健康保险市场上保险产品供给的丰富程度不同。

在非团体市场中，消费者的选择范围与个人把健康资本作为风险资产投保的模型相关。在"标准投资组合问题"中，为了最大化期望效用，个人需要决定总财富中用于投资风险资产的份额（Gollier，2001，第54—55页）。为了最大化地实现生活总体目标，个人需要决定为多少健康资本投保。人们虽然有初始的健康禀赋，但他们的健康状况在整个生命中是不断变化的，这将改变需要投保的人力资本数量。人们通常希望有更多的选择，但需要注意的是，如果可变成本与保险承保有关，那么更多的选择也可能会导致更高的成本。

在健康保险市场上，个人面临的决策选择，就体现在购买保险的数量上，购买的保险越多，未来有关健康和财务等方面结果的确定性就越大。但是，保险是有成本的，所以，不购买保险的情况下，个人在健康这种风险资产上的投入越多，能够消费的非医疗服务商品越多。由于具有或有资产特征的健康保险仅仅只有保护健康的工具价值，因此，在其他因素不变的情况下，与健康保险消费相比，人们更偏好于非健康保险商品的消费。

出于不同程度的风险厌恶倾向，个人和家庭都会有财务上保障健康资本的需求。风险厌恶程度更高的个体在针对任何风险时，"不论所持有的初始财富多寡，都会本能地最大限度地减少风险暴露"（Gollier，2001，第59页）。与风险厌恶程度较低的个体相比，最优保险合同能为风险厌恶程度更高的个体提供更多保障，甚至接近全额保险。在这里，强调财富的独立性，意味着风险厌恶引起的个体保险行为变化无关他们拥有的财富多寡，这是一个普适原则。一个非常关键的问题是，由于健康本身是一种重要的财富形式，上述原则同样适用于健康保险领域的消费，即个体对健康保险的决策选择与个体的健康程度（良好或较差）无关。

在健康状况较差和健康状况良好的个人之间，主要区别在于保障成本即保费，这是由预期赔付水平和保险商提供保险的具体成本不同所导致的。如果健康保险保费和被保险人的风险水平有关，期望有更多医疗服务索赔的人会被要求支付更高的费用。从成本结构更为复杂的公司购买保险的个人，也会被要求支付更多保费。值得重视的是，在精算意义上，"健康状况较差"等同于"成本更高"。例如，对于患有无法治愈的绝症患者来说，其治疗费用可能低于那些患有可治愈的慢性疾病患者的费用。从健康资本的角度来看，患有可治愈疾病的人的健康资本价值也较高，因为这更适合于通过医疗干预行为防止健康状况进一步下降。从财务角度来看，临床诊断的健康状况与个人（即"患者报告"）角度的健康质量略有不同。

三、个人购买服务

个人从非团体市场上获取的主要服务就是风险管理服务。个人购买非团体健康保险所获得的经济意义上的风险管理收益就是，在运用医疗服务应对健康冲击时，他们会从保险公司得到之前预期的赔付。在实践中，健康保险的根本目标是，运用"巨灾①"保险或"重大疾病"保险来应对重大健康负面冲击（即健康资本突然大幅减少）。本书借用"巨灾"保险这一术语来定义的健康保险计划，是指为重大负面健康冲击提供保障的健康保险，例如高免赔额的保险计划。一旦健康保险计划被定义为"巨灾"保险，就意味着保单只会为巨大的健康资本变化和冲击提供保障。当然，在一定程度上，"巨灾"也指高昂的医疗服务费用支出，因为这部分支出最终是由健康保险支付的。巨灾支付，也表明医疗服务费用的支付已超过个人免赔额或其他个人需承担的财务责任。此外，巨灾支付也可能是指超过个人预算集的花费，比如对大多数人来说，在没有健康保险保障的情况下，应对心脏病诊疗服务费用所需的预防性储蓄的金额通常都非常高甚至是个人难以承担的。

非团体保险客户将健康保险视为医疗服务的预付款或预防性储蓄，这是理解健康保险的第三方支付功能的关键。个人在购买非团体健康保险时，就获得这种服务，而健康保险的另一个功能是风险管理。随着时间的推移，健康保险保障逐步扩大到一些可预见的健康管理服务，比如年度健康体检。纵观这些服务，大多数服务并不是用来应对健康冲击，而是被用来减缓健康资本的贬值过程，从这个意义上看，这些服务更像是健康资本维护服务。从资产管理角度看，这种贬值与标准投资组合问题有些类似。例如，有金融投资组合的个人需要监控其资产价值的变化，并定期调整股票和债券投资的持有量以维持投资组合的多元化。同样地，个人也需要

---

① 译者注：英文巨灾 catastrophe 一词最早来源于古希腊语 καταστροψη，原意是流星（falling star），之后衍生出两个不同的词义，一个是衰落（down-turning），另一个是悲惨的结局（the denouement of tragedy）。1994 年联合国减灾十年委员会基于世界范围内的灾害研究将巨灾定义为同时满足死亡人口超过 100 人、财产损失超过 GDP 的 1%、受灾人数超过该国总人数的 1% 以上的三个条件的巨大灾害。联合国有关巨灾的概念是从世界层面上依据以往巨灾造成损失的资料得出的结论，而其他一些国际组织和保险机构如美国保险服务所（ISO）、慕尼黑再保险公司等则基于自身管理和经营的需要分别对巨灾概念进行了厘定，但直到 20 世纪 90 年代，巨灾还局限在自然灾害上。随着新技术的大量运用和公共安全事件的不断发生，巨灾的概念开始产生突破，不仅仅只局限于自然灾害，发展了应用于不同应用领域甚至医学领域的巨灾概念，比如开始关注承灾体自身承受和恢复能力的动态变化等。此处作者将巨灾概念引入健康领域，有理论支撑依据，但重在强调负面健康冲击所带来的灾难性损失。

定期的预防性服务以维持其健康资本，而健康保险可以支付这些服务的费用，这更像一种医疗服务支出的组合变化，而不是风险管理。

从消费者角度考虑健康保险，本质上是消费者个体储蓄自己的钱用于未来的医疗服务费用支出。这种预先储蓄的健康保险模式起源于 20 世纪 30 年代蓝十字计划（Law，1974）的"预付收益"模式。健康服务的预付制模式与保险商联系起来，是因为保险商能够在确定医疗服务收益的成本和范围等方面发挥专业特长。同时，作为第三方的健康保险商，在与医疗服务提供者谈判医疗服务价格时也具有至关重要的作用，而个人可能仅仅希望搭上"顺风车"，获得该类服务的谈判价格（即获得此类服务的折扣价格）。

通常情况下，购买了非团体健康保险的个体，个人支付的医疗服务价格就是保险商与医疗服务提供者谈判协商后的折扣价格，而对于没有保险的个体，则需要按照医疗服务提供者要求的价格来支付医疗服务费用。以往，非团体保险商支付"惯常且合理"的医疗服务费用。Medicare 在"成本加成"（cost plus）[①] 的基础上向医院支付费用，即医院收取的费用加上资本的边际成本和边际利润（Nyman，1985）。随着医疗服务变得越来越复杂和昂贵，支付哪些费用以及如何支付的问题就变得越来越突出。当前，除了如何支付这些服务费用外，非团体保险商还需要决定保障内容及除外责任。在非团体健康保险市场上，为了使消费者支付的保费更"合理"，即保费控制在该消费者的个人预算约束内，健康保险商需要确定保障的除外责任（即某些服务排除在保障范围之外），并代表个人与医疗服务提供者协商谈判服务价格。但需要注意的是，健康保险商是代表全部消费者利益与医疗服务提供者进行价格谈判，谈判确定的保险价格和保险保障注定不会吻合每一个个体的消费偏好。如果个体的健康保险偏好存在较大差异，就会给非团体保险经营带来很大的挑战。

在第二章中，已经描述了理性的风险厌恶者选择"最优"健康保险合同的情形；在第三章中，对最优保险合同的数量、质量、价格和条款之间的权衡和决策选择进行了论述。实践中，几乎所有人都会获得部分保险，不完全保险包括在保险商与被保险人之间划分风险管理职能的不同因素，并保留被保险人一定的财务责任（第一方支付）。因此，所谓的最优健康保险合同，就是指额外一单位保险的边际成本等于保险带来的边际收益的合同。

单个的保险合同不可能为每类风险提供对应的风险管理，比如，保险可能有 1 000 美元或 2 000 美元的免赔额，但没有 1 500 美元的免赔额，从这个角度来看，单个保险合同可能不是最优的。但从另外的角度来看，如果市场上的保险商能够提供更多类型的保险计划，就可以更好地将个人想要的保险类型与可获得的保险进行

---

① 译者注：成本加成，是一种定价方法，指在产品单位成本加上一定比例的利润制定产品价格的方法。

匹配。从这个意义上，可以认为非团体健康保险市场的范围决定了个人从这些保险方案中获得的效用水平。但在实践中，市场上的保险商为降低保险成本，也可能会根据个体的消费偏好为其量身定制保障计划，这样既减少了保障计划的供给数量，又降低了个人预算负担并提高个人效用。

现有的文献涵盖了很多关于个人最优健康保险安排的研究成果。在一项调查中，卡特勒和泽克豪泽（Cutler 和 Zeckhauser，2000，第 587 页）对 5 篇有关此主题的论文进行对比分析，研究发现其中 4 篇认为最优共保率在 25% ~ 27%，另 1 篇（作者是费尔德斯坦和弗里德曼）则提出更高的共同保险率（58%）是最优的（Feldstein 和 Friedman，1977）。这些论文还提到了"止损"，即被保险人几乎不会承担的、超过某一数值的额外支付。但是，作者还指出，"因为税收优惠有利于提供更多的保障，有人认为现实世界的保险会比最优保险更慷慨，向医疗机构支付的保险赔付不作为雇员的收入纳税……"（Cutler 和 Zeckhauser，2000，第 587 页）。这方面的问题需要在第三节对团体健康保险的需求问题的分析来回答。

第三节　团体健康保险需求

团体健康保险需求，通常是指雇主和政府的需求，他们通过风险池为雇员或受益人群体提供健康保险。一般地，雇主向雇员提供少量的标准化的健康保险计划。政府也会根据受益人的资质状况，向其提供少量的标准化的健康保险计划。尽管非团体健康保险市场所提供的风险管理产品更贴合个体的需求，即更吻合需求的经济学模型，但多数人还是选择参保团体健康保险。因此，为了更好地解释健康保险需求，并提出完善健康保险保障方式的相关建议，就必须要对团体健康保险进行研究。分析研究团体健康保险需求，以及团体需求与个体需求之间的差异，是非常有必要的，因为团体健康保险需求，在很大程度上解释了为什么雇主希望为员工提供健康保险，以及社会保险如何运作的问题。但是，在经济学中，分析团体的健康保险决策是十分困难的，但这不能成为规避团体保险研究重要性的借口。[1]

一、雇主提供的保险

雇主提供的保险，是指雇主向雇员及其家庭成员提供的健康保险。在雇主提供的保险所形成的交易市场中，雇主为雇员提供获得健康保险的机会，雇员承担一定

---

[1]　作者注：经济学中，家庭、组织和政府层面的团体决策选择模型得到了很好的发展。家庭经济学、工业组织理论和政治经济学对于家庭、雇主和政府层面的决策都有大量的研究成果（例如，Buchanan 和 Tullock，1962；Becker，1974）。

份额的保费（员工份额），这部分份额不能完全弥补所有的健康保险的保费，剩余的保费则由雇主支付（雇主份额），这也是一种雇主提供的员工福利的形式。除了现金工资和雇主支付的其他福利形式之外，健康保险计划是雇主为了获得雇员劳动力而额外支付的福利。雇主提供的保险计划起源于20世纪初的"雇员福利"运动，前面第一章中已有更详细的论述。

雇主提供的保险，可被看作是一种"实物"福利，即一种非货币的补偿形式。实物福利历史悠久，除作为实物福利的健康保险之外，还有许多其他形式。例如，《三剑客》这本书描述了一个律师为他的助理提供晚餐的场景。这顿饭是实物福利的一个例子——支付给助理的总报酬中包括的（微不足道的）一餐（Dumas，2007）。雇主提供的健康保险也是同样的运作方式，即雇主以健康保险的形式支付一部分的员工薪酬，但其激励作用可能会超过薪酬所带来的激励效应，这或许正是优秀员工所需要的非货币激励方式。

作为一个更大群体（企业）的一部分或组成人员，个人或家庭获得雇主提供的健康保险。与非团体健康保险市场一样，员工可以为他们自己和其他家庭成员购买保险，或者为他们的整个家庭投保。大多数雇主在为雇员提供保险的同时，还为雇员的配偶和其他家庭成员提供保险（凯撒家庭基金会和健康研究与教育信托基金，2015）。与非团体健康保险市场中个体有较多保险计划可供选择的情况不同，在团体市场上，员工不能从一个更广范围内的保险安排中进行选择，他们只能从雇主提供的、较为有限的选项中作出选择，而这些选项往往不太吸引人。因此，提供保险的雇主更有责任代表雇员及其家庭的利益，创建更有吸引力的保险选项"菜单"。

从保险角度来看，由雇主提供的保险可以被视为有吸引力的风险池。雇主提供的健康保险将大量个体聚集在一起，形成一个自然的保险风险池。从健康风险的角度看，作为员工的个人往往都具有良好的健康状况并能胜任工作岗位，这使他们天然成为一个有吸引力的可保团体。此外，通过雇主获得健康保险的雇员，不会是仅仅为了获得健康保险才工作，这在很大程度上规避了人们关心的逆选择问题。团体保险中的逆向选择问题，更多地聚焦在个人选择哪种雇主提供的健康保险方案，而非个体是否获得健康保险（Cutler 和 Zeckhauser，2000，第 616–623 页）。

与非团体保险相比，雇主提供的健康保险更具有同质性。前述内容中已提及了其中一方面的原因，即雇主为了代表大多数员工作出选择，而势必会缩减健康保险计划的选择数量。与此同时，服务于雇主提供健康保险的保险商，也在一定程度上促进了这种同质性。虽然有许多健康保险商能够为特定领域的个人提供保险，但仅有一小部分的保险商能够为较大的雇主，特别是在地理上分散的雇主，提供保险。能够在雇主市场上提供服务的健康保险商数量较少，是促使该类保险更加同质性的原因。最后一个促使该类保险同质化的原因，来自监管政策，由雇主提供的保险通常不受州政府的监管，而是要受联邦政府监管。在实践中，联邦政府可能会设立一个比较大型的监管机构对此类保险进行监管，而不像50多个州的各自监管的分散监管方式。

团体健康保险供给的主要障碍之一，就是增加了员工的雇佣成本。试图获取利润最大化的雇主，希望向雇员支付既能吸引优秀雇员加盟的市场工资水平，又能够保持相对平衡的薪酬和福利成本的支付能力。而提供除工资以外的健康保险增加了雇佣成本。相反，如果员工接受雇主提供的保险来代替工资，那么健康保险也就仅仅是雇主获取劳动力资源的方式之一。在比较美国企业和其他国家企业时，这些问题对分析健康保险福利的竞争效应很重要。一些证据表明，相对于不提供健康保险的外国公司而言，美国公司处于竞争劣势，因为外国员工通过全民健康保险或全民医疗服务项目获得保障从而减轻了企业为员工购买团体健康保险的成本负担。但也有研究证明了相反的观点，这些研究认为，拥有全民医疗保险制度的国家，其医疗服务费用总支出低于美国，企业通过社会保险系统为医疗服务筹资的水平较低，相比美国企业，企业反而会面临人力成本以及税收成本较重的情况（Nickell，1997）。[①]

在团体健康保险市场的这次重大变革（即奥巴马医改）中，强制雇主提供健康保险的要求，提升了雇主的健康保险需求。大型雇主，即拥有50名或以上的员工的雇主[②]，必须向雇员提供健康保险或支付罚款。这一强制规定的结果是增加了雇主不提供保险的机会成本。该法令旨在减少未保险人数以及降低对通过保险交易所购买保险的个人的财政补贴支出。虽然这项强制要求是针对不提供健康保险的雇主，但经济学家普遍将对雇主的这种强制法令视为实际上的就业税（Summers，1989）。

雇主提供的健康保险的价值，是决定员工评估所获得的员工福利总价值的主要因素。健康保险的价值不像现金补偿那么高，因为货币的流动性更好并且可以直接购买其他商品，而从健康保险获得的赔付只能用于支付医疗服务的费用（Woodbury，1983）。但是，这种估值方式是非常重要的，因为它是解释雇主提供健康保险需求动机的一个重要方面。

二、解释雇主提供的健康保险需求

如果健康保险可以帮助雇主吸引优秀员工，那么雇主就会有动力为员工购买健

---

① 作者注：李·艾柯卡（Lee Iacocca）认为，对于克莱斯勒（Chrysler）公司来说，健康保险公司是比钢铁生产者更重要的供应商。

② 译者注：这是由《平价医疗法》（ACA）强制规定的。根据陈莹（2017）的研究，ACA规定，雇佣50人以上的企业则被要求强制给所有雇员购买保险并承担保险的费用，如果企业不为员工购买保险，那么公司在60天内将面临支付每一个没有上保险的人400美元的惩罚，这一惩罚将在60天后变为每人600美元。

康保险。在美国劳动力市场上，对大多数大型雇主来说，雇主提供健康保险是"必要条件"。其他雇主都在提供，所以没有一个雇主能够"偏离"，即不提供健康保险。从这个意义上说，雇主提供的健康保险的运作原理与支付工资一样，即雇主往往希望支付更少的工资，员工往往希望获得更多收入。因此，雇主所提供的总薪酬额度就在员工愿意接受的最低水平工资和雇主愿意支付的最高工资的中间平衡点。

健康保险作为一种员工福利，有助于维持雇员的健康水平，雇主可能因此对其产生特殊兴趣。从这个意义上说，区别于不能带给雇主额外回报的工资，雇主提供的健康保险给雇主带来了实际的无形的利益回报。健康保险也可以看作是一种类似大学助学金的福利形式，使员工能够发展和维持人力资本。当健康保险有助于保持雇员健康时，雇主就会从员工的工作效率中获益。

从理论上讲，假定个人有足够的动机保持自身健康，雇主购买保险所带来的经济效益，并不足以促使雇主为雇员提供健康保险。从经济角度来看，雇员有动力解决大部分会导致自己工作效率下降的疾病或伤害问题，这不仅是为了保持就业能力，也是因为对自身健康的重视。但是，个人管理自身健康风险的能力有限，这有助于解释雇主愿意提供健康保险这一现象。雇主能够利用规模经济效应，降低团体健康保险的成本。雇员可能面临着职业病或工伤的威胁，比如他们虽然可以从伤病中恢复，但却可能无法返回原有的工作岗位。雇主可以通过选择包含特定服务如职业治疗①的方式，为员工提供一个确定性的福利补偿，而当员工更快地重新开始工作时，就为雇主带来了直接的收益回报。对于非理性的或不愿意储蓄的员工来说，通过雇主提供的健康保险"强迫他们"获得更多的保险福利（Summers，1989）。雇主提供的健康保险的主要缺点在于福利结构更复杂，无论是雇主还是雇员，都必须承担之前提到的保险运营成本（附加费用），与简单地直接向雇员支付更高的现金工资相比，这一缺点尤为突出。

从雇主购买团体健康保险的角度来说，一个比较大的好处是，他们可以选择保险方案的类型和结构。雇主对员工健康的需求可能因行业而异，雇主可以把对个人工作能力影响最大的疾病，优先放在保障范围里面。尼克尔森等（Nicholson，2006）发现，"……员工离职的相关成本因职业的不同而不同，这取决于雇主能否轻松找到完美替代离职员工的人，作为团队一部分的员工职责以及员工工作成果的时间敏感性。"最重要的是，健康保险的存在和特征可能会限制员工换工作的能力，

---

① 译者注：职业治疗（occupational therapy）是指，目的明确地从事某种职业训练，旨在恢复动机、信心和特殊技能，用以治疗躯体或心理缺陷。

这被称为"工作锁定"[①]（Madrian，1994）。雇主可以通过提供健康保险从而增加工作变换的成本，最终能够减少与员工替换相关的各项成本。

对雇主和雇员来说，健康保险的价值还在于政府对雇主提供的健康保险的税收补贴。以健康保险形式提供的员工福利不作为收入纳税，而以工资形式发放的员工福利则要缴纳收入所得税。政府的税收补贴意味着雇主提供的健康保险价格远远低于非团体保险。非团体保险市场也因此不具备竞争能力，那些能够获得由雇主提供的保险的人，很少购买非团体保险。很多情况下，由于团体保险市场的挤出效应，个体要么选择雇主提供的保险，要么选择不购买任何保险（Blumberg 和 Nichols，2001）。

无论是在不同雇主的雇员群体之间，还是某一特定雇主的雇员群体内部，税收补贴都因其降低边际税率的作用而带来不同的价值。那些收入更高的人从补贴中获得相对更大的收益，因为他们应缴纳的所得税的边际税率更高。在解释雇主的健康保险需求时，雇主和雇员想要获得税收优惠的意愿具有很强的解释力。甚至可以把雇主看作是一个可以使员工获得这一独特的税收优惠的"中介"实体。但是，那些税率较高的人，收入也通常更高，这意味着他们的人力资本更有价值，因此，他们对健康保险的评估价值更高。

理论上，戈德斯坦和保利（Goldstein 和 Pauly，1976）提供了两个理解团体健康计划设计的基本模型——"蒂布特"模型（Tiebout - type model）和"不完全流动性"模型（imperfect mobility model）。蒂布特模型以员工的完全流动、可提供任何类型保险计划的大型雇主以及员工拥有完全信息为基础，从而得出结论："……每个员工都在一家这样的公司就业，该公司提供了一个效用最大化的公共产品组合。"换句话说，每位员工都可以获得满足其个人偏好的健康保险，以规避和管理健康风险。在"不完全流动性"模型下，员工的异质性和雇主没有提供足够大规模的保险的能力，使得雇主无法为每位员工提供最优健康保险安排。关于哪种模式更适合某一特定类型的雇主，这是一个实证研究问题。基于这一理论，已有文献实证检验了企业规模、员工异质性、员工的工会地位、公共与私人雇主以及员工收入水平等影响团体保险供给的重要决定因素。

用来解释雇主提供健康保险决定的因素有很多，其中，员工规模和异质性是决定保险供给成本的两个重要因素。由于保险的成本大多是固定成本，且许多成本收益具有规模经济效益，所以对于规模较大的雇主而言，健康保险供给的人均成本较

---

① 译者注：保险的工作锁定（Job Lock）功能，又称保险锁定效应（Effect of Job Lock），是指保险对就业单位变动具有一定的抑制作用。Madrian（1994）发现，购买了雇主提供的健康保险的工人其工作流动性比没有购买的人下降了 25% 左右。

低。但员工及其家庭的异质性会提高保险供给成本。无论是因为雇主提供了较少数量的健康保险合同，使得相对较大部分的员工不满意；还是因为提供了大量的合同，从而失去了为所有员工提供同一类保险安排的规模效益，为那些拥有更多异质性的健康资本或风险规避程度变化更大的人群提供保险，成本可能更为高昂。

员工的生产力也是决定健康保险成本的关键因素。在健康保险计划的安排方面，通常有监管的"底线"要求（将在第七章讨论更多关于如何衡量保险数量和质量的内容）。这意味着处于员工边际生产率较低的行业的雇主，将努力提供这样的保险，即不仅能够符合健康保险的质量要求和提供足够的福利，也要足够便宜以便让雇主能够赚取利润。这个健康保险"底线"要求会带来许多负面的结果，包括会导致未保险人数的增加（Gruber，2008）。与之相关的是，相比于国外的竞争对手，雇主提供的健康保险的政府监管要求可能会削弱美国企业的生产率。目前，许多国家建立了全民健康保险制度，或者建立了普遍的但与就业无关的健康保险制度。在这些国家，健康保险是社会保险的重要组成部分，因而从理论上说，企业的人力雇佣成本就不包含健康保险的供给成本。[①]

由于可以把员工聚合起来形成一个风险池，雇主能够以较低的成本购买健康保险服务。以雇佣为基础的健康保险可以解决健康保险的逆向选择问题。雇主提供的健康保险计划能够把员工聚集在一起，是基于人们希望为特定公司工作的愿望，而不是基于人们对特定非团体健康计划的需求。如果这能够降低通过雇主获得的保险的成本，那么理论上，员工就能够以较低的净价获得此类保险的保障。此外，由于雇主并不试图从健康保险中获利，他们可能会在没有附加成本的利润的基础上供给保险。减少逆向选择和降低健康保险的附加成本，可能会向雇主提供一个更好的方法，以形成更低成本的保险风险池。逆向选择的减少和利润动机的缺乏，也能够鼓励应用社会保险。接下来的部分将讨论社会保险形式。

三、社会保险

社会保险，是指政府向公民或居民提供的、作为公共物品的保险计划。美国政府设立了许多健康保险计划，包括 Medicare 和 Medicaid。作为保险商的政府，向符合条件的个人提供获得健康保险的机会，个人支付一定的保费，但个人的支付也许不能完全弥补健康保险保费，则政府代表个人支付剩余的保费。这是社会成员获得的除了个人可得的现金工资和其他形式的政府资助外的一种福利。政府保险起源于19 世纪，或更早期的"社会保险"运动，在第一章已经进行了详细的讨论。

社会健康保险供给一般以个人为基础。例如，根据年龄或其他特征，个人有获

---

① 作者注：当然，大部分税收都用来资助社会保险，但这是间接的。

得 Medicare 的资格，且这一保险仅适用于具有资格的人。即使同一家庭中的两个人都是 Medicare 的参保人，但他们是以个体为单位参保，而不是以家庭的形式参保。这与雇主提供的保险和非团体保险不同，后两种保险可以对夫妇或整个家庭承保。为低收入和健康状况不佳的人提供保障的 Medicaid，以及为儿童提供保障的 CHIP，都是以个人为参保单位。当政府为自己的职员提供保险时，可以为雇员的家庭提供健康保险，但这种保险则应归为雇主提供的保险类型，而非社会保险类型。

年龄是用于确定获得政府保险资格的重要人口特征。以年龄为基础的保险，包括为 65 岁及以上的人口提供保障的 Medicare。实质上，Medicare 是为这个年龄段的个人提供全民健康保险，对于 65 岁及以上年龄的人口，覆盖率超过 99%（Card 等，2008）。以年龄为基础的保险还包括对 19 岁以下人群提供保障的 CHIP。CHIP 不是全民范围的，而是只为较低收入家庭的儿童提供健康保险。

基于健康状况的社会保险，保障的对象包括特定的健康状况、残疾以及怀孕的人。例如，1972 年终末期肾病（ESRD 或肾功能衰竭）的患者依据相关法令，可作为受益人加入 Medicare（Moon，2006，第 55 页）。又如，在 20 世纪 80 年代，Medicaid 的保障范围扩大到艾滋病病毒感染者，并扩展覆盖补偿高效抗逆转录病毒药物（HAART 治疗方案）的费用。在许多州，精神疾病和妊娠也是获取 Medicaid 的法定条件。虽然州政府可以酌情决定由州负责的 Medicaid 的一些参保资格条件，但联邦政府已经规定，在"联邦—州合作计划"下，许多保险计划是州政府获得 Medicaid 联邦政府配套资金的先决条件（美国政策与预算优先中心，2015）。这些先决条件的清单并非详尽无遗，事实上，许多州已经得到联邦"豁免"，并在一些州内进行 Medicaid 的改革实验。例如，俄勒冈州、华盛顿州和威斯康星州等成功地将许多需要长期护理的患者转为家庭护理，在改善受益人护理服务的同时，也节省了较高的机构服务使用成本［总审计局（GAO），1994］。

从 Medicaid 项目费用支出的角度来看，重大的"健康状况"是指需要在长期护理机构中住院护理的残疾状况。通常情况下，Medicaid 补偿护理机构的护理费用，Medicare 保障其他方面的医疗服务费用支出。"在 Medicaid 中，只有不到四分之一的登记者是老年人或残疾人，但由于这些受益人需要更多（且更昂贵）的医疗服务，对他们的赔付接近于 Medicaid 费用总支出的五分之三"（美国政策与预算优先中心，2015）。通常把这些人和其他同时拥有 Medicare 和 Medicaid 的人，看作拥有"双重资格"的人群，这与那些仅有资格获得其中一项计划的人是不同的。这可能涉及 Medicare 和 Medicaid 两类保险之间的协调问题，类似于在财产和意外伤害保险文献中的问题，各种不同险种都承保洪水或风灾损失，就有可能造成所谓的保险损失"缺口"，不仅保险商不赔付，而且被保险人因为只有一种保险而不是两种保险，损失也没有得到保障（Kunreuther 和 Pauly，2006）。

个人或家庭的低收入也是许多社会健康保险项目的一项基本要求，目前它已成为满足联邦政府扩展 Medicaid 的一项主要资格条件。例如，Medicare 和 CHIP 对保险受益人有收入限制，这一限制可能适用于个人或他们生活的家庭。在 Medicaid 扩展之前，其获取资格通常取决于收入和特定的健康状况如残疾。根据《平价医疗法》（ACA），仅仅收入这一因素就能单独满足 Medicaid 和补贴的非团体健康保险交易所的资格要求（古德尔和罗伯特·伍德·约翰逊基金，2013）。

政府提供的健康保险作为团体保险的一种形式，比非团体健康保险更具有同质性。与非团体健康市场相比，政府提供的保险计划在保障内容等的选择方面具有较大的局限性。例如，Medicare 为所有 65 岁及以上的成员提供单一计划，也称为传统的、按服务项目收费的医疗保险，该计划在全国范围内的结构一致，可看作单一的全国性健康计划。虽然州的 Medicaid 不是联邦层面设立的，而是由州设立的，但也是十分同质化的。

由政府设立的健康保险项目，通常设计为精算公平或精算有利，即平均每人支付的保费与预期赔付相等，或低于给定保险方案下的人均索赔额。政府保险计划常常通过补贴的方式，以提供精算有利的保险。换句话说，普通税或特殊的税种在一定程度上补贴了健康保险成本，使得保费低于赔付成本。但是，由于赔付是针对相对大范围人群的平均值，所以，当政府保险计划的税收补贴力度不够大时，对于健康状况相对较好的人来说，可能是精算不公平的。总体上说，与雇主提供的健康保险一样，社会保险在费率厘定过程中，从来都不会是精算不公平的，因为政府并不试图通过提供健康保险来获取利润。

最近一个时期以来，社会保险市场①发生了两个重大变化，即健康保险交易所的设立和 Medicaid 的扩展。健康保险交易所，目的是通过税收补贴和设计更容易运作的健康保险交易市场，增强非团体市场的承受力和偿付能力（古德尔和罗伯特·伍德·约翰逊基金，2013）。作为健康服务的购买者，政府代表个人选择保险，通过确保所有保险计划是高质量的，并且人们不会无力承担保费，从而增加和改进社会福利，也被称为"有管理的竞争"（Enthoven，1993）。Medicaid 的扩展，旨在通过将计划扩大到之前不具有资格的个人，特别是低收入的成年人，以减少未保险人口的数量。Medicaid 的扩展相比于引入健康保险交易所要简单得多，因为它只是简单地扩大风险池中有资格获得 Medicaid 的人数，并为他们提供联邦资金资助以获得 Medicaid 的医疗服务。

---

① 作者注：严格来说，社会保险以非市场形式提供健康保险。但是，把社会保险作为获得健康保险的"市场"之一，在对个人的保险来源分类时很有用。

四、解释社会保险

一般地，社会保险有两个主要目的，即扩大覆盖面和再分配。政府常常把公民的健康资本看作是"公共福利"的一部分，也把健康维持看作决定社会效用的主要因素。根据政府管理理论，政府应该为国民的财富、健康或福祉负责，该理论为政府提供健康保险提供了有力的论证。

讨论政府提供的健康保险的另一个重要的方面，是关于如何定义它的公共物品性质。在某种意义上，健康资本是私人物品和公共物品的混合体。虽然个人拥有自己的健康资本，但他们的健康会给其他人带来许多好处，这就是所谓的正的"外部性"或"溢出效应"。此外，健康保险具有一些公共物品的特点，即一旦建立了风险池，增加其他具有相似特征的人，不会使风险池的状况恶化，而事实上，它还会起到改进的作用。因此，政府为了实现健康保险供给的目标，会将人们聚集并分成多个组合，甚至是一个组合，以期降低个人的风险。

社会保险能够聚集个人形成风险组合的作用，使得政府提供的健康保险像其他公共物品一样具有吸引力。公共产品与私人产品的区别在于"……它可以同时为多个使用者提供收益，而私人产品在任何时候，都只能使一个使用者受益"（Myles，1995，第264页）。团体健康保险通过风险管理和第三方支付两个功能，能够同时给多个使用者带来收益。一组具有相似健康风险和相似风险厌恶程度的个人，都将从共同的健康保险计划中获得相似的效用水平。医疗服务报销系统的普遍应用也增加了社会保险的吸引力，因为旨在为团体医疗服务筹资的健康保险计划，可以很容易地扩展到其余人员的医疗服务筹资上，且不会产生额外成本。实际上，风险管理和第三方支付功能的规模经济意味着，与一个较小的团体相比，为一个更大的团体提供健康保险的平均成本更低。政府利用这种成本优势，可以提供成本更低的健康保险，大大降低个人健康保险费用支出，改善个人效用水平。

政府提供的健康保险，对于各类保险服务具有很大的需求，这就会涉及该类型社会保险计划的服务外包问题。当然，政府也可以不购买商业保险公司的外包服务，而是直接提供某些形式的社会保险。例如，社会保障计划就是政府直接向受益人提供的养老、工伤、生育等社会保险项目，一般没有商业保险公司的介入。还有一种情况是，政府提供的健康保险也可以选择"服务内包"的方式，直接向个人提供保险服务，这个问题在第五章再详细讨论。然而总体上来说，许多政府提供的健康保险计划，是通过服务外包的形式来提供健康保险福利的。例如，美国拥有Medicare和Medicaid的大部分人群，是从商业管理式医疗公司获得保险服务。政府与商业保险公司签订合同，支付健康保险计划的全部或部分费用给商业保险公司，而作为外包商的商业保险公司直接向受益人提供健康保险（Newhouse等，2015）。

政府坚持效率原则，所以把相应的保险服务外包给专业经营健康保险的商业公司。如果商业保险公司在提供保险服务时，能够做到成本更低、效益更高，那么与政府直接提供保险服务相比，政府通过保险服务外包的方式提供健康保险的效率就会更高。当政府担当健康保险筹资者的角色时，可以简单地通过征收税款，筹集和分配所需资金，然后从商业健康保险公司购买相应的健康保险服务。

政府提供的健康保险，其正当性和合理性的一个重要理由是，健康保险本质上是一种可供再分配的公共物品。社会健康保险计划将那些没有生病或没有受伤的人所支付的保费，重新分配给那些生病或受伤的人，以帮助他们支付医疗服务的财务费用，弥补健康资本损失。尼曼（Nyman，2003）认为，对于风险厌恶者来说，这是健康保险的主要目的和主要特征，是他们购买健康保险的根本原因。健康保险计划的基本作用是，可以将财富从一个群体再分配到另一个群体。政府可以建立一个健康保险制度，以促进从收入较高群体向收入较低群体的再分配，或者从工作人群再分配到老人或孩子，以促进更广泛的社会福利目标的实现。因为健康保险专门以那些受到健康冲击的低收入人群福利为目标，所以它是社会资源再分配的理想形式。

许多政府的健康保险计划的目的是解决收入或健康的不平等问题，因此往往是精算有利的。例如，在 Medicare 中，A 部分为那些至少支付了 10 个工作季度 Medicare 税的人免费提供保障；B 部分的保费是预期福利成本的 75%，这两部分保障的其他成本则由一般税进行支付（Davis，2015）。尽管一些州已经尝试增加 Medicaid 下个人的财务责任，但一般情况下，Medicaid 的费用仍然较低或者免费，受益人只需要分担较低的成本或不用负担成本（Wright 等，2005）。因此，从被保险人的角度来看，他们获得的 Medicaid 的保险类型在很大程度上决定了他们支付的价格。虽然被保险人作为纳税人需要缴纳相应的税款，但由于他们被纳入 Medicaid 中，其健康保险费却得到了大量补贴。在现实社会中，许多 65 岁及以上的人可能是最贫穷最无助的，从满足这个人群的健康保险需求的角度来说，Medicare 作为社会保险计划有效地发挥了社会资源再分配的功能和作用。实际上，Medicare 的扩展，例如覆盖其他健康状况较差的群体［如终末期肾病（ESRD）患者］，以及 Medicaid 本身着力于为低收入和残疾群体提供健康保险保障，这些内容都很好地说明了 Medicare 的再分配功能和作用。

社会健康保险可能不适合多样化的人口结构。政府购买保险服务，然后提供给较大范围的同质化人群。这样，政府可以利用与大群体相关的范围经济和规模经济，获得管理成本优势。当参与者对特殊的福利安排有特别需求时，与适合他们个人偏好或健康状况的非团体健康保险相比，他们从"一刀切"的保险中获得的效用更少。群体的风险厌恶态度和健康风险程度两种异质性，影响了团体健康保险的最大化团体内个人效用的能力。政府提供的健康保险也剥夺了个人为自己的具体目而调整储蓄和保险计划的能力，剥夺了商业公司提供盈利性保险的能力。政府提供的健康保险与雇主提供的健康保险不同，因为如果个人对于雇主提供的健康保险服务不是很满意，他可以更换雇主。拥有政府提供的健康保险的人，则不能作出这样的选择，或者可供选择的余地很小。比如，为了获得更好的社会健康保险服务，个体从一个为 Medicaid 提供较少资助的州，搬到一个为 Medicaid 提供资助更多的州，迁移成本很高。更换雇主以获得更好的健康保险计划则没有那么困难。因此，对许多人来说，社会健康保险的主要替代方案就是不去参加这样的保险计划。

需要指出的是，社会健康保险体系也可能以不公平的方式转移金融财富。从代际转移的观点来看，确实存在关于 Medicare 和其他社会健康保险制度公平性的担忧。Medicare 提供了与医疗服务相关的额外风险的保障，并将财富从 65 岁以下的人重新分配给 65 岁及以上的人。但这种制度的一个明显的缺点是，许多 65 岁及以上的人可能比普通人富裕，特别是在金融资产上。艾伦·威廉斯（Alan Williams）提出了一个著名的"公平的局次"模型，即寿命较长的人已经享有了很多年轻人没有来得及得到的福利，这意味着应该根据年龄合理地配置医疗服务资源①（Alan Williams，1997）。最后要说的一点是，由于保险消费会增加医疗服务费用的支出，Medicare 可能会加剧保险的高成本问题（Finkelstein，2007）。当然，Medicare 和其他社会保险商提供健康保险的动机之一，也就是试图应对保险的高成本问题，这将在第五章进行详细讨论。

参考文献

［1］Arrow, K. J. (1963). Uncertainty and the welfare economics of medical care. *The American Economic Review*, 53 (5), 941 – 973.

［2］Becker, G. S. (1974). On the relevance of the new economics of the family. *The American Economic Review*, 64 (2), 317 – 319.

［3］Blumberg, L. J., & Nichols, L. M. (2001). The health status of workers who decline employer – sponsored insurance. *Health Affairs*, 20 (6), 180 – 187.

［4］Buchanan, J. M., & Tullock, G. (1962). *The calculus of consent* (Vol. 3). Ann

---

① 译者注：这是一种基于平等主义分配原则的年龄主义。从终生视角的平等主义看来，衡量一个人是否属于较不利者的一个标准，就是看他在一生中能否享用足量的寿命。因此，那些预期终生寿命低于人口平均寿命水平的患者属于较不利者。一个 80 岁的老年人已然享受了足够长的人生，而且他的生活计划也基本上已经完成；而一个 30 岁的成年年轻患者还没有开始享受生活，还没有完成自己的人生计划。所以，根据终生视角的平等主义，当这两个人都受到生命威胁的时候，应优先拯救这个年轻人的生命。公平寿命年龄主义认为，医疗资源分配的优先目标是保障年轻人达到某个最低的寿命门槛，然后才能考虑是否让那些寿命高于这个门槛的老人活得更长（王珀，2016）。

Arbor：University of Michigan Press.

［5］ Card, D. , Dobkin, C. , & Maestas, N. （2008）. The impact of nearly universal insurance coverage on health care utilization：Evidence from Medicare. *The American Economic Review*, 98 （5）, 2242 – 2258.

［6］ Center on Budget and Policy Priorities. （2015）. *Policy basics：Introduction to Medicaid.* Washington, DC：CBPP. Retrieved from http：//www. cbpp. org/sites/default/files/atoms/files/policybasics – medicaid _ 0. pdf.

［7］ Congressional Budget Office. （2012）. *CBO's* 2011 *long – term budget outlook* （*Report No.* 2012）. Washington, DC：Congressional Budget Office.

［8］ Corlette, S. , Downs, D. , Monahan, C. H. , & Yondorf, B. （2013）. State insurance exchanges face challenges in offering standardized choices alongside innovative value – based insurance. *Health Affairs*, 32 （2）, 418 – 426.

［9］ Cutler, D. M. , & Zeckhauser, R. J. （2000）. The anatomy of health insurance. In A. J. Culyer & J. P. Newhouse （Eds. ）, *Handbook of health economics* （1st ed. , pp. 561 – 643）. Amsterdam：Elsevier.

［10］ Davis, P. A. （2015）. *Medicare：Part B premiums.* （Report number 7 – 5700）. Washington, D. C. ：Congressional Research Service.

［11］ Dumas, A. （2007）. *The three musketeers.* Mineola, NY：Courier Corporation.

［12］ Enthoven, A. C. （1993）. The history and principles of managed competition. *Health Affairs*, 12 （suppl. 1）, 24 – 48.

［13］ Feldstein, M. , & Friedman, B. （1977）. Tax subsidies, the rational demand for insurance and the health care crisis. *Journal of Public Economics*, 7 （2）, 155 – 178.

［14］ Finkelstein, A. （2007）. The aggregate effects of health insurance：Evidence from the introduction of Medicare. *The Quarterly Journal of Economics*, 122 （1）, 1 – 37.

［15］ General Accounting Office （GAO）. （1994）. *Medicaid long – term care：Successful state efforts to expand home services while limiting costs.* Report to the Chairman, Subcommittee on Oversight and Investigations, Committee on Energy and Commerce, House of Representatives. （No. GAO/HEHS – 94 – 167）. Washington, D. C. ：General Accounting Office （GAO） .

［16］ Goldstein, G. S. , & Pauly, M. V. （1976）. Group health insurance as a local public good. In R. N. Rosett （Ed. ）, *The role of health insurance in the health services sector* （1st ed. , pp. 73 – 114）. Cambridge, MA：NBER.

［17］ Gollier, C. （2001）. *The economics of risk and time* （1st ed. ）. Cambridge, MA：MIT Press.

［18］ Goodell, S. , & Robert Wood Johnson Foundation. （2013）. Health policy brief：

Federally facilitated exchanges. *Health Affairs*. Retrieved from http：//www. healthaffairs. org/healthpolicybriefs/brief. php? brief _ id = 84

［19］Gruber, J. (2008). Covering the uninsured in the United States. *Journal of Economic Literature*, 46 (3), 571 – 606.

［20］Jensen, G. A. , Cotter, K. D. , & Morrisey, M. A. (1995). State insurance regulation and employers'decisions to self – insure. *Journal of Risk and Insurance*, 62 (2), 185 – 213.

［21］Klein, R. W. (1995). Insurance regulation in transition. *Journal of Risk and Insurance*, 62 (3), 363 – 404.

［22］Kunreuther, H. , & Pauly, M. V. (2006). Rules rather than discretion：Lessons from Hurricane Katrina. *Journal of Risk and Uncertainty*, 33 (1 – 2), 101 – 116.

［23］Law, S. A. (1974). *Blue cross：what went wrong?*. New Haven：Yale University Press.

［24］Madrian, B. C. (1994). Employment – based health insurance and job mobility：Is there evidence of job – lock?. *The Quarterly Journal of Economics*, 109 (1), 27 – 54.

［25］Manning, W. G. , Newhouse, J. P. , Duan, N. , Keeler, E. B. , Leibowitz, A. , & Marquis, M. S. (1987). Health insurance and the demand for medical care：Evidence from a randomized experiment. *The American Economic Review*, 77 (3), 251 – 277.

［26］Mas – Colell, A. , Whinston, M. D. , & Green, J. R. (1995). *Microeconomic theory* (1st ed.). New York：Oxford University Press.

［27］Miller, D. S. (1988). Insurance as contract：The argument for abandoning the ambiguity doctrine. *Columbia Law Review*, 88 (8), 1849 – 1872.

［28］Moon, M. (2006). *Medicare：A policy primer*. Washington, D. C. ：The Urban Institute Press.

［29］Myles, G. D. (1995). *Public economics*. Cambridge, U. K. ：Cambridge University Press.

［30］Newhouse, J. P. , Price, M. , Hsu, J. , McWilliams, J. M. , & McGuire, T. G. (2015). How much favorable selection is left in Medicare Advantage?. *American Journal of Health Economics*, 1 (1), 1 – 26.

［31］Nicholson, S. , Pauly, M. V. , Polsky, D. , Sharda, C. , Szrek, H. , & Berger, M. L. (2006). Measuring the effects of work loss on productivity with team production. *Health Economics*, 15 (2), 111 – 123.

［32］Nickell, S. (1997). Unemployment and labor market rigidities：Europe versus North America. *The Journal of Economic Perspectives*, 11 (3), 55 – 74.

［33］Nyman, J. A. (1985). Prospective and "cost – plus" Medicaid reimbursement, excess Medicaid demand, and the quality of nursing home care. *Journal of Health Economics*, 4 (3), 237 – 259.

[34] Nyman, J. A. (2003). *The theory of demand for health insurance*. Stanford, CA: Stanford University Press.

[35] Pauly, M. V. (1995). Valuing health care benefits in money terms. In F. A. Sloan (Ed.), *Valuing health care: Costs, benefits, and effectiveness of pharmaceuticals and other medical technologies* (1st ed., pp. 99 – 124). Cambridge, UK: Cambridge University Press.

[36] Pauly, M. V., & Lieberthal, R. D. (2008). How risky is individual health insurance?. *Health Affairs*, 27 (3), w242 – w249.

[37] Persson, T., & Tabellini, G. E. (2000). *Political economics: Explaining economic policy* (1st ed.). Cambridge, MA: MIT Press.

[38] Pratt, J. W. (1964). Risk aversion in the small and in the large. *Econometrica*, 32 (1/2), 122 – 136.

[39] Rosenbaum, D. (1984, March 5). Chrysler, hit hard by costs, studies health care system. *New York Times* pp. 1, B8.

[40] Sen, A. (1980). Equality of what? In S. McMurrin (Ed.), *Tanner lectures on human values* (Vol. 1). Cambridge, U. K.: Cambridge University Press.

[41] Summers, L. H. (1989). Some simple economics of mandated benefits. *The American Economic Review*, 79 (2), 177 – 183.

[42] The Kaiser Family Foundation, & Health Research and Education Trust. (2015). *Employer health benefits: 2015 annual survey*. Menlo Park, California: Henry J. Kaiser Family Foundation.

[43] Varian, H. R. (1992). *Microeconomic analysis* (3rd ed.). New York: W. W. Norton and Company.

[44] Von Neumann, J., & Morgenstern, O. (1947). *Theory of games and economic behavior* (2nd ed.). Princeton: Princeton University Press.

[45] Wennberg, J., & Gittelsohn, A. (1973). Small area variations in health care delivery. *Science*, 182 (4117), 1102 – 1108.

[46] Williams, A. (1997). Rationing health care by age: The case for. *British Medical Journal*, 314 (7083), 820 – 822.

[47] Woodbury, S. A. (1983). Substitution between wage and nonwage benefits. *The American Economic Review*, 73 (1), 166 – 182.

[48] Wright, B. J., Carlson, M. J., Edlund, T., DeVoe, J., Gallia, C., & Smith, J. (2005). The impact of increased cost sharing on Medicaid enrollees. *Health Affairs*, 24 (4), 1106 – 1116.

第五章　健康保险的供给

第一节　健康保险供给函数

一、市场的供给方

供给是一个基本的经济学概念，一般通过生产过程中的商品和服务的生产函数来描述。生产函数则是表示生产者的投入如何转化为产出（即投入产出）的数学公式。例如，生产 1 杯咖啡（产出）可能需要使用 1 汤匙研磨咖啡粉和 1.5 杯热水，在这种情形下，就可以认为 1 杯咖啡 = 1 汤匙研磨咖啡粉 + 1.5 杯热水。在生产过程中，生产者利用技术将投入转化为有价值的产出（Varian，1992，第 1 章）。在上例中，咖啡机就可以视为一种投入产出技术，能让制作咖啡的人（生产者）在既不用动手烧水也不用把水倒进咖啡粉里的情况下，就能作出一杯咖啡来。

在本书所使用的健康保险模型中，给定风险管理水平下（$1 - \alpha$）个体的保险需求将由某个生产商满足，而此保险商的生产函数需满足其保险需求的数量。也就是说，健康保险公司要利用各种投入生产出满足个人需求的健康保险产品。供给的关键是商品的成本，这意味着必须要考虑在给定的可行生产技术条件下，提供健康保险的成本的大小。最简单的生产函数，就是直接贸易模型，在该模型中，拥有禀赋或存量财富的人通过将其禀赋与他人交换从而实现生产者的角色担当。当然，要生产出一单位复杂的商品和服务，可能会需要多个单位甚至多种类型的投入。

在最基本的健康保险供给经济学模型中，被研究的个体应该都拥有一定的存量财富且该财富面临一定的风险。可以设想这样一个群体，他们拥有基本的物品，譬如土地、房屋及初始的健康资本。在这个经济体中，个体既是消费者也是生产者，他们可以消费当前拥有的物品，同时也可以作为生产者（供给者）将所拥有的物品与他人进行交换。值得一提的是，健康资本虽不能被直接交易，但个体仍然可以通过交易基于各自健康资本水平的或有索赔权来发挥保险商的职能。比如，两个人可以达成风险共担协议并彼此承诺，如果其中一个人遭遇了负面的健康冲击，那么未遭受负面冲击且仍然健康的人要将自己的部分禀赋（财富）让渡给生病的人。

大部分健康保险计划要求个体支付一定费用来交换或获取健康保险。而保险公司收取保费作为承担风险的对价。政府为公民承担风险，也要收取社会保险费或税收收入作为对价。然而，即使是一些大型保险公司也仅仅是众多个人风险的汇集者。在互助原则下，这些大机构充当中介工具或媒介以帮助个人实现风险的共担（Eeckhoudt 等，2005，第45页）。换句话说，个人在本质上是通过购买健康保险商品承担与其他人健康有关的风险，并且以此来降低自己的风险。健康保险计划的支出总额受所有个体成员财富总和的限制。

分析研究健康保险的供给问题，必须弄清楚健康保险的两种基本功能，即风险管理和第三方支付功能的供给问题。健康保险这两种服务功能的供给的重要性源于多个方面。最突出的一个方面是，风险管理和第三方支付功能在成本结构上可能存在较大的差异，比如，两种服务的供给方对个人健康需求的反应就极为不同。而关键的差异是，这两种服务组合的方式是什么以及谁供给（生产）哪种服务。换句话说，风险管理服务和第三方支付服务的生产函数可能是截然不同的，这两类服务需要有不同类型的投入，也将产生两种既相互联系又相互区别的产出结果。分析研究这些生产函数有助于更深入地理解经济体能够生产多少健康保险，以及怎样利用健康保险政策来优化两种服务的产量以提高健康保险的价值。

规模经济效应可以决定健康保险的成本。风险管理服务显然具有一定的规模经济效应，因为预测十个人的医疗成本比预测一个人的容易。第三方支付服务同样也具有明显的规模经济效应。但在第三方支付服务中，建立医疗服务支付报销系统的固定成本很高，包括定义服务成本以及为每种医疗服务设置最优价格而产生的试错成本等，影响了私人部门对该类服务的供给。但第三方支付功能具有一定的非排他性和非竞争性，在某种程度上可以被视为公共产品①，而由政府提供相关服务的供给成为弥补私人部门关于第三方支付服务供给不足的解决方案。

范围经济效应同样可以决定健康保险的成本。在风险管理服务中，范围经济的潜在影响没有规模经济那么明显。因为范围经济意味着生产者可以通过涵盖不同类型的个体来降低其平均成本，但在风险管理过程中，经营的基础是聚合同质的个体，这也是最低成本的来源。在第三方支付服务中，范围经济的潜在影响同样明显低于规模经济。范围经济效应在很大程度上取决于为一个群体设计的医疗支付制度

---

① 作者注：一些现存系统的确有知识产权保护问题。例如，美国医疗协会（AMA）拥有现行程序术语代码系统（CPT）的版权，该系统被用作对门诊病人和医生服务进行偿付的基础。拥有这一系统对美国医疗协会来讲有利可图，并且对美国医疗协会的会员医生来说是一个可用来对支付系统实施显著影响的机制（罗伊，2011）。

对另一个群体的适用程度。如当一个为老年患者支付住院费用而设计的系统用于儿科的时候适用性如何？这意味着，医疗服务支付报销系统的适用范围越普遍，健康保险范围经济的潜在影响力就越强；反之，健康保险的范围经济的潜在影响力就越弱。

二、供给的价格函数

供给函数是描述可获得的商品或服务的数量与其价格之间关系的数学公式。一定程度上，供给可视为需求的"镜子"或对立面。在最简单的供给模型里，每个生产者都有各自可用于交换的资源禀赋。参与市场交换活动的个体，对既定商品的给定价格的接受意愿成为供给函数的基础。作为供给者，他们为给定商品确定的成本可以看作是他们放弃消费自身拥有的部分资源禀赋的机会成本。[①] 在更复杂的供给模型里，给定商品或服务的成本可以用生产该产出所需的全部投入来衡量。

供给成本有特殊的经济含义，即为了获得一定产出而需付出一定有价值的投入，这也就是所谓的"机会成本"，即指必须为商品生产所投入的那部分资源的经济价值。健康保险成本是健康保险理论的一个重要内容，因为成本将对个体或其他人愿意购买健康保险的数量起到决定性作用。具体到健康保险的生产，最重要的成本包括经营保险公司需要的资金，以及健康保险公司雇佣的包括精算师、核保师、营销人员和其他专业人员在内的专业技术人员的费用支出。资金和人力的机会成本都是非常高的，因为他们也可以用于其他的生产用途。比如，用于健康保险的资金同样可以用于汽车保险。一般地，像金融市场的资本融资成本以及由劳动力市场决定的雇佣保险专业人员的成本等，这些成本的投入都是用市场价格来衡量的。

一般地，供给函数与需求函数不是等效的，换句话说，经济理论不是预测供给方如何响应价格的变化。经济学关注的焦点是供给曲线是否"向上倾斜"。一个向上倾斜的供给曲线反映了供给商可以以更高的价格提供更多的产品的倾向（Mas - Colell 等，1995，第 23 页）。供给曲线斜率的理论意义，在于商品或服务的供给量主要是由其潜在成本来决定的。健康保险的一个基本理论是，即保险商品的平均价格的下降与参保人数的上升呈正相关。保险池中的个体数量越多，保险公司越有可能基于规模经济效应降低健康保险计划的固定成本。

健康保险的生产成本决定保险供给商对于给定的保险数量愿意接受的特定价格水平。可以用这个"接受的意愿"来理解为什么个体（厂商）会选择提供健康保

---

① 译者注：原文为 opportunity good。

险。虽然个体的健康禀赋和所面临的健康风险与生俱来，但风险管理的"禀赋"却不是天然带来的，相反，风险管理作为一种服务被那些选择承受其他个体健康风险的人供给到市场上来。例如，个体愿意承担其他人的健康风险，相当于他或她为了愿意参加诸如相互或互助健康保险项目而支付一定的价格。这种意愿会随着风险池的增加而增加，因为个体会通过保险商与其他所有人分担较小的风险，从而大幅降低自身的风险。换句话说，如果个人获得的健康保险价格是相对精算公平的，那他就有意愿或动力去分担他人的健康风险。从这个意义上说，政府提供健康保险的动力是，作为健康保险商可以代表个体提供精算公平的健康保险供给。

同样地，可以将其他保险商接受健康保险支付的意愿看作是保险商追求利润最大化的一种行为方式。如果可以盈利，保险商愿意接纳更多的人加入保险计划中，但这种接受意愿可能根据其所提供的服务（风险管理、第三方支付或者二者兼有）而有所不同。在这种情况下，保险商的接受意愿源自保险商在精算不公平价格下所能提供的保险数量，当然这个价格可以让保险商从健康保险的供给中获益。然而，保险商接受健康保险供给价格的意愿受限于健康保险供给所产生的利润大小。

三、健康保险的生产（供给）

从商品生产的角度看，资本和劳动是健康保险产品生产的两项主要的投入。保险的供给需要资金（资本），一方面是要支付生产保险所需的固定成本，另一方面是为统计异常值即远超预期的医疗费用支出提供缓冲或准备金。在风险管理服务中，资金可以被用来购买数据和已有的模型，以帮助保险公司确定不同人群的预期健康保险索赔额及评估索赔的稳定性；而在第三方支付服务中，资金可以被用来设计开发和购买相关的信息系统，以确保订立保险合同、索赔、理赔审核和保险金支付等的有效运作。

保险运营还需要人力资本特别是专业技术人力的投入。精算师和核保师评估损失并确定保险计划的受益人；销售专员和市场营销专员负责保险产品的销售，要说服消费者购买保险产品，因为保险通常是由销售渠道卖出的。此外，还有大量的人力用于订立保险合同、核保核赔［在健康保险运营中称之为医疗费使用审核（utilization review）］和管理其他的流程和环节。总之，为生产健康保险产品，健康保险公司需要综合利用资金和人力。

健康保险的特征、资金和人力的相对价格共同决定了健康保险商对资金和人员的投入产出方式。与仅提供第三方支付服务相比，提供风险管理的保险商会需要更多的资金投入。同时，风险管理还需要专业技术人员来评估风险，而且由于资金和人员不具备完全替代性，提供保险产品所需要的资本和人员的数量也往往是不固定的。例如，健康保险商可以雇佣大量的分析人员来确定保险的预期损失，也可以购买计算机来执行同样的运算任务。再如，一个承担大量被保险人风险的健康保险商，可以雇佣大量的精算师来评估和确定其承担风险的特性，也可以使用更多的资本或提取更多的准备金来缓释潜在的损失。

一般地，追求成本最小化目标的保险商，总是采用较低成本的资本和劳动两种投入的组合来实现更低的健康保险生产总成本。保险商在提供保险产品的时候要权衡使用资金和人员的相对价格。当资金成本相对较高的时候，如借贷资金价格增长时，保险商可能会选择增加人员作为降低资金使用的替代品。相反地，当劳动力的价格上涨的时候，譬如精算师的市场薪资增加时，保险商可能会尝试使用更多的资金购买设备来替代精算师。

资金是健康保险的一项关键投入，因为健康保险公司需要建立和管理准备金来提供经济或财务方面的风险管理服务。2007 年，布卢姆（Bluhm）将保险准备金定义为"……尚未发生或尚未应计的债务"，并据此确定了四种类型：（1）保费准备金（premium reserves）；（2）赔款准备金（claim reserves）；（3）保单责任准备金（policy reserves）；（4）毛保费准备金（gross premium reserves）。每一种准备金分别表明了健康保险公司代表被保险人所管理的一种类型的财务风险。由于健康保险公司承诺会对既定风险池里所有成员的合法索赔进行赔付，准备金的建立有助于管理他们的偿付能力和生存能力的风险。

对健康保险公司的偿付能力和财务可持续性的挑战，包括索赔数量和索赔时间两方面，其中索赔数量要尽可能与保险合同相匹配。"索赔时滞"是指索赔申请提交、处理和裁定所需的时间。如果一个被保险人直接购买医疗服务，将即时接受相应的服务即时支付费用，这将消除提供服务和支付之间的时滞。而一般地，持有和管理准备金是保险公司向保险需求方提供的一项主要服务。假如保险商不能提供这项服务，个人将被迫使用自己的预防性储蓄以应对高额的医疗费用支出，或承受所消费的医疗服务与其他商品和服务之间的大幅度替代变化所带来的压力。

四、组合与去中介化

既然风险管理和第三方支付两种服务可能对应不同的生产函数，那么健康保险应作为两种服务的组合还是作为一种单独的服务提供者仍是一个值得讨论的问题。当同时提供两种服务会产生一定的范围经济效应时，保险公司就会选择两种服务组合的方式来降低成本。而当他们可以获取与之相关的规模经济时，他们会选择专注于某项特定服务来降低成本，在专注于特定服务可以带来专业化效率时更是如此。

在研究文献中，有部分学者论证了组合生产方式或者集团化经营所获取的益处，但也有文献论证了专业化分工或专业化经营的益处（也称为"聚焦工厂"，focused factories）[①]（Casalino 等，2003）。

风险管理服务的规模经济效应是从统计学中的"大数定律"推导出来的。大数定律是指对于任何概率分布，随着样本的抽取次数增加，观察到的样本分布平均值收敛于预期平均值（Routledge，2016）。大数定律应用于健康保险索赔中，意味着风险池的规模越大，保险公司的平均索赔额就越确定。一百个风险特征同质的个体的平均医疗费用支出的不确定性远小于其中的任何一个人医疗费用支出的不确定性。大数定律之所以使风险管理变得更为简单、更为低价，是因为它将个体的风险，诸如个人医疗费用支出的大幅度变化的异质化风险，转化为一个群体相对稳定的风险，即群体的平均医疗费用支出的相对稳定的变化。风险管理的成本，既包括分析和评估被纳入风险池的个体的边际成本，也包括确定该个体的医疗费用支出的成本，即个体的费用支出水平是否可能与风险池中的现有成员相似。因此，增加一个人进入一个规模为一百人的风险池中，不仅不会改变与该群体的整体风险，甚至还可能降低风险。健康保险的风险管理功能的规模经济效应，就源于这种组合管理导致的成本降低的现象。

值得说明的是，健康保险在应用大数定律时，要关注大数定律实际上隐含的假设，即每个随机的样本都是同质的，而且是独立分布的。"同质的样本"是指每个人都有相同或至少相似的预期医疗费用支出。这可以通过选择具有类似健康风险的个人纳入一个特定的健康保险风险池来实现，在实践中被称为承保。"独立分布"是指每个人的医疗费用支出是互不影响的。这种假设对健康保险来说是比较适用的，因为一个人的不良健康状况通常不会"溢出"或直接影响到其邻居的健康。但也存在例外，比如流行性疾病，一个人患有传染性疾病可能使其邻居罹患同样的疾病。

第三方支付服务也存在规模经济效应，这源自支付医疗费用的金融中介存在较高的固定成本。这些固定成本包括拟订健康保险合同、确定被保险人的权益及除外责任、核实和支付以及与提供健康保险相关的资金成本（Bluhm，2007，第 250 - 252 页）。一旦健康保险合同成立并经审核后，增加该保险参保人的边际成本会很低，这是因为所有成员的健康保险计划的保障内容是一致的。提供管理式医疗服务的保险商会为参保人建立一个提供医疗服务的指定机构网络，增加该医疗网络覆盖

---

① 译者注：聚焦工厂概念，是 20 世纪 70 年代美国经济学家斯金纳提出的概念，主要针对当时美国工业和制造业受到国外竞争的威胁，其工业的领先和领导地位受到了动摇。面对美国工业企业劳动力成本昂贵、生产力增长率较低的问题，聚焦工厂希望在制造管理中实现转变，通过聚焦在有限产品类型上的生产，从而实现特定的市场目标。

面的边际成本同样很低；即使在参保人的数量可能超过该医疗网络所能提供的服务容量的情况下，也是如此。在这两种情况下，边际成本基本上等同于营销和核保等可变成本，即识别潜在参保人、说服他们购买健康保险合同并核实他们符合保险计划资格要求的运营成本。

在将范围经济应用于健康保险时，风险管理和第三方支付两种服务被认为是可以单独或捆绑在一起提供不同的服务。范围经济效应，指的是能够以低于提供单一服务的成本提供多种服务的能力，这在医疗服务行业非常普遍。"从定义上讲，范围经济效应只适用于那些生产多种产品的企业，而从本质上看，含义是相似的，多数医疗服务机构都是提供多样产品的生产商。只要是联合生产两种或两种以上的商品比分开生产更便宜，就存在范围经济效应。"（Folland 等，2010，第 112 页）跨类别的范围经济效应意味着，健康保险商同时提供风险管理和第三方支付两类服务比单独提供其中一项服务的平均成本都要低。

有理由认为，健康保险的范围经济效应是存在的。在实践中，传统的健康保险商确实同时提供所有的健康保险服务。在非团体市场上，健康保险公司向其用户提供全方位的健康保险服务，包括开发和设计具有不同特点的健康计划，厘定并收取保费，构建医疗服务提供者的网络和药品目录（pharmaceutical formularies），并代表用户向医疗服务提供者和其他人支付费用。实际上，健康保险公司承担这些服务，意味着他们这样做是有利可图的。医疗服务提供者也经常提供包含风险管理和第三方支付在内的综合医疗服务。比如"整合型医疗卫生服务系统[1]"（Integrated Delivery Systems，IDSs）就将保险服务与医疗服务捆绑起来为个人提供。盖辛格（Gersinger）健康系统[2]和凯撒（Kaiser）医疗集团[3]也采取了这种服务供给模式（Enthoven，2009）。

---

① 译者注：IDSs 是目前国际上具有较大影响的医疗卫生服务组织模式，是指由不同级别、类型的医疗卫生服务机构通过自建、并购或签订合约等方式实现水平整合和服务项目的垂直整合后，所形成的为患者提供整合性卫生服务的系统。水平式整合（horizontal integration），多是提供相关服务的组织间的整合，通过合并、收购等方式，组成一个利益共同体；垂直式整合（vertical integration），多是提供不同类型服务的组织间的整合，整合的方式更为多样，包括自建、并购、合资和签订合作协议等。IDSs 可以为患者提供系统、连续、全方位的整合型卫生服务，从而促进医疗卫生服务机构提高服务质量、降低运行成本，达到更好地配置和利用卫生资源。英国、美国等一些西方发达国家在践行 IDSs 理念方面已走在了世界前列。

② 译者注：位于美国宾夕法尼亚州的健康组织，国内常译为盖辛格健康系统公司，拥有 9 家医院和 1 200 人的医生团队，覆盖了宾夕法尼亚州的农村地区。

③ 译者注：作为全球最大的健康维护组织，凯撒医疗集团形成于 20 世纪 30 年代。凯撒是一名在边远地区修水坝的企业家，为了解决雇佣工人及其家庭成员的医疗保健问题，他与一名叫卡费德的医生签订合同，为企业工人及其家属提供医疗服务，并将其命名为永久健康计划。卡费德医生每月根据接受服务的人员数量获取定额报酬，由此预付式的团体医疗服务模式逐渐形成。由于收费是定额的，医生的收益总体是固定的，这种情况下只有员工少得病，早治病，尽量减少开支，医生的收入才会更高。这就使得医生更加关注员工们的职业安全和日常保健，最终降低了员工的整体医疗成本，无论对医生、员工还是雇主都十分有利。

范围经济效应往往适用于不同类型的人群。健康资本的模型，意味着通过健康保险提供风险管理或第三方支付服务的方式是可以跨人群普遍应用的。换句话说，向健康的年轻人和健康状况较差的老年人提供健康保险产品的唯一区别之处是，两类群体具有不同的风险分布，并且分别归属于两个不同的风险池。但是，针对这两类人群构建损失模型的方法是相同的。金融中介同样也有强大的规模经济效应，如果建立这些第三方支付系统的固定成本很高，那么使用它们的人是越多越好。然而，在实践中，健康保险市场是高度碎片化的，即多个不同的健康保险商为这些65岁及以上的老人、雇员及家属、低收入者甚至不同地理区域的人提供服务。这种碎片化现象表明，不仅是健康保险的规模经济效应有较多的限制，而且是健康保险制度政策导致了这种无效率的分散化。这种分散化的经营现象将是本章后几节重点讨论的问题，接下来，将重点介绍健康保险供给主体的四种主要形式，即健康保险公司、医疗服务提供者、雇主和政府。

第二节　健康保险公司

一、健康保险公司的组织形式

回顾一下在第二章中所讨论过的健康资本模型的内容，假设人们持有高风险的健康资本，并且希望将所持有的风险资产与无风险资产进行组合。从需求方的角度来看，建立模型的一个重要假设是，无论人们希望所购买保险的保障程度有多高，他们的需求都将被满足。而从供给方的角度看，建立模式时，可能会从另外的角度来思考问题，比如，谁是为风险规避者提供保障的健康保险商？谁是经济风险特别是健康风险方面的管理专家？个人购买医疗服务时，由谁来充当个人与医疗服务和相关设施提供者之间的支付媒介？明确不同保险供给商的动机，同样是决定健康保险的运作方式以及评估健康保险相关政策建议的关键。

健康保险公司存在的目的是为个人提供健康保险服务。作为供给商，健康保险公司可以决定向个人提供什么程度的保障产品，以及如何定价。从理论上讲，健康保险公司对所管理的个体的风险数量可能是一无所知的。如果一个健康保险公司知道，承担给定个体的90%的风险能够带来比承担70%的风险更高的利润率，那它很可能愿意承担90%的风险。相反地，如果出售较低数量的保险会带来更高的利润，保险公司也是愿意的。

健康保险公司的盈利通常来自所收取的保险费和健康保险生产成本之间的差额。因此，健康保险公司厘定健康保险费率时，一定会考虑运营成本、准备金和利润。运营成本，是指用于设计具有财务特征的健康保险产品的成本，以及搜寻到合适参保人的成本。准备金，指的是保险公司为应对不可预见的成本变化（保险公司可能低估了某一群体的医疗服务费用支出）而向消费者收取的额外费用或"风险附加保费"。准备金为保险公司提供了一定的缓冲空间，这种"缓冲"增加了保险计划的财务可行性，但却给被保险人带来一定的成本，即他们必须为所享有的风险保障支付额外的费用。利润，则是指保险公司除了支付保险赔偿金以外，还可以从保单销售中获取的额外利益。

健康保险行业中，包括营利性公司、非营利性公司两种类型的公司。营利性健康保险公司，会将健康保险业务的利得分配给公司的所有者，权利与义务相当，这些所有者同样要承担公司任何的损失。非营利性健康保险公司，也可以从他们的业务中获得利润，也称为净收入。但对于一家非营利性健康保险公司而言，其收入是没有"剩余索赔权"的，这意味着该保险公司的所有者获利或损失与否，完全取决于非营利性健康保险公司的财务表现。即便如此，这些非营利性公司在运营中优先考虑的仍是其财务偿付能力，由附加成本所带来的利润可能不在优先考虑范围内。[①]早期的蓝十字和蓝盾协会（BCBS）都是非营利组织，但目前已有部分非营利机构转变成了营利性公司。需要注意的是，对于所有营利性和非营利性健康保险公司来说，所提供的健康保险一定是精算不公平的，因为需要附加因子或保费来支付经营成本、提取和储备准备金，以及赚取利润或净收入等。

健康保险公司经营的两个显著特征是，公司规模的变化和所服务市场的变化。商业健康保险市场一般由大型营利性上市公司、大型非营利性健康保险公司和规模较小的本地健康保险公司等共同组成。大型健康保险公司，比如联合健康集团，会在全国范围内或在一个大的地理区域内经营。大型非营利性健康保险公司，倾向于关注特定的地理区域。比如，医疗健康服务集团（Health Care Service Corporation，HCSC）[②] 的服务涵盖了五个州；马萨诸塞州的蓝十字和蓝盾协会（BCBS）的服务覆盖了一个州；而位于宾夕法尼亚州的独立蓝十字（IBC）机构则服务于该州的某个区域，是三个规模较小的区域化的健康保险公司之一。规模较小的健康保险公司，有的是非营利性公司，也有的是营利性公司，但一般情况下，这些公司都是区域性的，有的甚至只有一个单一的管理式医疗计划（McCue 和 Hall，2015；Town 等，2004）。

主要的非营利性健康保险公司，包括许多蓝十字和蓝盾协会的公司，区域健康保险公司比如新英格兰的哈佛朝圣者（Harvard Pilgrim）健康保险公司和西北太平

---

① 作者注：有大量关于营利性和非营利性健康保险公司共存，以及非营利性保险公司转换为营利性保险公司的文献（如 Malani 等，2003；Robinson，2004；Town 等，2004）。

② 译者注：HCSC 是美国最大的相互制保险公司，提供健康保险、人寿保险及相关的医疗健康服务等。

洋的团体健康合作组织（Group Health Cooperative），以及服务于当地人群的小型健康维护组织。像加利福尼亚州的凯撒医疗集团（Kaiser Permanente）和宾夕法尼亚州的盖辛格健康系统公司（Geisinger Healthcare）拥有整合型医疗卫生服务系统的公司，也被视作非营利性保险公司来运营，他们作为更大的医疗保健交付系统的一部分，向被保险的成员提供医疗保健服务（Enthoven，2009）。而营利性保险公司包括像联合健康集团（United Health）、哈门那（Humana）保险公司和安泰（Aetna）保险公司这样大型的国家管理的健康保险公司，同样也包括一些以营利为目的提供健康保险的小公司。无论是营利性还是非营利性健康保险公司都可以在非团体市场中提供他们自己的健康计划，也可以为雇主提供健康保险计划，还可以与政府签订合同提供第三方支付服务，或者根据他们的规模和对服务的需求来为Medicare 和 Medicaid 提供全面的风险健康计划。

二、健康保险公司市场

在第四章中，已经论述了不同利益相关者关于健康保险服务需求的差异，以及健康保险公司是如何提供相应服务来满足这些差异化服务需求的。例如，在非团体市场中，健康保险公司向个人提供风险管理服务和第三方支付服务。而在大型团体健康保险市场，健康保险公司则只是向雇主提供第三方支付服务，界定保险利益的保障范围，以及向医疗服务和医疗设施提供者支付费用等。在这些情况下，雇主为便于确定总的医疗服务费用支出额度，通常会为向其雇员提供健康保险的保险公司，购买医疗服务支付报销系统。而健康保险公司则负责界定具体服务内容，比如医生常规门诊的次均花费、处方药的付费标准等，以及按照雇主意愿支付相应的医疗服务费用。在政府提供的健康保险市场上，健康保险公司会根据政府保障计划进行不同的安排。例如，健康保险公司对传统的按项目付费（fee – for – service）[①] 的Medicare 只提供有限的第三方支付服务，而对 Medicare 的优势管理计划（Medicare Advantage Managed Care Plans）则提供了全面风险管理服务，即承担了整个参保群体的健康风险保障。在本章第四节中，还会深入研究雇主和政府以"自保"形式为自己提供健康保险的决策选择。

理论上，健康保险公司可以为所有类型的健康保险市场提供服务，但在实践中，他们通常只专注于为特定地理区域或特定类型保险计划提供服务。例如，隶属

---

① 译者注：将医疗服务划分为各种服务项目，并且对每个服务项目进行定价，根据为患者提供的服务项目，参考对应的价格，进行医疗费用的支付，属于后付费方式。详见 Gosden T, Forland F, Kristiansen IS, et al. Capitation, salary, fee – for – service and mixed systems of payment: effects on the behaviour of primary care physicians. The Cochrane Library, 2007, Issue 2.

于蓝十字和蓝盾协会①的健康保险公司就只服务于特定的地理区域，通常是某个州或某个州的某个区域。再如，自1966年起，蓝十字和蓝盾协会所属的保险公司就开始为Medicare提供服务，也就是常说的"蓝色的Medicare"合同承包商（蓝十字和蓝盾协会，2016）。健康保险公司着力于区域市场的主要原因是，医疗服务的供给和成本具有较强的地方性特征，也即是人们熟知的"小地域差异"（small - area variations）②，用该术语表示地区间医疗服务的成本和服务强度的差异的历史由来已久（Wennberg和Gittelsohn，1973）。众多的健康保险公司坚持区域专业化经营，意味着健康保险公司的范围经济效应或规模经济效应仍然比较有限。

健康保险公司的第三方支付服务的对象，包括他们自己发起设立的基于风险的健康保险计划，设立自保计划的雇主以及设立公共保险计划的政府。健康保险公司在医疗服务费用支付中发挥了重要的金融中介功能，它不但界定健康保险的赔偿范围，对索赔申请进行审核，还最终履行对医疗服务的赔付支付功能。因此，可以认为健康保险的功能，就是帮助个体管理因负面健康冲击带来的财务不良影响。从理论上讲，健康保险公司只需提供纯粹的风险管理服务即"纯损失赔偿"（pure indemnity），而无须制定关于赔付范围以及赔付方式等的市场规则。所谓的"纯损失赔偿"，是指以货币来衡量被保险人健康资本的减少程度并实现相应的货币赔偿。在现实中，可获得的医疗干预服务数量惊人，加上"管理式医疗"赔付系统的兴起，使得界定医疗服务范围以及确定赔付的原则变得越来越有价值，这意味着第三方支付系统必须要具备识别医疗服务赔付细微差别的功能，甚至要超越当事人个体的认知和理解。

第三方支付服务的特点，要求它必须对众多种类的医疗服务定价，由此积累了大量的数据，可以帮助个人和团体预测并规划医疗服务费用支出。可以说，健康保险本身就是一种预付费的储蓄模式，用来支付未来确定会发生的医疗费用，比如每年的例行身体检查或流感疫苗的注射等。而通过事先对医疗干预措施设计补偿方案

---

① 译者注："蓝十字计划""蓝盾计划"分别创立于1929年、1939年（第一章中已做过介绍）。成立之初"双蓝"被定位成非营利性组织，享受了与一般商业健康保险计划不同的免税政策，并且免除了偿付能力等方面的监管要求。但"双蓝"的法律地位曾引起较大的争论，最初有一半州拒绝给予免税待遇。为了表明他们的非营利立场，"双蓝"采取社区统一费率，向一个社区所有居民征收同样的保费，实际是年轻人补贴了老人等高风险人群，这与社会医疗保险有相似之处，结果得以成功。1935年在美国11个州有15个蓝十字协会，1940年用户增加到600万人，1945年用户达1900万人；蓝盾用户达200万人。商业保险公司意识到健康保险市场的巨大潜力，从20世纪40年代开始大规模进入。商业保险公司根据团体客户的风险定价，使用经验费率，将承保重点放在企业群体。而"双蓝"的社区统一费率对于低风险客户的定价没有竞争力，导致大批企业从"双蓝"转投保到商业保险公司，面对这样的竞争压力，"双蓝"在20世纪60年代不得不放弃社区统一费率。1977年，"蓝十字"和"蓝盾"合二为一，组成"蓝十字和蓝盾协会"。

② 译者注：有兴趣的读者可以参见 V Lawson，J Wardle，Small area variations in health care delivery. *Health Services Research*，1973，30（2）：295。

的做法，一定程度上提高了健康保险公司运营成本的可控性。但从另一方面看，与个人、雇主或政府直接支付医疗费用相比，通过健康保险公司设立和运行第三方支付系统等，将增加医疗服务费用支付过程的行政成本，造成无谓损失（社会福利净损失）。

三、健康保险公司的多样性

从历史上看，不断上升的医疗服务成本产生了对健康保险的需求，而健康保险公司则是为了满足这一需求而出现的。健康保险，源自19世纪末的一项保险产品，即失能收入损失保险；20世纪30年代，逐渐发展成为包含医疗费用和家庭保障的保险计划；20世纪40年代，健康保险领域又引入团体保险计划。"到20世纪60年代，蓝十字和蓝盾协会（BCBS）和主要商业医疗保险产品都为众多医院和医疗服务提供保险保障"（Bluhm，2007，第1－2页）。正如在第一章中所描述的那样，由于成本增加，对保险的需求持续增长，健康保险成为了大多数人用来支付高昂医疗费用的"必需品"。

健康保险公司的存在，就是为了满足对医疗服务费用支出的需求。医疗服务系统非常复杂，以住院为例，包含了大量的、不同的服务和医疗物品，比如医生和护士等医疗专业人员的工作，包括药物、手术器械、病床、X光等在内的各项诊疗设施等，因此要准确支付医疗服务费用必须具有专业的技术手段。健康保险公司就要扮演为复杂医疗服务定价的角色，要安排并支付相应的医疗费用。

营利性健康保险公司之间的主要区别在于，有的公司可以公开上市交易，而有的公司则是私人持有。公开上市的营利性健康保险公司可以在国家的大部分地区提供健康保险服务。标准普尔500指数中有6家"健康保险公司"，分别是安泰保险（Aetna）、安森保险（Anthem）、康西哥保险（Centene）、信诺保险（Cigna）、哈门那保险（Humana）和联合健康集团（United Health Group）（CBOE，2016）。[①] 从2013年起，联合健康的年度财务报告（10K）就明确了他们的经营活动范围，"收入来源于以下业务：风险管理产品的保险费；管理、行政、技术和咨询服务的费用；广义上健康产业相关产品和服务的销售收入；投资收益和其他收入"（联合健康集团，2013）。对于营利性保险公司来说，同样可以是私人持股，就像许多营利性企业没有在主要股票交易所交易一样。

此外，在经营区域方面，保险公司也会存在不同。一些保险公司的业务范围是特定的地点或地区，而另一些则可以扩展到全国。例如，联合健康保险在全国

---

① 作者注：在写作本书的时候，安泰保险和哈门那保险正在合并，安森保险和信诺保险正在合并，而康西哥保险和健康网（HealthNet）正在合并（von Ebers，2016）。

范围拓展业务，而凯撒医疗集团则在特定地区（如加利福尼亚州，尤其是北加州）提供保险服务。当然，这种区域的界定也不是绝对的，尽管联合健康在美国其他地区（特别是没有垄断的非营利性保险公司存在的地区）发展势头强劲，但凯撒集团的业务范围还是扩展到了北加州之外。但从保障角度而言，所有的健康保险公司都必须为客户提供"全国范围"的保障功能。比如当一位来自费城的独立蓝十字保险计划的客户在芝加哥生病或受伤时，即使不是在该保险的经营所在地发生的索赔，保险公司也必须为该客户的索赔申请进行赔付。这些成本通常基于历史上的"常规收费"（usual and customary charges）[①]系统，这引发了很多的争议。使用"常规收费"系统数据的健康保险公司曾被指控操纵数据，以此来降低他们对服务范围外的医疗费用的赔偿，让病人来承担大部分本应得到赔偿的医疗费用。

最后一点是，一些保险公司倾向于把服务重点放在第四章所描述的某一类客户上，而另一些则倾向于服务多种客户。许多较小的保险公司都特别专注于非团体健康保险市场。相反，只有极少数的健康保险公司能够为全国范围性的雇主提供保险，因为能够在全国范围内提供健康保险协议费率的保险公司很少。在传统的Medicare市场上也是如此。目前，传统的Medicare的第三方支付市场已经由一小部分承包商垄断，Medicare合并一些保障地区并将其支付服务交给了指定的"Medicare管理承包商"（MAC）（CMS，2016a），这导致了许多健康保险公司的业务规模在过去几年里发生较大幅度的萎缩。当然，也有一些全国性公司倾向于专门服务于特定的细分市场和地理区域。例如，哈门那（Humana）公司的主要收入来自Medicare管理计划，并且其超过四分之一的收入来自佛罗里达州（Humana，2015）。

关于健康保险公司的产业组织结构，问题在于是否存在一种理想的健康保险公司治理模式。在既定的公司规模、地理位置及保障人口类型等不同因素的条件下，要评估组织结构是否具有经济价值，不仅可以观察不同组织形式如何提供消费者意愿的产品，而且可以观察不同组织形式的运营绩效。保险企业组织形式问题，主要研究健康保险和其他保险领域的最优保险公司形式，是风险管理理论和保险学的重要内容。比如，汉斯曼（Hansmann，1985）研究了为什么保险行业中存在数量众多的相互制保险公司，而不是投资者所持有的公司制保险公司（Hansmann，1985）。

[①] 译者注：此处的"常规收费"，指的是"Usual, Customary and Reasonable（UCR）"，也就是通常情况下某一地区医疗服务提供者对相同或近似的医疗服务的收费价格。美国的保险公司有时（比如医疗服务发生在该保险公司服务区域之外的时候）用UCR作为参照，来决定将要支付的医疗费的数额。

企业组织形式的问题，在健康保险中很重要，是因为健康保险商除了健康保险公司之外，还包括医疗服务提供者、雇主和政府。供给商的多样性同样使理想的组织形式的问题变得更加复杂，很难对不同类型的健康保险公司进行比较。为了制定健康政策而对健康保险市场进行分析时，必须要承认不存在统一的"健康保险市场"。但由于存在太多的具有区域特点的健康保险市场，政策制定者在制定政策时不得不将其考虑为一个整体。因此，了解不同地区、不同健康保险供给商的特点和利益，有助于在供给商发生变化的情况下及时调整健康保险政策和提出应对策略。

四、竞争与伙伴关系

健康保险公司还可以与其他健康保险商合作共同提供健康保险服务。例如，健康保险公司并不总是负责构建医疗服务支付报销系统。联邦政府开发的 Medicare 的"预付制系统"（PPS）将所有的医院费用打包确定成为一笔固定金额，健康保险公司负责管理这笔预付总额并为此收取固定的管理费用，这种做法增加了个人医疗支出的确定性。尽管联邦政府可以直接管理医疗费用赔付，但它仍然选择继续与健康保险公司签订第三方支付服务合同，这表明健康保险公司在管理医疗费用赔付支出上具有相对优势。在上述案例及其他的案例中，将健康保险公司定位为个体的健康保险商是不合适的，相反，将健康保险公司视为提供第三方支付服务的定位更为合适，因为政府是在为个人提供风险管理服务。在这种伙伴关系中，个人实际上有两个健康保险商，即政府和健康保险公司。

由于谨慎性储蓄的存在，很多人拥有多个健康保险商。当个人、雇主和政府使用储蓄而不是健康保险公司的服务来保持和促进健康资本时，他们在某种程度上就充当了健康保险商的角色。如果用风险管理和保险术语来表示将储蓄作为保险替代品的选择，即选择不购买健康保险的人，就是"自保"的个体（Ehrlich 和 Becker，1972）。政策鼓励个人建立专门促进健康的储蓄账户，包括创建灵活支出账户（FSAs）、健康储蓄账户（HSAs）和其他定向储蓄工具。这也可以将谨慎性储蓄和预防性储蓄视为健康保险的竞争品或替代品。个人的健康促进活动、雇主提供的健康管理项目和政府资助的医疗服务等，都可以视为通过改变个人行为的方式来减轻或减少健康资本贬值或负面健康冲击带来的影响。这些活动可以被整合到健康保险产品中，或者完全绕开健康保险。因此，健康保险公司的竞争对手——医疗服务提供者、雇主和政府，为提供更多改善个人福利的健康保险服务，必须选择确定成本最小化的方式来与健康保险公司进行竞争或合作。

第三节　作为保险商的医疗服务提供者

一、医疗服务提供者的金融中介功能

医疗服务提供者，通常在健康风险的金融中介过程中起着关键的作用，因为它能够对必要的医疗服务给出专家意见。在早期的健康保险史上，专家的医学意见往往是核赔的首选方法，从而保障了第一章中所描述的互助会或共济组织等的偿付能力。专家意见可以被认为是第三方的原始形式，通过减少道德风险来"保护投保人免受自身伤害"。医疗服务提供者，对索赔申请所做的调整和核定，就是提供一项重要的健康保险服务。因此，即使是没有管理病人的风险，医疗服务提供者只要任何时间同意给一家保险商提供专家意见，就是在提供某种形式的健康保险产品。

从现代视角来审视，医疗服务提供者确定医疗服务的必要性，就是"医疗服务利用审查[①]"。医疗服务利用审查是一个过程，由健康保险公司来确定索赔的合理性，并以此来控制医疗费用的支出总额（Wickizer，1990）。索赔申请可能会被错误地接受或拒绝，而这都不利于健康保险产品的客户。错误的接受会提高所有人的保费导致所提供的福利不足，而错误的拒绝治疗则会降低已购买的保险的价值。医疗服务提供者也经常会被患者要求来维护其权益，比如，帮助他们应对健康保险公司拒绝医疗服务索赔的风险。

在如下的保险模式中，个人预付保险费并在经历健康损失后提出索赔，这意味着被保险人会在一定程度上受制于健康保险公司的行为。医疗服务利用审查解决了被保险人的担忧，他们总是担心提前支付了保险费但在需要时却不能获得对等的利

---

① 译者注：医疗服务利用审查，是指为了控制医疗费用赔付支出的上涨，对医生的临床活动进行监测与干预。在 Medicare 和 Medicaid 中，利用审查已实施了很久，目前管理式医疗计划也采用利用审查作为控制医疗费用赔付的手段之一。利用审查制度集中体现在美国 1974 年实行的《全国医疗卫生规划和资源开发法》中。利用审查包括入院前审查（确定患者是否有必要进行住院治疗）、住院中审查（确定患者是否需要继续住院治疗）、出院后审查（为了识别有问题的住院服务模式），其主要目的是使医疗机构控制成本和提高服务质量。Wickizer、Wheeler 和 Feldstein（1989）的研究发现，利用审查使住院率下降了 13%，住院时间减少了 11%，常规医院住院服务的支出减少了 7%，医院辅助服务减少了 9%，总的医疗费用减少了 6%。至于利用审查对服务数量和质量的影响，则是不确定的。Ermann（1988）指出，没有证据证明利用审查促进还是降低了服务质量和数量。不过，Dranove（1991）认为，价格竞争会使那些受利用审查的医院"以适当性为代价"致力于节约成本。他的研究结论是，通过利用审查削减成本很容易，而通过利用审查改进卫生保健服务则并非如此。20 世纪 80 年代中期以后，随着其他控制成本的管制措施（如按病种预付制 DRG）的实施以及管理医疗的出现和发展，利用审查制度在控制医疗费用方面的作用受到限制，美国很多州开始终止该制度的实施。Grabowski 等（2003）的研究发现，一些联邦政府在取消了利用审查之后，并没有导致家庭护理与长期护理服务成本的显著增加，说明利用审查对于医疗支出并没有影响。

益，这一问题也被称为"时间不一致问题"[①]（Cochrane，1995）。现代医疗服务利用审查的对象包括医疗服务提供者，通常是护士，既在医疗服务提供之前进行审查，也在之后进行审查，主要是确认提供的医疗服务是否合适。现代管理式医疗服务则采用"预授权"（Prior authorization）[②] 或"分步治疗"（step–therapies）[③] 等方式，要求患者先接受较低成本的诊疗服务或药品，以此来限制高成本的诊疗服务或药品需求（Curtiss，2005）。健康保险公司大多都有鉴别索赔申请中有关保险浪费、欺诈或滥用诊疗服务的规则工具，但由于其高度的商业机密性而难以获取。

医疗服务提供者，还负责为医疗服务过程创建和管理许多的支付系统。例如，"当前诊治专用码"（Current Procedural Terminology，CPT）[④] 系统通过代码来定义医疗服务，这些代码表示医疗服务的过程或类型以及该服务的强度级别。如一位病人就医得到的诊治专用码为99213，则前四个数字"9921"表示门诊就医，最后一个数字"3"则表示服务强度级别为三级；如果患者的诊疗专用码变为99212，则意味着诊疗服务的强度就减少了，患者所得到的赔付自然也因此降低（Waller，2007）。此套编码也可以在其他诊疗服务如流感疫苗注射中使用，这意味着不同的编码对应不同类型的流感疫苗（即不同的形式，不同的人群）（CMS，2016b）。CPT 是由美国医学协会（AMA）开发并维护的。美国医学协会的各个工作组负责管理和更新系统，例如引入新程序，因此，从此角度而言，美国医学协会也在第三方支付服务过程中承担了部分重要职能。

医疗服务支付报销系统可以说是医疗服务提供者和决策者共同努力的结果，从通过"以资源为基础的相对价值系统（RBRVS）"[⑤] 来确定赔付率的过程中可以看

---

① 译者注：政策制定者事先宣布政策以影响个体决策者的预期，然后在这些预期形成并且个体决策者据此采取行动后又采取了不同政策的倾向。

② 译者注：在患者接受诊疗服务或凭处方去药房取药时，需要由医生向保险公司提交申请并获得批准。申请中需要说明患者接受这种诊疗服务或药品的合理理由。当患者没有合理理由证明其必须使用某昂贵的诊疗服务或药品时，如果想得到保险公司赔偿支付，就必须选择价格相对较低的诊疗服务或药品。

③ 译者注：在美国，各家医疗保险公司每年都会修改自己的医疗服务或药品报销目录，根据医疗服务或药品的疗效与价格不断进行调整。这里所谓的分步治疗是指患者必须首先接受报销目录中相对便宜的诊疗服务或药物，在使用后确定疗效不佳时，患者方可换用其他相对昂贵的诊疗服务项目或药品。医生或药师针对不同的疾病，从安全和经济的角度设计治疗特定疾病在不同阶段的诊疗服务指导或用药指导，目的是在控制医疗风险的同时降低医疗费用。

④ 译者注：当前诊治专用码是美国医学协会为计算医生的诊疗费率而开发的一套5位数的编码，但只体现了医生的劳动强度和劳动量。1992 年，以资源为基础的相对价值（resource–based rela-tive value scale，RBRVS）在美国首次推广，其为每一个 CPT 代码确定了一个相对值，该相对值通过比较医生服务中投入的各类资源要素成本的高低来计算，并结合相应的服务量和服务费用总预算，测算出每项诊疗服务项目的医师服务费。

⑤ 译者注：根据医疗服务过程消耗的资源考虑该项诊疗服务的费用。考虑：（1）医生花费的时间、精力；（2）该项服务的复杂程度；（3）医生需接受培训的机会成本；（4）管理费用等，通过四项因素来确定该服务的相对价值单位，以此乘以平均每一单位费用即得到该项目的费用标准。例如，囊肿切开引流术的相对价值单位为0.8，如果平均价值单位的费用是150元，那么囊肿切开引流术的费用 =0.8×150 =120 元。

出这一点。Medicare 在 1992 年引入了 RBRVS，即根据医生提供的治疗费用来支付他们的医疗费，而不是基于他们提交的 Medicare 费用（美国医学协会，2016）。以资源为基础的相对价值系统是由健康服务研究人员开发的，他们根据医生工作的难度和强度、实际费用和医疗服务财务管理部门（现为 CMS）统计的医疗事故费用等，计算出此诊疗服务的相对价值单位（Hsiao，1988a，b；Phelps，2003）。

值得关注的是，在医疗服务体系中，医疗服务提供者负责确定服务的范围，这可能使得他有动机通过定价获益，而这种收益是以医疗服务体系中其他利益相关者的损失为代价的。从经济学的角度来看，医疗服务提供者要充当可能遭受负面健康冲击的个体的代理人。一个完美的代理人将合理界定医疗服务的范围，以方便为遭受负面健康冲击的个体提供最适当的保护。然而，医疗服务提供者也可能会出于最大化自身经济收益的考虑来设定诊疗服务的细节，而不是从患者代理人的角度去最大化病人的治疗效果。例如，RBRVS 和 CPT 由于牺牲普通服务机构（如全科医生）的利益而优待专业的医疗服务提供者（如专科医生）而饱受争议，并且 RBRVS 还可能过度关注医疗服务流程而忽视健康价值的评估和管理，特别是基于既定程序的医疗服务提供者可能运用更多的医疗服务数量来弥补其减少的收益，例如医生可能为病人提供更多的不必要的检查和治疗，以获取更多的报酬（Rosenthal，2015，第232 页）。虽然这一论断正确与否的问题超出了本书的研究范围，但显而易见的是，这种情况的存在可能是因为健康保险市场缺乏"客观"的支付赔偿制度，而这也与健康保险难以界定人的"生命价值"密切相关。最终的结果是，只能采用将健康状况的变化归结于健康的财务价值变动这种方式，来估算和确定医疗服务费用的赔付。

医疗服务提供者也可以提供风险管理服务，因为他们拥有健康方面的信息优势，也有动机去提供相应的医疗风险管理服务。医院早期开发的预付费医疗系统就是健康保险的雏形，因为医院可以利用他们所掌握的关于个体使用医院服务平均情况的知识或数据（参见第一章）。相对于患者而言，医疗服务提供者的信息优势来自临床经验，如果医疗服务提供者通过收集和使用这些数据来预测个人的医疗费用支出情况，可以认为这类似于保险精算过程。与其他健康保险商相比，无论是传统的健康保险公司、雇主还是政府，医疗服务提供者也都具有一定的相对优势，因为他们既是全科医生，也是专科疾病的诊疗与愈后康复专家。

医疗服务筹资，是医疗服务提供者将来自患者群体的不确定收入转化为确定收入的一种方式。医生和其他医疗服务提供者拥有与他们的培训和专业知识相关的人力资本储备。他们想要最大化其人力资本价值，并最小化其人力资本所固有的风险。而医疗服务筹资机制和技术允许个体的医生和医疗服务机构在应对不确定赔付支出时先取得相对稳定并可预测的现金流。对医疗服务提供者来说，有效的风险管理可以增加其自身人力资本带来的预期现金流的稳定性。医疗机构和他们的所有者也是如此。例如，医院是一种高度资本密集型的投资，拥有很高的固定成本，如果医院从病人那里获取的收入不足以用来支付资本成本，它就会破产。在这种情况下，医院比传统的健康保险公司更容易受到医疗服务支出不确定性的影响。如果经营健康保险无利可图的话，健康保险公司可以改变资源的投入方向，将金融资本和保险专业知识重新投入其他保险领域，如人寿保险或养老金保险等。然而，医院则无法像保险公司一样，它的退出成本非常高，一旦退出将面临巨大的甚至全部的损失。因此，虽然医疗服务提供者可以提供健康保险服务，但这不过是实现医疗服务供给的一种手段，提供患者所需的医疗服务才是其根本目的。

预付费和重病保险付费，是医疗服务提供者为医疗服务筹集资金的两种风险管理形式。在预付费下，医疗服务提供者和医疗机构同意接受一定费用并提供相应的医疗服务。重病保险付费，则指医疗服务提供者同意承担对一个既定的病人在给定的时间内接受治疗的固定费用，时间通常是一个月或一年。在这两种系统中，医疗服务提供者通过接受一种固定的、预付的费用来进行风险管理，作为交换，在未来他们将提供不确定数量的医疗服务。这类似于健康保险公司接受预付保险费的方式，以换取未来医疗费用的不确定支付。

以心脏病为例，可以很好地说明预付费是如何为医疗服务提供者带来利润或损失的。在按服务付费（FFS）或成本加成定价法下，医院必须追踪和计量诊治心脏病人所需的人工成本和医辅材料费用。如果医生所提供的额外服务或更昂贵的服务使医生"有利可图"的话，医生也不会拒绝治疗。在预付费中，Medicare 将心脏病发作归类为一个或多个类似症状病人组、诊断相关组（DRGs）。[①] 其中，需要几个相关的诊断组来描述复杂程度更高的某种心脏病，每一种都表示一个特殊的支付加权，以反映特定区域的医疗服务成本（Cleverley 等，2010 年，第三章）。然而，医院除了记录医疗服务的强度外，几乎不能改变支付方式。而医院的利润主要来源于病人的付费与治疗病人所需成本之间的差额。因此，要最大限度地提高医院的收入，取决于如何改变病人对医生、其他员工和供给品的支付方式。

从某种意义上说，预付制（PPS）使医疗服务提供者变成了健康保险商，并管理着与健康冲击相关的风险。在预付制的情况下，可能会有两个健康保险商参与其中，其中可能会有一家健康保险公司来确定患者的健康价值并负责第三方支付服务

---

① 译者注：Medicare 的（疾病）诊断相关分类，是根据病人的年龄、性别、住院天数、临床诊断、病症、手术、疾病严重程度，合并症与并发症及转归等因素把病人分入 500～600 个诊断相关组，然后决定应该给医院多少补偿。DRGs 是当今世界公认的比较先进的支付方式之一，其指导思想是，通过统一的疾病诊断分类定额支付标准的制定，达到医疗资源利用标准化。这有助于激励医院加强医疗质量管理，迫使医院为获得利润主动降低成本，缩短住院天数，减少诱导性医疗费用支付，有利于医疗费用控制。

（健康保险商将心脏病发作界定为一次负面健康冲击，并用货币来衡量其冲击价值）；还会有一家医疗服务提供者负责管理这种健康冲击风险，为其提供诊疗服务，并据此收费。而在很多情况下，会存在三家健康保险商参与交易市场的情况，比如一家作为健康风险管理者的医疗服务供给商；一家可能为政府，比如 Medicare 中，政府界定预付制服务收费的范围；还有一家传统的健康保险公司负责对索赔申请进行审核并支付索赔。因此，像预付制这样分层的、复杂的系统的管理和运行，对于许多医疗服务来说，可能都是"不值得的"或者说是成本太高，这使得直接支付可能成为医疗费用赔付最有效的方式。

二、直接合同与第三方支付

医疗服务提供者和患者之间可以签订直接的支付合同，并以此替代医疗服务提供者所提供的健康保险。实际上，早在健康保险出现之前，直接付费是患者和医疗服务提供者互动的主要机制，也是健康服务消费市场的主要互动机制。比如，一位受过脑外科和神经系统专业训练的神经内科专业医生，在接受患有严重头痛的患者的就诊需求时，就会出现最为简单的支付过程，即该神经科医生对病患的病情进行评估并提供所需的诊疗服务方案，而患者将为该医生的诊疗服务支付费用。与其他所有的咨询服务一样，患者可以在每次就诊时支付当次的费用，也可以一次性支付一个疗程的费用（比如约定一个"固定费用"）。

虽然目前仍然存在着一个未参保的人的"自付费"市场，主要指个人自行承担医疗服务费用，但有证据显示，这并不是一个运转良好的市场。医院对院内诊疗服务的收费标准远远超过了大多数未参保人所能负担的水平。因此，医院不得不使用慈善关怀、坏账和其他冲销账目等来消除收费标准和未参保患者负担水平之间的差额（Cleverley 等，2010 年，第 204－205 页）。这种做法加剧了消费者和其他人对医疗服务价格的模糊认知的程度。而医院在等待来自未参保病人的不确定付款时，还不得不为医疗费用高额成本而四处筹集资金。

医疗服务的直接合同①交易市场，包括特需医疗、直接支付方式，以及其他常规保险不提供的医疗服务。大多数保险计划都没有覆盖的激光眼科手术（LASIK②）就是一个例子。屠（Tu）和梅（May）对激光眼科手术的市场交易过程的分析说明，"尽管患者支付全部费用，但总体上激光眼科手术市场的购买量还是有限的"（Tu 和 May，2007）。这表明，即使在病人支付全部医疗费用的情况下，他们也可能不是特别精明的医疗服务消费者。特需医疗，则是一种医疗服务的财务安排，是

---

① 译者注：直接合同（direct contracting），指的是不通过保险公司而是直接付费的医疗服务。

② 译者注：LASIK，英文全称：laser－assisted in situ keratomileusis，准分子激光原地角膜消除术。

指患者为确保获得更高水平的医疗服务而提前向医生或诊所预付一笔费用。患者的健康保险赔付或许不能用来支付医生所提供的实际服务，比如家庭访问、远程医疗和电子邮件沟通和问诊等，但特需医疗和直接支付的方式则可以支持这种医疗服务。有时，"直接合同"也被视为保险的一种形式，因为个人支付的基于未来不确定医疗服务的会员费也可以看作是一种保险费。

本书第三篇中，将会继续讨论适当运用直接合同改进和完善健康保险市场的重要意义。健康保险政策的一个主要目标，就是找到一种方法以减少过度保险的部分人群购买保险的数量，并最优化这部分人群的保障程度。对于这些通过减少保险数量来改善保险保障效率的人群来说，直接合同就是一种重要的选择。当然，直接合同也是那些未参保群体的重要选择，它提供了一种更具吸引力的、负担得起的医疗服务，未参保的人可以用它来代替购买健康保险。这些内容，将在第七章中重点分析和研究。

三、医疗服务提供者保险的特征和缺陷

医疗服务提供者的健康保险的主要特征是，有可能解决信息不对称问题，因为医疗服务提供者比患者本人或健康保险公司更了解病患的情况。仍以心脏病为例，只有医生才对病人的病情即负面健康冲击的严重程度有深入的了解，这意味着他们可能真正了解所采取的医疗服务将在多大程度上影响患者的恢复程度。而在预付制或其他类似机制下，存在一个关键的假设，即该机制可以激励医疗服务提供者利用他们对病例复杂性和病人的医疗需求的知识，以最有效的方式提供医疗服务（Phelps，2003）。而健康保险公司会以健康保险第三方支付人的身份继续"微调"该支付机制，通过调整支付费率和其他影响机制的持续变化来最大化受益人的利益。

但这种方式也存在很大的缺陷，因为健康保险的核心目的是保障个人免受疾病或意外伤害所带来的经济损失，而不是尽量减少对医疗服务费用的支付。这样一来，如果医疗服务提供者同时提供风险管理和医疗服务，就会产生重大的利益冲突。在上述心脏病的案例中，预付制（PPS）可能会影响医生提供诊疗服务的动机，因为医生认为提供相应的诊疗服务不但不能给自身带来收益反而会产生损失，即使这个所谓的"损失"可能给患者带来巨大的健康收益，但医生很可能仍然会无动于衷。反之，这涉及道德风险问题的另一面，即作为供给方的医生可能有极大的动力去提供一些毫无医疗效果的服务。

在理想情况下，由医疗服务提供者供给的保险使得医疗服务提供者可以将他们所面临的相互冲突的激励机制内部化。通常，医疗服务提供者通过增加诊疗强度而获利；而保险商则相反，是通过降低治疗强度而获利。那么作为保险商的医疗服务

提供者，则有可能将其诊疗服务的边际效益和边际成本之间的权衡内部化。但这种角色重叠显然对消费者具有反竞争（非竞争性）的影响，因为在某种意义上，消费者通过特定形式的健康保险限制了医疗服务提供者网络，从而"锁定"了一组特定的医疗服务提供者。因此，医疗服务提供者同时充当保险商，将保险服务和医疗服务"捆绑"在一起，最终会产生一个经典的经济结果，不仅可以改良消费者因消费选择的减少而受损的状况，而且也会增进因减少了不必要的医疗服务或欺诈而受益的状况（Adams 和 Yellen，1976）。当然，这些权衡的结果是否有利于消费者利益属于实证研究范畴，这种研究结果表明，需要仔细设计和管理供给商提供的健康保险系统，以确保通过捆绑销售使消费者获得更好的服务。

医疗服务提供者提供的健康保险计划中，一些试点项目，包括责任制医疗组织（Accountable Care Organizations，ACOs）[①]、捆绑支付以及医疗服务提供者的风险容忍度范围内的其他实验。责任制医疗组织，是 Medicare 计划和一些其他的保险公司目前在探索的一种组织形式，试图让医疗服务提供者和医疗服务提供者组织通过承担或"负责"患者的全部医疗费用支出来提供风险管理服务。许多模型都有共同的特征，病人被分配给特定的责任制医疗组织作为成员，即"……受益人从责任制医疗组织内的主治医师那里获得他或她的初级治疗服务占多数"或者"……受益人从责任制医疗组织内的专业医师和某些非执业医师（护理人员、临床护理专家和医师助理）那里获得大部分的初级医疗服务"（CMS，2015）。试点项目的内容和方式还需进一步研究，但这些类型各异的捆绑方式，不仅可以改进和完善健康保险系统，而且可以整合社会资源以丰富医疗服务提供形式。

医疗服务提供者供给的健康保险的另一个缺点是，个体医疗服务提供者是临床医学方面的专家，而不是研究疾病和伤痛带来的财务影响的经济专家。对医疗成本方面的专业知识的需求迫使医疗服务提供者不得不与健康保险公司建立合作关系。责任制医疗组织的财务目标就是要限制其成员的总成本，无论是绝对成本还是相对成本，但不是要降低个人获得的医疗服务质量（Gold，2015）。捆绑支付是一种机制，用于定义在特定症状或疾病水平上的总医疗费用，例如全膝关节置换或住院病人护理的预付费用（这种情形的捆绑是基于主要的相关诊断组）。医疗服务提供者在风险承担方面还做了其他的努力，包括按绩效付费以及设计基于诊疗效果的健康保险产品等。上述每个模型都是基于监测和限制医疗费用的目的，而这些服务常常由健康保险公司提供，这就引出了一个问题：为什么这些健康保险公司不直接提供这种服务？在第九章将对这个问题进行更为详细的讨论。

---

① 译者注：ACOs 是美国奥巴马医改的产物，是由 CMS 发起设立的，由医院、医生及其他医疗服务提供者组成，旨在整合医疗资源，降低成本，提高医疗服务品质（Burns 和 Pauly，2012）。

第四节 雇主与政府

一、作为工具性商品的健康保险

当雇主和政府需要特定的投入来生产某种产出时，他们总是面临一个选择，他们是否应该自己提供投入（内包），或者从外部公司购买产品（外包）？例如，在投入为劳动力的情况下，公司和政府可以雇佣员工完成重要的任务，或者付钱给外部公司的外包人员来完成这些任务。许多雇主保留了一个小型人力资源部门，然后与第三方管理者即外包公司签订合同，提供外包人员的"薪酬服务"，即处理员工报销、税务减免和其他事务。健康保险是一项昂贵的非现金补偿形式，雇主和政府可以通过直接提供或从健康保险公司或医疗服务提供者那里购买健康保险服务。

对于雇主和政府来说，有许多经济学上的原理支持他们以内包方式提供所有或部分健康保险。其中一个主要的依据是，内包方式可以降低传统健康保险公司提供保险所需花费的成本。一般来说，团体保险市场有很强的规模经济效应，这是非团体保险公司所不具备的。风险管理服务是基于大数定律的，因此在一个更大群体的风险池内一个人所负担的成本可能远低于个人风险池的成本。营销和识别潜在用户的支出是健康保险公司经营健康保险的主要成本之一。雇主通过识别对保险感兴趣的群体并雇佣他们，以此降低这些成本；而政府则通过确定符合社会保险计划的特定人群来降低这些成本。

团体保险也可以减少逆向选择（逆选择）风险。当保险关系产生的基础是雇佣关系或符合特定政府保险计划的资格时，个人就没有那么强的动机和能力去搜寻个人保险。团体保险中的参保人是以雇佣关系或单纯的人口统计特征来确定的，并不是因为他们都有获取保险的动机，这是基于雇佣关系的团体保险的一个特征（Cutler 和 Zeckhause，2000）。因此，雇主和政府也许能够以较低的成本向其雇员提供健康保险，远低于雇员从健康保险公司获得同等保障保险的成本支出。

内包方式给雇主和政府带来了额外的好处，超出了团体健康保险的一般成本优势。通常情况下，雇主向雇员提供的保险计划数量都是有限的甚至有时只有一个保险计划，而不是像非团体市场那样提供大量的保险计划，这是为了获取最大化的规模经济效应。政府所提供的保险计划也是如此，比如传统的按服务付费的 Medicare 就是一个单一的、全国统一保障的保险计划，而消费者选择的减少使得 Medicare 计划的管理费用大大低于个人所持有的具有较广泛选择的健康保险计划。

二、政府和雇主的自保

雇主为许多雇员、雇员的配偶以及其家属提供健康保险，这种保险通常被称为团体健康保险，是雇主基于雇佣关系所提供健康保险，公司的雇员成为团体或风险池的一部分。在美国，越来越多的人从雇主那里获得健康保险，这使得团体保险成为美国最大的健康保险市场（Fronstin，2013）。雇主在提供团体保险时会面临四项决策选择，包括：（1）是否为雇员提供健康保险；（2）提供何种类型的健康保险；（3）是否为健康保险提供补贴；（4）是以内包还是外包方式提供健康保险服务。

那些以"自保"方式承担雇员健康风险的雇主们，在定义健康保障范围时具有更大的自由裁量权。自保这一术语最初是用来描述不购买保险的个人，但同样适用于那些自己提供风险管理服务、第三方支付服务以及兼有两种服务的团体组织。在自保情况下，这些组织不会将上述服务外包给健康保险公司或医疗服务提供者。在这种情况下，雇主面临的风险不是向健康保险公司支付保费的风险，而是要承担保障计划内全部成员医疗费用支出的风险。这意味着，自保的雇主为其员工的健康提供了风险管理服务。相对于由健康保险公司承担健康风险这样的"完全保险"计划而言，可以将其称为"自筹"计划（Claxton 等，2015）。

1974 年的《雇员退休收入保障法》（ERISA），免除了提供自筹计划的雇主免受各州保险监管的义务，允许其只接受联邦政府的监管（Field，2007，第四章）。对雇主而言，这可谓是一项福利，可以用较低的成本提供健康保险，因为他们不需要支付遵守州保险法的费用。同时该法还允许雇主拥有比非团体市场更为灵活的选择，以使所提供的健康保险数量和质量能够满足雇主的需求和经营目标。从某种意义上说，雇主可以通过提供健康保险来决定员工的保障类型。

理论上，任何雇主都可以提供一个自筹资金的健康计划，但并不是所有的雇主都有足够的员工数量从而可以这样做。风险池中的人数越多，团体行为的可预测性就越强。自保并没有员工最低人数的门槛限制，但从自保的目的来看，人数是越多越好。根据凯撒家庭基金会的数据，从 1999 年至 2015 年，使用部分自筹或完全自筹资金设立健康保险计划的公司的百分比从 44% 上升到 63%。这一增长主要是在 2015 年之前的 16 年里，拥有 1 000 ~ 4 999 名员工的大型雇主采取自筹的比例从 62% 上升到 82%，拥有 5 000 名或更多员工的超大型雇主采取自筹的比例从 62% 提高到 94%。即使是许多小规模的雇主也采取了自筹资金的方式提供健康保险，调查数据显示，约 17% 的拥有 200 名以下员工的公司使用自筹资金提供健康保险（凯撒家庭基金会，2015，第 176 页）。

雇主可以选择提供"部分"自筹资金，也就是说，实际上他们是与传统的健康保险公司或再保险公司合作共同进行风险管理。"在某些情况下，雇主可能会从保险公司购买止损险以保护雇主应付非常大的索赔要求"（凯撒家庭基金会，2015，第174页）。从保险公司购买再保险是雇主将所承受的风险限定在再保险保障范围内的一种做法。但有一点必须清楚，雇主购买了超过了某一特定临界点的再保险，就不能再视为仍然提供了自保计划。这里，雇主提供的自保计划只是名义上的，他们为所承担的全部风险购买了再保险，这显然不能再被认为是自保计划，当然也不会被认为是符合《雇员退休收入保障法》的"自筹资金"。

如果雇主的自保计划减少了非团体市场的规模，那他所提供的健康保险将对非团体市场产生负面的挤出效应。霍尔（Hall，2012）对雇主购买止损险的现象进行了研究，结果发现这使得非团体市场上的保险变得更加昂贵。Hall 提出了三种政策建议以限制小型雇主购买再保险，分别是"最小阈值""禁止止损险"以及"对小规模团体保险的止损再保险进行监管"（Hall，2012）。

尽管许多雇主提供风险管理服务，但大多数雇主将第三方支付服务外包给传统的健康保险公司，这使人们在确认自己的健康保险商时产生了困惑。面对"谁是我的健康保险商？"这个问题，最准确的回答应该是"由雇主提供自筹保险的个人将面对两个保险商，即提供风险管理服务的雇主以及负责审核索赔申请并支付赔偿金的健康保险公司"。雇主选择将健康保险责任分割为风险管理服务和第三方支付服务两部分，这种责任的分离也暗示着健康保险的范围经济效应是有限的。

对政府来说，也可以在自保（self–insured）的基础上为社会保险项目提供健康保险服务。例如，传统的按服务付费（FFS）的 Medicare 是建立在公私合作关系（PPP）[①] 的基础上，政府承担与参保人的医疗服务费用支出有关的风险，并利用健康保险公司来提供特定的第三方支付服务。这种责任分离的模式将继续成为管理传统的 Medicare 项目的基础。政府的 Medicare 负责开发医疗保险支付报销系统，对医疗服务进行定价并承担参保人的医疗费用风险；而保险公司只是作为承办商来负责保险金的支付。Medicaid 也采用了类似的做法，联邦和州政府负责分摊医疗费用并联合为参保人提供风险管理服务。但近年来，Medicare 和越来越多的州政府选择通过"管理式 Medicare"和"管理式 Medicaid"的方式将原本自己承担的风险管理服务外包出去。在这些方式中，一些商业管理式医疗公司承接了这些外包的风险管理功能和第三方支付功能。但总体来看，联邦政府和州政府仍然继续通过社会保险项目如多种形式的自保计划等，来承担个体的健康风险，发挥社会风险管理的作用。

---

① 译者注：PPP（Public–Private Partnership），又称 PPP 模式，即政府和社会资本合作，是公共服务供给过程中的一种项目运作模式。政府公共部门与私营部门合作过程中，让非公共部门所掌握的资源参与提供公共产品和服务，从而实现合作各方达到比预期单独行动更为有利的结果。该模式鼓励私营企业、民营资本与政府进行合作。

如果政府通过自保来承担健康风险管理职能的话，那他们在界定医疗服务保障范围上将拥有很大的自主权。在社会保险领域，"自筹资金"的提法并不多见，因为社会保险计划的提法更常见，并且采用内包方式进行风险管理。例如，社会保障计划①是完全自保的，即联邦政府不会通过向保险公司购买年金的方式将与受益人寿命相关的不确定性风险外包出去。同样，退伍军人管理局（Veterans Administration，VA）提供的退伍军人的健康保险也是如此，甚至更加复杂。政府经营的退伍军人健康保险项目不但是一个自筹资金的保险项目，更是一个综合的医疗服务体系。在这个项目中，VA拥有并运行很多医疗机构并直接为医务人员所提供给退伍军人的医疗服务付费，多数退伍军人因而得以接受相应的医疗服务，这很像凯撒医疗集团等非营利组织所提供的服务，也很像英国等福利国家所提供的基于医疗服务的社会医疗保险项目。

三、自保的特征和缺陷

自保的主要特征是，雇主和政府提供了一种保险，这种保险是精算公平的，基于社区（或团体）费率，并且逆向选择风险较小。精算公平的保险总是消费者想要的，因为它是以尽可能低的成本提供的相对较好的保险。基于社区费率的保险保障计划使那些原本被"排除"在健康保险之外的人，也能够以可承受的价格获得同样的保险。这是雇主提供保险的一项优点，即在本质上每个人支付的保费都是相同的。

但是，按社区费率来确定可保范围也可以被认为是自保的一个主要缺陷，因为它意味着交叉补贴，这种交叉补贴取决于全部人口的医疗支出的变化。从某种意义上说，健康保险总是起到事后再分配的作用，因为那些经历了健康资本损失的人比那些没经历过的人得到更多的赔偿。然而，雇主提供的保险可能是在事前意义上的再分配，因为有些人希望雇主的保险安排是精算不公平的，而另一些人则期待一种精算有利的保险（Pauly，1970）。社区费率是一种典型的再分配方式，通常由政府来运营的社会保险项目都采取社区费率，这可能被视作一个主要的负面因素，即为什么雇主要对这个负责呢？在某种程度上，社区费率也与保险成本"矛盾"，更大的风险池可能意味着整体成本更低，但已投保群体之间交叉补贴的可能性也更大。

雇主为了规避本州的福利监管要求②而进行的自保，对个人经济福利的影响尚不明确。满足此监管要求需要很大成本，因此绕过这些要求既降低了保险的成本，

---

① 译者注：社会保障计划（Social Security Program），是由美国社会安全局（Social Security Administration）管理的社会保障计划。

② 译者注："福利监管要求"原文为 benefit mandates，可理解为监管方对雇主提供给雇员的保险福利下限的要求，即所提供的保险福利不能低于此下限。

也降低了所提供的保险权益。然而，对某些员工群体来说，这些强制监管要求的好处可能是相当有价值的。因此，自保的雇主有多大能力规避监管要求，关键在于该监管要求的边际收益是否超过了边际成本。换句话说，如果有监管要求比没有监管要求对于社会来说更好，那么雇主规避监管要求的能力对社会是不利的，反之亦然。一般而言，对福利监管要求的研究表明，单项的监管要求的影响是比较小的，但所有监管要求加总后将会造成很大的影响（Baicker 和 Levy，2008）。

一般来说，自保的雇主和政府可能会选择不提供某些福利，这对计划内的成员不利，此举与健康保险减低健康资本风险的目的相悖。例如，假设保险商选择提供一套保障范围非常有限的心理健康保险。[①] 通过雇主或政府参加该团体健康保险的个人，"要么接受，要么放弃"，不能增加额外的心理健康保险的保单批注。而在非团体保险计划中，增加额外的心理健康保险是可行的。当选择接受这种保险的员工遭受与心理健康相关的、对他们的人力资本而言是负面的冲击时，他们免受冲击的保险保障不足。需要注意的是，这不是一个必然能通过外包风险管理来"解决"的问题，因为即使外包，雇主或政府作为团体购买者仍然可以选择一个较低成本的保险计划，正如在第七章中所讨论的那样。

当这种保险是"顺周期"的时候，团体保险也可能使风险厌恶者得到的保障不足。顺周期健康保险，指的是保险数量与整体经济状况之间呈正相关关系。如果政府预算在经济较好的时候增长，并且政府不需要用赤字来支撑其支出，那么在经济增长时期社会保险的数量将会增加，在经济衰退或萧条时期会减少。经济衰退可能使得社会保险计划成为政府的负担，因为这些计划会在政府预算因经济负增长而紧张的时候，又需要额外负担一些个体的成本和风险。同样，随着经济衰退期间失业率的上升，雇主提供的健康保险系统往往会使人们不能实现对健康保险的最优选择，同时经济衰退带来了负面的收入冲击。考利（Cawley 等，2015）给出了一个例子，说明了 2008—2010 年的经济衰退如何降低了一个特定群体（中年白人男性）的健康保险参保率（Cawley 等，2015）。同样，这也不是一个能够通过购买商业健康保险可以解决的问题，当然，自保可能有加剧由经济衰退导致的团体健康保险资金减少问题的趋势。

与自保相关的另一个宏观经济风险是，随着时间的推移，医疗费用支出可能会出现难以预测的增长。由于保险成本主要是由医疗服务的成本驱动，医疗服务支出的增长会导致所有类型的健康保险计划保费的上涨。此外，费用支出的增长是随机的，它可能会受到一定程度的控制，但它在很大程度上也超出了政策制定者和雇主

---

① 作者注：这些保险安排由于同样的原因现在受到了诸如 1998 年《心理健康平权法》（MHPA）等法律的限制（Busch 等，2006）。

的控制范围。费用支出增长对自保的雇主来说尤其重要，因为他们承担雇员的医疗服务费用，通常是医疗服务市场上的价格接受者。对于像 Medicare 或 Medicaid 这样的政府项目来说，医疗成本增长可能不是一个问题，因为这些项目如此之大以至于理论上他们可以利用自身购买力来抑制医疗支出的增长。相反，随着 Medicare 和 Medicaid 计划的扩大，这些项目的规模可能会加速医疗成本的增长（Finkelstein，2007）。未来整个经济的总的医疗支出水平是一种潜在的风险，自保的雇主和政府必须考虑这部分宏观风险，并将这种风险纳入他们为受益人提供的更为全面的风险管理服务中。完全保险计划同样面临医疗费用支出上涨的风险，但在短期内会受到一些保护，因为另一方是医疗风险管理的主要责任人。从长期来看，这些风险需要通过运用金融工具进行建模或对冲来进行额外的管理，否则任何实体都可能无法控制风险（Lieberthal，2011）。

最后，雇主提供的保险和政府自保计划面临的一个潜在的负面后果，是这些保险计划自身存在的权衡或决策冲突。经济理论和保险的实践都表明，雇主提供的健康保险通常会导致更低的补偿，因为雇主会以实物而不是现金来支付福利（Pauly，1997）。同样，政府提供的社会保险也是一种实物而非现金收益。那些更愿意接受现金而不是等值福利的人的效用会因为这种选择而变得更糟。这一点尤其适用于风险较低和更健康的个人，他们对健康保险的估值较低。如果健康保险之外的部分是用现金或其他福利支付的，那么自保会使这些人的效用比他们在可以自主选择健康保险花费的情况下变得更差。换句话说，在健康保险市场上，健康保险供给不一定能与健康保险的需求形成最优匹配或者达成均衡。基于个体决策行为的保险需求与保险供给的均衡问题是第六章的研究主题。

参考文献

［1］Adams, W. J. , & Yellen, J. L. （1976）. Commodity bundling and the burden of monopoly. *The Quarterly Journal of Economics*, 90 （3）, 475 –498.

［2］American Medical Association. （2016）. *Overview of the RBRVS.* Retrieved from http：//www. ama – assn. org/ama/pub/physician – resources/solutions – managing – your – practice/coding – billinginsurance/medicare/the – resource – based – relative – value – scale/overview – of – rbrvs. page?

［3］Baicker, K. , & Levy, H. （2008）. Employer health insurance mandates and the risk of unemployment. *Risk Management and Insurance Review*, 11 （1）, 109 – 132.

［4］Blue Cross Blue Shield Association. （2016）. *Blue facts of the blue cross and blue shield association and blue system.* Retrieved from http：//www. bcbs. com/healthcare – news/

presscenter/blue – facts. html.

[5] Bluhm, W. F. (2007). *Individual health insurance.* Winsted, CT: ACTEX Publications.

[6] Busch, A. B., Huskamp, H. A., Normand, S. L., Young, A. S., Goldman, H., & Frank, R. G. (2006). The impact of parity on major depression treatment quality in the federal employees'health benefits program after parity implementation. *Medical Care*, 44 (6), 506 – 512.

[7] Casalino, L. P., Devers, K. J., & Brewster, L. R. (2003). Focused factories? Physician – owned specialty facilities. *Health Affairs*, 22 (6), 56 – 67.

[8] Cawley, J., Moriya, A. S., & Simon, K. (2015). The impact of the macroeconomy on health insurance coverage: Evidence from the great recession. *Health Economics*, 24 (2), 206 – 223.

[9] CBOE. (2016). *Standard & Poor's* 500. Retrieved from http://www. cboe. com/products/snp500. aspx.

[10] Centers for Medicare and Medicaid Services. (2015). *Shared Savings Program: Frequently asked questions.* Retrieved from https://www. cms. gov/Medicare/Medicare – fee – for – Service – Payment/sharedsavingsprogram/faq. html.

[11] Centers for Medicare and Medicaid Services. (2016a). *Medicare Administrative Contractors—Archives.* Retrieved from https://www. cms. gov/Medicare/Medicare – Contracting/Medicare – Administrative – Contractors/Archives. html.

[12] Centers for Medicare and Medicaid Services. (2016b). *Medicare Part B immunization billing: Seasonal influenza virus, pneumococcal, and Hepatitis B.* (No. ICN 006799). Washington, D. C. : Department of Health and Human Services.

[13] Claxton, G., Rae, M., Panchal, N., Whitmore, H., Damico, A., Kenward, K., et al. (2015). Health benefits in 2015: Stable trends in the employer market. *Health Affairs*, 34 (10), 1779 – 1788.

[14] Cleverley, W., Song, P., & Cleverley, J. (2010). *Essentials of health care finance.* Burlington, MA: Jones & Bartlett Learning.

[15] Cochrane, J. H. (1995). Time – consistent health insurance. *The Journal of Political Economy*, 103 (3), 445 – 473.

[16] Curtiss, F. R. (2005). What are prior authorization and the formulary exception process? *Journal of Managed Care Pharmacy*, 11 (4), 359 – 361.

[17] Cutler, D. M., & Zeckhauser, R. J. (2000). The anatomy of health insurance. In A. J. Culyer & J. P. Newhouse (Eds.), *Handbook of health economics* (1st ed. , pp. 561 – 643). Amsterdam: Elsevier.

［18］Eeckhoudt, L. , Gollier, C. , & Schlesinger, H. (2005). *Economic and financial decisions under risk* (1st ed.). Princeton, NJ: Princeton University Press.

［19］Ehrlich, I. , & Becker, G. S. (1972). Market insurance, self – insurance, and self – protection. *The Journal of Political Economy*, 80 (4), 623 – 648.

［20］Enthoven, A. C. (2009). Integrated delivery systems: The cure for fragmentation. *The American Journal of Managed Care*, 15 (10 Suppl), S284 – S290.

［21］Field, R. I. (2007). *Health care regulation in America: Complexity, confrontation, and compromise.* New York: Oxford University Press.

［22］Finkelstein, A. (2007). The aggregate effects of health insurance: Evidence from the introduction of Medicare. *The Quarterly Journal of Economics*, 122 (1), 1 – 37.

［23］Folland, S. , Goodman, A. C. , & Stano, M. (2010). *The economics of health and health care* (6th ed.). Boston: Prentice Hall.

［24］Fronstin, P. (2013). Sources of health insurance and characteristics of the uninsured: Analysis of the march 2013 current population survey. *EBRI Issue Brief*, (390).

［25］Gold, J. (2015, September 14). FAQ on ACOs: Accountable care organizations, explained. *Kaiser Health News.* Retrieved from http: //khn. org/news/aco – accountable – care – organization – faq/.

［26］Hall, M. A. (2012). Regulating stop – loss coverage may be needed to deter self – insuring small employers from undermining market reforms. *Health Affairs*, 31 (2), 316 – 323.

［27］Hansmann, H. (1985). The organization of insurance companies: Mutual versus stock. *Journal of Law Economics and Organization*, 1 (1), 125 – 153.

［28］Hoadley, J. , Ahn, S. , & Lucia, K. (2015). Balance billing: How are states protecting consumers from unexpected charges? *Center on Health Insurance Reforms, Georgetown University.*

［29］Hsiao, W. C. , Braun, P. , Dunn, D. , & Becker, E. R. (1988a). Resource – based relative values: An overview. *Journal of the American Medical Association*, 260 (16), 2347 – 2353.

［30］Hsiao, W. C. , Braun, P. , Yntema, D. , & Becker, E. R. (1988b). Estimating physicians' work for a resource – based relative – value scale. *New England Journal of Medicine*, 319 (13), 835 – 841.

［31］Humana. (2015). *Form* 10 – K. Retrieved from http: //phx. corporate – ir. net/ phoenix. zhtml? c = 92913&p = irol – reportsannual.

［32］Lieberthal, R. D. (2011). The impact of medical spending growth on guaranteed renewable health insurance (Doctoral dissertation, University of Pennsylvania, 2011).

Publicly available Penn dissertations (Paper 325).

[33] Malani, A., Philipson, T., & David, G. (2003). Theories of firm behavior in the nonprofit sector. In E. L. Glaeser (Ed.), *The governance of not - for - profit organizations* (pp. 181 - 215). Chicago: University of Chicago Press.

[34] Mas - Colell, A., Whinston, M. D., & Green, J. R. (1995). *Microeconomic theory* (1st ed.). New York: Oxford University Press.

[35] McCue, M. J., & Hall, M. A. (2015). Health insurers' financial performance and quality improvement expenditures in the affordable care act's second year. *Medical Care Research and Review*, 72 (1), 113 - 122.

[36] Pauly, M. V. (1970). The welfare economics of community rating. *Journal of Risk and Insurance*, 37 (3), 407 - 418.

[37] Pauly, M. V. (1997). *Health benefits at work: An economic and political analysis of employment - based health insurance.* Ann Arbor: University of Michigan Press.

[38] Phelps, C. E. (2003). *Health economics* (3rd ed.). Boston: Addison - Wesley.

[39] Robinson, J. C. (2004). For - profit non - conversion and regulatory firestorm at CareFirst BlueCross BlueShield. *Health Affairs*, 23 (4), 68.

[40] Rosenthal, M. B. (2015). Can federal provider payment reform produce better, more affordable healthcare? In A. Malani & M. H. Schill (Eds.), *The future of healthcare reform in the United States* (pp. 221 - 246). Chicago: University of Chicago Press.

[41] Routledge, R. (2016). Law of large numbers. *Encyclopedia Britannica.* Retrieved from http://www. britannica. com/science/law - of - large - numbers.

[42] Roy, A. (2011). Why the American Medical Association had 72 million reasons to shrink doctors'pay. *Forbes.* Retrieved from http://www. forbes. com/sites/theapothecary/2011/11/28/why - theamerican - medical - association - had - 72 - million - reasons - to - help - shrink - doctors - pay/.

[43] The, Henry J., & Foundation, Kaiser Family. (2015). *Employer health benefits: 2015 annual survey.* Menlo Park, California: Henry J. Kaiser Family Foundation.

[44] Town, R., Feldman, R., & Wholey, D. (2004). The impact of ownership conversions on HMO performance. *International Journal of Health Care Finance and Economics*, 4 (4), 327 - 342.

[45] Tu, H. T., & May, J. H. (2007). Self - pay markets in health care: Consumer nirvana or caveat emptor?. *Health Affairs*, 26 (2), w217 - w226.

[46] UnitedHealth Group. (2013). *Form* 10 - K. Retrieved from http://www. unitedhealthgroup. com/investors/ * /media/9202a464bdef4ef5acebcba082684fe8. ashx.

[47] Varian, H. R. (1992). *Microeconomic analysis* (3rd ed.). New York: W. W.

Norton and Company.

[48] von Ebers, P. (2016, January 22). Mega health insurance mergers: Is bigger really better? *Health Affairs Blog*. Retrieved from http: //healthaffairs. org/blog/2016/01/22/mega – health – insurancemergers – is – bigger – really – better/.

[49] Waller, T. A. (2007). Level – II vs. level – III visits: Cracking the codes. *Family Practice Management*, 14 (1), 21 –25.

[50] Wennberg, J. , & Gittelsohn, A. (1973). Small area variations in health care delivery. *Science*, 182 (4117), 1102 –1108.

[51] Wickizer, T. M. (1990). The effect of utilization review on hospital use and expenditures: A review of the literature and an update on recent findings. *Medical Care Research and Review*, 47 (3), 327 –363.

第六章　健康保险供给与需求的均衡

第一节　健康保险市场均衡

一、均衡经济学

均衡是一个基本的经济学概念。均衡市场是稳定的，并且可以使整个社会达到福利最大化。健康保险市场的均衡，意味着在消费者的需求和生产者的供给"相交在中间点"（meeting in the middle）。从意愿的角度讲，消费者希望对健康资本所面临的风险进行全面保障，并且愿意支付的价格为零；而生产商则想要获得尽可能多的无风险利润。均衡决定了双方能够在多大程度上满足各自的意愿。均衡的基本含义是，对于一个给定的价格，消费者愿意为给定的需求量付费，生产者愿意以这个价格提供给定数量的商品。换句话说，市场是"出清"的，所有可能的交易都是由市场双方共同进行的，并且每一方都满足于按照市场给出的特定价格和数量进行交易。

需求和供给函数或曲线，显示了在均衡状态下的价格和数量。可以用曲线图来描述市场的出清过程。健康保险的需求曲线是向下倾斜的，因为当价格更高时，消费者对保险的需求更少。而对生产者来说，他们会以更高的价格提供更多数量的保险，所以供给曲线是"向上倾斜"的。这两条曲线相交于代表市场出清条件的均衡点。同样的道理也适用于推导供给和需求的数学公式（函数）。供给等于需求则生成一个价格，即消费者在这个价格上需要的保险数量等于生产者在这个价格上提供的数量。在图 6.1 中，需求曲线（虚线）是向下倾斜的。在价格较高时，消费者选择自保。此时，$(1-\alpha)=0$ 或者说 $\alpha=1$。当价格很低或为零时，对立的情况成立，即消费者选择全额保险，如 $(1-\alpha)=1$ 或者说 $\alpha=0$。对于供给商来说情况正好相反，像实线显示的那样，当他们面临的价格更高时，他们会向消费者提供更多的保险（更低的 α）。实线和虚线的交点是消费者和生产者在保险价格和数量上"意见一致"的平衡点。在这个模型中，决策不是由单方面作出的，而是由市场将

148

消费者和生产者聚集在一起，以满足消费者的偏好和生产者的生产函数（成本结构）的最优匹配。

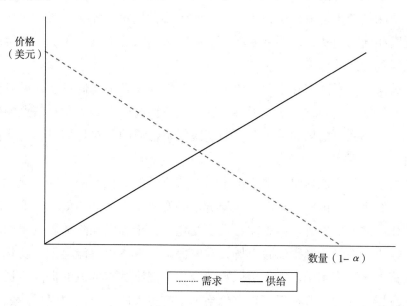

图 6.1　健康保险交叉的供给和需求曲线

为了让市场出清，需要对这些需求和供给函数设定一些限定条件。其中最重要的一个条件是需求函数的凸性（Mas–Colell 等，1995，第 627 页）。一般来说，凸性意味着消费的边际收益递减，比如，从第二个曲奇饼中获得的效用小于第一个曲奇饼，以此类推。这种凸性对健康保险很重要，因为对于风险厌恶的消费者来说，理想的情况是拥有完全保险，而这样的消费者可能也愿意接受部分保险，只要与完全保险的费用相比，部分保险的价格"足够好"。

从经济学的角度来看，均衡也是一个很有吸引力的概念，因为它决定了健康保险的一个稳定的供给量。这种稳定性的直观解释是，在这一均衡的价格和数量水平上，当个体消费者或生产者试图"偏离"平衡时会发生什么，比如，可以设想一个消费者想要购买比均衡状态下多一点的健康保险。在大多数情况下，消费者会从多的那一个单位的健康保险中获得较低的边际收益，他们愿意支付的额外保费与供给商为了供给更高数量的保险而想要获得的保费不匹配。同样地，当一个生产者想要卖出更高数量的健康保险时，他收取的保费就会比目前消费者愿意支付的保费更高，但这样他们就无法找到愿意购买的消费者。就经济资源配置的最优解决方案而言，在经济中健康保险实现最优供给的情况下，市场出清在经济学意义上也有特殊的性质。

如果消费者是异质的，均衡也可能支持供给者提供多种类型的保险并且以不同的价格出售。换句话说，如果消费者对健康保险的偏好强度不同，那么生产者就可以"划分"市场，以更高的价格向那些风险规避程度较高的人出售较高数量的保险，同时以较低的价格向那些风险规避程度较低的人出售较低数量的保险。在这种情况下，市场仍处于均衡状态，而且它对两个不同的群体都是"出清的"。所有风险规避程度相同的消费者，都要为同一产品支付相同的价格；而所有的生产者都因相同产品得到相同的价格。

放松关于消费者需求和生产者成本的一致性的众多基本假设后，可以得到进一步的扩展的均衡。例如，放松关于参与者完全掌握健康保险的所有信息的假设。关于健康风险的不完全信息和关于在售的健康保险性质的不对称信息，使均衡健康保险模型更加符合现实。

均衡使经济学家能够研究那些由于需求和供给的变化而引起的变化。在许多情况下，由于健康保险市场是动态的，分析这些变化是十分必要的。例如，随着人口结构的变化，健康资本的价值可能会发生变化。由于提供保险的新技术的引入，或者由于其他供给商进入健康保险市场，健康保险的成本也可能会发生变化。每一个动态变化都意味着需求函数或供给函数的变化。健康资本估值的提高将提升支付健康保险的意愿，这意味着在任何给定价格下都有更大的需求。健康保险成本的降低将使得供给商在给定价格下愿意提供更多的保险，这意味着在任何给定价格下都有更多的健康保险供给。最后，政府是一个有能力干预市场的行动者，这与经济政策的核心理念相符，政府（或"社会计划者"）可能实施带来"更优"市场均衡的政策。

关于政府角色的问题在健康保险中尤为重要。从阿罗（1963）开始，健康经济学的研究就不断强调现实条件与健康保险市场经济达到最优均衡所要求的条件之间的偏差。一个不受监管的市场很可能不存在最优解决方案，这意味着，政府通过政策干预可以改善健康保险市场的运行结果。想要实现健康保险政策的预期效果，需要了解市场如何对健康保险和医疗服务的数量和价格变化作出反应。健康保险市场将会对个人健康需求的变化作出何种反应？市场如何应对健康保险供给成本的变化？对健康保险政策，如健康保险补贴、税收或监管，市场的反应是什么？这些问题的答案是关于公共政策改善健康保险市场运行的文献研究基础。

健康保险由两种截然不同但又相互联系的服务组成，即（1）风险管理服务和（2）第三方支付服务。在健康保险中应用均衡模型的另一个考虑因素是，这两种服务的市场出清价格和数量。当这两种服务捆绑销售时，其总价格和总数量可能与单独的市场出清价格和数量不一致。风险管理理论和保险学的最基本模型研究的是众多愿意分担风险的代理人，他们如何分担别人的风险，如何权衡他们放弃的个人风险的数量和他们承担的他人的风险数量。

上述代理人的典型代表是一些再保险公司，或者多个个体形成的相互保险公司，他们以现金而不是实物为基础进行纯偶发性的索赔交易（Borch，1962）。许多保险理论模型都假设支付形式为经济补偿，也就是说，遭受损失的人在可能的情况下，通过得到经济补偿，而不是通过在健康保险中常见的实物医疗服务来获得补偿。第三方支付的均衡模型以供给商收取的金额来解释第三方支付的价格，以支付系统的复杂性来解释第三方支付的数量。应该注意到，在健康保险市场上，支付系统往往相当复杂，例如，医疗服务补偿而不是经济补偿占优势。健康保险中第三方支付的大规模和广范围表明，既可以通过这样的系统获得一些价值或益处，也可能使得健康保险市场的失灵导致第三方支付服务的"过量供给"。换句话说，在第三方支付服务或风险管理服务中，均衡不一定是给定市场的最优结果。

二、均衡的最优状态

供给和需求均衡的情况下，最优的概念，是指健康保险的生产和消费达到"最佳"（best）数量。一国的整体经济承受和分担健康风险的能力表明，风险管理的最优（optimal）数量是有限的。正如整体经济一样，在健康保险市场上，资源配置理论的一个基本观点是，资源是有限的。通过健康保险提供医疗服务的金融中介过程的费用和成本，同样意味着这种数量有限的服务是最优的。"最优"（optimal）一词的经济含义是，提供每单位服务的边际成本与个人从消费每单位服务中获得的边际收益相等。而"最佳"（best）一词的经济含义是，"最优决策是最佳地服务于决策者的目标，无论这些目标是什么"（Baumol 和 Blinder，2009，第42页）。这似乎是一个令人畏难的，也许是难以解释的问题，即如何才能证明一种资源配置方式是最优的？经济学理论中关于最优经济资源配置问题的解决方案，同样可以适用于健康保险服务的最优配置问题。

福利经济学基本定理解释了均衡对于决定经济资源最优配置的重要性。这些定理的根本意义，在于它们"……描述了竞争均衡的效率特性"（Black 等，2012，第167页）。对福利经济学的研究给出了人们福利最大化的条件。其中，福利一词，是指社会从市场经济交易中获得的总收益。这些定理也定义了能够从交易中获取收益（福利）的范围。具体到健康保险，个体和机构通过健康保险市场来"交易"健康保险。在实践中，这种市场交易的内涵是，健康保险市场的需求方支付保险费，而健康保险市场的供给方提供健康保险服务。

福利经济学第一定理表述的是，市场中均衡的存在与资源配置的最优性有关。福利经济学第一定理认为，"……在没有任何市场失灵的情况下，竞争性均衡的状态是帕累托最优的"（Black 等，2012，第167页）。在任何市场的均衡中，消费者和生产者就消费商品的数量和商品的销售价格都达成一致意见。福利经济学第一定理给出的结论是，在这种情况下，没有人能在不损害别人利益的前提下使自己变得更好，这也被称为"帕累托最优"。就健康保险来说，意味着健康保险市场的均衡不能再得到改进。虽然，在一定程度上，转移（健康保险商品供给方与需求方的交易）可以增加某些个人或团体的风险管理服务或金融中介服务的数量，但这些转移会损害到其他人的利益。此外，这种交易对"损失者"的伤害程度将超过"赢家"的利益。换句话说，这样的交易只会损害社会的整体福利。

福利经济学第二定理描述了在均衡市场中最优资源配置是如何实现的。福利经济学第二定理认为，"如果恰当地安排财富的一次性转移支付，作为竞争性均衡的任何帕累托最优状态都可以实现"（Mas – Colell 等，1995，第 308 页）。这一定理与福利经济学第一定理的方向相反。该定理认为，当财富再分配达到最优平衡时，在至少有一个人境况变差的情况下才能使另一个人变得更富有。在健康保险市场上，这意味着，如果有一个政策制定者希望实现某种特定的结果，那么实现这一目标结果的方法就是将市场的力量与财富的一次性转移支付结合起来。财富的一次性转移支付最好可以被看作一种税收，通过这种税收，某些人放弃了一定数量的货币财富，而另一些人则获得了这些转移支付资金（Black 等，2012，第 246 – 247 页）。福利经济学第二定理，也意味着任何的社会最优资源配置都是在均衡中实现的，即市场交易双方在各自意愿的价格和数量水平（实际上是一个价格和数量的系统）实现各自利益的最大化。具体到健康保险，这意味着风险管理服务和金融中介服务的最优配置是稳定的或可持续的，如果能够发现这样的均衡，市场就会支持它。

将这些定理应用到健康保险中，意味着在健康保险市场上，政策的作用非常有限。福利经济学第一定理意味着，如果均衡的条件得到满足，那么健康保险的最优配置所需要的就是允许人们进行自由交易。福利经济学第二定理意味着，政策的作用略有不同，它可能是一个用来确定均衡的初始条件，并且在某种意义上，通过贸易和金融转移的结合，将其"强加于"社会。在这种情况下，政策制定者（或"社会规划者"）的工作在一开始就得以完成，市场本身可能就不需要健康保险政策。

福利经济学定理推导出的均衡结果，对于经济学家和政策制定者来说是一个挑战，他们需要证明政府在健康保险中扮演更重要的角色。在健康保险的历史中，以及目前正在运行的健康保险市场中，公共政策都是一个强有力的角色，它远远超出了一次性转移支付的作用。这意味着：要么（1）这种干预是必要的，因为健康保险作为一种产品本质上不满足福利经济学的基本假设；要么（2）干预是一种错误的尝试，它试图改善一个不需要政策干预就能出清的市场。

真实的市场运行与福利经济学理论的一个或多个严格的假设并不一致，根据这一事实，干预也是合乎情理的。这些假设包括"凸"的家庭偏好、"凸"的企业生产集、"完备的"市场、"公开的价格",以及"每个代理人都是价格接受者"(Mas – Colell 等,1995 年,第 308 页)。健康保险市场恰恰违背了上述的许多假设。然而不同的是,健康保险市场也确实充满了复杂的,往往相互矛盾的干预措施。因此,极有可能的是,放宽某些监管干预将使健康保险市场发挥更好的作用。

三、健康保险的补贴和税收

在健康保险市场上,两项重要的政府干预政策是对健康保险的补贴和税收。健康保险的补贴,是指政府以健康保险保费补贴的形式代替财政转移支付的方式。健康保险的税收,是指在保费基础上增加一部分额外的税费,从而提高了健康保险的市场价格。前面已讨论过在许多健康保险市场中都存在补贴现象。在非团体市场、雇主提供的健康保险和社会健康保险计划中都包含补贴,其可以降低消费者所需支付的健康保险价格。现有的健康保险税收,包括在州一级对保险销售征收的一般"保费税",以及作为《平价医疗法》的一部分在联邦层面上实施的健康保险新税种(Carlson,2012;Cummins 和 Tennyson,1992)。

健康保险补贴的方式,因其如何决定而存在很大差异。例如,在雇主提供保险的市场中,对健康保险的补贴是以政府减税的形式出现的。其结果是,这些补贴对于那些收入较高的人来说更有价值,因为他们在收入上面临更高的边际税率。非团体市场的健康保险补贴,则直接基于收入,那些收入较低的人在交易所购买保险时可以获得更多的补贴(Sisko 等,2014)。因此,平均来说,收入较低的人支付较低的保险价格,并从补贴中获得相对较多的收益,这与雇主提供的保险补贴形成了鲜明对比。就像在 Medicaid 计划中,社会保险的补贴可能是基于收入、财富或健康状况的。在这种情况下,对收入较低或健康状况较差的个体的补贴更高,类似于补贴在非团体市场的运作方式。

对健康保险的补贴可以使更多的人获得健康保险。奥巴马政府推动的《平价医疗法》的实施使得 18 ~ 64 岁没有保险的个人数量急剧下降。特别值得注意的是,参保率变化最大的情况发生在接受最多补贴的群体中。在较低保费水平上承保较少风险的健康保险计划的参保率变化也是最高的。成本较低的"银级"健康保险计划的参保人数最多,其次选择人数最多的是成本最低的"铜级"健康保险计划(CMS,2015)。这表明,有资格获得补贴的低收入人群对保险价格非常敏感,从经济角度看,他们的需求是最具"弹性"的。其结果是,这一人群的健康保险可能远未达到"完全"健康保险的水平,除非提供比现有规模要大得多的补贴。

有些健康保险的补贴是非常难以观察到的,或者说是隐性的补贴,主要是由于特定风险池的健康保险价格的差异,或者说是"交叉补贴"的原因。健康保险的价格可能差别很大,特别是当某一个风险池中的参保人具有较大异质性特征的时候。

当然，不是所有的导致个体之间预期索赔差异的因素，都能够或者说应该被用来决定不同个体之间的保费差异。"从理论上讲，保险费率的设定，应当考虑任何与理赔成本具有实质性相关关系的因素变化。在实践中，费率因子通常限定于那些既有合理的因果关系又有高度相关性的变量"（Bluhm，2007，第 114 页）。换句话说，一些费率因子可能与潜在的损失巨大的健康冲击具有显著的相关关系，如布卢姆（Bluhm）提到年龄、性别和职业三个影响费率的因素。由于监管政策限制健康保险费率的水平，在一个收入水平相同的群体中，每个人支付的保险价格可能会因他们的个人健康状况而有所不同。

健康保险监管政策中最重要的三项内容是，"医学承保限制""费率区间"和"保证签单"。"医学承保限制"是指健康保险公司在费率厘定时，不能将健康状况或病历作为影响因素（Gabel 等，2012）的监管要求。"费率区间"是指购买同一种健康保险计划的被保险人支付的保险费的差异，不能超出一定的区间范围。换句话说，费率区间指的是同一种健康计划内任意两名成员支付的最高和最低保费之间的比率。奥巴马医改法（ACA）对费率区间的强制要求幅度为 3:1，意味着一个特定健康保险计划中，个体的最高保费上限不能高于最低保费的三倍（Harrington，2010）。"保证签单"是指不得将某一个人排除在健康保险计划之外的监管要求（Harrington，2010）。上述监管规定，实际上是健康保险计划为个体的健康状况因子提供了隐性补贴，因为那些健康状况较差的人支付的保险费用相对较低。"相对较低"的含义是，虽然他们的绝对保费可能高一些，但他们所支付保费的期望收益，要高于那些健康状况较好的被保险人。之所以说这种补贴是隐性的，是因为健康保险公司依据监管要求减低了部分高风险个体的健康保险费率，而不是被保险人直接收到现金补贴，然后去支付部分或全部应交保费。除了服从监管要求之外，有时候也由于健康保险公司本身无法或不愿使用某些评级因子。[1]

第二节　健康保险的选择

一、个体的选择

均衡状态下，个体基于健康保险的收益和成本来选择是否购买健康保险。不同的个体可以通过不同的市场获得健康保险。那些通过雇主或政府获得团体健康保险的人，通常购买团体保险或者选择不参保。没有团体健康保险可选的人，可以购买

---

[1]　作者注：Finkelstein 和 Poterba（2014）的研究介绍了一个英国年金市场上的"未使用的观测数据"的有趣例子，即保险公司可以获取一些费率因子，但却没有将这些因子用于保单定价。

非团体保险或者选择不参保。各种形式的健康保险都有两种基本的功能（收益），一是应对健康变化的财务风险管理功能，二是健康保险公司通过结构化医疗服务保障的范围提供第三方支付服务功能。健康保险的主要成本，就是被保险人付出的保费，也就是说，人们如果把一些钱花在健康保险上，这些钱就不能再用于除健康保险之外的商品和服务的消费上。健康保险的可选择性，也是用来研究和解释个体的健康保险选择行为的一个关键因素。

许多因素可以影响购买非团体健康保险的决策。例如，收入较高或拥有更多财富的个人更有可能购买健康保险。已婚人士比单身人士更有可能购买保险，而那些有孩子的人比没有孩子的人更有可能购买保险（Folland 等，2013 年，第 225－226页）。而个体的健康状况因素，对购买健康保险的行为的影响却不明确。2010 年美国人口普查的一项分析显示，那些"极其"健康的人比那些"很好""好"或"一般"健康的人参保率更高，几乎与那些健康状况"糟糕"的人的参保率相似（O'Hara 和 Caswell，2012）。2014 年的一项最新分析显示，残疾人比非残疾人拥有健康保险的比率高出 3.5%（Smith 和 Medalia，2015）。这不仅可以反映健康冲击对健康保险参保意愿的直接和间接影响，也反映资格要求对参保公共健康保险计划的影响。那些健康状况较差的人可能更愿意购买健康保险以保护他们的健康资本，但是由于这些个体的健康状况不佳会影响赚钱能力，他们可能没有太多的资金购买健康保险。此外，Medicaid 和其他公共项目的参保资格条件通常是基于个体的健康状况，比如身体残疾，常常会影响到参保人数（Bruen 等，2003）。

在非团体健康保险市场上，在既定的价格水平，可选择的健康保险产品数量应该足以让不同的个体都能够得到最优保障。在一定程度上可以说，第二章和第三章中提出的模型，其假设拥有健康风险资本的个体可选择的被保险范围是从 0（自保险）至 100%（完全保险），这很好地描述了非团体健康保险市场的运行特征。在实践中，非团体市场的保险数量的可选择性取决于市场的深度或"密集性"（thickness），也即参与健康保险市场的保险商数量和他们提供不同类型健康保险合同的意愿。相对地，可供选择的健康保险数量也可能是过量的，或者对消费者来说是低价值的。例如，一个保险计划可以让消费者选择一个增量为 500 美元的免赔额，即免赔额可以是 500 美元、1 000 美元、1 500 美元，等等。消费者可能并不关心这些选择，或者不会觉得有什么特别之处，其或是不知道这些选择意味着什么（Loewenstein 等，2013）。因此，一个"选择"不参保的人也可能与行为经济学模型描述的行为特征相一致，即在决策方案的选择过多的情况下，一个人可能不知道如何选择而"退出"健康保险市场。换句话说，减少可选择的健康保险的数量反而可以改善个体的健康保险决策选择（Hanoch 和 Rice，2006）。作为《平价医疗法》（ACA）的一部分而引入的"健康保险交易所"（也称为"健康保险市场"），就是为了解决非团体市场中选择性过多的问题。

二、雇主的选择

向雇员提供健康保险的雇主，会选择提供的健康保险数量，以及他们支付的保费数额。比如，尽管在理论上雇主提供的健康保险，可以由雇员交纳全部保险费用，并从雇员的薪资单中直接扣除，但雇主还是倾向于补贴雇员获得的健康保险的部分费用，也称为"雇主保费份额"（Collins 等，2014）。实际上，雇主提供的健康保险计划的保费支付责任也是由雇主和雇员分担的，雇员要从自己的薪水中拿出一部分支付剩余的健康保险费用。

雇主和雇员之间的这种按比例分摊保费的结果是，雇员可能以接受较低工资的形式隐性地承担了雇主的那部分费用补贴。经济学理论认为，不管雇主和雇员之间是否"分摊"，员工都要为保险的全部成本埋单（Currie 和 Madrian，1999）。因为如果雇主不为员工支付健康保险费用的补贴，就会支付给员工更高的工资。还有一种很大的可能性是，雇主提供的健康保险费用补贴会导致雇员之间的交叉补贴现象，从而使得一些雇员没有"得到他们所支付的"或应获得的利益（Mitchell，2003，第 12 页）。

雇主也可以选择是提供单一的健康保险计划，或者是提供多个健康计划，以满足员工的偏好。某些健康保险计划可能会以更高的价格提供更多的保障额度。这被称为"雇主的慷慨"，因为雇主提供的健康保险计划的保障程度更高，就可以说是更慷慨。健康保险的研究文献表明，雇主在慷慨程度上有很大的差异。例如，凯特·班多夫（Kate Bundorf）运用 1993 年罗伯特·伍德约翰逊基金会（RWJF）的雇主健康保险调查数据分析基于雇主的保险选择时，使用了计划类型（补偿[①]、PPO、POS 计划[②]和 HMO）来区分雇主提供的健康保险计划所保障程度的高低。HMO 是最不慷慨的，其次是 PPO，而 POS 和补偿计划是最慷慨的。雇主所提供的计划类型的差异，表明雇主提供的健康保险计划设计了一定的选择范围，这样可以使员工的财务负担也有所差别（Bundorf，2002）。

一个时期以来，雇主选择的实证数据表明，许多雇主倾向于在某一特定时间段内集中于选择特定的健康保险计划。凯撒家庭基金会的一项分析显示，1988 年，按服务付费（FFS）计划是绝大多数雇主的选择，到 1990 年，优选医疗机构组织（PPOs）成为了多数人的选择，而到 2010 年，PPO 健康计划则成为大多数雇主的选

[①] 译者注：补偿（Indemnity）计划通常不提供医院、诊所与保险公司之间的直接理赔网络，就医者需要自己向保险公司发起理赔申请。

[②] 译者注：POS（Point of Service Plans）计划也有高免赔额低保费的特点，可以在网络外就医，但是需要支付较高的成本。

择（Folland 等，2013 年，第 240 页）。这种从众行为可能更多地表现为健康保险公司的行为偏差而不是雇主的行为偏差。

最新的情况变化是，雇主提供的健康保险的比率普遍在下降。例如，2012 年，维斯尼斯（Vistnes）等运用"医疗费用支出面板数据调查—保险部分（MEPS - IC）[①] 数据库"，研究雇主保险的供给比率和雇员的参保率，他们发现在调查期间，小型雇主逐渐不再向雇员提供健康保险，从而使得个人和家庭越来越少地获得小型雇主所提供的健康保险计划。他们还发现，大型雇主提供的保险总量变化不大，但雇员的参保率似乎是在降低，这也导致了大型公司的参保雇员人数的减少（Vistnes 等，2012）。未来雇主提供保险的情况还有待观察，在可预见的未来，大型雇主将继续提供保险费用的补贴，而较小的雇主提供健康保险的比率已经从 2010 年的 68% 降至 2015 年的 56%（凯撒家庭基金，2015）。

三、政府的选择

社会健康保险的数量和质量因政府的计划不同而有很大差异，而且保障范围也会随着时间的推移而改变。目前，Medicare 的保障范围，包括住院服务、其他医疗服务和处方药，其中 2003 年 Medicare 才扩展到保障处方药（CMS，2005）。而Medicaid 保障的医疗产品和服务的范围总体上是非常广泛的。例如，Medicaid 保障住院服务、门诊服务、护理服务、家庭健康和医师服务。此外，尽管处方药是一种"可选"的保险利益，各州也可以选择不提供，"……但各州目前都提供门诊处方药物的保障，涵盖所有的符合条件的个人和绝大多数在州内 Medicaid 计划的其他参保人"（CMS，2016b、2016c）。然而，在保险保障程度和被保险人实际获得的保险金额之间存在着较大的差距。健康保险商作为第三方支付服务的提供者，就是要代表参保的个体进行谈判并争取较好的医疗服务价格。由于这种第三方支付服务机制，政府的健康保险计划提供的保障程度或者说作用，要远比表面上看到的更重要。

一个健康保险计划的保障范围，也许不能准确反映其实际的保障程度，说明这种情况的最好例子是 Medicaid。Medicaid 提供大部分的医疗商品和服务的保障，Medicaid 的参保成员自己需要负担的医疗的费用很小或为零，也就是说，Medicaid 提供完全的保障或者接近完全的保障。然而，相对于其他类型的保险公司，它提供

---

① 译者注："医疗费用支出面板数据调查—保险部分"（Medical Expenditure Panel Survey Insurance Component）是隶属于美国卫生及公共服务部（U. S. Department of Health and Human Services）的医疗保健研究与质量局（Agency for Healthcare Research and Quality）进行的一项面向私营部门和公共部门雇主的田野调查，收集他们所提供的商业健康保险计划的数量和类型，这些计划的承保利益、年保费、年保费在雇主和雇员之间的分担比例、资格要求以及雇主特征方面的数据（www. meps. ahrq. gov）。

的这些商品和服务的实际保障金额相对较低，甚至可能低于边际成本（Deneffe 和 Masson，1995 年，第 46 页）。例如，Medicaid 的医疗费用支付比率通常也远低于商业健康保险或 Medicare。因此，由于许多医疗服务提供者不接受 Medicaid，那些 Medicaid 的参保人可能要等很长时间才能得到治疗，或者根本就得不到治疗（Decker，2012）。从这个意义上说，Medicaid 实际提供的是部分保障，即如果一个人因无法获得治疗或者必须等待很长时间才能接受治疗，那他的健康资本就面临着相当大的风险。

政府保险计划，通常是一种"一刀切"的特定类型的保险计划。政府健康保险计划类似于雇主购买的健康保险，所提供的保险数量或质量差异较小。Medicare 计划的一些项目，比如为传统的医院和医疗服务提供保障的按服务付费的项目，就是一种单一类型的计划，它在全国范围内具有相同的财务分担责任和保障范围（CMS，2016d）。Medicare 的其他项目，如 D 部分处方药保障计划，利用商业健康保险公司为参保人提供更广泛的计划选择（Hoadley 等，2013）。一般来说，当政府选择外包方式提供相关服务时，保障范围的差异就会显现，使用管理式医疗计划的个人可以选择不同的健康保险公司，这些保险公司所管理的保险计划，可以提供不同程度的财务责任分担比例，同时医疗服务提供者的服务网络或范围也不同。因此，个人从计划类型相同但由不同的商业保险公司所管理的社会保险计划中所获得的保险数量不同，可以部分地解释健康保险计划保障范围的实质性区别，但这并不能解释不同保险计划之间在保费方面的所有差异（Hoadley 等，2013）。

政府还需要对商业健康保险市场的监管政策或监管方式作出选择。所有州的保险监管机构都有资格审查在非团体市场上出售的健康保险产品的条款和费率。在美国，保险监管的主体是州政府，各州保险监管机构的自由裁量权并不相同，通常在保险费率水平、保险保障范围以及特定健康计划的偿付能力要求等方面均有较大的差别。各州政府也可以选择对健康保险公司的医疗服务提供方面进行监管，例如，针对某些健康保险公司为了降低保费而限制被保险人的医疗服务提供者的选择范围的监管要求（Jost，2009）。

许多州政府的健康保险市场监管机构，特别重视对保费的厘定和审核的监管。有的州实行费率的"报备制"（file – and – use），也称为"竞争性费率"（competitive rate），在这种情况下，监管者只需要审核一个保险计划是否符合州的监管要求，保险公司则有推定的权利使用已经报备过的既定保险计划的费率。还有的州实行事先批准制的费率监管规则，保险公司在这样的州内以特定的保费出售保单之前，必须向保险监管机构申报拟实行的费率并得到批准。这些有关保险费率的监管政策，在健康保险和其他保险险种之间也可能有所不同。有些州的费率监管规定不仅对健康保险适用，对州内所有其他的保险险种也同样适用（Harrington，

2002）。在健康保险市场上，这些规定只适用于非团体和小型团体市场，因为《雇员退休收入保障法》（ERISA）是上位法，对雇主提供的自保健康计划有特别的监管规定。

政府对健康保险市场的监管，往往会使健康保险市场运行更具稳定性和一致性。例如，健康保险交易所通过对非团体市场的规制要求，以及强制规定对支付给个人的补贴要保持一致性的要求，包括保险交易所的所有计划，都需要由国家认证机构认证是否是"合格"的监管要求（Lieberthal 等，2013）。正如其他社会保险项目的"一刀切"的性质一样，这种监管模式的主要优点是保证了健康保险市场的一致性和公平性。然而，如果个人对保险数量和医疗服务的需求有不同的偏好，或者在健康状况上有很大的差异，那么缺乏灵活性就成为它们的一个问题。

健康保险的州监管模式，对非团体市场的保险价格有很大的影响。在《平价医疗法》通过之前，某些州要求相关的健康保险计划实行团体费率（社区费率），以限制个人从非团体市场购买健康保险所支付的保费之间的差异程度。各州也都有自己的"费率区间"政策。目前，这些州的许多具体规定已经在某种程度上被《平价医疗法》条例所取代，包括费率区间和保证签单的监管要求（《患者保护与平价医疗法》，2010）。通常，各州的保险监管部门负责承担自己所在州的监管任务，同时还要承担联邦的《平价医疗法》中赋予的州保险监管部门对非团体市场的一些监管责任。

各州对非团体健康保险计划的保险利益的强制性规定，也是州保险监管政策的一个重要内容。健康保险计划必须符合一系列的保险利益的强制性要求，特别是关于健康保险数量和范围的"下限"要求。两个明显的例子是，关于非团体健康保险计划必须覆盖妊娠和结直肠癌筛查的强制性要求。保险利益的强制规定不仅限制了个人对非团体健康保险的选择范围，同时也限制了雇主的选择，因为雇主提供的健康计划常常为购买健康保险公司的风险管理服务。事实上，这些强制性要求并不适用于雇主提供的、《雇员退休收入保障法》认证合格的计划（ERISA – qualified plans），而这也是更多雇主愿意提供自筹资金计划的主要原因之一。此外，自筹资金的保险计划也可以避免支付按照保费百分比征收的州保费税（Jensen 等，1995）。

目前，《平价医疗法》在联邦范围内强制要求，无论非团体保险市场，还是团体市场，所有的健康保险计划必须涵盖"基本健康权益"（essential health benefits）的保险利益条款，并且被保险人不需要承担任何的费用支出。"然而，究竟哪些权益应该被认为是必要的，这是由卫生与公共服务部（HHS）自行决定的"（Bagley 和 Levy，2014）。雇主必须为其雇员提供健康保险，也被称为"雇主的强制责任"，即"所有大型雇主——这里指的是那些拥有超过 100 名雇员的雇主——（必须）在 2014 年开始为他们的员工提供最低限额的基本保险保障"（Baker，2011）。联邦政府强制要求的保险利益条款规定，在所有健康保险计划中必须包含"基本健康权益"。这些保险利益包括"预防、健康服务、慢性疾病管理"等 10 个不同的分类，对所有通过联邦健康保险交易所出售的保险计划都设定最低保障数量的要求，这使得有关保险利益的监管要求可以在各州之间更加普遍地实施（CMS，2016a）。

"基本健康权益"的强制规定，可能带来两个方面的负面影响，一是它们对特定人群是不利的，二是它们对于改变健康保险保障范围并没有实际的效果。所谓的强制规定是不利的，是指适用于强制利益条款的群体，如果强制要求在该群体中产生了歧视，则可能是有害的。例如，如果强制生育保险津贴导致雇主为节省费用支出，而歧视怀孕女性或可能怀孕的女性，那么这些强制监管要求就可能使这些女性的状况变得更坏（Waldfogel，1998）。反过来说，只有在强制的保险利益要求普遍受欢迎的情况下，强制要求在政治上才具有可行性。并且在这种情况下，强制性要求将不再是强制或者"约束"，而可能是一种自愿行为，也就是说，即使没有强制要求，绝大多数的健康保险计划也会保障那些权益。

乔纳森·格鲁伯（Jonathan Gruber）的两个实证研究结果，验证了上述的"基本健康权益"的强制规定可能带来的负面影响。Gruber 在第一项研究中，主要研究强制的生育保险利益条款的应用和影响范围。研究结果显示，这些强制要求导致的费用支出，实际上是由怀孕或有可能怀孕的女性承担的，也就是说她们通过获取较低的工资，自己承担了这些权益的费用（Gruber，1994a）。Gruber 在另一项研究中，则主要分析各州监管政策中的强制保险利益要求对雇主提供健康保险的影响，结果发现，"……强制要求对保险的保障程度几乎没有效果，并且对各种监管的特殊规定的检验结果都是稳健的。"Gruber 还发现，"缺乏实际效果可能是因为这些监管要求没有约束力，因为即使在没有监管要求的情况下，大多数雇主似乎也提供了这些保险利益"（Gruber，1994b）。

一般说来，还有一个突出的问题是，政府保险监管可能会导致不同保险群体之间的交叉补贴。这种交叉补贴，可能造成某一群体支付的保费低于其预期的索赔成本，而其他群体支付的保费远高于其预期的索赔成本。这种情况也被称为"费率压缩（rate compression）"[①]，因为它使得所有群体的保险费率水平提高到接近整体人口的平均费率水平，而不是根据个体的实际健康状况来厘定保险费率。更为重要的

---

① 译者注：在经济学理论中，马克思曾经论证过"工作压缩"问题，他指出，资产阶级工资的本质在于把工人工资压缩到最低水平，以便榨取更多的剩余价值。在现代劳动经济学理论中，工作压缩的英文表达是"pay compression"或者"wage compression"，用来描述一种非生产率因素导致的在不同群体之间的待遇不公。2006 年，弗雷兹（Frazis）和勒文施泰因（Loewenstein）认为，工资压缩意味着相对于从事相同工种的效率较低的工人，更高效率的工人获得的工资收入相对较低。这里作者使用费率压缩一词的含义，大致是指由于被保险人要支付更高的保费，因而他们的工资收入被压缩或降低了。

是，这些补贴是通过保险公司的间接渠道隐性支付的，很显然在经济上这种补贴方式的效率远低于通过一次性转移支付方式进行直接的支付。在费率压缩的情况下，那些预期成本较低的人可能会决定继续不参保，这不仅使他们维持没有保险的状态，同时将其余人的保险成本提高至"费率压缩"的水平，甚至将其推高到更高的总体平均费率水平（Tennyson，2007）。当然，如何定义未参保人以及他们没有获得健康保险的个体和社会后果，是一个非常困难的问题，也是本章最后一节的研究主题。

第三节　无健康保险人群的选择

一、无保险人群的定义

无保险人群也称未参保人，在本书特指那些没有健康保险的人。如果一个人在某一时间点、短期内或长期内没有保险，他都可以被认为是无健康保险的人。一般来说，未参保人被认为是一个特殊的群体，因为他们没有健康保险。未参保人也可以细分成不同的群体。例如，一个没有健康保险的人，可能是因为他选择不投保他本来有资格参加的团体保险。其他没有资格获得团体健康保险的人，他们没有保险，是因为他们选择不从商业健康保险公司购买个人健康保险。影响个人保持未参保状态的因素，对于如何将个人从未参保状态转移到有保险状态是至关重要的。虽然他们可以选择保持未参保状态，但了解保持未参保状态的决定因素也有助于通过健康政策来改善未参保个体的福利。未参保人群的规模和特点可以分别根据需求和供给方面的因素来检验，而同时考虑市场供求双方各种因素的方法对于了解未参保人的含义更是十分重要。

对美国人口中无健康保险的群体进行研究，一种有效的方法是，要深入分析影响未参保人的那些最重要的变量和因素。这些因素，包括年龄、收入、财富、种族/民族、健康状况、就业状况、雇主类型、婚姻状况、子女数量和地理位置等，都与人群的健康保险状态有关。其中，年龄就是一个重要的变量，因为 Medicare 使得 65 岁及以上的人普遍都拥有健康保险。儿童健康保险计划（CHIP）[1] 的保障范围也使这一人群的未参保状况与成人不同。例如，凯撒家庭基金会研究发现，2013年美国的总体未参保率为 15%，其中儿童未参保率为 8%，而成年人未参保率为 19%。该基金会还调查了地域差异，发现未参保率最高的是内华达州的 23%，最低

---

① 译者注：儿童健康保险计划（The Children's Health Insurance Program）是于 1997 年由美国联邦政府和各州政府共同出资设立的一项对本州内符合资格的儿童提供的健康保险计划。

的是马萨诸塞州的 4%（凯撒家庭基金会，2014）。乔纳森·格鲁伯（Jonathan Gruber）对未参保人情况进行的一项研究，着力于分析家庭收入和健康保险来源（雇主、个人、社会和无健康保险）之间的相互作用，并据此对未参保人群进行分类研究。那些收入水平较低的人，以及那些无法获得雇主提供的健康保险或公共健康保险的人，他们的未参保比率更高（Gruber，2008）。此外，这种差异和区别也表明，不同地理区域的个体的一些重要特征也会导致参保率的不同。

二、解释无健康保险的人群

无健康保险的情况，部分取决于健康保险市场的供给方因素。健康保险公司可以选择为谁提供健康保险和提供什么样的保险。健康保险公司也可以选择不为某些市场提供保险服务，因为在这些市场上，保险公司缺乏营利能力或提供保险的成本很高，这可能会导致这些市场的未参保率更高。雇主选择不提供健康保险也可能增加未参保的人数，因为雇员原本能够通过税收减免以较低价格获得健康保险。政府的社会保险计划也仅限于某些人群范围内，这可能会导致那些接近符合参保资格的人群选择不购买健康保险。例如，64 岁的人可以理性地选择不购买商业健康保险，因为如果等到 65 岁时他们就能够以更低的保费参保 Medicare。特别是，不能接受团体保险的群体可能会为获得商业健康保险保障支付更高的保险费用。规模经济效应也表明，团体健康保险的成本将比非团体健康保险的成本低得多，因此，个体可以支付较低的团体保险费率而参保团体保险，他就不会支付更高的费率去购买同样保障额度的非团体健康保险计划。

健康保险市场需求方的因素，也可以部分解释未参保现象。个体即使能够得到保险且获得补贴，或许仍然不会从健康保险公司购买保险。个体也可能拒绝雇主提供的健康保险，比如在一个雇主通常不提供保险的行业工作，或者他们处在失业状态或已经丧失了劳动能力。还有一些个体，他们有资格获得政府的健康保险计划，也可能选择不去参保，特别是当需要资格证明、其他文件或信息来登记注册的时候，一个有资格参保特定项目的人同样可能会选择不参加。例如，Medicaid 计划的注册人数远低于 100%，部分原因是对于准备相关文件，以及每隔一段时间就要证明自己仍然符合资格的要求可能被认为太烦琐（Baicker 等，2012）。

需求水平低，或需求不足，也是一个无健康保险状况的重要影响因素。在第二、三章的模型分析中已经详细讨论过，个体的风险厌恶态度是其获得健康保险的一个关键动力，特别是在健康保险计划处于精算不公平的情况下更是如此。如果在申请和利用健康保险方面有一定的时间成本，即使是精算公平的保险计划也不能吸引那些风险厌恶程度较低（风险喜好态度）的人，或者那些风险中立态度的人。对医疗健康服务具有较弱消费倾向，或者具有较高的时间偏好的个人（偏好在今天消费而不是明天）对健康保险的需求也较低（Schneider，2004）。

　　运用风险厌恶程度的异质性来解释未参保现象，实质上是用需求因素和偏好因素来解释人们所获得的健康保险数量差异的深化和扩展。那些选择自保的个体，可能是对他的健康风险状况比较满意，或者可能购买健康保险的替代品，比如预防措施和预先性储蓄。在无健康保险的情况下，理性或自恰[①]的行为，意味着这些未参保的特定人群更有可能在他们生活的其他领域拒绝购买保险，或者是正在从事危险工作。例如，维斯库斯（Viscusi）和其他研究者对生命价值的研究中，就运用高危的职业选择作为一种识别不同个体之间的风险厌恶态度异质性的方法（Viscusi，1978）。那些在其他方面似乎与别人有相同的性格特征，但却比其他人更愿意承担更大的职业风险的人，他们的风险厌恶程度可能较低。同样地，尽管可以很容易地购买健康保险，但仍未参保的个人可能是他本人对风险管理的偏好较低。

　　未参保人的可支配收入较少，也是一个限制健康保险购买的需求因素。健康保险之所以有价值，恰恰是因为健康冲击的后果可能是毁灭性的，而健康保险为健康冲击的不良后果提供了财力上的保障。个人可能拥有大量宝贵的健康资本，由于只是拥有少量的金融财富或面临财务流动性的限制，就无法将健康资本转化为金融资源（货币）（Gruber 和 Levitt，2000）。这样的个体即使有购买意愿，也没有办法支付健康保险的费用，特别是如果健康保险的附加成本很高，或者是在健康保险的监管政策设定了保障数量下限的情况下，就会使得个体更难以获得或不可能获得低数量的保险保障。

　　所谓的隐性健康保险形式，也可能对健康保险的需求产生挤出效应。隐性健康保险，首先是指一种财务保障方式，可以允许一个人在没有积极的健康保险安排的情况下应对健康冲击和风险。例如，Medicaid 就可以被认为是一种隐性健康保险的重要形式。Medicaid 计划允许个人在任何时候注册[②]，医院也有很大的动力去帮助那些未参保的住院病人加入 Medicaid 计划（Varney，2014）。在这种情况下，如果个体面临健康冲击，Medicaid 会代为支付医疗费用，因此该个体实际上得到一种健康保险形式的保障。然而，如果这些人拒绝接受 Medicaid 的保障，他们在传统上仍被认为是未参保的。隐性健康保险的另一种形式，是指即使没有支付能力也可以获得医院的急救服务，这种情况一方面是因为像《紧急医疗救助和活跃分娩法》（EMTALA）的要求；另一方面是因为医院可以提供无补偿或慈善形式的医疗服务，也就是说，医院不需要健康保险也可以提供相应的医疗服务（Cleverley 等，2010）。

---

　　① 译者注：有一些人选择不购买健康保险是因为他们本身的风险厌恶程度较低，因此，这些人也更愿意从事危险的工作，并且购买其他类型保险（如财产保险）的比率也更低。
　　② 译者注：Medicaid 计划允许个体在健康冲击发生之后再进行注册。

　　年龄因素也可以解释购买健康保险的选择范围。在健康资本模型中，人们可能在未来数年时间内分摊应对健康冲击的成本。理论上，那些处于较低年龄的人有更长的时间来分散这样的风险。戈利耶（Gollier）解释了这一现象为何普遍适用于对健康保险偏好较低的年轻人，"年轻人可能更愿意承担风险，因为当前的风险可以在一个较长的时间内通过消费的平滑得到缓释或分散。从这个意义上说，年轻人拥有可在某个既定时刻将不确定的医疗服务支出进行分割支付的能力，从而可以允许他们在随后的一个时期内对健康风险进行自保"（Gollier，2001，第228页）。因此，许多风险管理和保险学的文献，已经很好地解释了年轻人比老年人更有可能不购买健康保险，而且健康保险参保率在人群中分布特征的实证研究也充分说明了这一点。

　　一般来说，保险经济学认为那些没有健康保险的人是"自保的"而不是"未参保的"。风险管理和保险学模型，把保险不足或者"自保"作为研究的出发点。人们面临着各种各样的风险，而不仅仅是那些与健康冲击有关的风险。个人最重要的是必须评估和管理他们的风险，而保险只是风险管理的众多选择之一。保险是人们在社会发展进程中创建一个有组织的风险管理机制的一种重要选择，因为保险机制比个人自保或非正式的风险管理的公共机制更适合人们的偏好。"事实上，保险公司可能被认为是一个中介机构，在投保人中以收取和支付的方式媒介资金的流动。在现实中，投保人实质上是相互保险的。这个概念通常被称为保险的互助原则"（Eeckhoudt等，2005，第45页）。在这个决策模型中，通常认为没有健康保险的人作出了对个人而言最优的选择。

　　在实际经济运行过程中，未参保现象，通常可以被归类为价格效应的作用结果。由于保险存在大量的附加因子或者管理成本，保险的价格可能太高，以至于个体不去购买显得更为合理。在保险市场上，消费者个体是无法控制保险价格的，价格是由供给和需求双方达成均衡的方式决定的。健康保险的管理成本是一种纯粹的工具成本，个人不愿意支付这一成本，因为他们认为没有从健康保险的管理中获得任何效用。[①] 需要指出的是，保险费率理论上是跨人群的预期损失概率的平均值。而保险的实际价格应该反映每个人的健康资本的异质性，从这个意义上说，那些在风险池中比较健康的人与支付等额保费但不太健康的人相比，比较健康的人付出的经济代价或成本更高。因此，一个与群体或风险池相比而言特别健康的人可能会发现保险的价格过高，从精算的角度看，这种判断是合理的，价格对他们来说是精算

---

　　① 译者注：现实的保险市场上，如果没有相应的管理成本支出或科斯意义上的交易费用，包括保险公司人员的工资、办公费用支出以及办公场所的费用开支，保单的印制成本、信息系统的费用支出等，保险市场的供给就不存在，或者说会出现供给不足现象。

不公平的。

健康保险市场运行的一个不同的特征是，与价格效应相比，市场效应的作用更大，也就是说，健康保险市场的作用可以促使各种健康保险合同达到均衡状态或者最优状态。在实际的健康保险交易市场上，健康保险的供给，可以包括从（$1-\alpha$）=0（无保险）到（$1-\alpha$）=1（完全保险）的连续区间上的一组离散的合同。而需求方的边际增量可能很大，并且消费者的购买选择集也是不连续的，特别是在团体保险市场上，消费者可选择的保险数量（集）是相当有限的。一个团体保险供应商，如果仅仅提供两种类型的保险合同，可能无法满足所有符合条件的个体的需求。特别是考虑到市场上存在诸多的健康保险替代品，实际的健康保险市场上的这些"痛点"（kinks）可能使得不购买保险的选择相对更有吸引力。

三、健康保险的替代品

一旦未参保的个体接受医疗服务，问题就来了，他们如何支付？一般来说，用于支付未预期消费或大量费用支出的关键机制，是储蓄和融资（贷款）。在医疗服务方面，这可能意味着从当前的储蓄中现款支付医疗费用，或者使用贷款或延期支付计划，在未来支付当前的医疗费用。事实上，保险经济学文献已经深刻认识到了预防性储蓄的重要性，并把预防性储蓄看成是未参保人的健康保险的重要替代品，或者是一种补充。把储蓄看作是健康保险的替代品的主要原因是：（1）两者都是用财产（货币）支付的；（2）健康保险的许多第三方支付功能只是一个用来预付医疗费的支付系统。

储蓄账户的优势在于灵活性。健康保险只能用于为医疗健康服务筹资，而预防性储蓄则可以用于任何预期到或预期不到的费用支出。因此，预防性储蓄对那些没有融资手段或不太可能借到钱的人群特别有吸引力。此外，尽管医疗服务提供者就医疗服务收取高额的"标价"（被称为"总应付款"）[①]，但他们通常会接受这个价格单中标价的折扣价格。这个折扣价格可能等于或低于保险公司为相同的医疗服务所支付的费用（Cleverley 等，2010）。因此，个体储蓄账户中的预防性储蓄可能导致医疗服务的整体价格下降。然而，由于医疗服务价格不是提前协商的，也不是在提供服务时设定的，它的不确定性增加了未参保个人的风险。这种费用支出的不确定性也会给个体带来负面的财务后果，包括破产。

选择宣布破产或其他的财务安排，可以有效地减轻没有健康保险的财务后果。

[①] 译者注：总应付款（chargemaster），也作 charge master 或 Charge Description Master（CDM），是指美国医院的医疗保险服务系统。医疗服务提供者通过该系统向病人或病人的保险商出具一份关于已经提供的所有收费项目的综合列表，所列价格通常是实际成本的数倍。在实践中被用作医疗服务提供者与病人或保险商议价的基础。

而健康保险的目的，正是为了防止健康冲击或健康状况不良带来的财务后果。在极端情况下，一个人的医疗费用可以高到即使破产都无法支付。事实上，医疗成本是导致破产的一个主要原因（Mahoney，2015）。值得注意的是，这些破产的原因是双重的：一方面，负面的健康冲击会导致医疗成本的大量支出，而个体可能只有部分保险或者无健康保险；另一方面，健康资本的负面冲击也会降低人力资本，从而导致工资损失，以及增加与医疗服务冲击相关的非医疗成本。由于健康保险只是支付医疗费用，健康保险并不能缓解财务困境，在许多情况下，像住院这样的重大健康风险事件会在长时间内降低消费水平（Dobkin 等，2015）。

实际上，由于破产能够避免支付医疗费用，这大大限制了购买保险的动机，使破产成为另一种隐性健康保险形式。例如，马奥尼（Mahoney）发现"……来自破产的隐性保险扭曲了购买保险的决策"（Mahoney，2015）。医疗服务提供者和相关机构有责任为投保人和未参保个体的医疗服务进行定价。鉴于病患为免除部分或全部的医疗债务有可能选择破产，医疗服务提供者在设定财务目标时，可能只满足于收取账单的一部分，预支并核算部分预期付款（Cleverley 等，2010）。

一般来说，健康保险机制的一个主要特点是，个体倾向于为他们已经接受的医疗服务支付很少甚至为零的费用。当然，他们更愿意利用健康保险体系来为医疗服务筹资。从某种意义上说，医疗服务提供者、医院和药房赊销他们的商品和服务，然后等待健康保险公司在之后支付账单。那些接受医疗服务但又无法支付的人就像其他债务人一样，债权人可以通过追债或诉诸法庭来得到付款。拥有健康保险的个人通常会面临巨额的、未预期的账单，这些费用并没有包括在他们的健康保险计划中。从这个意义上说，未参保人与那些有保险的人并没有太大的不同，因为所有的人都必须等待他们的索赔的处理和裁决结果，以确定他们事后的医疗服务总成本。

保单失效后又重新续保的健康保险，也可以被认为是一种合理行为，是一种个体可以持续拥有健康保险的决策选择。健康保险的价值在一定程度上取决于购买健康保险的时间成本，以及在一段时间内放弃健康保险所能节省的消费支出金额。这种暂时中止保险策略的主要缺点是，它无法为正在处于某种疾病的治疗过程中，或者患有慢性疾病的个体的健康状况提供医疗费用保障。事实上，一个有资格享受 Medicaid 的人，可能本身就没有足够的财力去支付预防性健康管理服务的费用，而这样的医疗服务能够使得他们避免或减少负面健康冲击造成的严重后果。有证据表明，在很多情况下，那些没有健康保险的人，或者几乎没有预防性健康管理服务的人，由于没有能力自己支付相关的医疗费用，都轻易地放弃了应该必要的治疗（Ayanian 等，2000）。

有关 Medicaid 价值的研究文献表明，许多有资格享受 Medicaid 的人，或者无保险的人，将会挖掘和寻求隐性的财务资源为医疗服务提供资金支持。家庭和朋友的财务救助，常常被看作是除不需补偿的慈善医疗救助和坏账处理之外的，一种可用于医疗费用支付的隐性财务资源。例如，Medicaid 的文献研究说明，一般地，Medicaid 的受益人认为花费在 Medicaid 上的每 1 美元，实际的估值比率为 0.20 ~ 0.40 美元。估值之所以如此低的原因之一是，"……没有保险的 19 岁至 64 岁的成年人，如果他们的收入在联邦贫困线的 100% 以下，那么他们每支出 1 美元的医疗费用，仅需实付 0.33 美元"（Finkelstein 等，2015）。而剩余的费用，则由其他人，包括家人和朋友、慈善机构、坏账核销，以及其他政府项目等代为支付。

"俄勒冈健康保险实验"[①] 项目的研究结果表明，联邦和州政府已经为那些有资格享受 Medicaid 原计划和 Medicaid 扩展计划的人群的医疗服务费用支出提供了巨额资金支持。Medicaid 扩展计划不仅加大了对有资格参保人群的健康保险费用的支持力度，而且还将现有的医疗费用的支付从非正式网络转移到规范的健康保险支付报销系统。从整个社会的角度看，无论是加大费用支持力度，还是把支出纳入健康保险支付系统，都具有积极的作用和意义。当然，这在很大程度上要依赖于个人或者是整个社会的保险不足会带来什么样的后果。

四、未参保的后果

无健康保险或保险不足的负面后果，包括较差的健康状况、破产和更低的整体社会的健康状况。这些负面后果都与未参保人有关，甚至可能是由未参保人造成的。例如，哈德利（Hadley）在 2003 年的一篇文献述评中指出，拥有健康保险保障，可能会使死亡风险带来的收益从 4% ~ 5% 上升到 20% ~ 25%（Hadley，2003）。对于那些未参保的人来说，一个普遍的问题是他们缺乏"获得服务的资格"。资格是一个很难定义的概念，因为在理论上，个人可以用现金（自费）来购买医疗服务。然而，大量的文献研究表明，那些没有健康保险的人可能不会寻求或不能够获得医疗服务。这种情况导致的医疗消费需求减小，可能导致未参保的人群死亡率上升或其他较差的健康结果。因此，在研究未参保现象时，通常将医疗服务或获得服务资格的障碍作为一个主要的研究对象（Ayanian 等，2000；Kasper 等，2000）。

获得医疗保险服务的资格，可能很难界定和衡量，因为未参保人确实需要医疗服务，也的确可能在消费医疗服务。在没有健康保险的情况下，个体难以获得各种医疗服务的情况也在不断变化（Beatty 等，2003）。无健康保险的人，可能尤其难以获得特定类型医疗服务的资格。例如，未参保人，特别是"长期"未参保的人，

---

① 译者注：俄勒冈健康保险实验是俄勒冈州在 2008 年开始的一项研究 Medicaid 对低收入、无保险成年人的影响的实验。感兴趣的读者可以参考美国国家经济研究局的工作论文：Katherine Baicker and Amy Finkelstein，"The Impact of Medicaid Expansion on Voter Participation：Evidence from the Oregon Health Insurance Experiment"，NBER Working Paper No. 25244，November 2018.

倾向于减少预防性的和不能尽快见效的医疗服务（Ayanian 等，2000）。相关的"未充分利用"这些类型的医疗服务所带来的危害的实证分析结果也各不相同。虽然"兰德健康保险实验"和"俄勒冈健康保险实验"未能在大多数医疗服务措施中找到未充分使用的结果变化或差异，但最近有关马萨诸塞州医疗改革的研究发现，保险计划的扩展或许可以通过增加可获得和可利用的医疗服务，来延长生存期，从而降低了死亡率（Baicker 等，2013；Manning 等，1987；Sommers 等，2014）。

未参保的后果，也因未参保的定义而有所不同。一个人可以在较短的时间内（少至一天）或更长的时间（如一年或一年以上）没有健康保险。文献研究中，运用了不同的方法来定义和衡量美国的未参保人数。例如，保罗·弗朗斯丁（Paul Fronstin）的一项研究明确了六种计算未参保人数的分析方法，包括"收入和项目参与调查（SIPP）、行为风险因素监测系统（BRFSS）、社区跟踪研究（CTS）、医疗费用支出面板数据调查（MEPS）、国家健康访谈调查（NHIS）、美国家庭全国普查（NSAF）"（Fronstin，2000）。每种方法都运用不同的抽样数据库，不同的人群，以及不同的拥有健康保险定义。基于这种未参保定义的差异，"未参保人"所消费的医疗服务数量也因未参保人的定义而有所不同。

在文献中，关于未参保现象的研究相对较少，并且大多是有关总体参保率、保险市场供给不足等问题的一些调查和分析。换句话说，由于许多调查分析方法可能只是简单地了解一个人是否并且何时拥有保险，因此这些文献都没有说明影响非团体或团体保险的可获得性和价格的深层次原因。值得关注的是，一些文献研究着重于调查分析接受或拒绝雇主提供的健康保险的人口学特征，但令人困惑的是，许多人有资格获得 Medicaid 保险或其他形式的财务支出方面的保障，但他们却并没有利用这个优势（Sommers 等，2012）。从保险经济学的视角来看，上述讨论可能归结为这样一个本质的问题，即"有多少人是不可保的？"（Achman 和 Chollet，2001）。改变一下该问题的措辞方式，也就是说，在某一价格水平下，美国人口中的相当一部分并没有被认为是商业健康保险市场的潜在消费者。这样的话，这部分人就必须通过社会健康保险计划或医疗服务融资的其他方式获得医疗服务。

文献研究中，还分析研究了未参保人在决定是否参保时，是否考虑到保险不足带来的后果，以及负面后果的影响程度。经典经济学文献把健康保险作为一种决策选择。例如，菲尔普斯（Phelps）在第十章中提到的"选择保险政策"（Phelps，2003，第324页）。在对"健康保险选择"的分析中，克鲁格（Krueger）和库齐姆科（Kuziemko）研究了需求的价格弹性（Krueger 和 Kuziemko，2013）。他们认为，未参保人对健康保险有很高的需求弹性，这意味着他们的健康保险的价格弹性很大，当保险价格通过补贴降低的时候，他们就会购买健康保险产品。当然，这些研究都在建立在一个经典经济学的假设基础之上，即个人能够理性地衡量参保或不参保的成本和收益的大小。

　　不同于经典的理性经济学，基于人的非理性特征的行为经济学则认为，上述的理性决策框架不能完全解释行为偏差导致的不投保的"决定"。沃顿商学院的昆路德（Kunreuther）等研究认为，对于各种形式的保险的投保行为来说，"……消费者往往忽视了购买保险的基本目标。支付保险费用和获得保险赔偿之间的时间不一致，常常让消费者感到困惑和沮丧"（Kunreuther 等，2013，第 6 页）。因此，对于健康保险来说，确保健康保险市场得以有效运转的关键因素，即购买保险和提出索赔之间的时间不一致，却导致了保险消费者对保险功能和作用的误解。由于消费者不了解保险的本质以及作为医疗服务融资机制的基本性质，那么降低保险成本或增加保险收益，特别是如果保险收益的增加是以一种普通消费者难以理解的方式，其结果就可能是无法有效地增加被保险人的数量，

　　健康经济学家在运用行为保险学框架分析未参保人的决策行为时，常常会基于健康保险领域的消费者的行为特征。文献中，有大量的研究考察了非理性行为对健康保险选择的影响。例如，贝克尔（Baicker）等学者（2012）研究了，为什么那些有资格获得相对低费用的保险但却没有参保的个人会拒绝购买健康保险，其中15% 有资格获得 CHIP 的儿童，和 50% 有资格获得 Medicaid 的成年人，他们都没有加入政府提供的这两个健康保险计划。他们指出，经典的经济学理论不能解释这一事实，至少有七个心理变量和因素可以解释消费者的低投保率现象，比如，"过多和复杂的选择""对成本和收益缺乏了解"和"对风险的错误感知"。类似的研究是，乌比尔（Ubel）和他的同事们则着眼于分析依据《平价医疗法》创建的健康保险交易所（市场）的运行架构，保险交易所根据"金属等级"把健康保险计划分别标注为从高数量的"黄金"计划到低数量的"青铜"计划，以有助于消费者的选择。他们发现，个人倾向于选择一个被标注为更高等级的保险计划，例如，通常选择"黄金"级而不是"白银"或"青铜"级，而不是更多地考虑这样的保险计划是否需要付出更高的保费或承担更大的财务责任（即消费者存在显著的框架效应偏差）。同样，他们发现，个人倾向于选择在计划列表中最先列出的计划，而不太考虑其他的特征（Ubel 等，2015）。

　　文献中，对其他的未参保的影响效果的分析，主要是关于由于没有购买健康保险，未参保人可能放弃什么样类型的治疗措施。兰德健康保险实验（HIE），提供了大量的关于无健康保险的人放弃治疗的案例和数据，他们的研究主要是基于分析拥有不同数量健康保险的群体之间的差异，而没有分析和研究参保人和未参保人之间的差异。"在兰德健康保险实验（HIE）中，由于个体健康状态以及购买医疗服务的意愿的差别非常大，健康保险的费用分摊机制降低了个人利用医疗服务的可能性，并且在某种程度上对急性疾病的治疗和预防性医疗服务的影响，远大于对于慢

性疾病治疗的影响"（Lohr 等，1986）。这一结果意味着，无健康保险的主要影响效果是，它可能直接影响医疗服务消费的价格。换句话说，没有健康保险的人数增加可能会提高接受医疗服务的成本，而反过来，未参保的人则会进一步减少对医疗服务的消费。而对于所有人来说，健康的意义都是最重要的，健康资本模型已充分说明，未参保人一般会降低那些价值最低的服务的消费数量，并保留和提高那些最有可能保持或改善健康的服务的消费数量。然而令人遗憾的是，无论是对未参保的人还是对整个社会来说，取消和缩减各种类型的医疗服务都可能加剧未参保的负面效果。

从社会整体来看，未参保现象的一个主要影响效果是所谓的"溢出效应"，也就是经济学所称的"外部性"。例如，佩根和保利（Pagan 和 Pauly，2006）研究了一种可能性，即一个社区中有很多的未参保人，这对那些健康保险的投保人的影响是非常负面的。他们发现，"在研究设定的 12 个月的时间范围内，平均而言，当地的未参保人口每增加 5 个百分点，参保的成年人会报告或申诉他们的医疗需求的未被满足的概率增加 10.5%。"Pauly 和 Pagan（2007）进一步研究发现，"……在未参保率高或未参保率低的社区分别居住的被保险人，他们在健康保险的利用、获取资格和保险质量上等方面的绝大部分差异是统计显著的。"他们还发现，生活在一个"未参保率高"的社区中，有许多负面的影响效果，"相比未参保率低的社区的被保险人，未参保率高的社区的参保成年人在生病或需要健康咨询服务的情况下，他们不太可能去看医生，也不太可能在过去的一年里进行身体检查"（Pauly 和 Pagan，2007）。

对未参保现象的其他方面影响效果的研究，包括未参保人的总支付额，劳动力市场的低效率，以及增加提供给未参保人群的健康保险的保险利益。劳动力市场的低效率，是指所谓的"工作锁定"，以及劳动力的整体流动性下降的现象。乔纳森·格鲁伯（Jonathan Gruber）的一篇评论文章，估算未参保人员的财务成本约为 300 亿美元，而工作锁定的成本或福利损失约为 GDP 的 0.1%～0.2%（Gruber，2008）。这两项计算数据都表明，无健康保险可能对未参保人自身的影响较大，而未参保现象对整个经济成本的影响相对较低。此外，许多关于无保险效果的研究都利用了这样一个事实，即人们在 65 岁时通过 Medicare 获得了保险，但可能此前没有参保。例如，波尔斯基（Polsky）和他的同事们研究了 Medicare 对那些 65 岁以下的未参保人获得健康保险的影响。他们发现，"以前未参保的人在 65 岁时获得 Medicare 的保障，与整体健康状况的改善没有明显的关系"（Polsky 等，2009）。这些实证结果也表明，考虑未参保人的健康状况不佳的情况，同时把无健康保险对未参保人自身的负面影响也考虑在内，总体上的社会福利损失也比较低。

大量未参保人口的存在，可能会促使人们在个人和社会层面上使用其他的替代性的健康促进措施，这可能会改善未参保现象的影响效果。例如，蒂默曼斯（Timmermans）等发现，宗教组织向未参保水平高的社区提供健康项目。这类项目可被视为在群体层面上的健康保险替代品（隐性健康保险），就像储蓄和预防可以被视为个人层面的健康保险替代品一样（Timmermans 等，2014）。

　　未参保人面临的成本大小，对于决定健康保险政策的范围和价值是很重要的。未参保群体也是一种健康保险"风险池"，就像政府和雇主提供的健康保险市场是风险池一样。在健康保险政策干预方面，有三种主要机制可以用来改善健康保险市场的状况，包括为那些已经拥有健康保险的人提高保额，扩大对未参保人的保险覆盖面，减少相对低效的健康保险支出。如果这些改进健康保险的机制和方法，确实能够带来社会福利的改善，在保险经济学家看来，那也是因为增加的健康资本所带来的收益超过了提供保险的成本。因此，如果在某种意义上某些群体确实存在过度保险问题，那么通过降低效率形式健康保险补贴的政策，整个社会的福利将会变得更好。本书的最后一篇主要是分析研究健康保险政策如何决定健康保险的特征，以及公共政策如何提高健康保险的效率。

参考文献

［1］Achman, L., & Chollet, D. (2001). *Insuring the uninsurable: An overview of state high - risk health insurance pools.* New York: The Commonwealth Fund.

［2］Arrow, K. J. (1963). Uncertainty and the welfare economics of medical care. *The American Economic Review*, 53 (5), 941 – 973.

［3］Ayanian, J. Z., Weissman, J. S., Schneider, E. C., Ginsburg, J. A., & Zaslavsky, A. M. (2000). Unmet health needs of uninsured adults in the United States. *Journal of the American Medical Association*, 284 (16), 2061 – 2069.

［4］Bagley, N., & Levy, H. (2014). Essential health benefits and the Affordable Care Act: Law and process. *Journal of Health Politics, Policy and Law*, 39 (2), 441 – 465.

［5］Baicker, K., Congdon, W. J., & Mullainathan, S. (2012). Health insurance coverage and take - up: Lessons from behavioral economics. *Milbank Quarterly*, 90 (1), 107 – 134.

［6］Baicker, K., Taubman, S. L., Allen, H. L., Bernstein, M., Gruber, J. H., Newhouse, J. P., et al. (2013). The Oregon experiment—Effects of Medicaid on clinical outcomes. *New England Journal of Medicine*, 368 (18), 1713 – 1722.

［7］Baker, T. (2011). Health insurance, risk, and responsibility after the Patient Protection and Affordable Care Act. *University of Pennsylvania Law Review*, 159 (6), 1577 –

1622.

[8] Baumol, W. , & Blinder, A. (2009). *Economics: Principles and policy* (Eleventh ed.). Mason, OH: Cengage.

[9] Beatty, P. W. , Hagglund, K. J. , Neri, M. T. , Dhont, K. R. , Clark, M. J. , & Hilton, S. A. (2003). Access to health care services among people with chronic or disabling conditions: Patterns and predictors. *Archives of Physical Medicine and Rehabilitation*, 84 (10), 1417 – 1425.

[10] Black, J. , Hashimzade, N. , & Myles, G. (2012). *A dictionary of economics*. New York: Oxford University Press.

[11] Bluhm, W. F. (2007). *Individual health insurance.* Winsted, CT: ACTEX Publications.

[12] Borch, K. (1962). Equilibrium in a reinsurance market. *Econometrica*, 30 (3), 424 – 444.

[13] Bruen, B. K. , Wiener, J. M. , & Thomas, S. (2003). *Medicaid eligibility policy for aged, blind, and disabled beneficiaries.* Washington, D. C. : AARP Public Policy Institute.

[14] Bundorf, M. K. (2002). Employee demand for health insurance and employer health plan choices. *Journal of Health Economics*, 21 (1), 65 – 88.

[15] Carlson, C. (2012). *Annual tax on insurers allocated by state.* Milwaukee, WI: Oliver Wyman.

[16] Centers for Medicare and Medicaid Services. (2005). Medicare program; Medicare prescription drug benefit. Final rule. *Federal Register*, 70 (18), 4193 – 4585.

[17] Centers for Medicare and Medicaid Services. (2015). June 30, 2015 effectuated enrollment snapshot. Retrieved from https: //www. cms. gov/Newsroom/MediaReleaseDatabase/Factsheets/2015 – Fact – sheets – items/2015 – 09 – 08. html.

[18] Centers for Medicare and Medicaid Services. (2016a). Information on essential health benefits (EHB) benchmark plans. Retrieved from https: //www. cms. gov/cciio/resources/data – resources/ehb. html.

[19] Centers for Medicare and Medicaid Services. (2016b). Prescription drugs. Retrieved from https: //www. medicaid. gov/medicaid – chip – program – information/by – topics/benefits/prescription – drugs/prescription – drugs. html.

[20] Centers for Medicare and Medicaid Services. (2016c). Benefits. Retrieved from https: //www. medicaid. gov/medicaid – chip – program – information/by – topics/benefits/medicaid – benefits. html.

[21] Centers for Medicare and Medicaid Services. (2016d). Medicare 2016 costs at a

glance. Retrieved from https：//www. medicare. gov/your − medicare − costs/costs − at − a − glance/costs − at − glance. html.

［22］Cleverley, W. , Song, P. , & Cleverley, J. （2010）. *Essentials of health care finance.* Burlington, MA：Jones & Bartlett Learning.

［23］Collins, S. R. , Radley, D. C. , Schoen, C. , & Beutel, S. （2014）. National trends in the cost of employer health insurance coverage, 2003 − 2013. Issue Brief. New York, NY：The Commonwealth Fund.

［24］Cummins, J. D. , & Tennyson, S. （1992）. Controlling automobile insurance costs. *The Journal of Economic Perspectives*, 6 （2）, 95 −115.

［25］Currie, J. , & Madrian, B. C. （1999）. Health, health insurance and the labor market. In O. Ashenfelter & D. Card （Eds. ）, *Handbook of labor economics* （pp. 3309 − 3416）. Amsterdam：Elsevier.

［26］Decker, S. L. （2012）. In 2011 nearly one − third of physicians said they would not accept new Medicaid patients, but rising fees may help. *Health Affairs*, 31 （8）, 1673 −1679.

［27］Deneffe, D. , & Masson, R. T. （1995）. The maximization assumption, profit maximization and not − for − profit hospitals. In A. van Witteloostuijn （Ed. ）, *Market evolution* （pp. 39 −50）. Dordrecht, Netherlands：Springer.

［28］Dobkin, C. , Finkelstein, A. , Kluender, R. , & Notowidigdo, M. J. （2015）. The economic consequences of hospital admissions. Unpublished working paper. Retrieved from https：//bfi. uchicago. edu/sites/default/files/research/DFKN _ hospital _ admissions _ 0. pdf.

［29］Eeckhoudt, L. , Gollier, C. , & Schlesinger, H. （2005）. *Economic and financial decisions under risk* （1st ed. ）. Princeton, NJ：Princeton University Press.

［30］Finkelstein, A. , Hendren, N. , & Luttmer, E. F. （2015）. The value of Medicaid：Interpreting results from the Oregon health insurance experiment. NBER Working Paper No. 21308. Retrieved from http：//www. nber. org/papers/w21308.

［31］Finkelstein, A. , & Poterba, J. （2014）. Testing for asymmetric information using "unused observables" in insurance markets：Evidence from the UK annuity market. *The Journal of Risk and Insurance*, 81 （4）, 709 −734.

［32］Folland, S. , Goodman, A. C. , & Stano, M. （2013）. *The economics of health and health care* （7th ed. ）. Upper Saddle River, NJ：Pearson.

［33］Fronstin, P. （2000）. Counting the uninsured：A comparison of national surveys. EBRI Issue Brief （No. 225）.

［34］Gabel, J. R. , Lore, R. , McDevitt, R. D. , Pickreign, J. D. , Whitmore, H. , Slover, M. , et al. （2012）. More than half of individual health plans offer coverage that falls short of what can be sold through exchanges as of 2014. *Health Affairs （Project Hope）*, 31

(6), 1339 – 1348.

[35] Gollier, C. (2001). *The economics of risk and time* (1st ed.). Cambridge, MA: MIT press.

[36] Gruber, J. (1994a). The incidence of mandated maternity benefits. *The American Economic Review*, 84 (3), 622 – 641.

[37] Gruber, J. (1994b). State – mandated benefits and employer – provided health insurance. *Journal of Public Economics*, 55 (3), 433 – 464.

[38] Gruber, J. (2008). Covering the uninsured in the United States. *The Journal of Economic Literature*, 46 (3), 571 – 606.

[39] Gruber, J. , & Levitt, L. (2000). Tax subsidies for health insurance: Costs and benefits. *Health Affairs*, 19 (1), 72 – 85.

[40] Hadley, J. (2003). Sicker and poorer—the consequences of being uninsured: A review of the research on the relationship between health insurance, medical care use, health, work, and income. *Medical Care Research and Review*, 60 (2 Suppl), 3S – 75S; discussion 76S – 112S.

[41] Hanoch, Y. , & Rice, T. (2006). Can limiting choice increase social welfare? The elderly and health insurance. *Milbank Quarterly*, 84 (1), 37 – 73.

[42] Harrington, S. E. (2002). Effects of prior approval rate regulation of auto insurance. In J. D. Cummins (Ed.), *Deregulating property – liability insurance* (pp. 285 – 314). Washington, D. C. : Brookings Institution Press.

[43] Harrington, S. E. (2010). US Health – care reform: The Patient Protection and Affordable Care Act. *The Journal of Risk and Insurance*, 77 (3), 703 – 708.

[44] Hoadley, J. , Summer, L. , Hargrave, E. , & Cubanski, J. (2013). Medicare part D prescription drug plans: The marketplace in 2013 and key trends, 2006 – 2013. Kaiser Family Foundation Issue Brief. Menlo Park, CA: The Henry J. Kaiser Family Foundation.

[45] Jensen, G. A. , Cotter, K. D. , & Morrisey, M. A. (1995). State insurance regulation and employers'decisions to self – insure. *The Journal of Risk and Insurance*, 62 (2), 185 – 213.

[46] Jost, T. S. (2009). *The regulation of private health insurance*. Washington, D. C. : National Academy of Social Insurance.

[47] Kasper, J. D. , Giovannini, T. A. , & Hoffman, C. (2000). Gaining and losing health insurance: Strengthening the evidence for effects on access to care and health outcomes. *Medical Care Research and Review*, 57 (3), 298 – 318; discussion 319 – 25.

[48] Krueger, A. B. , & Kuziemko, I. (2013). The demand for health insurance among uninsured Americans: Results of a survey experiment and implications for policy.

Journal of Health Economics, 32 (5), 780 –793.

［49］ Kunreuther, H. C., Pauly, M. V., & McMorrow, S. (2013). *Insurance and behavioral economics: Improving decisions in the most misunderstood industry.* Cambridge, UK: Cambridge University Press.

［50］ Lieberthal, R. D., Sikirica, S., Farquhar, M., Saheba, L., & Legnini, M. (2013). Examples of how health insurance exchanges can create greater value for consumers: Lessons from three other marketplaces. *Health Management, Policy and Innovation*, 1 (4), 49 –60.

［51］ Loewenstein, G., Friedman, J. Y., McGill, B., Ahmad, S., Linck, S., Sinkula, S., et al. (2013). Consumers' misunderstanding of health insurance. *Journal of Health Economics*, 32 (5), 850 –862.

［52］ Lohr, K. N., Brook, R. H., Kamberg, C., Goldberg, G. A., Leibowitz, A., Keesey, J., …Newhouse, J. P. (1986). *Use of medical care in the RAND health insurance experiment: Diagnosis – and service – specific analyses in a randomized controlled trial.* (No. R – 3469 – HHS). Santa Monica, CA: RAND Corporation.

［53］ Mahoney, N. (2015). Bankruptcy as implicit health insurance. *The American Economic Review*, 105 (2), 710 –746.

［54］ Manning, W. G., Newhouse, J. P., Duan, N., Keeler, E. B., Leibowitz, A., & Marquis, M. S. (1987). Health insurance and the demand for medical care: Evidence from a randomized experiment. *The American Economic Review*, 77 (3), 251 –277.

［55］ Mas – Colell, A., Whinston, M. D., & Green, J. R. (1995). *Microeconomic theory* (1st ed.). New York: Oxford University Press.

［56］ Mitchell, O. S. (2003). *Benefits for the workplace of the future.* Philadelphia: University of Pennsylvania Press.

［57］ O'Hara, B., & Caswell, K. (2012). Health status, health insurance, and medical services utilization: 2010. *Current Population Reports* (No. P70 – 133RV). Washington, D. C.: U. S. Census Bureau.

［58］ Pagan, J. A., & Pauly, M. V. (2006). Community – level uninsurance and the unmet medical needs of insured and uninsured adults. *Health Services Research*, 41 (3 Pt 1), 788 –803.

［59］ Patient Protection and Affordable Care Act. (2010). H. R. 3590, 111 Cong.

［60］ Pauly, M. V., & Pagan, J. A. (2007). Spillovers and vulnerability: The case of community uninsurance. *Health Affairs*, 26 (5), 1304 –1314.

［61］ Phelps, C. E. (2003). *Health economics* (3rd ed.). Boston: Addison – Wesley.

［62］ Polsky, D., Doshi, J. A., Escarce, J., Manning, W. G., Paddock, S. M.,

Cen, L. , et al. (2009). The health effects of Medicare for the near – elderly uninsured. *Health Services Research*, 44 (3), 926 – 945.

[63] Schneider, P. (2004). Why should the poor insure? Theories of decision – making in the context of health insurance. *Health Policy and Planning*, 19 (6), 349 – 355.

[64] Sisko, A. M. , Keehan, S. P. , Cuckler, G. A. , Madison, A. J. , Smith, S. D. , Wolfe, C. J. , et al. (2014). National health expenditure projections, 2013 – 23: Faster growth expected with expanded coverage and improving economy. *Health Affairs*, 33 (10), 1841 – 1850.

[65] Smith, J. C. , & Medalia, C. (2015). *Health insurance coverage in the United States*: 2014. (No. P60 – 253). Washington, D. C. : United States Census Bureau.

[66] Sommers, B. , Kronick, R. , Finegold, K. , Po, R. , Schwartz, K. , & Glied, S. (2012). Understanding participation rates in Medicaid: Implications for the Affordable Care Act. *ASPE Issue Brief*. Washington, D. C. : U. S. Department of Health and Human Services. Retrieved from https: //aspe. hhs. gov/basic – report/understanding – participation – rates – medicaid – implications – affordablecare – act.

[67] Sommers, B. D. , Long, S. K. , & Baicker, K. (2014). Changes in mortality after Massachusetts health care reform: A quasi – experimental study. *Annals of Internal Medicine*, 160 (9), 585 – 593.

[68] Tennyson, S. L. (2007). Efficiency consequences of rate regulation in insurance markets. *Networks Financial Institute Policy Brief* (No. 2007 – PB – 03).

[69] The Kaiser Family Foundation. (2015). *Employer health benefits*: 2015 *annual survey*. Menlo Park, California: Henry J. Kaiser Family Foundation.

[70] The Kaiser Family Foundation. (2014). *Uninsured rates for the nonelderly by age*. Menlo Park, California: Henry J. Kaiser Family Foundation. Retrieved from http: //kff. org/ uninsured/stateindicator/rate – by – age/.

[71] Timmermans, S. , Orrico, L. A. , & Smith, J. (2014). Spillover effects of an uninsured population. *Journal of Health and Social Behavior*, 55 (3), 360 – 374.

[72] Ubel, P. A. , Comerford, D. A. , & Johnson, E. (2015). Healthcare. gov 3. 0— Behavioral economics and insurance exchanges. *New England Journal of Medicine*, 372 (8), 695 – 698.

[73] Varney, S. (2014, January 14). Emergency rooms are front line for enrolling new Obamacare customers. *Kaiser Health News*. Retrieved from http: //khn. org/news/signing – up – forobamacare – in – the – er/.

[74] Viscusi, W. K. (1978). Wealth effects and earnings premiums for job hazards. *The Review of Economics and Statistics*, 60 (3), 408 – 416.

［75］ Vistnes, J. , Zawacki, A. , Simon, K. , & Taylor, A. （2012）. Declines in employer – sponsored insurance between 2000 and 2008: Examining the components of coverage by firm size. *Health Services Research*, 47 （3pt1）, 919 – 938.

［76］ Waldfogel, J. （1998）. Understanding the "family gap" in pay for women with children. *The Journal of Economic Perspectives*, 12 （1）, 137 – 156.

第三篇

健康保险政策

第七章　团体保险购买

第一节　团体健康保险定价

一、精算公平的团体保险

雇主或政府提供的团体健康保险，通常以精算公平或精算有利的方式定价，他们没有在健康保险市场上获利的动机。团体健康保险的总费用，等于赔付支出与管理费用之和。一般地，大型雇主提供的健康保险计划的管理费用都比较低。例如，根据索普（Thorpe，1992）的研究结果，雇员达到10 000人及其以上的企业，其团体健康保险的管理费用占总索赔费用的5.5%。同时该研究还发现，Medicare的管理费用占总索赔费用的2.1%，而在Medicaid中管理费用则占约5.5%。此外，Thorpe还将管理费用称为"黑匣子"，表明健康保险的总体成本支出缺乏透明度。鉴于以上事实，无论是公共的大型团体健康保险，还是私人的大型团体健康保险，其附加成本都相当低。

雇主还通过管控雇员对健康保险的"缴费比例"来影响健康保险的价格。员工缴费与雇主缴费之和等于保险理赔的平均成本，但雇主可以为不同类型的雇员提供不同的补贴水平。雇主也可以通过保险覆盖的人数范围和保险类型的变化，来改变上述的雇主和雇员的责任"分离"。雇主提供的个人健康保险所覆盖的范围，包括雇员本人，或者雇员及其配偶，或者雇员及其家属；而雇主提供的家庭保险可覆盖的范围，包括雇员、配偶及其家属。雇主提供的保险类型，是指雇主设计和决定的不同类型的健康保险计划，如健康维护组织（HMO），优选医疗机构组织（PPO），或高免赔医疗保险计划（HDHP）（Folland等，2013，第240页）。

政府也从健康保险计划覆盖参保人的角度，选择补贴多种不同的社会保险计划。例如，Medicare项目不要求参保人支付任何的A部分住院费用，而对B部分的所有会员所获得的提供者服务保险（处方药保险）则统一地收取均一保费（flat premium），其中75%的费用来自一般税收（Davis，2015）。美国联邦和州提供的其他健康保险计划中，也存在对保险费补贴的现象，这种补贴是基于个体的收入、财富或健康状况。例如，低收入者能够以很少的成本或零成本获得 Medicaid。在申请 Medicaid 计划时，通常会对个体的资产进行审查，它可以作为一种财富税的税基，即拥有超过一定数额金融财富的人会为 Medicaid 支付更多的费用，或者没有资格参与 Medicaid（Smith 等，2001）。此外，通过健康保险交易所购买的非团体健康保险，政府也会基于收入进行补贴。从某种意义上说，政府提供的健康保险计划，实施的是基于收入的保险费厘定规则，类似于德国的全民健康保险制度，其中"……要求参与者支付一定比例的收入作为医疗保险基金或者'疾病基金'（sickness fund）的缴费，以此为健康保险计划融资"（Schoen 等，2010）。

二、社区费率的作用

团体保险的费率厘定规则是"社区费率"，也就是说，费率的厘定是基于个体所在群体的整体特征，而不考虑个人的健康状况，因此，一个群体中的每个个体都支付相同的保费。而在每一种类型的保险和群体分类中，每个雇员也支付同样的保险费。需要特别说明的是，社区费率是非常重要的，它意味着雇主不需要进行医学核保。保险费用的不同主要取决于保单承保的人数和保单的类型。然而，雇主提供的保险并不是纯粹地按照团体费率而厘定。例如，《平价医疗法》（ACA）要求，雇主们可以为"健康维护激励计划"（health – contingent wellness incentives）[①] 提供高达 30% 的费用减免（参加雇主提供的身心健康项目的保费减免政策）（Madison，2015）。这可以被认为是社区费率的一种改良方式，因为那些愿意并满足雇主提供的身心健康项目要求的员工可以支付较低的保费。从参保人的角度来说，政府保险计划一般是执行团体费率。作为 Medicare 的购买者，政府选择均一的 Medicare 分摊结构，而不是实施基于个体风险状态的社会医疗保险费率。

尽管社区费率限制了保险费的水平，但保险的经济价格（净价格）在员工群体之间或社会保险群体之间的差异很大。社区费率的厘定过程中，不考虑那些决定健康状况和健康冲击变化的重要因素，包括健康状况、年龄和性别等。不同雇员群体之间的预期索赔有所不同，然而却支付相同的保险费，因而他们从健康计划中获得的预期收益也不同。社区费率会导致医疗服务费用预期较低的人群与医疗服务费用

---

① 译者注：健康维护激励计划要求申请人达到某一健康标准或参加健康计划以获得奖励。每个获得准入资格的申请人都能获得每年一次的奖励。奖励不能超过规定的最大金额。健康维护激励计划包括两种，完成某些健康活动项目或达到某种健康结果即可获得奖励。前者需要申请人保证相应的运动量、合理的膳食或特定的锻炼计划，而无论完成这些健康活动项目后身体状况如何都可获得奖励。后者需要申请人达到特定的健康状况，如特定的血压或 BMI 水平，才能获得奖励，未达到所需标准的个人必须采取其他健康活动，如完成健康改善计划，才能获得奖励。健康维护激励计划旨在激励消费者保持良好的健康状况，减少疾病发生率，降低保险公司的管理成本。

预期较高的人群之间的交叉补贴，期望医疗费用较高的人从期望医疗费用较低的人那里获得了补贴。对于保险计划内的所有个人，保险价格可能会有所不同，特别是在风险池的异质性群体中。例如，尽管许多人支付相同的保险费，或者根本不支付保险费（保险费为 0 美元），但在 Medicare 中支付的经济（净）价格是不同的。因此，一些人获得精算有利的保险保障，另一些人获得精算公平的保险保障，而身体状况特别好的群体却获得精算不公平的保险保障。例如，Medicare 是异质性的，因为其获取资格取决于年龄。说明 Medicaid 异质性的一个很好的例子是，2011 年，平均每个成员的医疗费用为 5 790 美元，其中每名儿童为 2 463 美元，每名残疾人士为 16 643 美元，不同群体的医疗费用存在明显的不同（凯撒家庭基金会）。

在健康保险政策中，社区费率是否具有吸引力取决于群体内实施相同保费的健康保险计划的成本和收益。社区费率可以被认为是雇主提供的保险计划的一个积极的特征，因为它能够利用保险的规模经济和范围经济效应的优势，以较高的参保率提供健康保险。传统上，健康经济学家普遍对社区费率的平衡效应持有不太乐观的态度。主要的问题是，"……体弱多病的人……会因为补贴过得更好……而健康的人却会比处于分离均衡状态时过得更糟……因此，从帕累托效率的角度来看，强制性社区费率的潜在优势取决于人口中健康人群和体弱多病人群的捆绑"（Phelps，2003，第 339 页）。在雇主计划中，由于雇主可以改变工资等薪酬组成部分，以此来抵消这些影响，这将使得社区费率的实施需要考虑更加复杂的因素。此外，雇主还可以通过基于健康的折扣以及机制化地向健康员工提供更多的福利来扭转这种均一化的保费水平。①

三、团体保险的税收和监管

对雇主提供的健康保险进行税收补贴，能够以递减的方式降低雇员的保险价格，是一种特殊的健康保险政策。雇主选择为雇员提供健康保险，可以从其应缴的所得税中扣除提供保险的成本，而同时获得保险的雇员也不需要缴纳基于这种明显具有收入性质的福利的所得税。雇主提供更高的保险数量，可以使得雇员在缴纳所得税时能够扣除较多的收入，从而为雇员提供更高的补贴（较低的相对价格）。当然，每个雇员获得的补贴额度也取决于该员工或其家庭的收入水平，在较高所得税篮子中的雇员，即高收入者，相比于在较低所得税篮子中的雇员，即低收入者，前者获得的绝对补贴和相对补贴都会更多。由于补贴额度不同，不同雇工之间的保险

①　作者注：明确地向更健康的人支付更高报酬的政策，可能会与《美国残疾人法》（ADA）（Moss 和 Burris，2007）等反歧视法律相冲突。但是，雇主可以使用基于激励的薪酬补偿来奖励更具工作效率的员工，从而隐性地增加有能力并愿意承担更多工作的员工的薪酬。

价格也就具有了很大的差别，类似于不同健康状况的群体之间的保险价格差异，即健康状况较差的人比健康状况较好的人从社区费率中获利更多。正如戈德斯坦和保利（Goldstein 和 Pauly，1976）的理论模型所述，上述的异质性通常被认为是，雇主关于提供何种类型的保险以及支付给工人多少薪酬的决策内容中的隐性或显性的重要部分。

一般地，雇主提供的健康保险每年都会重新定价，但它通常就隐含着一个保证，即一旦雇员被雇佣，雇主就会继续提供保险保障。雇主提供的健康保险，通常是一个持续的"计划年度"（多为一年），而且对所有雇员一视同仁。健康保险计划的所有财务特征，如保险费和财务责任等都是基于一个完整年度确定的。在计划年度结束时，雇主有权力重新厘定保单的费率，以反映下一年度的保险预期成本变化。这是雇主提供的健康保险的一个具有争议的特点，因为随着整体医疗成本的增加，保费每年都在增加，导致员工工资停滞或下降（Baicker 和 Chandra，2006）；相反，雇主可以选择缩小保险利益的保障范围，以减少健康保险的支出。因此，拥有雇主提供的健康保险的雇员面临着两种风险：一是医疗费用支出中个人支付比例的不确定性，即保费、共同保险、免赔额和共同支付中的比例都是不确定的；二是他们参与的健康计划的未来保费的不确定性。

实际上，雇主为雇员的长期健康状况提供了比较强有力的保障，因为只要雇员仍能工作，就都有权力续保，而雇主不能因为健康状况的变化而将特定的个人从保险计划中剔除。这种保险保障有一个明显的缺点，就是它可能使得人们不得不继续从事他们不想从事的工作，即所谓的"工作锁定"（Madrian，1994）。雇主提供的健康保险，对于健康冲击导致的个人丧失工作能力的意外事故的保障程度较低，而无法工作将会导致他们失去雇主提供的健康保险。一些实证研究表明，在某些情况下，相对于小型团体保险市场，非团体健康保险市场可以为健康状况较差的个人提供更好的健康保险保障，当然大型团体保险市场提供了最好的健康保险保障（Pauly 和 Lieberthal，2008）。尽管雇主可以为员工的失业保险计划支付费用，但雇主却不会为雇员提供免受巨大经济负面冲击的保障，而这些冲击会导致雇员失业。

联邦和州的健康保险政策，在很大程度上影响着政府保险市场上的保险产品价格。这些政策，不仅适用于政府直接提供的保险计划，也适用于政府付钱给私营企业、由私营企业提供的保险计划。对于传统的 Medicare 计划来说，联邦政府单独负责保费的厘定，主要是根据 Medicare 计划的总体成本而不是个人的预期索赔成本来确定保险费率。固定保费和个人健康状况之间的差异决定了个人为其 Medicare 获得的保险利益而支付的经济价格。对于传统的 Medicaid 计划来说，由州政府负责确定该计划的内容和特征，联邦政府作为该计划的主要资助者只是对其施加了一些限制。在管理式 Medicare 和管理式 Medicaid 计划中，政府在保险价格决定方面扮演着类似的角色，它规定了个人必须获得的最低的保险利益水平（数量）。同时，政府还监督这类保险计划的质量。然而，管理式 Medicare 计划，由于为缴纳更多保费的群体提供额外的福利，从而可能潜在地提高保险的整体价格（Einav 和 Levin，2015）。

政府提供的保障期在一年以上的健康保险计划，其可持续性在很大程度上取决于计划本身和资格特征随时间的变化。例如，为 65 岁及以上的老年人提供的 Medicare 是所有保险计划中最持久的，因为它可以自动续保，被保险人基本上不可能失去这种保险。Medicad 的可持续性要低得多，因为其获取资格基于需求或收入，个人必须继续申请才能维持其资格。此外，政府保险计划的可持续性也在很大程度上取决于政策选择，如果一个州调整了保险资格的要求，那么某些人可能会失去或获得保险。

社会保险计划，还可能实质性地影响个人支付的隐性边际税率，这取决于资格要求如何随收入的变化而变化。例如，如果社会保险计划设定一个获取资格要求的固定的收入上限，那么个人收入超过这个上限时，该个体则会失去健康保险，这相当于对个体的保险收益以超过 100% 的税率征税。马格（Maag）等在 2012 年的研究中发现，在政府福利保障政策基于收入水平的情况下，"个人的边际税率取决于其生活状态，有两个孩子的单亲父母（收入刚刚超过上限）可能面临一个超过 100% 的平均边际税率，而当他们的收入水平从贫困线（设定的上限）再提高到贫困线的 1.5 倍时，他们面临的平均边际税率则可能低于 26.6%"（Maag 等，2012）。

一般来说，随着一个人的收入增加，社会保险福利将被"逐步取消"，这意味着收入增加会导致补贴逐步减少。这与在个人所得税税率的基础上再增加额外税收的效果是一样的，即使在收入增加的情况下，个体的可消费总额也减少了。相比于严格取消福利，随着收入的变化而逐渐减少的累进补贴可能是更昂贵的，但它将福利支出扩大到更广泛的人群，所以更受欢迎。基于健康状况的社会保险资格要求，也可以被视为对健康资本的"征税"。如果健康状况较差（人力资本较低）的人随着健康状况的改善可能会失去福利，那么从某种意义上说，这是对人力资本价值的累积"征税"带来的负面影响，从财务角度来看，这可能会抑制健康状况的改善。

第二节　外包服务与内包服务决策

一、医疗服务提供商的内包服务

医疗服务提供者的团体预付制医疗保险服务方式，既包括贝勒计划（Baylor

Plan）等早期的模式，也包括凯撒医疗集团（Kaiser Permanente）等提供的现代医疗服务系统，以及诸如"封闭式"健康管理组织（HMO）等相关服务模式。无论何种模式，这些服务系统都是由医师设计的，或者是为医生管理患者的全部医疗服务而设计的。例如，在封闭式小组的 HMO 中，提供给患者的全部医疗服务，必须由小组中的相关医疗服务的医生来实施，对外部提供的保障不予偿付（Eggers，1980）。这使得封闭群体内的医生能够获得更为稳定的收入来源，因为他们拥有相对固定的患者群体，这些患者群体使用提供商以外的医疗服务时将面临极高的价格。与之相对应的是，该团体也要为病人健康状况导致的财务费用支出承担巨大的风险，因为团体保险计划的成本是按人头个案支付的，这意味着医疗服务提供者的利润来源于固定的收入金额和为病人提供的可变医疗成本之间的差额。

这种医疗服务和健康保险的提供商的内包模式，也将所有的医疗服务和健康筹资整合到一起。这种模式与其他保险形式不同，例如，通常它将保险商和修复服务的提供者分开 ［尽管有时候保险商可能会"隶属"于医疗服务提供商，正如护肤品商店，通过"直接修复项目"（Direct Repair Programs）隶属于医疗服务提供商一样］。这种内包服务模式的优点是，避免了保险商与医疗服务提供商之间的双重边际化和议价的成本，因为整合医疗服务提供商和保险商而组成一个实体可以把所有成本内部化。这种模式的缺点是，它限制了健康保险市场和医疗服务市场的竞争（Bourgeon 等，2008）。

目前，许多医疗服务提供模式，包括现有的整合型医疗卫生服务系统（IDSs），以及创新性的责任制医疗组织（ACOs）等，均力求重塑并维持医疗服务提供商和保险商的一体化模式，以便更有效率地提供团体健康保险。责任制医疗组织，试图通过提供商的一体化而不是健康保险计划中的价格效应，来重建封闭式健康维护组织（HMO）的众多优点。如果封闭式健康维护组织（HMO）中的个人在指定的医疗服务提供商或机构团体之外获得保险保障，则将不能再继续获得 HMO 的保障，但 ACOs 在一定程度上也允许个人选择医疗服务提供商，并鼓励优先选择 ACOs 内的医疗服务提供商（Gold，2015）。

责任制医疗组织（ACOs），也同样试图创建更大的医疗服务系统或者是整合型医疗卫生服务系统（IDSs），以管理病人的医疗服务的成本。医疗服务提供商（系统）通过不同类型的提供商之间的合并或建立从属关系而形成责任制医疗组织。在责任制医疗组织中，根据成员使用的服务，会将他们分配到不同的责任制医疗组织。由于责任制医疗组织必须保持服务的质量达到一定水平，诸如 Medicare 等健康保险商，通常会依据成员的医疗服务总成本（每年每位受益人的医疗服务成本或称为"PBPY"成本）来评价其服务的优劣。责任制医疗组织之所以称为"负责任的"，原因在于它具有诸如成本控制奖励和高昂医疗费用惩罚等明显的特点（Frakt

和 Mayes，2012）。在责任制医疗组织的财务奖励和惩罚模式中，医生、医疗机构和其他医疗服务人员组成的广泛的网络，合并或通过隶属关系组成一个较大的团体，以便在特定的地理区域创建一个更大的横向一体化组织。而这意味着医疗服务提供商会根据个体所在的地理区域承担团体健康保险责任。

通过利用医疗服务的规模经济，较大的医疗服务系统或许能够以更加合理的价格提供医疗保险。大型医疗服务系统，通过直接为病人提供全部（或大部分）医疗服务，可以有效地承担患者疾病的财务支出导致的经济风险。理论上，一个控制了某个地区内所有或实际上所有医疗服务的大型医疗服务体系，相比于一个较小的医疗服务体系或一个在既定的医疗市场中竞争更激烈的医疗服务体系，更能控制医疗服务的索赔成本。这些团体是否能增进社会福利，取决于它们能否以较低的保险成本，特别是作为大型医疗服务体系能否以更低的运营成本，提供更多的保险利益。当然，即使在更大的医疗服务系统中存在规模经济效应，这些系统是否会实现这些规模经济也是不明确的，并且它们将以何种方式增进消费者乃至整个社会的福利也是不确定的。

许多医疗服务系统，通过与健康保险商合并，或自身拓展保险商的功能而成为医疗服务提供商和保险商的一体化组织。在整合医疗服务和健康保险服务的过程中，这些医疗服务提供商和保险商的一体化组织的运行效率主要依赖于医疗服务和健康保险具有的范围经济效应。这种范围经济效应是指，相比于分别单独经营的健康保险商和医疗服务提供者，上述一体化的组织方式能够以更低的成本提供健康保险服务和医疗服务。因此，医疗服务提供者整合或拓展健康保险服务而成为实质上的保险商，就可以通过增加额外的投保人数量，充分利用范围经济的优势，降低潜在的保险成本。

医疗服务提供商所具有的信息优势，不仅表现在一般医疗服务方面，还表现在能够判断患者健康状况的特殊能力方面，这使得他们具有很大的潜力在医疗服务与健康保险服务之间形成叠加效应。当健康保险商和医疗服务提供商分设时，医疗服务提供商或医疗服务提供商组织，可能有动机利用其信息优势从健康保险商获取更多的经济收益，而如果保险商和医疗服务提供商是一个共同体，那么医疗服务提供商就不会有这样的动机。在"供给诱导需求"的情形下，医疗服务提供商可以把自己拥有的不对称信息作为自己的竞争优势。例如，医疗服务提供商可以利用其对医疗服务的专业知识和对患者病情的判断能力，给病人推荐那些虽然无害，但相比低利润的可选治疗方案而言无效或者没有显著效果的医疗服务（Pauly 和 Satterthwaite，1981）。而一个一体化的医疗服务组织，可以将这些相互冲突的动机内部化，从而避免了保险商与医疗服务提供商之间代价高昂的冲突后果。这也正是英国这样的建立"全民健康医疗服务（NHS）"模式的国家所采用的战略，政府既提供健康保险，又拥有并经营提供医疗服务的医院等组织机构。

医疗服务提供商提供的团体保险的效率选择问题，实际上是指一个更综合的健康服务系统如何在获取范围经济效应的好处和可能导致提供商热衷于垄断定价的缺点之间的权衡。一般地，同时提供医疗服务的团体保险商，可能不会主动压低医疗服务的价格（卖方垄断价格）。同样地，他们非常有可能在提供医疗服务和健康保险服务方面无法获得范围经济效率。目前在团体健康保险市场上，许多健康保险商似乎是特别要求的，不同时提供风险管理服务和第三方支付服务。例如，在雇主提供的团体健康保险中，健康保险这两种功能的责任分离表明，要求一体化的健康保险商更多地承担医疗服务责任，可能无法实现额外的成本节约。

而从一个角度看，医疗服务提供者提供医疗保险服务，则主要是因为他们在医疗服务方面更专业，比如说，在确定健康保险利益保障范围时就需要医疗机构的专业判断。早期的健康保险，包括相关残疾保险就在很大程度上依赖于医生的专业知识，因为医生的专业意见可以确保早期"互助合作社"的受益人在加入保险计划之前处于身体健康状态（Gottlieb，2007）。目前，医生或护士的专业意见是团体健康保险商提供适当性服务的"医疗费用使用检查"的合规要求。健康保险公司雇用医学顾问（通常是医生）和药剂学顾问（通常是药剂师），也是为了确定适当的保险利益范围。医院和保险商可以设立医药治疗委员会（P&T），审查医院使用药物治疗的政策，或者一个特定健康计划覆盖的药物治疗的范围。因此，医药治疗委员会主要或全部由临床专家组成（Mannebach 等，1999）。

许多法律对医疗服务提供商的专业判断标准进行规范并形成法律条文，包括应该保障或必须保障的药物治疗内容。例如，医疗事故案件中最重要的辩护意见之一就是使用"同行的习惯做法"（Bovbjerg，1976）。另一个例子是，健康保险计划必须覆盖任何被认为是"医学上必要的"保险利益保障。美国信诺健康保险公司（Cigna）将医疗必要性定义为：

"医学上必要的"或"病情需要"是指，提供医疗服务的医生，要进行审慎的专业的临床判断，其根本目的是要恰当地评估、诊断或治疗病人的健康不适、损伤、疾病①或其他症状，即医疗服务必须：（1）符合公认的医疗实践标准；（2）在类型、频率、范围、地点和持续时间等方面，在临床上是适当的，并被认为对患者的病症、损伤或疾病有效；（3）主要不是为了方便病人或主治医生，或其他医师，并且不会比任意一种其他的医疗服务或后续的诊疗服务更昂贵，或者是至少要有同

---

① 译者注：疾病（illness）多指生病的状态，也指遗传性缺陷或精神病等，但很少指具体的疾病；Disease，即病或疾病，是指有机体的某一部位、某一器官或系统处于病理状态，由各种因素引起，如传染、遗传缺陷或环境紧张，而且被视为以相同的一组表象或症状为特征。

等的诊断或治疗效果，以使病人的不适、损伤或疾病得到及时有效的诊断和治疗（Cigna，2016）。

从健康保险商的角度来看，公认的实践标准和临床适宜性的问题与所提供医疗服务的便利性、成本和有效性等问题相平衡。

更值得关注的问题是，健康医疗服务的欺诈和滥用，以及提供无效或实际上有害的诊疗服务，以及为从未提供的诊疗服务获取非法的补偿等。欺诈行为的研究在保险经济学文献中占有重要的地位，由于反欺诈的手段不够完善，一些人为获得经济利益就可能会违反诚信原则进行欺诈（Derrig，2002）。更进一步说，预防和反欺诈的成本可能高于欺诈的成本，在这种情况下，放弃反欺诈的行动可能更有效（Darby 和 Karni，1973）。上述文献研究对于医疗服务领域的借鉴意义在于，相对于财产和事故维修专业领域，健康资本的主观性使得医疗服务提供商在治疗方面拥有更大的自由度。将健康保险服务与医疗服务整合起来，是一种减少欺诈和医疗服务滥用的有效方式，因为医疗服务提供商同时也是保险商，因此就失去了从外部保险公司获得低价值服务或欺诈性服务收益的机会。

对于医疗服务提供商提供的健康保险来说，还需要关注的一个主要问题是，医疗服务提供商不是保险管理方面的专家，并且保险管理也不是他们的主要目的。医疗服务提供商可能继续求助于传统的健康保险公司，以便获得专业的健康保险服务，特别是金融中介服务，以及风险管理方面的专业咨询服务。因此，虽然医疗服务提供商的健康保险计划是早期健康保险的重要形式，但目前尚不清楚这种健康保险模式未来的发展前景。但是，医疗服务提供商已经并将继续与其他利益相关者就他们愿意和能够承担的风险进行协商安排。例如，许多医疗服务提供商通过"按人收费"的方式承担参保人的风险，这意味着他们为特定人群，或者其他管理式医疗服务支付系统，提供固定费用的医疗服务。影响医疗服务提供商承担更多风险的主要障碍因素，可能是医生的独立性，以及医疗服务提供商对于承担财务风险的管理能力不足（Hurley 等，2002），毕竟他们的主要目的是提供医疗服务，而不是健康保险服务。

二、雇主和服务外包

一般地，雇主会将他们提供的大量健康保险服务外包给健康保险公司和其他组织，并且大多数服务外包发生在小型团体市场。小型雇主通常雇佣一家健康保险公司为其提供风险管理服务和第三方支付服务。在这种情形下，健康保险服务的购买和健康保险计划的设置在很大程度上类似于非团体市场。不同之处在于，雇主不是代表个人或家庭购买健康保险，而是代表一个小的雇员群体及其雇员的家庭购买健康保险。提供外包服务的保险公司评估团体保险的成本时，不仅要了解个体的健康状况，同时也要了解在同一行业同一公司工作的雇员的共同特点。

在小型团体健康保险市场中，保险商通常会提供覆盖雇员所有健康风险的保障计划。如果实际成本低于预期成本，保险商将获利，而如果实际成本高于预期成本，则保险商将会面临损失。一般地，保险商也要履行第三方支付功能，即支付所有账单，决定如何选择医疗服务提供商等，目的是获得雇主支付的特定保费。小型雇主之所以需要这些服务，是因为他们通常无法自主管理雇员的健康风险。雇主提供的小型团体健康保险，也可以被视为非团体健康保险市场上早期的以就业为基础的费率定价方法的一个进化版本，正如在第一章所述的健康保险通常是基于雇员从事的工作类型进行分类承保的。

在大型团体健康保险市场中，大型雇主通常购买健康保险商提供的第三方支付服务（管理服务合同或 ASC），同时保留管理健康风险的责任。大型雇主通过签订合同的方式，决定如何向提供外包服务的健康保险公司支付医疗费用，并确定保险利益的保障范围。当然，大型雇主也会根据市场上提供的总的保险数量，负责选择健康保险计划的特定保障范围。此外，健康保险公司管理第三方支付系统并为医疗服务付费，而雇主则负责管理索赔所需的基金。在这种情况下，如果实际索赔超出预期索赔，则雇主会蒙受损失；如果索赔少于预期，雇主就会产生基金结余。当实际索赔额与预期索赔额相等时，对雇主是而言是最好的情况，因为雇主承担风险是为了支持其主营业务，而不是为了从给雇员提供健康保险本身获得利润。

三、政府、服务外包和服务内包

政府团体健康保险计划类似于大型雇主提供的保险，因为政府保险商通常提供风险管理服务，而不提供第三方支付服务。例如，传统的 Medicare 从保险商购买第三方支付服务（Field，2013，第 173 页），Medicare 计划自成立以来一直以这种方式运行。这意味着政府一直承担 Medicare 受益人的相关经济风险，如果该计划的成本低于预期，那么该计划的政府预算支出就会减少。而出现如下情况时，也即 Medicare 的成本比最初预期的要高时，政府就要承担错误预测的风险，支付更多的费用（Aaron 和 Reischauer，1995）。然而，政府并不直接向医疗服务提供者支付费用。相反，政府与私人实体、健康保险公司签订合同，以管理保险理赔支出，并确认和裁定应向医疗服务提供商支付的相应款项。

通过使用传统保险公司的第三方支付网络，政府可以设立 Medicare 项目，而无须另外构建美国的医疗服务提供商的支付系统。然而，这种模式也存在缺点，因为当项目成本高于预期时，政府几乎没有办法控制成本的增加。此外，将第三方支付服务外包给健康保险公司，也意味着由保险公司而不是政府，负责建立医疗支付报销系统。如果健康保险公司通过结构化医疗服务的方式激励医疗服务提供商过度供给医疗服务，那么政府（而不是健康保险公司）将支付额外的医疗费用。因此，政府决定通过服务内包的方式来承担部分第三方支付服务功能，并确定住院病人的保险利益范围。在最初开始时，政府的主要方式是剥离健康保险公司第三方支付服务的部分责任，并赋予医疗服务提供者承担风险管理的责任。

Medicare 开发了预付制（PPS），以改变住院（医院）服务的费用支付结构。预付制将入院的患者分配到诊断相关组（DRG），并根据该诊断相关组中患者的平均费用向医院支付固定费用（Cleverley 等，2010，第 3 章）。Medicare 实行预付制的一个直接效果是，任何特定病例的营利能力，取决于固定的费用支付与治疗特定患者的可变成本之间的差异。换句话说，预付制的功能与健康保险合同非常类似，Medicare 向医院支付预先确定的、已承保的保费（根据病人遭受的健康冲击类型支付的预期费用），而医院则提供治疗这种健康冲击所需的昂贵医疗服务。从某种意义上讲，Medicare 迫使医疗服务提供商和医院承担起健康保险商的新角色，将住院的财务风险管理服务外包给医院。

通过预付制，Medicare 可直接提供某些第三方支付服务，而不是将其外包。换句话说，Medicare 或任何政府保险商，可以选择提供风险管理服务和第三方支付服务，或两者都提供，或两者都不提供。这种选择的自由尤其重要，因为它让人们对未来政府如何选择为个人提供保险服务有了一个切实的认识。同时，它的重要之处还在于，为健康保险政策制定者提供了广泛的自由裁量权，以便于进一步设计和改进健康保险体系。这也意味着，作为健康保险市场的供给方，健康保险公司必须证明其服务的价值，表明它们能够提供比政府更好的服务，或者以更低的成本提供服务。

预付制的结构，也说明了 Medicare 如何选择提供界定医疗保险利益范围的服务。首先，它着眼于明确界定该计划中最昂贵的部分，即病人的住院费用支出部分（Medicare 的 A 部分）。其次，它强调单独解决 Medicare 的 A 部分的成本费用，努力减少住院病人的特定费用支出，而不是通过整个系统的协调降低成本。第三，它把关注点放在医院上，因为医院的同质性要多于医生和其他医疗服务提供商，而且医院的数量也要少得多。

预付制（PPS）是 Medicare 计划中许多的重要创新和变化之一，旨在通过运用"管理式医疗"技术来控制整个计划成本的支出。也就是说，Medicare 制定并实施 PPS，是因为该计划的住院部分（A 部分）被认为整体成本过高，而且成本效率太低（即无效率）（Sheingold，1989）。按照特定诊断的进行分类支付，并基于逐个的治疗细节向医院支付费用，对于降低住院服务收费的复杂性具有极大的帮助。在先前的"基于费用"的医院支付制度下，每个特定的住院病例的医疗服务细节，包括每一次给药，每一次日间护士的探访，或者每一次临床实验室的使用等，都分别由

Medicare 支付（Fein，1986，第 85 页）。明确定义一个疗程或治疗细节，并基于预先确定的"预付"（prospective）费用来付费，可以比较容易地将管理经济风险的责任转移到医疗服务提供商和医疗机构上。而医院仅仅负责按照所需的医疗服务流程，安排健康资本受到冲击的患者的住院治疗过程。医院如果能够提供低于预期支付费用的医疗服务，就可以实现盈利；而那些医疗服务成本高于平均成本的医院则会亏损。从这个意义上讲，PPS 是一个很好的例子，由政府作为团体风险管理者，转向由医院作为风险管理者，为其辖区内全部人群的受益人提供风险管理服务。

文献研究中，许多学者都讨论过在病人住院过程中存在的"选择偏见"现象，使得对于预付制效果的评价变得比较复杂。病人可以选择他们愿意的医院，医院也可以选择他们的所在地以及如何吸引和为病人提供医疗服务。在一组实验中，患者将被随机分配在预付制或原先的成本加成制下分别接受治疗服务，与随机对照试验相比，任何使用 PPS 的回顾性分析都可能产生有偏差的结果。需要注意的是，有大量证据表明，在采用 PPS 后，"医院利用率总体下降"（DesHarnais 等，1987）。医疗利用的减少主要集中在小型医院中，这表明预付制减少了 Medicare 受益人的医院治疗成本，特别是减少了规模最小的医疗辅助机构提供的医疗服务数量（Guterman 等，1988）。事实上，预付制总体上说是非常成功的，该系统或其中的许多元素在很大程度上被许多其他的以美国健康保险制度为基础建立的，甚至是与美国不同的健康保险制度所采用（Carter 等，1994）。

Medicare 还尝试通过将风险管理服务外包由健康保险公司经营的"管理式医疗的 Medicare"计划来控制成本。在这些管理式医疗计划中，Medicare 计划为个人支付一笔单独的、预付的医疗总费用，这有点像保险费。管理式医疗的 Medicare，也作为"Medicare 的优势管理计划"或"Medicare 计划的 C 部分"[①]，试图通过将商业保险公司的管理式医疗的优势应用到 Medicare 计划，以便于控制成本。从理论上讲，传统的按服务付费的支付方式会刺激医疗服务的过度供给。Medicare 对保险商承担 Medicare 受益人的风险管理服务支付费用，并向该保险商支付一笔额外的管理费用。这样，政府的责任就非常简单了，除了代表受益人支付医疗保险费用外，政府几乎不会在既定的计划年度内为这些受益人再承担其他责任，例如，在保险责任发生时，政府既不支付他们的索赔，也不在索赔金额高于或低于预期时承担任何责任，保险利益的保障完全外包给健康保险公司。因此，Medicare 优势管理计划的服务提供商，可以通过提供成本低效益高的医疗服务，或是通过识别和承保那些成本

---

① 译者注：1997 年，美国的《平衡预算法》开始允许 Medicare 的受益人选择参保私人健康保险计划。私人健康保险计划一般称为医疗保险优势计划。2003 年，美国《社会医疗保险处方药、完善与现代化法》中，规定了新的报销原则和保健机构经营规则，医疗保险优势计划演变成为联邦医疗保险优良计划。

低于医疗保险计划（风险选择）的成员来获取利润（Biles 等，2004）。

四、作为公共物品的医疗服务支付系统

健康保险支付报销系统，可以看作是一种公共物品。对于在人群中、跨群体乃至跨国家的所有个体来说，在很大程度上，都普遍需要明确定义和度量特定健康冲击引致的财务损失。例如，不管病人的年龄或健康状况如何，病人在住院治疗的许多方面是相同的，都需要由医疗服务提供商提供定期监测、安排病床和实验室测试等。因此，一个为 65 岁及以上的美国人提供住院治疗服务的结构合理的医疗服务支付报销系统，不仅可以以较少的成本或无成本支出的方式，应用于美国 65 岁以下的人群，也可以应用于其他高度发达国家的居民。此外，开发、运行和管理用于与健康冲击有关的医疗服务保障的支付系统是非常昂贵和复杂的。这也就是 Medicare 制度早期依赖于商业健康保险公司已经建立的用于被保险人的单项医疗服务计费系统的原因之一。因此，有理由认为，除 Medicare 以外的健康保险商将从基于诊断相关组（DRG）的预付制中受益。从某种意义上说，这些健康保险商就是所谓的"搭便车"，可以在自己的保险计划中使用免费的公共的有效支付系统。当他们采用这种做法时，实际上是将其部分第三方支付服务外包给政府，比如说上述情况中的免费使用 Medicare 计划的支付服务。

与其将其他保险商采用预付制（PPS）视为免费搭车的行为，不如理性地说，是政府解决了医疗支付报销系统中的"公地悲剧"的问题。[1]"公地悲剧"问题指的是，公共产品的开发和维护成本高昂，并且对整个社会都有益，因为它具有非排他性，这意味着 Medicare 很难阻止其他保险商使用同一个系统。[2] 如果其他保险商使用同一系统不会损害 Medicare 利益，它也可以被认为是"非竞争性的"。Medicare 的庞大承保规模使得开发大规模支付报销系统不仅成为可能而且也是非常有价值的。此外，作为政府管理的健康保险商，Medicare 不需要从提供健康保险服务中获利。恰恰相反的是，如果 Medicare 开发的健康保险支付报销系统在很大程度上对整个健康保险制度具有积极的溢出效应（即所谓正的"经济外部性"），那么作为政府机构，就实现了它的更大的社会目标。

当健康保险商选择将第三方支付服务外包给政府时，其业务性质就发生了变

---

① 译者注：1968 年，美国学者哈定在《科学》杂志上发表了一篇题为《公地的悲剧》的文章。英国曾经有这样一种土地制度——封建主在自己的领地中划出一片尚未耕种的土地作为牧场（称为"公地"），无偿向牧民开放。这本来是一件造福于民的事，但由于是无偿放牧，每个牧民都养尽可能多的牛羊。随着牛羊数量无节制地增加，公地牧场最终因"超载"而成为不毛之地，牧民的牛羊最终可能会全部饿死。

② 作者注：Medicare 可以尝试为诊断相关组（DRG）系统申请版权保护，但其作为一个政府实体，它选择将该系统作为政府创建的一个公共系统供健康保险公司等相关机构使用。

化。简单来说，就是减少了健康保险商的服务范围。保险商在使用公共支付保险系统时面临着两难选择，一方面，它降低了承保被保险人风险的固定成本，使其能够降低保费并吸引更多的业务；另一方面，它减少了保险公司之间的差异化竞争，这使得保险商更难开展业务。在极端情况下，公共支付系统的普遍应用，可能使得该系统成为单一使用的第三方支付服务系统。当然，不同于健康保险商，这不是雇主、政府和医疗服务提供商的关注的重点，因为提供健康保险服务不是他们的主要目的。事实上，目前采用公共支付系统的健康保险商越来越多，医疗服务提供商必须面对的系统类型的数量也在逐步减少，这可能使得医疗服务提供商获得较大利益。而对于健康保险公司来说，这可能也是有益的，因为将第三方支付服务外包方给政府，有助于他们更好地专注于提供健康保险服务。因此，对于商业健康保险公司来说，必须关注的是，公共部门将在健康保险体系中发挥更大的作用，这是健康保险市场发展的长期趋势之一。本章最后一节将对此进行详细讨论。

其他的管理式医疗支付系统，如按人头付费系统，表明在健康保险市场上，开发和实施第三方支付系统是健康保险供求双方共同作用的结果。按人头付费方式，可以被看作是改进和完善健康医疗服务融资的一种方式，或者是一种惩罚医疗机构过度提供医疗服务的方法。此外，按人头付费方式的持续成功在很大程度上是由于个人愿意接受这种健康保险的服务方式。虽然被保险人可能对这个用于结算医疗服务提供商的服务费用的支付系统不关注或不了解，但对于试图限制他们接受某些特定医疗机构服务的做法，他们的反应通常非常消极，例如20世纪90年代，通过"抵制健康维护组织"（HMO backlash）来维护他们的权益（Bodenheimer，1996）。对被保险人和健康保险商来说，按人头付费方式的优势是操作简单，但其劣势是在承保能力方面可能受到限制，特别是一些医疗服务提供商不希望承担太多的风险。这使得按人头付费的方式（更一般地来说是管理式医疗方式）在某种意义上成为一种公共产品。因为人们普遍接受这种按人头付费方式，它就可以不断扩展应用范围；而反对的意见是，由于该模式限制了消费者的更多选择，从而会提高整个社会的医疗服务成本。这也提出了一个重大的健康经济学理论和实践问题，即公共保险计划包括完全集中的"单一主体"的健康保险体系可以走多远？

第三节　公共团体健康保险的增长

一、新的公共保险项目：奥巴马医改之前（Pre–ACA）

1965年，Medicare和Medicaid计划的推出，标志着美国从商业健康保险制度为主开始转向公共健康保险制度。Medicare和Medicaid计划的实施改变了医疗服务筹资方式的结构，也改变了健康风险管理体系的结构。以前由商业健康保险公司提供风险融资，或者个人自费的医疗费用支出，转变为由政府（公共）预算来安排。在这个意义上，公共团体健康保险计划扩展并取代了商业团体健康保险和非团体健康保险。

Medicare 和 Medicaid 两个计划的实施，也扩大了医疗服务费用支出的总额。许多对于 Medicare 计划财务成本的同期估算结果，可能都低估了 Medicare 计划中参保人员较高的医疗费用支出（Aaron 和 Reischauer，1995）。大量的最新研究结果显示，实行 Medicare 计划导致医疗服务支出的增加远远超出预期，这纯粹是由于公共团体保险体系的扩散效应而导致了保险保障范围的扩张（Finkelstein，2007）。在某种程度上，这是意料之中的，因为设立任何健康保险计划的目的都是为医疗服务埋单。然而，Medicare 作为一项政府项目，由于其规模之大，具有改变整个健康保险体系的特殊能力。与规模较小的商业保险商或自付的个人不同，Medicare 可以被视为价格制定者，而不是价格接受者，因为它的单一健康保险团体的规模和参保人数，就足以改变医疗服务的价格。目前，Medicare 是美国个人医疗服务的最大单一购买者（联邦医疗保险支付顾问委员会，2014）。

公共健康保险利益增长的另一个显著特征是，作为健康保险商的 Medicare 计划以一种不平衡的方式实现计划的增长。Medicare 计划历经多次变革，其健康保险的服务范围也不断变化。在引入预付制后，Medicare 增加了第三方支付服务的功能，弱化了风险管理者的角色。通过扩展 Medicare D 部分的处方药保障计划，Medicare 实施了其最大规模之一的扩张。Medicare D 部分的引入是基于这样一种认识，处方药的成本不仅已经成为医疗服务支出的重要部分，也是一种需要应对的重大财务风险。与之相反的是，在 Medicare 计划刚建立时，处方药成本的影响相对较小，但在 Medicare 计划引入几年后，随着药物费用不断上涨而变得越来越重要（Iglehart，2001）。D 部分扩大了 Medicare 的范围，这不仅表现为以公共保险取代私人自付，而且也表现为公共保险对现有的商业保险的挤出效应。例如，根据 Lichtenberg 和 Sun 的研究，"……我们估计，在 2006 年，Medicare D 部分降低了老年人约 18.4% 的医疗费用，增加了老年人约 12.8% 的处方药使用量，并且使得美国医疗服务的总使用量增加了 4.5%。估计其导致的挤出率约为 72%……"因此，Medicare 计划 D 部分的主要影响是，将个人或商业保险公司在处方药保障方面的筹资机制转变为一种公共筹资机制。

从长期来看，Medicaid 计划的增长也经历了类似于 Medicare 的转变。随着时间的推移，各州已经扩大了 Medicaid 计划的规模。许多州还采用了管理式医疗项目，将风险管理服务和第三方支付服务的责任转移给了健康保险公司。联邦政府还通过豁免法案补充了最初的 Medicaid 计划，允许各州将医疗保险覆盖范围扩大到联邦

Medicaid 计划不承保的人群或服务 [总审计局 (GAO)，1994]。总的来说，政府承担的风险管理服务和第三方支付服务的责任比 Medicaid 刚开始设立时更多，但并不是单调递增的，而是有起伏的。

雇主提供的健康保险的税收补贴，也将保险融资从商业方式部分地转变为公共计划方式。一旦健康保险成为雇主和雇员的免税项目，联邦政策制定者就具有了对雇主提供的健康保险的额外监管责任。税收补贴的当期价值，也使得联邦政府成为这类团体健康保险的主要资助者。就雇主提供的健康保险的监管而言，根据 1973 年通过的《雇员退休收入保障法》（ERISA），州保险监管机构不对自筹资金的保险计划进行监管，保险计划的大部分责任都明确地交给了雇主。其他的相关法律，比如 1996 年的《心理健康平权法》（MHPA）和 2008 年的《心理健康平权和药物成瘾公平法》（MHPAEA）（Nadim，2009），都有相关的规定和要求，将一些责任重新收归到联邦政府。随着时间的推移，健康保险覆盖范围不断扩大，费用不断增加，雇主提供的健康保险的公共补贴的价值也在不断增加。

二、非政策性的公共保险转移

由于美国人口结构的变化，公共健康保险项目也在增长。一个时期以来，65 岁及以上人口的比例一直在缓慢上升。1970 年，65 岁以上年龄的人口占比只有约 10%，预计到 2050 年这一比例将增加到 20%（Jacobsen 等，2011）。人口结构的这种趋势性的变化增加了拥有公共保险的人口比例，因为老年人在 65 岁时自动有资格享受 Medicare 计划。同样的情况是，Medicaid 计划费用支出中的 30%，用于支付个人在养老机构的费用，尽管使用这些费用的相关参保人的比例远远少于 Medicaid 人口的 30%。此外，"Medicaid 计划覆盖了 60% 以上养老院的养老人员，并且为长期护理服务和相关的支持性服务支付了全国总成本的 40%"（预算和重点政策中心，2015）。因此，人口老龄化也使得 Medicaid 的支出大幅增加。此外，人口结构变化过程中的其他趋势，例如残疾率的增长，增加了来自政府的第三方支付的百分比，并且也增加了参与政府保险计划的人口的百分比（Holahan 和 Yemane，2009）。

医疗技术的集约化发展以及日趋复杂化，增加了用于健康保险的经济资源总量。大量的健康经济学文献致力于研究经济资源与医疗服务支出的相互关系，结果表明，国民生产总值（GDP）中相当大的份额用于支付美国民众健康服务的大部分费用。例如，卡特勒（Cutler，2010）指出："从国际经验来看，由政府作为单一主体的社会医疗保险计划，常常会通过技术进步的方法对社会医疗费用的成本进行控制。"更进一步地说，很多文献研究认为，医疗健康服务领域的技术变化是导致健康保险增长的重要因素。例如，Weisbrod 在 1991 年发表的一篇文献中指出："本文的主题是，健康保险的需求和技术变革的过程是相互依存的。"他进一步指出："核心的问题是，技术变革作为一个自变量或者独立变量，导致健康保险保障形式和内容的变化；而作为一个因变量时，健康保险体系运行的内在动因在很大程度上影响着医疗技术的变化，也即要特别强调内在因素的影响……"因此，医疗技术变革是扩大健康保险范围和规模的一个主要因素。一个令人困惑的问题是，医疗技术的进步是否以及如何增加公众对健康保险市场的参与度？

公共健康保险增长的两个重要宏观经济趋势，是经济增长的变化和不平等的加剧。首先，经济增长的变化会影响保险业的增长，一般地，随着经济的增长，用于医疗服务的经济资源数量以及潜在的被保险覆盖的人口也会增长。其次，收入不平等导致的贫困人口增加，将促使更多的人参保 Medicaid 这样的公共保险计划。由于 Medicaid 的参保资格在一定程度上是基于联邦贫困线（FPL），因此经济下滑也可能增加社会保险计划覆盖的人口比例。在过去的 40 年里，贫困率一直在波动，但通常不会超过 15%（DeNavas－Walt 等，2012）。当贫困率上升时，Medicaid 的参保率也随之上升。在 1999 年，美国约有 10% 的人口被 Medicaid 计划覆盖；而在 2011 年，这个比例超过了 16%（DeNavas－Walt 等，2012）。联邦贫困线标准的使用还意味着，如果收入的增长不被人们所均匀地分享，比如总体的收入不平等加剧，那么即使整体的经济（GDP）实现增长，也会导致有资格参保 Medicaid 的人更多。有证据表明，这正是美国最近几年正在发生的事情（Corak，2013）。如果这一趋势持续下去，公共健康保险的增长也将持续下去。在某特定的临界点上，用于医疗服务的经济资源总量必然会耗尽，比如达到 GDP 的 100%。但在过去的 100 年里，美国的健康经济的发展并没有出现持续的衰退期。

三、新的公共保险项目：奥巴马医改法

从历史的角度来观察，《平价医疗法》（ACA），也就是奥巴马医改法，标志着社会公共资源推动的健康保险数量的又一次"飞跃"。在非团体保险和团体保险两个健康保险市场，奥巴马医改法都扩大了健康保险的规模。在非团体市场，保险的保障数量的扩大主要是源于对健康保险公司提供的个人和家庭的健康保险计划的补贴，这些补贴不仅降低了健康保险的价格，也改变了健康保险的购买方式。在团险市场，Medicaid 的保障范围的扩展也有了新的变化，因为现在它更明确地基于收入的变化。在那些选择扩大 Medicaid 计划覆盖面的州，如果收入低于联邦贫困线（FPL）的 133%，所有个人和家庭都可以获得 Medicaid 计划的保障。并且，这些实施 Medicaid 计划扩张的州，其新加入计划的参保人所需资金几乎全部由联邦政府资助，而在奥巴马医改法出台之前各州只得到联邦资金的部分资助。"根据国会预算办公室的估计，联邦政府将支付几乎所有的扩张成本，而在未来十年（2016—2025年）将支付约 95% 的计划扩展成本"（预算和重点政策中心，2015）。总之，上述

两个市场的健康保险计划的扩展将促使更多的医疗服务资金纳入公共预算，尤其是联邦的财政预算。

奥巴马医改法的出台，不仅意味着联邦政府在健康保险风险管理服务方面，而且在第三方支付服务方面的作用越来越大。联邦政府通过制定可以使用补贴来购买保险的规定，承担了更大的风险管理角色，这些规定限制了自付的责任，并要求必须保障基本的健康福利（CMS，2016）。在 Medicaid 扩展计划中，通过制定实施 Medicaid 计划扩展的州必须提供规定的保险数量的法律规则，联邦政府还扮演了一个更重要的"供应者"角色。Medicaid 这些变化的影响效果是，可能提高了先前未投保以及购买了其他类型健康保险的个人的健康保险数量"下限"。

除了健康保险数量上的下限之外，联邦政府还试图在健康保险的质量方面也设定一个"下限"。最低质量标准的一个例子是，要求向健康保险交易所提供的保险计划必须得到认证机构的"认证"（Lieberthal 等，2013）。在非团体健康保险市场上，现存的补贴以及联邦的积极管理政策也可以被视为增加的隐性保护条款。例如，个人可以在没有医学核保的情况下购买非团体健康保险。

当某个特定的健康计划不再适合在健康保险交易所进行交易时，设计和管理交易所的决策者就会将该健康计划中的个体转移到非团体健康保险市场。之前就已存在的健康计划也是如此，"……它们在医改法（healthcare law）通过之前，也就是众所周知的'祖父计划'①……它们不包括那些新增加的保险利益保障"，而这些利益却包含在 ACA 中（HealthCare. gov 网站，2016）。个体在投保和不投保状态之间流动的原因是，存在着独立的非团体保险市场和为低收入者提供保障的 Medicaid 市场。因此，这部分群体中的个体可能会在非团体市场、Medicaid 市场、雇主提供的保险和不参保之间"摇摆不定"（Graves 和 Swartz，2013）。

文献中，关于公共保险计划对非团体市场的挤出程度，以及风险融资方式的转移是非常活跃的研究课题。许多的研究集中在究竟有多少人有资格获得扩展了的公共健康保险计划，以及有多少人可能从雇主提供的健康保险转移到非团体健康保险市场，以获得更多的保险保障。例如，保利和莱维（Pauly 和 Leive，2013）研究发现，"……据估计有 5 300 万美国人，包括雇佣超过 50 人的公司的雇员，以及这些雇员的家属，他们都将有资格享受有补贴的健康保险交易所的保险计划保障。如果他们都转移到交易所，每年需支出的补贴总额可能会增加近三倍。"这意味着，未来的非团体健康保险市场还有很大的增长空间，当然伴随这种增长而来的，是潜在

---

① 译者注：2010 年 3 月 23 日奥巴马医改法实施，当日或之前购买的个人健康保险被称作"祖父计划"。这些计划可能不是通过健康保险市场直接销售的，而是由保险公司、代理商或经纪人销售的。"祖父计划"可能不包括《平价医疗法》规定的一些权利和保障。

的高成本和更大的联邦财政支出。

在一些特定州的健康保险市场，Medicaid 保险计划的扩展也在一定程度上挤出商业保险的市场份额。例如，索默斯（Sommers）等（2014）研究发现，康涅狄格州 Medicaid 的增长取代了 30% ~ 40% 的商业保险的份额。他们进一步发现，在 Medicaid 新参保的人中，有四分之三的人拥有雇主提供的健康保险，而剩余四分之一拥有非团体健康保险。公共保险保障人数的增长，很可能既来自先前未投保的个体，也来自从私人保险市场转向公共保险市场的个体。这与文献描述的如下内容高度一致，即奥巴马医改法出台之前，公共保险市场就具有一定程度的挤出效应。由于在未来一个很长的时期，奥巴马医改法（ACA）会继续实施，显而易见的是，挤出效应的影响也会持续下去。

在美国健康保险市场上，存在着多种类型的健康保险商，因此应该持续关注的一个问题是，健康风险管理服务和第三方支付服务的最终责任将在政府、医疗服务提供商、雇主和健康保险公司之间不断地转换。在某些情况下，例如随着预付制（PPS）的发展，政策制定者可能会决定将风险管理的责任授权给医疗服务提供商，而不考虑他们是否能够管理隐含在其中的风险。预付制这个案例显示，风险管理服务从一个主体（Medicare）到另一个主体（医疗服务提供商）的转移是一种有效的方式。虽然在预付制的发展历史中，由于医生拥有较强的专业独立性，因而医院无法有效控制医疗服务的利用，最开始时医院反对引入预付制，但这些反对意见被事实证明大多是错误的。预付制引入后，住院时间和其他医疗服务措施的利用率均大幅下降，其他形式的付费机制和系统，如"按病例计费支付系统"和医院提供医疗服务的"合同协商方式"等，也具有同样的作用效果（Lave 和 Frank，1990）。

预付制的成功，体现在它的广泛应用上，以及体现为它被美国国内外的其他保险公司所采用，并且也体现在它从住院服务延伸到门诊医疗服务。决策者总是希望设立有效的健康保险计划，以图由医疗服务提供商承担医疗服务的风险，并通过降低这些风险使整个社会受益，因此，预付制可被视为这方面努力的成功典范。而预付制从住院医疗服务扩展到门诊医疗服务，一个突出的例子是，Medicare 计划针对终末期肾病（ESRD）的门诊治疗服务，最新引入了预付制。Watnick 等（2012）指出，这项计划中的"财务或预算约束的原因或考虑比较明显"。

奥巴马医改法（ACA），可能会对某些群体造成利益损害，主要表现为它可能减少特定人群的健康保险数量。在 ACA 中，用于保费补贴和 Medicaid 扩展的资金主要有两个来源，即增加税收和减少现有健康保险项目的资金支持。减少现有 Medicare 保险计划的资金，包括降低 Medicare 保险计划的偿付比例和减少 Medicare 优势计划的资金（《患者保护和平价医疗法》，2010）。"高成本"的健康保险消费税（即"凯迪拉克税"①）是一种基于雇主提供的健康保险的税种，旨在增加政府收入，同时减少雇主提供的健康保险的数量（Herring 和 Lentz，2011）。

对于个体来说，上述这些变化通常是间接的，因为它们不涉及个人支付保费的变化。相反地，这些变化不仅会影响健康保险商销售保险产品获得的收入，也会影响医疗服务提供商和服务机构从 Medicare 获得的收入，并且也可能增加雇主提供的健康保险的成本。在任何情况下，第三方支付服务的变化都可能影响保险的数量和质量，也会影响支付的价格。当然，要确定这些变化的影响程度是极其困难的，原因在于奥巴马医改法带来的许多变化、持续的人口结构的演化，以及健康经济规模的变化等多种复杂因素的影响（Keehan 等，2015）。而这些变化的负面影响程度的大小，取决于个人将损失多少原来获得的保险保障的价值。例如，如果拥有雇主提供的健康保险的个体是过度保险的，那么对支出水平较高的保险计划征税，就可以增加社会福利，而同时也会降低过度保险人群的消费和总体福利，因为这些人的保险数量减少了。

奥巴马医改法实施后，由于公共保险计划的挤出效应的影响，雇主提供的健康保险的市场规模可能会缩小。从某种意义上说，奥巴马医改法弱化了保险与就业之间的联系，这可以被视为美国健康保险体系的一种改良，或者是一种退化。雇主提供的健康保险市场在承保率、保险数量和质量上都具有鲜明的特点。然而，由于雇主提供的健康保险（产生的工作锁定效应）可能造成劳动力市场扭曲，这表明以雇主为中心的健康保险系统的退化和缩小可能会带来社会福利的改善。这将是美国健康保险市场发展的长期趋势。正如 Wilensky（2015），他注意到关于奥巴马医改法将进一步缩小雇主提供的健康保险市场的预测，并且指出："预期雇主提供的健康保险市场规模的下降，可能会是持续数十年的长期趋势。这部分地反映了'大衰退'时期的影响。在 2010—2011 财年，雇主提供的健康保险市场所涵盖的人口比例从 69.7% 降至59.5%，这种剧烈的下降，不仅表现在提供健康保险的雇主数量的减少，也表现为接受雇主提供的健康保险的雇员人数的下降。"目前，许多研究人员正在研究奥巴马医改法将如何影响这一趋势，也在研究通过降低保险数量、以健康保险交易所为交易平台和 Medicaid 计划的扩展等方式替代雇主提供的健康保险，将会给那些从雇主提供的健康保险计划转换到公共健康保险计划的人带来多大的好处。

奥巴马医改法的实施，也面临着财政负担能力的重大挑战，原因是对健康保险的隐性税收补贴，现在已变成政府的显性成本。对于从雇主提供的健康保险计划转

---

① 译者注：凯迪拉克税又叫高额健康保险税，由奥巴马医改法提出，是指个体投保金额超过 10 200 美元、家庭投保金额超过 27 500 美元的健康保险消费，政府将对超过部分向健康保险公司、提供健康保险福利的雇主征收 40% 的凯迪拉克税。该税收原计划预计 2018 年实施，然而由于共和党的反对，该税收计划并未按时推出，且预计实施时间不断推后。

向公共健康保险计划的 18～64 岁年龄段的人群来说，情况尤其如此。联邦政府通过税收系统提供的补贴（比如减税）是隐性的，因为其主要的成本就是放弃的联邦税收收入。而将这些隐性补贴纳入政府的显性预算，可以被视为提高公共预算透明度的积极进程。然而，这类补贴和公共项目的支出，可能使其成为努力削减政府预算成本的首选目标。无论从经济理论的角度，还是从实践的角度看，问题的关键是，社会福利的改进究竟是哪一种模式更好，是有隐性补贴的雇主提供的健康保险带来的社会福利较多，还是有显性补贴但却提供较低的保障程度和较少的保险数量的公共健康保险计划带来的社会福利更多。这也是美国以外的其他国家所面临的共同的问题，因为这些国家通常都采用最大部分或完全的公共健康保险体系，并且政府公共财政支出的很大比例用于资助这些公共健康保险体系的运行。

四、国际上的公共团体保险

其他发达国家实施的"公共性"健康保险制度，比美国走得更远。在 20 世纪 60 年代，当美国正在发展 Medicare 和 Medicaid 时，许多发达国家已经或正在实施各种形式的全民健康保险制度。20 世纪晚期，德国颁布实施了针对不同群体的强制健康保险法律，将 19 世纪的疾病基金扩大到覆盖全部人口（Bump，2015）。德国的社会医疗模式是一种"全民健康保险"模式，在这种模式下，保险由多个组织提供，并且是强制性的。在德国的保险体系中，公共团体保险的规模很大，因而这些公共团体的数量也相对较少；覆盖了大部分人口的竞争性的"疾病基金"或者医疗保险基金（截至 2014 年，有 131 个）也被纳入德国保险体系中，是政府服务外包的一种形式（Elias 等，2014）。① 1966 年，加拿大将萨斯喀彻温省于 1961 年开始实施的一项健康保险计划扩展为全国范围内实施的单一购买人的全民健康保险计划（Hutchison 等，2001）。医疗服务提供者通常是私人或自雇人士，但是由单一的公共保险系统支付费用。因此，加拿大基本上有 13 个公共基金，公共基金数量对应着加拿大的省份和地区数量，在某种意义上说，这是加拿大联邦政府向地方政府外包的一种形式（Elias 等，2014）。1948 年，英国引入了全民健康服务制度（NHS）（Bump，2015）。全民健康服务制度是一种国家健康保险制度模式，政府作为一个单一的支付者和提供商，它拥有医院并雇佣医疗服务提供者。因此，英格兰全国只有一家公共团体健康保险机构（苏格兰和威尔士也都有自己的全民健康服务制度）（Elias 等，2014）。

---

① 作者注：只有一小部分人口（约 10%）选择放弃公共团体健康保险并购买商业健康保险。高收入群体，自雇人士和公务员有资格申请参保商业保险系统，该系统提供更广泛的保险保障，并以独特的方式监管保费计算："保险商必须以保证可续期的比率提供长期合约，合约包括预付保费及保费风险保险（insurance of premium risk）"（Hofmann 和 Browne，2013）。

发达国家的健康保险筹资在许多方面是趋同的。趋同是指，随着时间的推移，不同国家的健康保险筹资方式变得越来越相似。例如，Chen（2013）研究了美国、奥地利、芬兰、冰岛、爱尔兰、日本、挪威、西班牙和英国等九个国家的健康保险筹资的趋势，得出了上述结论。美国是其中一个例外，因为它的医疗服务中只有很少一部分通过公共（即政府）部门进行筹资，而现阶段的美国，越来越多的公共资金用于医疗服务支出。相反地，其他八个国家的医疗服务支出中的公共筹资的部分，在 20 世纪 70 年代或 80 年代达到顶峰，此后公共融资已降至医疗服务支出总额的 70% ~ 85%。此外，现在这些国家的公共支出范围也远小于 20 世纪 60 年代（Chen，2013）。

格茨（Gotze）等学者就发达国家的公共卫生支出进行了分类研究，认为这种费用支出是一种"三重来源"的混合，包括"……税收、缴费和私人支付"。换句话说，社会医疗保险的资金来源：一是可以来源于普通税的税收收入；二是可以来源于社会保险计划的保费收入或直接开征社会保险税为这些计划提供资金支持；三是私人来源，包括商业医疗保险收入和患者的自费支付（Gotze 和 Schmid，2012）。上述的健康保险公共资金来源的三个方面表明，政策制定者的决策选择可能是有限的。健康保险融资的公共资金筹资方式，其主要的替代方式是，自费支出和"选择退出"条款，即那些足够富有的人可以购买商业健康保险，而不是公共健康保险计划。但同时他们仍为公共健康保险体系作出了贡献，比如德国社会医疗保险制度的相关规定和要求（Hofmann 和 Browne，2013）。

在过去的十年里，大多数发达国家无健康保险人群的比例和自费支出的趋势基本没有改变。在经济合作与发展组织（OECD）国家中，自付的医疗费用支出占最终的家庭消费总额的百分比从最高的智利为 4.6% 到最低的荷兰为 1.5%，而美国的比例约等于经合组织国家的平均值 2.9%［经济合作与发展组织（OECD），2013，第 141 页］。而从整体上看，大多数国家的自付费用支出占健康总支出的比例略有下降。从 2000 年至 2011 年，美国的自费费用支出比例下降了 3.3%，经合组织国家的平均水平下降了 1.2%［经济合作与发展组织（OECD），2013，第 165 页］。此外，经合组织的报告指出，"除墨西哥和美国外，所有经合组织国家都建立了全民（或准全民）健康保险制度，为一系列重要的医疗服务和产品提供医疗费用支出的保障。"但是，"……医疗保险保障的范围和程度各不相同"［经济合作与发展组织（OECD），2013，第 14 页］。

目前，美国和其他发达国家的健康保险制度之间仍然存在的主要差异是，奥巴马医改法实质上并不是某种形式的强制的全民健康保险法。奥巴马医疗改革后，个人仍然可以选择不参保，在这种情况下，他们需缴纳一笔税款作为罚金，但是健康保险计划不是强制性的。盖洛普民意调查显示，2014 年第四季度美国成年人的未参保率为 12.9%，远低于 2008 年第一季度奥巴马医改之前的 14.6%（Levy，2015）。根据 2013 年人口普查数据分析，2014 年总体未参保率为 12%（凯撒家庭基金会，2014）。美国人口普查的社区普查数据分析显示，未参保率在 2008—2013 年间没有大幅变化，2010 年略有上升后随即下降，2013 年与 2008 年的未参保比率几乎相同，2013 年依然有 22.6% 年轻人没有购买保险（Smith 和 Medalia，2015）。如果更深入地分析和理解奥巴马医改法的相关条款，包括与个人强制保险相关的惩罚内容，以及州政府通过 Medicaid 扩展计划提高参保率的内容等，可以得出的结论是美国的未参保率可能继续降低。最近的数据表明，"年轻人的未参保率继续减少，尤其是在实施 Medicaid 计划扩展的州"（McMorrow 等，2015）。而"在奥巴马医改法出台后初始的两个开放登记期，无健康保险的 50～64 岁年龄段人群的未参保率下降了近一半"（Skopec 等，2015）。

健康保险经济学的文献中，常常会得出这样的结论，即世界上没有完美的健康保险制度，只可能有一个或几个可能的"最优"制度。因此，接下来的问题就是，美国和其他国家的健康保险制度在多大程度上是接近于最优的。而目前其他大多数发达国家都建立了大型的团体社会保险计划，甚至是全面健康保险制度，在这样的前提下，问题是未来如何改进和完善现存的健康保险体系。一个极端的情况是，可否尝试实施一种单一支付方式的全民健康保险制度。在这种情况下，这个单一的付款人，通常是联邦政府自身或者是联邦政府与州、省或地区协调一致，为社会健康保险体系提供主要的资金支持。政府公共财政越来越多地参与和资助社会健康保险体系的这一趋势表明，政府最终将可能建立单一的付款人制度，为全美国的所有个人提供健康保险保障。因此，美国的确应该考虑建立这样的制度，以便为更多的人口提供公共健康保险。

参考文献

［1］ Aaron, H. J., & Reischauer, R. D. (1995). The Medicare reform debate：What is the next step? *Health Affairs*, 14 (4), 8–30.

［2］ Baicker, K., & Chandra, A. (2006). The labor market effects of rising health insurance premiums. *Journal of Labor Economics*, 24 (3), 609–634.

［3］ Biles, B., Dallek, G., & Nicholas, L. H. (2004). Medicare Advantage：Déjàvu all over again? *Health Affairs*, W4 (Suppl Web Exclusives), 586–597.

［4］ Bodenheimer, T. (1996). The HMO backlash – Righteous or reactionary? *New England Journal of Medicine*, 335 (21), 1601–1604.

［5］ Bourgeon, J., Picard, P., & Pouyet, J. (2008). Providers' affiliation, insurance and collusion. *Journal of Banking & Finance*, 32 (1), 170 – 186.

［6］ Bovbjerg, R. (1976). The medical malpractice standard of care: HMOs and customary practice. *Duke Law Journal*, 1975 (6), 1375 – 1414.

［7］ Bump, J. B. (2015). The long road to universal health coverage: Historical analysis of early decisions in Germany, the United Kingdom, and the United States. *Health Systems & Reform*, 1 (1), 28 – 38.

［8］ Carter, G. M., Jacobson, P. D., Kominski, G. F., & Perry, M. J. (1994). Use of diagnosis – related groups by non – Medicare payers. *Health Care Financing Review*, 16 (2), 127 – 158.

［9］ Center on Budget and Policy Priorities. (2015). *Policy basics: Introduction to Medicaid*. Washington, DC: CBPP.

［10］ Centers for Medicare and Medicaid Services. (2016). Information on essential health benefits (EHB) benchmark plans. Retrieved from https: //www. cms. gov/cciio/resources/data – resources/ehb. html.

［11］ Chen, W. (2013). Does healthcare financing converge? Evidence from eight OECD countries. *International Journal of Health Care Finance and Economics*, 13 (3 – 4), 279 – 300.

［12］ Cigna. (2016). Medical necessity definitions. Retrieved from http: //www. cigna. com/healthcareprofessionals/resources – for – health – care – professionals/clinical – payment – and – reimbursementpolicies/medical – necessity – definitions.

［13］ Cleverley, W., Song, P., & Cleverley, J. (2010). *Essentials of health care finance*. Burlington, MA: Jones & Bartlett Learning.

［14］ Corak, M. (2013). Income inequality, equality of opportunity, and intergenerational mobility. *The Journal of Economic Perspectives*, 27 (3), 79 – 102.

［15］ Cutler, D. (2010). Analysis & commentary. How health care reform must bend the cost curve. *Health Affairs*, 29 (6), 1131 – 1135.

［16］ Darby, M. R., & Karni, E. (1973). Free competition and the optimal amount of fraud. *Journal of Law and Economics*, 16 (1), 67 – 88.

［17］ Davis, P. A. (2015). *Medicare: Part B premiums*. (No. 7 – 5700). Washington, D. C. : Congressional Research Service.

［18］ DeNavas – Walt, C., Proctor, B. D., & Smith, J. C. (2012). *Income, poverty, and health insurance coverage in the United States: 2011*. (No. P60 – 243). Washington, DC: U. S. Census Bureau.

［19］ Derrig, R. A. (2002). Insurance fraud. *The Journal of Risk and Insurance*, 69 (3), 271 – 187.

［20］DesHarnais, S. , Kobrinski, E. , Chesney, J. , Long, M. , Ament, R. , & Fleming, S. (1987). The early effects of the prospective payment system on inpatient utilization and the quality of care. *Inquiry*, 24 (1), 7 – 16.

［21］Eggers, P. (1980). Risk differential between Medicare beneficiaries enrolled and not enrolled in an HMO. *Health Care Financing Review*, 1 (3), 91 – 99.

［22］Einav, L. , & Levin, J. (2015). Managed competition in health insurance. *Journal of the European Economic Association*, 13 (6), 998 – 1021.

［23］Elias, M. , Martin, W. , Robin, O. , & Chloe, A. (2014). *International profiles of health care systems*, 2014. New York: The Commonwealth Fund.

［24］Fein, R. (1986). *Medical care, medical costs: The search for a health insurance policy*. Cambridge, MA: Harvard University Press.

［25］Field, R. I. (2013). *Mother of invention: How the government created "free – market" health care*. New York: Oxford University Press.

［26］Finkelstein, A. (2007). The aggregate effects of health insurance: Evidence from the introduction of Medicare. *The Quarterly Journal of Economics*, 122 (1), 1 – 37.

［27］Folland, S. , Goodman, A. C. , & Stano, M. (2013). *The economics of health and health care* (7th ed.). Upper Saddle River, NJ: Pearson.

［28］Frakt, A. B. , & Mayes, R. (2012). Beyond capitation: How new payment experiments seek to find the "sweet spot" in amount of risk providers and payers bear. *Health Affairs*, 31 (9), 1951 – 1958.

［29］General Accounting Office (GAO). (1994). *Medicaid long – term care: Successful state efforts to expand home services while limiting costs.* (No. GAO/HEHS – 94 – 167). Washington, D. C. : GAO.

［30］Gold, J. (2015, September 14). FAQ on ACOs: Accountable care organizations, explained. *Kaiser Health News*. Retrieved from http: //khn. org/news/aco – accountable – care – organization – faq/.

［31］Goldstein, G. S. , & Pauly, M. V. (1976). Group health insurance as a local public good. In R. N. Rosett (Ed.), *The role of health insurance in the health services sector* (pp. 73 – 114). Cambridge, MA: NBER.

［32］Gottlieb, D. (2007). Asymmetric information in late 19th century cooperative insurance societies. *Explorations in Economic History*, 44 (2), 270 – 292.

［33］Göze, R. , & Schmid, A. (2012). Healthcare Financing in OECD Countries Beyond the Public – Private Split. *Tran State Working Papers* (No. 160). Retrieved from http: //papers. ssrn. com/sol3/papers. cfm? abstract_ id = 1998037.

［34］Graves, J. A. , & Swartz, K. (2013). Understanding state variation in health insurance dynamics can help tailor enrollment strategies for ACA expansion. *Health Affairs*, 32 (10), 1832 – 1840.

[35] Guterman, S. , Eggers, P. W. , Riley, G. , Greene, T. F. , & Terrell, S. A. (1988). The first 3 years of Medicare prospective payment: An overview. *Health Care Financing Review*, 9 (3), 67 – 77.

[36] HealthCare. gov. (2016). Next steps if your grandfathered health plan is changed or cancelled. Retrieved from https: //www. healthcare. gov/current – plan – changed – or – cancelled/.

[37] Herring, B. , & Lentz, L. K. (2011). What can we expect from the "Cadillac tax" in 2018 and beyond? *Inquiry*, 48 (4), 322 – 337.

[38] Hofmann, A. , & Browne, M. (2013). One – sided commitment in dynamic insurance contracts: Evidence from private health insurance in Germany. *Journal of Risk and Uncertainty*, 46 (1), 81 – 112.

[39] Holahan, J. , & Yemane, A. (2009). Enrollment is driving Medicaid costs – But two targets can yield savings. *Health Affairs*, 28 (5), 1453 – 1465.

[40] Hurley, R. , Grossman, J. , Lake, T. , & Casalino, L. (2002). A longitudinal perspective on health plan – provider risk contracting. *Health Affairs*, 21 (4), 144 – 153.

[41] Hutchison, B. , Abelson, J. , & Lavis, J. (2001). Primary care in Canada: So much innovation, so little change. *Health Affairs*, 20 (3), 116 – 131.

[42] Iglehart, J. K. (2001). Medicare and prescription drugs. *New England Journal of Medicine*, 344 (13), 1010 – 1015.

[43] Jacobsen, L. A. , Kent, M. , Lee, M. , & Mather, M. (2011). *America's aging population*. Population Bulletin 66, no. 1. Washington, D. C. : Population Reference Bureau.

[44] Kaiser Family Foundation. Medicaid spending per enrollee (full or partial benefit). Retrieved from http: //kff. org/medicaid/state – indicator/medicaid – spending – per – enrollee/.

[45] Kaiser Family Foundation. (2014). Uninsured rates for the nonelderly by age. Retrieved from http: //kff. org/uninsured/state – indicator/rate – by – age/.

[46] Keehan, S. P. , Cuckler, G. A. , Sisko, A. M. , Madison, A. J. , Smith, S. D. , Stone, D. A. , et al. (2015). National health expenditure projections, 2014 – 24: Spending growth faster than recent trends. *Health Affairs*, 34 (8), 1407 – 1417.

[47] Lave, J. R. , & Frank, R. G. (1990). Effect of the structure of hospital payment on length of stay. *Health Services Research*, 25 (2), 327 – 347.

[48] Levy, J. (2015, January 7). *In US, uninsured rate sinks to* 12. 9%. Washington, DC: Gallup.

[49] Lichtenberg, F. R. , & Sun, S. X. (2007). The impact of Medicare Part D on

prescription drug use by the elderly. *Health Affairs*, 26 （6）, 1735 – 1744.

［50］ Lieberthal, R. D. , Sikirica, S. , Farquhar, M. , Saheba, L. , & Legnini, M. （2013）. Examples of how health insurance exchanges can create greater value for consumers: Lessons from three other marketplaces. *Health Management*, *Policy and Innovation*, 1 （4）, 49 – 60.

［51］ Maag, E. , Steuerle, C. E. , Chakravarti, R. , & Quakenbush, C. （2012）. How marginal tax rates affect families at various levels of poverty. *National Tax Journal*, 65 （4）, 759 – 782.

［52］ Madison, K. （2015, May 13）. The ACA, the ADA, and wellness program incentives. Health Affairs Blog. Retrieved from http: //healthaffairs. org/blog/2015/05/13/ the – aca – the – ada – andwellness – program – incentives/.

［53］ Madrian, B. C. （1994）. Employment – based health insurance and job mobility: Is there evidence of job – lock? *Quarterly Journal of Economics*, 109 （1）, 27 – 54.

［54］ Mannebach, M. A. , Ascione, F. J. , Gaither, C. A. , Bagozzi, R. P. , Cohen, I. A. , & Ryan, M. L. （1999）. Activities, functions, and structure of pharmacy and therapeutics committees in large teaching hospitals. *American Journal of Health – System*, 56 （7）, 622 – 628.

［55］ McMorrow, S. , Kenney, G. M. , Long, S. K. , & Anderson, N. （2015）. Uninsurance among young adults continues to decline, particularly in Medicaid expansion states. *Health Affairs*, 34 （4）, 616 – 620.

［56］ Medicare Payment Advisory Commission. （2014）. *A data book: Health care spending and the Medicare program.* Washington, D. C. : Medicare Payment Advisory Commission. Retrieved from http: //www. medpac. gov/documents/publications/jun14databo okentirereport. pdf.

［57］ Moss, K. , & Burris, S. （2007）. The employment discrimination provisions of the Americans with Disabilities Act: Implementation and impact. In Institute of Medicine （US） Committee on Disability in America （Ed. ）, *The future of disability in America* （pp. 453 – 477）. Washington （DC）: National Academies Press （US）.

［58］ Nadim, S. （2009）. The 2008 Mental Health Parity and Addiction Equity Act: An overview of the new legislation and why an amendment should be passed to specifically define mental illness and substance use disorders. *Connecticut Insurance Law Journal*, 16 （1）, 297 – 322.

［59］ Organization for Economic Cooperation and Development （OECD）. （2013）. *Health at a glance 2013: OECD indicators.* Paris: OECD.

［60］ Patient Protection and Affordable Care Act. （2010）. H. R. 3590, 111Cong.

［61］ Pauly, M. V. , & Leive, A. A. （2013）. The unanticipated consequences of postponing the employer mandate. *New England Journal of Medicine*, 369 （8）, 691 – 693.

［62］ Pauly, M. V. , & Lieberthal, R. D. （2008）. How risky is individual health insurance? *Health Affairs*, 27 （3）, w242 – w249.

［63］ Pauly, M. V. , & Satterthwaite, M. A. （1981）. The pricing of primary care physicians' services: A test of the role of consumer information. *The Bell Journal of Economics*, 12 （2）, 488 – 506.

［64］ Phelps, C. E. （2003）. *Health economics* （3rd ed. ）. Boston: Addison – Wesley.

［65］ Schoen, C. , Osborn, R. , Squires, D. , Doty, M. M. , Pierson, R. , & Applebaum, S. （2010）. How health insurance design affects access to care and costs, by income, in eleven countries. *Health Affairs*, 29 （12）, 2323 – 2334.

［66］ Sheingold, S. H. （1989）. The first three years of PPS: Impact on Medicare costs. *Health Affairs*, 8 （3）, 191 – 204.

［67］ Skopec, L. , Waidmann, T. A. , Sung, J. , & Dean, O. （2015）. *Uninsured rate dropped by nearly half between December 2013 and March 2015. Insight on the Issues, 101.* Washington DC: AARP Public Policy Institute.

［68］ Smith, J. C. , & Medalia, C. （2015）. *Health insurance coverage in the United States: 2014.* （No. P60 – 253）. Washington, D. C. : United States Census Bureau.

［69］ Smith, V. K. , Ellis, E. R. , & Chang, C. （2001）. *Eliminating the Medicaid asset test for families: A review of state experiences. Kaiser Commission on Medicaid and the Uninsured.* Menlo Park, CA: The Henry J. Kaiser Family Foundation.

［70］ Sommers, B. D. , Kenney, G. M. , & Epstein, A. M. （2014）. New evidence on the Affordable Care Act: Coverage impacts of early Medicaid expansions. *Health Affairs*, 33 （1）, 78 – 87.

［71］ Thorpe, K. E. （1992）. Inside the black box of administrative costs. *Health Affairs*, 11 （2）, 41 – 55.

［72］ Watnick, S. , Weiner, D. E. , Shaffer, R. , Inrig, J. , Moe, S. , Mehrotra, R. , & Dialysis Advisory Group of the American Society of Nephrology. （2012）. Comparing mandated health care reforms: The Affordable Care Act, Accountable Care Organizations, and the Medicare ESRD program. *Clinical Journal of the American Society of Nephrology*, 7 （9）, 1535 – 1543.

［73］ Weisbrod, B. A. （1991）. The health care quadrilemma: An essay on technological change, insurance, quality of care, and cost containment. *Journal of Economic Literature*, 29 （2）, 523 – 552.

［74］ Wilensky, G. R. （2015）. Employer – Sponsored insurance: Is it eroding under the ACA, and should we care? *Milbank Quarterly*, 93 （3）, 467 – 470.

第八章　政府的角色

第一节　次优的健康保险

一、善意的社会规划者

在第六章中，已经讨论过在特定条件下均衡的健康保险市场提供最优健康保险计划的可能性。然而，福利经济学定理并没有说明如何精确地实现最优资源配置和均衡条件。观察资源配置和价格机制是否达到最优状态的可行性方法之一是，将自己看作是解决社会"规划问题"（planning problem）的"社会规划者"（social planner），也就是说，要规划和确定资源配置机制的方式和价格机制的作用，并在某种程度上将其应用到实际的经济运行中（Mas – Colell 等，1995，第 748 – 750页）。例如，将这一概念应用于健康保险市场时，由于社会规划者拥有社会中不同个体的偏好和健康状况的完备信息，因而可以设计和规划一个对于社会整体来说最优的健康保险体系。这个最优的系统将涵盖每个个体的健康保险数量和保险价格。同时，如果从社会整体的角度来说，由于使用的多个风险池（风险组合）是最优的，这个最优系统也可能包括多个不同的健康保险计划的数量和价格。

社会规划者，不应仅仅被视为干预市场的"政府"。市场的自发力量也可以实现同样的结果，因为它可以促使消费者和生产者"发现"合理的资源配置和价格机制，从而实现社会福利的最大化。例如，可以通过在一个最优的精算费率水平上实施和获得适当的医疗保险计划的经济模式，来实现最优的健康保险状态。同样地，最优健康保险制度也可以通过一个风险市场交易过程来实现，在这个市场中人们可以作为"再保险公司"不断地交易健康风险直到达到最优点，此时健康保险的边际效益等于边际成本（Borch，1962）。

描述健康保险供给和需求状况的模型和方法（曲线或者方程式），同样适用于政府的健康政策的研究。例如，健康保险的供给可以运用供给曲线来描述，该曲线表示在给定价格下生产者愿意提供的健康保险的数量，如第五章所述。最初，政府健康保险政策影响的供给曲线如图8.1中标记的实线（1）所示。如果政府向健康保险的生产者提供补贴，那么整体效果将是政策性的供给曲线"向右"移动，因为健康保险商将获得政府补贴，他们在相同的费率水平上将愿意提供更多数量的健康保险。这个效果如图8.1中位于实线（1）右侧的点状虚线（2）所示。健康保险供应商使用补贴提供更高数量的保险，即同等价格下更低的 α。如果政府要对健康保险市场进行监管，要求健康保险计划应当包括最低数量的保障，那么效果将是"截断"供给曲线的一部分，在这一部分，少量较低质量的健康保险以相对较低的价格提供。由于保险公司将遵守政府规定的合规成本计入保险成本，并将其作为健康保险的附加管理成本的一部分转嫁给消费者，这一政策可能产生将健康保险政策影响的供给曲线"向左"移动的二次效应。正如图8.1中显示的虚线（3），它在实线（1）左侧。[1]

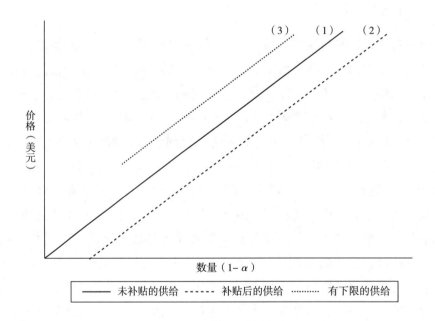

图8.1　未补贴、补贴和监管情况下健康保险的供给曲线

公共健康保险政策，也可以被看作一种有效的方式，可以促使健康保险市场从次优均衡转向不同的、更合意的潜在均衡。例如，政府监管法规要求所有健康保险商提供同质的合同，这将会终止 Rothschild – Stiglitz 模型中的分离均衡状态，即具

---

[1]　作者注：也有可能下限不会导致供给曲线发生任何变化，而只是简单地"截断"最低数量的保险计划。在这种情况下，虚线（3）与实线（1）相同，不同之处在于虚线（3）起始时远远高于零数量，并且供给曲线不包括数量小（α 接近1）价格低的保险计划。健康保险商也有可能"获得"健康保险补贴，而不是以更高数量的保险形式将其提供消费者。在这种情况下，虚线（2）将更接近实线（1），或者与实线（1）一致，医疗保险的供应在很大程度上不会向右转移（或者根本不会向右转移）。

有较高健康风险的个人比健康风险较低的个人，能够以更高的但精算公平的价格获得相对更多的保险保障（Rothschild 和 Stiglitz，1976）。新的均衡状态将是一个组合均衡状态，每个人都为相同的保险数量支付相同的保费。例如，一个分离均衡模型中，在高保障数量类型和低保障数量类型之间的健康保险，其保费"居中"，保险保障的数量可能是最适合普通大众要求的最佳折中程度。然而，这样的模式也可能导致不投保，特别是低风险的个人更倾向于不投保，因为他们的偏好是低数量和低价格的健康保险。在极端情况下，这样的监管要求可能是保险市场无法忍受的，其结果将是导向一个没有健康保险的均衡，即所谓的"逆向选择死亡螺旋"（Cutler和 Reber，1998）。事实上，任何由政府或商业保险公司提供健康保险计划的可行性，关键在于一个切实可行的健康保险机制和体系的不断发展和完善，这几乎是规律性的现象。

二、可行性和次优方案

美国的健康保险制度与其他发达国家的全民健康保险制度之间的差异，说明了在政治上何种健康保险制度安排的接受度更高。目前，美国和墨西哥是唯一没有全民健康保险计划的经合组织成员国（经济合作与发展组织，2013）。而随着实践的发展，许多其他发达国家的健康保险制度已超越了全民健康保险的范畴，它们通过单一付款人的角色为全部健康保险体系提供融资，并组建专门的国家机构负责管理相关事务，并且也常常与地方政府协调共同或者由地方政府提供部分资金支持。就健康保险筹资的多样性程度而言，美国是非常独特的，其他国家没有这样类似的健康保险供给的多种方式和需求的多样性。由于一些生产者和消费者在当前的美国健康保险体系中享有既得利益，因此改变他们的角色将需要付出巨大的政治资本和经济资本。

众多私人和公共机构的行为，塑造了美国健康保险制度的历史，也深刻影响着现行制度的有效运行。例如，罗伯特·菲尔德（Robert Field）认为，美国公私混合的健康保险制度是整个社会医疗体系的重要组成部分，在健康保险或医疗服务领域，不存在、也从未有过所谓的"自由市场"（Field，2013）。乔纳森·奥伯兰德（Jonathan Oberlander）指出，围绕着作为政府保险计划的 Medicare 的争议性质发生了变化；在 20 世纪 50 年代和 60 年代，关于 Medicare 的争论"……在美国政治中出现了两极分化的问题……""……在该计划颁布后的 30 年里，Medicare 最初的两极分化问题基本上消失了"（Oberlander，2003，第 5–6 页）。从健康保险政策的角度来看，政治因素对于健康保险制度的建立和实施具有重大的影响作用。

对于所有的健康保险制度来说，当考虑制度的路径依赖特征时，其可行性就是一个需要解决的突出问题。路径依赖，是指制度本身的演化方式是该制度的未来变化成本的主要决定因素（Pierson，2000）。路径依赖，在某种程度上会限制健康保险问题的政策解决方案，使得健康保险政策的选择很难被改变。医疗服务提供者提供的健康保险数量的增长、对雇主提供的健康保险计划的税收优惠政策的价值感知，以及社会保险项目的增长，都可能给那些试图改善健康保险制度的政策制定者带来很高的成本。例如，医疗服务提供者拥有独特的人力资本价值，而其价值只能通过医疗服务系统实现，这使他们有动机追求有利可图的医疗服务形式，包括提供健康保险以获得稳定的收入。同时他们也有强烈的动机反对那些虽然有利于整个社会但影响他们作为生产者利益的改革。对于健康保险公司来说，情况也是如此，因为他们拥有专业知识，提供健康保险产品也是他们的主要目的。

社会保险计划的增长，也面临路径依赖的突出问题，并且可能会限制社会健康保险政策的选择。虽然美国的公共健康保险计划在绝对和相对的条件下都有增长，从早期的 Medicare 和 Medicaid 的创建到最近的奥巴马医改法的实施，但总体来说公共健康保险的增长经历了一个不平衡的漫长过程。在这个过程中，社会保险计划总是试图增加或者减少其在提供风险管理服务和第三方支付服务方面的作用。或许，它将需要花费很大的精力和成本补偿那些在当前健康保险体系中投入巨额资本或资源的团体，否则就很难"撤销"甚至缩减这些服务项目。

健康保险的税收减免政策，也可以很好地说明路径依赖问题，由于历史原因，改变和扭转这一政策需付出高昂的代价。在现有的医疗服务融资体系中，对雇主提供的健康保险的补贴政策，自 20 世纪 50 年代被编入法律文本并在 20 世纪 70 年代不断强化后一直没有太大的改变。这一补贴政策强化的一个例证是，计划对高成本健康保险项目开征的"凯迪拉克税"（即消费税）被搁置或推迟（Furman 和 Fiedler，2016）。而对雇主提供的健康保险征税，或采取更直接的减少这种补贴的方式（如对可免税的健康保险金额设置上限或取消这种免税），对于解决这种补贴政策造成的扭曲是至关重要的。

在健康保险需求方面，也存在一些影响因素限制健康保险制度的可行性。其中一个重要的影响因素是，最优的健康保险计划（或者多个计划）与个人在该计划下支付医疗费用的意愿或能力之间的差异。假设有些人无法支付保险费或承担相应的财务责任，最优的解决方案可能是不为这些人提供医疗服务，或者至少是不提供健康保险。如果这对整个社会来说是"不可接受的"，那么在很大程度上最优保险就不可能实现。同样，就个人接受最优保险的意愿和能力而言，还有更广泛的政治因素的限制：只要健康保险计划是容易获得的，并且享有补贴，那么寄希望于政策抑制购买或抑制额外获得更高数量的健康保险计划的冲动能实现吗？如果存在道德风险，有什么证据证明政府行动比商业健康保险公司更有助于解决信息不对称问题？

次优理论，是在一个特定的系统中确定最优解的一种方法论，在这个系统中，一些约束因素使得"第一最佳"的福利最大化解不可能实现。"对于典型的经济体来说，再分配方案是扭曲的；也就是说，他们的分配目标不一定符合帕累托最优原则。对这种偏离及其权衡的分析是次优福利经济学的主题……"（Mas－Colell 等，1995，第 557 页）在健康保险制度中，无法实施第一最好政策的最佳范例是，大部分人都难以负担相应财务责任的最优共同保险政策。因此，次优理论和方法将这些限制因素视为对政策制定者的约束，而不必依赖于完全没有政府干预。

目前健康保险制度的一个主要缺陷是，它在选择的可得性和限制性方面特别缺乏吸引力，这也表明制度本身存在相当大的改进空间，一方面，由于所拥有的保险类型的价格的影响，许多人的选择范围非常有限。例如，雇主提供的健康保险的价格远低于在非团体保险市场上购买的健康保险，这使得雇主提供的健康保险成为个人的唯一选择。另一个例子是，Medicare 费用远低于在公开市场上购买的同等保障程度的保险计划的费率［平均而言，管理式 Medicare 比传统的 Medicare 更贵（联邦医疗保险支付顾问委员会，2010）］。由于选择的明确限制或"交易清淡的市场"（thin market）的影响，那些有 Medicaid 和非团体保险的个人也往往只有很小的选择范围。特别地，如果可能且可行的话，最优的制度应该同时包括 Medicare 和 Medicaid 两种计划，而不是单一的社会保险计划，以便为那些不能够或不应该由商业健康保险覆盖的人群提供健康保险保障。

三、市场失灵问题的应对

在福利经济学理论中，增进社会福利的帕累托改进方法，是在至少提高一个人预期效用的情况下，而不会让其他人情况变得更差。换句话说，如果存在某种成本较高的市场失灵，其可能的解决方案是，使部分群体获得改进的健康保险计划，而另一些群体可以获得补偿以弥补他们所面临的损失，最终可以实现从当前健康保险体系到对社会整体而言更好的健康保险体系的转变。

理论上，健康保险政策可以通过多种方式改进公共福利的帕累托最优状态。其中一个例子是由政府制定和颁布金融中介政策，如将第三方支付系统作为一种公共物品。这些医疗服务费用支付报销规则的制度成本很高，但却是非竞争性和非排他性的。因此，向所有健康保险商免费提供改进的第三方支付报销系统，可以解决由于对此类系统投资不足导致的市场失灵问题。这类似于建设和维护公共公园等公共产品。考虑到对于政府提供的健康保险和商业健康保险计划的好处，只要对于社会整体的投资回报（ROI）为正，政府对于支付和报销系统的投资就是值得的。然而，这样的改变可能不会是帕累托式的改进，因为它并没有做到使社会变得更好的同时而不使任何人的福利变得更差，具体说来是由于健康保险公司等可以从医疗服务的支付报销系统的生产和供给中获益的个人和组织（健康保险公司等），遭受了一些损害，或者说是利益损失。

公共政策和保险计划设计，也可以通过信息不对称性问题的解决来改善社会福利。在本章的讨论中，解决信息不对称问题的一个潜在方案是实施单一付款人的健康保险制度。在这样的制度下，逆向选择风险是不可能存在的，因为在获得保险的过程中个体没有其他的选择，并且个人获得的健康保险计划类型也几乎没有差异。此外，健康保险计划的设计通过选择权的运用可以使信息更加对称。根据第三章引入的罗斯柴尔德—斯蒂格利茨模型（Rothschild－Stiglitz model），通过健康保险计划的选择，个人可以"显露出"他或她作为高风险或低风险个体的类型。[①] 事实上，为了削弱利用私人信息的能力而限制个体的选择权，也会减少可获得的个人健康信息的数量。因此，如果政府把市场上观察到的个人偏好信息加工成有价值的数据，而不允许其他个人或组织利用这些信息获利，那么公共政策设计就能够提供更多健康保险计划的选择，并促进整个社会福利的改进。

理论上，实现社会福利的帕累托最优状态的主要方式是，在以牺牲其他群体的利益为代价，使特定的个人或群体的社会福利变得更好的情况下，同时补偿受到损害的群体的福利损失，使他们最终达到原来的效用水平。在健康保险中，这种政策的一个例子是验证相关的案例，看看保险保障程度的提高是否会增加社会的财富。在这种情况下，通过实施税收政策，可以提高未投保人群的参保率和保险数量相对较少（保险不足）的人群的保障程度，即可以实现所谓的帕累托改进。如果公共健康保险制度的投资回报率为正，那么通过健康保险预算支出获得额外的财富收益的回报就可以"返还"给纳税的个人，实质上可能让他们恢复到征税之前的福利水平。这些形式的改进依赖于两个条件：（1）额外健康资本的收益是金融资产的形式而不是简单的额外健康服务的形式；（2）从健康保险计划扩展中受益的个体可以被准确地识别并征税，以便提供所需的"退税"。否则，那些获得额外健康保险的人所享有的健康收益将不可互换（或者不可转让）。

鉴于健康资本的许多变化都是非财务性的，对于特定的健康保险政策是否能改善社会福利的决策来说，衡量和加总个体效用的模型是十分关键的。有许多方法可以衡量个人健康的效用价值，如生存率的提高和生活质量的改善。在卫生经济学中，个体生命价值评价的主要分析单位是质量调整生命年（QALY）。值得注意的是，即使在卫生经济学研究中，这一标准也存在争议，部分原因是方法是否恰当的问题，以及将所有的健康状态加总归纳为一个简单数字的困难程度（Neumann，2004）。

---

① 作者注：罗斯柴尔德－斯蒂格利茨模型可以被认为是"揭示机制"的早期范例，它引导人们揭示自己的真实信息。更多有关机制和机制设计经济学的讨论，请参见 Borgers 等（2015）。

如果健康价值的变化可以通过个人效用所得来衡量，接下来的一个方法论的问题是如何在社会层面上将这些不同个体的收益进行加总。一种加总个体效用的自然方法，就是简单地将它们相加得出一个结果。在这种情况下，社会福利是每个成员福利的总和。那么，最大化社会福利就变成了一种功利主义行为，即弄清楚如何重新分配财富，以便于社会从每个人消费所得的个体效用的总和中获得效用的最大化。例如，如果健康保险的扩展使第一个人的健康资本增加 0.1 个 QALYs，第二个人的健康资本增加 0.2 个 QALYs，那么整个社会的总收益就是 0.3 个 QALYs。这种社会福利函数是争议的来源之一，因为如何加总个体效用的方法本身就可以决定哪一种政策选择是最优的。例如，一个政策制定者可以选择使自己的福利状况变得更好的加总方法（Sen，1980）。

本书之所以特别关注健康保险效用的加总问题，是因为在某种程度上，某些人群可能被"过度保险"了，而另一些人群则可能是"保险不足"，因此，将健康保险从一个群体转移到另一个群体就可能是有意义的。由于分担风险的能力是一种有限的资源，这种转移对于健康保险的风险管理功能来说，更具有特殊的意义。例如，重新配置健康保险资源可以极大地改进社会福利，一般的做法是，减少用于低价值的健康保险的支出（如将一个人从具有完全健康保险的状态转移到只拥有低共保率的健康保险的状态），并将这些支出再配置给一个没有保险的人或一个具有较高共保率的人。健康保险政策在多大程度上改进社会福利，取决于如何计算社会成员中每个个体的得失，比如是否对社会所有成员的偏好给予同样的权重，或者是否对政策十分关注的健康状况差的人群应该给予更高的权重。同样重要的问题是，在实践中如何权衡健康保险政策和其他的服务政策的不同选择，这些其他的服务，不仅仅是指改善健康状态的医疗服务，还包括公共卫生服务、教育、高质量食品或住房等，对于改善公众的健康和增进社会整体的福祉具有重要意义。

然而，在实际的健康保险制度运行过程中，哪怕是一项简单的试图在社会福利方面达到"最低限度"要求的政策，也是难以顺利实施的。由于个体在健康状态、偏好、财务能力等方面都存在着异质性特征，可以有充分的理由相信，要确定一个社会统一的健康保险的最低效用水平是非常困难的。实际的情况是，在全部人群中，个体的效用水平的差异是非常巨大的。这甚至意味着一些个体可能仍然处于未参保状态（或选择继续不投保）（Pauly，1968）。

任何应对市场失灵的政策和制度设计，一个明显的不足之处在于政策实施的成本可能超过收益。重新进行健康保险资源的配置和制订和实施新的公共偿付计划，可能至少会通过如下三种渠道减少效用和降低经济产出：一是通过增加税收为这些政策实施提供所需的资金，可能导致社会福利的净损失；二是政府对健康保险资源进行再配置，可能与消费者个体的潜在偏好不一致，可能导致的消费扭曲；三是由于公共政策实施过程中存在的潜在低效率，可能导致私人健康保险供给商的抵制和反对。当然，理论上，政府干预的每一项政策的成本负担都是不确定的。例如，一项好的目标明确的公共政策所带来的社会福利改进，不一定等于增加税收所导致的社会福利净损失。因此，就健康保险政策的目标而言，最安全的假设是，政策干预将付出一定的成本，而这种成本是否"值得"要根据所获得的成果来判断。

第二节　公共政策的特点和局限性

一、政策和监管工具

政府补贴实际上是一种不同群体间的定向转移支付的方式。在健康保险政策补贴实施过程中，政府可以将额外的资源配置给特定的群体，比如健康状况不佳的人群或低收入人群。由于一个经济体就是一个"封闭系统"（没有免费的午餐），这些额外的资源必须来自另一个经济体或团体。[①] 政策补贴将会导致接受补贴的群体的需求增加，如果他们直接获得补贴，他们的需求曲线就会向右移动。健康保险补贴的接受者将能够以相同的价格购买更多数量的保险。补贴也将降低那些最终承担支付补贴的个体的总需求，由于为实施补贴政策而增加纳税的个体用于健康保险和其他商品上的支出将减少，从而使他们的需求曲线向左移动。由于政策的实施过程本身会产生一定的成本，因此政策也会造成社会福利的净损失。前面已经讨论过两个健康保险补贴的例子，即通过税收制度对雇主提供的健康保险进行补贴的例子，以及社会保险项目通过实行精算有利费率的原则直接对参保这些项目的人群进行补贴的例子。

政府的税收和补贴，是一个硬币的两面，都可以引致消费者行为的变化。对健康保险征税将导致健康保险的价格变化，即促使价格上涨；而政策补贴的作用是相反的，即补贴会导致价格的下跌。因此，税收的经济学分析等同于补贴的经济学分析（Nault，1996）。一方面，税收可以降低多缴纳税收群体的需求，将其需求曲线向左移动，因为受税收影响的群体必须支付更高的价格才能获得同等数量的健康保险。另一方面，税收也会增加那些从基于税收的政府支出中受益的个体的需求，将获得补贴的群体的需求曲线向右平移，因为他们将有更多的钱用于健康保险和其他商品的消费。需要说明的是，这项政策实施的结果也可能导致社会福利的净损失。

---

① 作者注：正确的政策可以促进经济增长，但短期内保守假设是，监管政策将重新配置金融财富，而不是增加金融财富。

在健康保险市场运行过程中,政府监管常常可以起到限制健康保险的价格和数量的综合效果。例如,一种常见的限制性的健康保险政策干预措施,不仅可以限制或取消"低质量"健康保险的供给,而且通常这也意味着限制或取消保额较低的保险。另一种常见的监管措施是,限制健康保险商对其产品收取的保费,即所谓的"费率管制"。上述两种监管措施在经济学上都被视为限额政策①(Mas – Colell 等,1995,第 354 页)。对于健康保险来说,这种限额类的监管措施不仅将健康保险计划的数量和质量限制在最低限度的水平,同时也将其价格限制在低于一个最大值的水平。

政策干预的最低数量和质量标准,可以被视为政府试图取消那些以相对较少的价格提供相对较少数量的健康保险计划。而政策干预的最高价格标准,可以被视为政府试图取消那些以相对较高的价格提供的较多数量的保险计划。监管机构也可以有选择性地取消某些保险计划,这意味着监管机构将拒绝批准那些价格与所提供的保险利益不符的健康保险计划。这将使得健康保险供给概率的分布呈现离散化,而不是连续化的特征,即消费者无法获得某些特定价格和数量组合的健康保险。每一项监管措施也都会产生将供给曲线"左移"的效果,从而减少健康保险的总供给,因为健康保险商需要承担遵守此类法规的合规成本,然后他们将这些通过更高价格或更少选择的方式转嫁给消费者。一个重要的问题是,这些监管规则如何影响文献中常常讨论的最优保险问题,以及如何影响消费者对完全保险的消费偏好。如果政策干预能通过消除次优选择而实现最优的保险设计,那么它就能提高整体的社会福利。如果这些政策干预措施使得某些健康保险商不得不退出某些市场,限制或取消了消费者的健康保险的价值选择,那么它们也可能降低社会整体的福利水平。

第五章曾经详细探讨过一项健康保险政策,即政府直接生产健康保险产品,即服务内包。服务内包是指政府直接扮演健康保险商的角色,而不是向消费者或商业健康保险商提供政策补贴。换句话说,政府可以作为健康保险的提供者,而不是利用税收、补贴和政策干预等方式来实现最优健康保险制度的目标。公共健康保险供给的主要优点是,政府可以更直接地实施最优的保险方案。与其很麻烦地计算消费者和生产者对价格和数量管制等公共政策措施的反应,政府不如干脆直接生产和提供最优的健康保险。

政府实施直接提供健康保险的政策,主要缺点在于政府信息的性质以及健康保险不是纯粹的公共产品。"在试图获得更有效率的健康保险供给的效果时,政府面

---

① 译者注:健康保险的限额政策是指对于健康保险数量和质量的范围进行限定,如不能超过某个特定的最高限额值,或者最低限额值。

临着有限信息的约束，特别是缺乏对家庭偏好的信息和知识"（Myles，1995，第263页）。而许多私营机构在生产和销售健康保险的过程中，会不断发现消费者愿意购买的健康保险类型。这就是市场自由竞争的好处，而当政府或私人组织垄断健康保险的生产和供给时，这种好处是不存在的。此外，也应该对政府的监管成本进行量化和评估，以便确定政府对于健康保险市场的干预在什么样的情况下是最优的或者说是最恰当的。

公共政策对于健康保险市场的干预有一个边界，它不可能总是以较低的价格提供更多保险，否则就可能加剧市场失灵，也可能由于成本过高导致政府难以承受。这种政策干预的有限性，是理解弥补健康保险市场失灵的政策干预本身具有的特征和缺陷的关键。政策制定者当然可以通过补贴某些群体获得更多的风险管理服务，并限制其他群体获得风险管理服务，来改变不同人群所享有的风险管理服务的相对规模。然而，健康保险计划可以提供的风险管理服务总量也有一个限制，这种限制一方面是基于大数定律下的规模边际报酬递减，另一方面是由于更大、更多样化的健康保险池存在规模和范围成本增加的可能性（即存在所谓的规模和范围不经济效应）。

政策制定者还可以通过补贴或直接提供第三方支付服务，例如将医疗保险服务捆绑到诊断组、治疗过程或整个医疗程序中，以增加人们获得的金融中介服务的数量。然而，同样地这不仅会受到金融中介服务支出的规模边际收益递减效应的限制，而且受到将其应用于更大、更多样化人群可能导致的规模和范围的成本增加（即规模和范围不经济效应）的限制。最终，政府在健康保险上花更多的钱只会通过挤出效应和社会福利净损失等增加健康保险的供给成本，而不会真正增进消费者的福利。

二、挤出效应和社会福利净损失的度量

挤出效应，是指公共健康保险计划只是替代现有的健康保险计划而不是增加保险供给总量的趋势。健康保险市场上存在的挤出现象，其原因在于公共健康保险计划的保障范围足以涵盖已经拥有健康保险的众多个体的倾向。在分析公共商品的供给时，它对私人供给的挤出效应是经济学普遍关注的问题。挤出效应成本问题是经济学理论需要解释的一个重要问题，而基础经济模型通常会得出大部分收益来自私人交易的结论。在最简单的健康保险模型中，当两个不同的个体独自同意签署一份保单，以既定的价格分担他们之间的健康风险时，他们实际上是在完成一个在资源有限的情况下努力实现效用最大化的过程。在这种自由的市场交易模式下，公共政策的作用主要是为了解决可能发生的市场失灵问题。

Medicare计划肯定会挤出一部分商业保险的供给。在该法颁布时，Medicare覆

盖的人群（65 岁及以上）通常已有许多人投保。从这个意义上说，Medicare 就挤出了大量的商业保险计划的供给。当然，不同的健康保险计划的数量和质量的确是各不相同的。Medicare 的作用是使那些已有健康保险的人的保障更标准化。对于那些保障程度低于 Medicare 的人来说，该计划的引入也不是纯粹的挤出，他们从 Medicare 中所获保险的数量和质量是在他们现有保险保障之外的增加部分。同样的分析结果也适用于最近的奥巴马医改法中健康保险计划的扩展导致的公共健康保险计划的增加，这在一定程度上挤出了现有的商业健康保险的供给，但也大大提高了已参保人群的健康保险的供给数量。

大量的文献实证分析和研究了公共政策通过公共保险对私人保险的挤出效应。例如，卡特勒和格鲁伯（1996）问了这样一个问题："公共保险会挤出私人保险吗？"卡特勒和格鲁伯研究了 Medicaid 计划之前的扩展，发现这些扩展实际上挤出了商业健康保险的供给（Cutler 和 Gruber，1996）。然而，克罗尼克和吉尔默（2002）发现，20 世纪 90 年代，在四个不同的州中，Medicaid 扩展导致的挤出的比率要低得多，"有政策补贴的公共保险计划减少了没有保险的人数，而对私人保险覆盖率影响很小。"（Kronick 和 Gilmer，2002）Gruber（1997）从成本效率的角度进一步研究了这些挤出效应。挤出效应是影响保险计划扩展的成本效率的因素之一，"……评估 Medicaid 政策的效果，最重要的是要将增加的医疗服务成本与健康收益进行比较，以计算出该健康计划的成本效率比。"（Gruber，1997，第 179 页）因此，挤出效应研究的主要问题是：在特定人群中，有多少特定保险计划的供给被挤出，以及无效率地挤出的保险供给数量是否很高？

社会福利净损失，是指花费在提供相关产品和服务上的一些无谓的成本，它没有给人类福利带来任何好处或收益。这种损失可能源于公共健康保险制度的许多负面因素的作用。例如，为健康保险融资而采取的增加税收措施，特别是税收制度造成的健康保险市场的扭曲，就是造成社会福利净损失的一个重要原因（Feldstein，1999）。健康保险市场需求的价格效应，比如道德风险，诱致的低效率消费的趋势，也是公共和私人提供健康保险的无谓成本。健康保险供给过程中的垄断也会产生上述的无谓成本，但这种成本损失情况在竞争激烈的环境中可以得到遏止和改善。垄断企业通常以不合理的高价提供无效率的低质量的商品和服务（Mankiw 和 Taylor，2006，第 301 页）。一个具有垄断性地位的健康保险商，不管是公共的还是私人的，都可能会收取不合理的高价格，并且提供的健康保险数量远低于竞争性的健康保险市场提供的最优数量。①

---

① 作者注：值得注意的是，私人垄断者往往会将其获得的利润保留下来。公共垄断者可以选择用挣来的钱来资助其他健康保险项目，这将继续通过提供更低的医疗保险总量来减少消费者的福利。

有大量的文献实证分析和研究了健康保险市场上存在的社会福利净损失的影响。在第四章中已讨论过最佳共保比例为25%～27%，这表明由于道德风险的影响大多数现有的健康保险计划都存在着巨额的社会福利净损失（Manning 和 Marquis，1996）。费尔德斯坦（1999）计算了增加所得税导致的相关的社会福利净损失，即每增加1美元所得税，就会造成2美元的福利损失。费尔德斯坦的分析是部分地基于以下事实：医疗保险福利所得不作为收入征税，这增加了现行所得税制度对税后消费健康保险产品的扭曲效应（Feldstein，1999）。这种无谓成本，占据了健康保险计划特别是公共保险计划的附加成本相当大的比例。

挤出效应和社会福利净损失，不是人们先天地不接受公共健康保险计划的理由。明晰健康保险计划和健康保险政策的成本和收益的分类，有助于经济学家们根据具体的决策规则提出政策建议。经济学关于决策问题的主要规则是，任何边际收益超过边际成本的变化都应该被接受，而任何边际成本超过边际收益的变化都应该被拒绝，那么简单说来，挤出效应和社会福利净损失就一定会使公共健康保险政策变得代价更为高昂。然而，公共健康保险制度也有很多好处，主要在于这些计划可以获得规模经济和范围经济效应。这种经济效应如果能够合理地转化为较低的保险成本，可能会从根本上扭转人们的看法，从而会赞成实施更多的公共政策以提高健康保险市场的效率。

分析和研究公共健康保险和私人健康保险供给各自所占比例的一种方法是，可以比较它们为医疗服务费用支出筹集资金的来源。健康服务费用筹资的资金来源有三种：（1）个人支付，即自付费用；（2）商业健康保险商的支付；（3）公共健康保险商的支付。从资金来源的角度来看，过去50年来，通过健康保险计划为医疗服务融资的总规模急剧增加。在美国，被归类为"自付"的医疗服务支出的百分比在1960年超过了50%，然后在2010年大幅下降到12%左右（Catlin 等，2015；CMS，2016b；Folland 等，2013，第14页）。因此结果是，来自第三方的健康保险计划的筹资比例增加到总支出的88%。

特别需要指出的是，公共健康保险计划已经成为健康服务费用筹资的重要来源。在奥巴马医改法实施之前，社会医疗保险计划已经从 Medicare 和 Medicaid 计划实施之前的一个微不足道的健康筹资来源，发展到 Medicare 和 Medicaid 计划提供的筹资比例占所有健康医疗费用支出的50%以上。从这种方式来看，奥巴马医改法的实施延续了这种趋势，即增加健康保险（尤其是公共医疗保险）的供给以便为医疗服务提供更多的资金。因此，健康保险政策制定者可选的政策菜单，包括进一步扩大公共健康保险供给的一系列政策措施，也包括继续扩大商业健康保险的供给。

第三节　健康保险政策选择

一、全民健康保险

实施全民健康保险计划是健康保险政策的主要选择之一。全民健康保险计划使得健康保险的规模最大化，特别是通过一个单一的主体或少数几个健康保险团体计划构成的全民健康保险体系。当所有人都享有健康保险时，健康保险的市场规模是最大的。健康保险的普遍化使得健康保险市场的"厚度"（thickness）或活跃度达到最大化，这意味着它构建了包括尽可能多的活跃消费者的最大风险池。健康保险的规模经济效应的主要好处是，只要健康保险的规模经济回报保持不变或增加，它就能够将健康保险的成本降至最低。最后，全民健康保险制度也从根本上消除了在第六章中讨论的未保险人群所导致的外部性问题。在很大程度上，大量的未投保人群造成的外部性，常常需要"支付"实施和维持政策的成本，才能确保顺利实施全部或部分的全民健康保险制度。

全民健康保险制度，也满足了人群中的风险厌恶者对风险管理的基本诉求和意愿。全民健康保险可以最大限度地降低和管理某个特定的时间点或某个特定的时间段内保险保障不确定性的风险。在允许不投保的情况下，个体可能会面临这样的风险，即健康保险虽可得但成本过高，因而导致个体无法购买保险。因此，在非全民健康保险体系中，消费者会比较购买健康保险的成本费用与不投保时的差别，进而可能选择不参保。在某个时间点，没有保险的人比有保险的人面临的风险更大，因为健康冲击除了会导致健康损失外，还会造成经济损失。而从一个更长的时间框架看，同样的现象也会出现，个人还可能面临着健康保险费用变化（上升）的额外风险。换句话说，健康冲击不仅可能导致当前年度的医疗费用成本增加，也可能引起未来更高的潜在精算公平费率的上升。这也可以被称为"健康状况"风险（Cochrane, 2009）。

全民健康保险政策通过在一个较长时期内平滑健康保险的价格，可以有效应对个体面临的长期健康风险，并可以消除某些个体被商业健康保险商视为"不可保"的可能性。当然，也存在一些替代性的商业解决方案，诸如"保证续保条款"或"健康状态保险"等，但这些解决方案通常会产生所谓的"剩余风险"①，因为有些

---

① 译者注：剩余风险，是指那些运用了所有的控制和风险管理技术进行管控以后，而留下来、未被管理的那些风险。在宏观意义上，也泛指那些未参保现象。

个体可能无法保持连续投保[①]（Cochrane，1995；Pauly 等，1995）。无论是全民健康保险，还是上述的商业解决方案，都不能消除与健康保险成本相关的风险。相反，社会医疗保险制度"交易"或解决了"未参保"问题，但却带来了全民健康保险制度自身的新问题，包括难以管理持续上升的健康保险运营成本，以及这些公共健康计划给政府预算增加的负担。

对于实施全民健康保险制度的一个主要的争论是，绝大多数的最优保险都是不完全保险形式。所有人都希望在零的价格水平上获得完全保险以全面保障健康风险，因此全民健康保险可以使得消费者增加对价格较低且质量较高的消费品需求的支出，同时也可以确保个体管理负面的健康冲击造成的风险。如果有什么不同的话，在健康经济学和保险经济学文献中，通常都认为最优保险应当比目前的奥巴马医改法的保障水平更低，即更不慷慨。以这些最优原则为基础的全民健康保险政策，可以确保为大多数民众提供最优的健康保险。

全民健康保险，也意味着通过保险的价格机制实现保险数量在人群之间进行大规模的转移。这里的保险价格机制，更准确地说是"价格平滑"机制，它是任何全民健康保险政策的核心。对未参保人群的讨论，主要是探讨一些个体如何面对价格为零的保费（或负的价格），以及他们是否同意参保健康保险计划（因为即便如此，他们参保依然可能存在障碍，参见 Baicker 等，2012）。除了这个极端的例子之外，一些具有较高健康风险或较高费用支出但相对风险较低的个体，将支付远低于其预期索赔的保费（通过补贴或费率优惠），这意味着全民健康保险计划对大部分人口都提供了大额的交叉补贴。这种交叉补贴既是需要社会承担的财政开支，也是个体负效用的潜在来源，因为他们中的一些人的确是不参保的收益更大，而参保的成本相对地更高、收益较小。正如保利（Pauly）等（2015）讨论奥巴马医改法的个人强制规定时指出，"……接近一半的之前未投保的个体（特别是那些收入较高的人）认为该强制规定具有较高的财务负担和较低的估计福利；这表明遵守个人的强制保险规定会有正的'责任代价'或者'责任价格成本'"。

在经济学理论中，全民健康保险存在的交叉补贴问题，可能与价格信号的损失有关。而价格信号问题又涉及最优健康保险水平的问题。个人可能只会得到关于其健康质量的不充分信息，这可能会降低他们从事预防性活动和进行预防性储蓄的意愿或动机，而这些活动不仅对个人是有益和有效的，而且对整个社会来说也是如此。政府也可能只会获得关于个体支付健康保险的真实意愿的不充分信息，因为个人有动机谎报他们对健康保险的意愿和偏好以获得更慷慨的健康保险，在许多方面

[①] 作者注：奥巴马医改法通过取消医学核保，使得保证续保的健康保险计划的价值大大降低，并且变得意义不大。

类似于逆向选择问题。社会保险计划的过度提供，或向认为社会保险不具有价值的个人提供，会削弱健康保险对社会的价值和作用（Finkelstein 等，2015）。

全民健康保险还有一个缺点是，它使得保险计划设计的多样性和满足差异化保障需求偏好的竞争性，变得不太容易实现了。在有关的最优保险文献中，讨论的一个主要问题是，不同个体的健康水平的异质性，以及他们的风险厌恶程度的多样性（Pauly，1968）。全民健康保险计划，将削弱和降低健康保险市场揭示不同的潜在风险偏好的能力，并以如下两种重要的方式为其服务。一种方法是"削减"保障程度较低的保险计划，以及自我保险，也即无保险。在全民健康保险制度中，这些决策选择将被禁止或征税，直至消失。另一种方法是，全民健康保险计划还将限制可被允许的决策选择集的规模，而公共政策的选择则是界定健康保险计划的数量"下限"和"上限"，作为"可接受保险"的指标的一部分。

在目前的"碎片化"的健康保险市场中，异质性特征是一个解释现存制度合理性的重要论据。一个政府管制最少的市场，在满足不同消费者的各种类型需求，以及适应不同的健康资本水平的个体的风险管理服务要求方面，也是最有效率的。如果商业健康保险计划是不合规的，或者按照监管的严格要求这些计划的负担成本过高，那么健康保险商和其他公司就可能无法提供特定类型的保险以满足特定人群，尤其是那些有特别偏好的人群的消费需求。因此，美国现存的健康保险市场的合理性和效率，在很大程度上取决于人口结构的异质性，包括不同人群的差异化的健康资本水平和多元化的健康保险需求。

在讨论全民健康保险中存在的交叉补贴现象时，需要关注的两个重要问题是负担能力和公平性。负担能力，是指政府有能力提供足够大的补贴，以确保全民健康保险制度的顺利实施。简单地将保险购买决策从个人转移到社会层面并不能从根本上解决问题，因为无论在何种情况下健康保险服务都需要花费巨额成本。公平性，是指补贴是否流向"合适的人"，以及是否由"合适的人"提供资金。就交叉补贴现象而言，"一般来说，健康保险补贴往往从那些更健康且不太可能使用健康保险的人，转向那些不太健康更可能使用健康保险的人。"实际上，如果补贴从一个年轻的、健康的人转移到一个不那么健康但积累了一些金融资产的老年人，就像Medicare存在的交叉补贴的情况一样，可能就是不公平的（Williams，1997）。

解决健康保险市场失灵问题，可能意味着要降低那些"投保过度"（或完全保险）的人群的保障程度。如果当前健康保险市场失灵的主要问题是不同个体获得的风险管理服务的相对不均衡，以及不同群体间的金融中介服务（第三方支付）水平具有差异，那么显而易见的是，某些群体将从更多的健康保险中受益。综合考虑对于健康保险消费的一些限制措施，全民健康保险制度的实施也意味着某些（如过度保险）群体将不得不放弃一些健康保险的消费，以实现这种"再平衡"。

"过度保险"的目标群体，主要是指目前平均来说拥有健康保险数量最多的两个群体，即拥有雇主提供的健康保险的人群，以及享受 Medicare 计划的人群。奥巴马医改法的改革目标是缩减这两个群体拥有的健康保险数量，首先，在雇主提供的健康保险市场上，主要是通过对高成本的健康保险计划加征消费税（凯迪拉克税）的方式。其次，在 Medicare 市场上，则通过降低向医疗服务提供者的支付比例，或者减少向 Medicare 优势计划（管理式医疗计划）的支付规模等方式（《患者保护和平价医疗法》，2010）。目前，还不清楚政策制定者是否能够和有意愿坚持实施上述政策。也就是说，他们能将这些政策完全地或者尽可能地落到实处吗？一些初步的研究表明，目前奥巴马医改法推动的一些改革措施的进展并不顺利，包括减少向医疗服务机构的费用支付，降低对 Medicare 优势计划的支付比率，出台新的征税办法以及延迟该法中对"雇主的强制要求"等。因此，奥巴马医改法实际上可能会被修正甚至难以按照要求实施（Goldfarb 和 Somashekhar，2013）。这可能意味着需要采取更为激进的政策和措施，如建立和实施单一付款人的健康保险制度，推动现行的健康保险体系的改革。

二、单一付款人的健康保险制度

单一付款人健康保险是指政府作为唯一的健康保险商的全民的团体健康保险形式。在单一支付人制度下，绝大部分的医疗服务融资都由公共资源提供。而公共资金来源可能像英国一样，由中央政府财政资金全部负担；或者像加拿大一样，通过联邦和省（次联邦）的协调来共同出资承担医疗费用支出。而无论在哪一种情况下，单一付款人健康保险制度的显著特点是，由单一的政府机构负责控制和管理大部分的全民健康保险计划的预算资金。相比之下，强制性的全民医疗保险等其他计划，比如瑞士和日本的社会医疗保险计划，法律规定了强制性的要求，政府机构在预算资金管理方面发挥的作用有限。需要说明的是，英国的全民医疗服务制度，实际上是混合了单一支付人和单一医疗服务提供者的制度，政府也拥有医疗设施并雇佣医生等，因此政府本身就是医疗服务的生产者和供给者（Elias 等，2014）。

单一付款人的健康保险制度的一个主要特点是它的普适性。许多已经实现全民健康保险的发达国家都建立了公共的单一付款人制度，无论是实行社会医疗服务制度，还是实行全民健康保险制度，单一付款人制度都是十分必要的。瑞士和日本的综合性的社会健康保险制度采取了另外一种方法实施全民健康保险，虽然这两个国家都没有使用单一付款人的筹资机制，但政府在融资和管理这些筹资系统方面仍然具有重要的作用。因此，美国可以建立并实施单一付款人制度，以此达到通过健康保险实现全民健康保险覆盖的政策目标。

健康保险的单一付款人制度的一个显著好处是，由于人们只能选择一个健康保险计划，从而解决了逆向选择问题。在单一付款人制度或单一健康保险计划体系中，逆向选择风险是不可能存在的，因为个人无法利用自己的私人信息"博弈"从而在健康保险体系中获得额外利益。然而，许多国家的全民健康保险制度有多种具体的保险方案，例如德国的国民健康保险体系中有 130 个疾病基金（医疗保险基金）可供选择，并且个人可选择"退出"社会医疗保险体系，或购买商业健康保险。有一些证据表明，即使在允许个体能够从商业健康保险转向公共健康保险的情况下，私人健康保险商也能够并且确实是营利的（Grunow 和 Nuscheler，2014）。

　　而从美国的情况看，由于存在多种健康保险计划，这很可能导致逆向选择风险。例如，当传统的 Medicare 实施时，65 岁及以上的人不可能存在"逆向选择"行为。然而，有大量的证据表明，不同于传统的 Medicare 医疗补助制度，作为一种改进方式的 Medicare 优先计划则允许个体选择购买商业保险计划，并且这还贡献了商业健康保险公司盈利中相当大的部分。尽管 Medicare 已经积极管理 Medicare 优先计划，以防止"风险选择"行为发生（Newhouse 等，2015），但这种情况仍然存在。美国的另一种私人的补充性保险是联邦差额医疗保险（Medigap）①，它为 Medicare 计划未保障的那部分索赔提供保险费用支付。Medigap 计划为公众提供了一种通过购买商业健康保险计划来提高 Medicare 保障数量下限的方式。换句话说，个人可以购买商业健康保险以补充传统 Medicare 提供的社会医疗保障水平，但这并没有实现所谓的完全保险。与 Medicare 优先计划一样，有大量证据表明 Medigap 市场也存在逆向选择行为（Ettner，1997），但也有许多的研究文献持相反观点（Cutler 等，2008）。

　　单一付款人制度的两个特征或者说优点，一是它可以解决不平等问题，即将保险的数量从相对健康人群转移到相对不健康的人群；二是它作为第三方支付人的垄断力量。买方垄断者是商品或服务的单一或主要的购买者，在很大程度上就像卖方垄断者是商品或服务的单一或主要的提供者一样。单一付款人制度，几乎可以定义为，是一种社会保险计划（一家健康保险公司就像是一种私人买方垄断者，成为一个特定地理区域的健康保险服务的最大购买者，也即当地的买方垄断者）。在单一付款人制度下，决策者可以基于收入、年龄或健康状况等调节缴费和自付费用，以便在人群之间转移财富。

　　文献中关于单一付款人健康保险制度的管理成本的研究表明，实施这种社会医疗保险计划的国家，其健康保险管理成本可能会比较低，这也说明其他国家的保费附加因子要低于美国（Cutler 和 Ly，2011）。医疗服务的单一付款人制度，就是一

---

① 译者注：联邦补充（差额）医疗保险，是指用来支付 Medicare A 部分和 B 部分不支付的医疗费用的保险计划，因而也被称作"次要保险"。

个购买医疗服务产品的买方垄断者。这样的买方垄断者可以利用其定价能力使消费者福利最大化，这与前面所述的社会规划者问题是一样的。另一方面，有些学者认为，由于在操作上支付大量的产品和服务的难度很大，而且美国医疗服务费用开支较高，所以医疗服务领域的定价问题很难处理（Andersonetal，2003）。

健康保险作为解决社会不平等的一种机制，是其重要的特点，而对于单一付款人的健康保险制度来说，则成为一个缺点，因为它导致了个体支付的保险价格的较大差异，从而造成不同成员间巨大的不平等。在政府和雇主提供的健康保险市场上，不同个体可能为同一产品支付差异较大的价格。从某种意义上说，在这样的健康保险计划中，不同群体之间存在大量的隐性补贴，而不是一个由具有相对同质化的潜在健康风险的人群组成的风险池。单一付款人制度的可行性，在于作为政府预算的一部分需要进行谨慎管理，因为社会保险健康计划与商业健康保险计划不同[①]，不是按照精算原则来管理的。全民健康保险计划的交叉补贴现象是扭曲的和不透明的，而在非团体健康保险计划中，个人可以获得明确的、基于风险特征的保险费用补贴（即健康保险"代金券"），以便从商业健康公司购买健康保险产品（Pauly等，1991）。

单一付款人制度的另一个潜在缺陷是，健康保险供给过程中可能存在的规模和范围的不经济。在利用大数定律来管理健康风险时，健康保险计划的最优人数的规模经济效应限制条件并不是很明确。同样地对健康保险的范围经济效应的限制条件也不清楚。有许多机构专门从事两种主要的医疗健康保险服务（风险管理或第三方支付服务）中的一种，这表明健康保险服务的供给也可能存在范围不经济。许多学者认为美国健康保险体系中存在显著的规模经济和范围经济，例如伍德·汉勒（Woolhandler）等的研究发现，过高的管理成本是美国多头支付系统最大的缺点之一（Woolhandler 等，2003）。2011 年，卡特勒和利认为，与其他发达国家相比，美国的医疗服务体系存在大量的潜在浪费（Cutler 和 Ly，2011），这说明运用单一付款人制度对于降低医疗服务成本具有重要作用。

单一付款人健康保险制度的主要缺点是存在道德风险的可能性。正如第三章所讨论的，道德风险可以用多种方式来定义，但道德风险的主要经济学含义之一是价格效应。道德风险或医疗服务过度消费（它其实并没有什么价值，甚至可能是有害的）的主要应对方法是，根据不同个体的医疗服务的消费倾向，以及不同个体的医疗服务的潜在效果的差异，调整健康保险医疗服务费用支出的降价效应。然而，在

---

① 作者注：联邦医疗保险和州医疗补助服务中心（CMS）是精算师的大雇主。精算师（OACT）的作用是"根据现行法律和对现行法律的拟议修改，执行精算、经济和人口统计研究，以估计 CMS 计划支出。"（联邦医疗保险和州医疗补助服务中心，2015 年）然而，CMS 精算师不负责确保保费与这些计划下的费用支出相等。

单一付款人制度的健康保险中，上述的应对方法远比其他任何形式的保险计划实施起来更困难，因为正如上文中讨论过的，在只有一个保险计划和一个付款人系统的健康保险制度体系中，保险价格相对于个体而言本质上是最大异质性的。[①]

单一付款人制度中的道德风险问题，可以通过提供融资的方式得以缓解。格雷德指出："一个地方政府可以决定社会保险计划的医疗服务质量和水平、医疗提供者支付水平、医疗资格的审核等，而联邦政府则负责支付或补贴大部分费用，就像 Medicaid 计划中存在的那样，很可能会产生'道德风险'，并最终增加社会的医疗费用支出。而对于联邦政府向地方政府支付或补贴全额边际费用的固定支付制度来说，道德风险就可能不会发生。"（Glied，2009）换句话说，单一付款人制度可以通过在统一的社会健康保险计划内设立多个分项目来满足个体的异质性需求，从而缓解道德风险，就像 Medicaid 计划中的情况一样（每个州都有自己的计划，或者传统的形式，或者是管理式医疗方式），而负责管理社会健康保险计划的联邦政府则承担了更高成本的风险。

单一付款人制度的另一个缺点是，它仍然难以消除不平等现象。在这一制度下，受教育程度高或社会经济地位高的人，总是会找到获得更多利益的途径和方法。文献中，有大量的研究关注这种所谓"邮编彩票，或者医疗服务的地域差异"现象（相当于英国的"邮政编码"），因为在许多文献研究中，个人的邮政编码常常被用作他们居住的地址的标志。例如，一篇研究文献指出，"某些邮编区域的医疗服务的响应时间更快，行程更短。"此外，"某些地区，特别是那些距离救护车调度点较远的地区，与患者较低的生存率显著相关"（Lyon 等，2004）。因此，美国的健康保险制度存在着较大的异质性以及不公平不平等现象，当然这种现象的存在本身并不是单一付款人制度的原因（例如 Lynch 等，1998）。但最主要的问题是，如果减少这种不平等现象是单一付款人制度的主要目标，那么这一目标也许并不能证明向这种新的单一付款人制度转换和过渡的成本是合理的。

进一步地深入分析，单一付款人健康保险制度的特点和缺点实际上意味着，这不太可能是解决美国健康保险市场最重要问题的政策解决方案。从人口结构的角度来看，单一付款人者系统所隐含的健康保险计划设计的同质性，可能无法满足不同人群的风险特征差别、风险厌恶态度的差异和医疗费用支出的不同水平。从政治可行性的角度来看，单一付款人制度也可能是行不通的，因为在历史上美国推动单一付款人制度的相关机构或组织一直无法在联邦层面实施这样的计划（Hoffman，2003）。在目前政策环境下，奥巴马医改法代表了联邦政府所能参与的最大程度

---

① 作者注：碎片化的分散的系统有几乎相反的问题，即有很多不同类型的计划，保费水平也完全不同，试图进行各种计划间的比较是困难的或不可能的（如同"苹果与橘子"比较）。

（需要强调的是，事实上，ACA 的许多项目并没有根据书面条例实施）。因此，本节其余部分和第九单将讨论一系列旨在改善美国健康保险制度效率的政策建议。

三、政策的选择范围

社区费率（或团体费率）作为一个政策选项，可以被视为健康保险政策监管的重要内容。在社区费率中，保险费率的厘定不需要使用参保该健康保险计划的成员的预期医疗成本等相关的信息和数据。为雇员提供健康保险的雇主选择使用社区费率，这样，在特定的健康保险计划类型和参保群体分类中，每个人都为其健康保险计划支付相同的保险费。有显著的证据表明，在雇主提供的健康保险计划中，采用社区费率的方法是有益的，也是可以长期有效的。尽管有人批评和抱怨说，只有那些能够获得并维持雇主提供的健康保险的雇员才能适用这种社区费率。

社区费率也被用作各州的保险监管政策的内容，尽管实际效果尚不明确（例如 Buchmueller 和 DiNardo，2002）。社区费率之所以能够成功地应用在雇主提供的健康市场上，可能正是因为它仅限于特定的就业人口群体。当然，社区费率在政府提供的健康保险市场上也得到了成功的应用，为所有成员提供了基于这种同一费率的健康保险计划。在这种情况下，维持一定的社区费率水平所需的政策补贴（例如"全民性质的 Medicare"）可能太高，因而无法向全体公民提供这种健康保险计划。

在自筹资金的健康保险计划中，雇主可以代表雇员和他们同时投保的家属进行健康风险管理，这也被视为健康保险的一种有效形式。自筹资金计划之所以能够吸引决策者的关注，是因为这种团体福利计划可以为所有雇员提供基于社区费率的保险保障。这种健康保险形式通常在财务上也具有可行性，并且由于此类计划具有较高的投保率，因此，这些能够获得自筹资金计划的个人或家庭，其参保率过低的问题也得到很好的解决（凯撒家庭基金会，2015）。

自筹资金的健康保险计划的主要缺点包括：一是雇员及其家人可能会因为无法继续为特定公司工作而失去这种保险保障；二是雇员将不得不留在他们不匹配的工作中以维持雇主提供的这种健康保险形式（也即"工作锁定"效应）；三是许多人可能无法获得这些工作机会从而不能获得这种健康保险形式。此外，还有一个问题是，许多雇主的企业规模过小，可能难以获得再保险公司的分保，也就不可能提供这种健康保险形式（Hall，2012）。2008 年席卷全球的金融危机和经济衰退，使得上述问题凸显出来，有一部分人群就失去了雇主提供的健康保险计划，其中许多可能是这种自筹资金计划（Cawley 等，2015）。因此，自筹资金计划可能只是管理健康资本风险的有效方法之一，即它只能解决部分而不是所有问题。

保证续保条款是商业健康保险的一个特点，它是指健康保险公司在保证续保期间内必须基于团体的未来经验，按照约定费率和原条款继续承保，而不会因被保险人的健康状况（个体的医学核保）而拒绝投保人续保。虽然关于健康保险的保证续保条款的学术研究始于 20 世纪 90 年代，但将保证续保条款应用于健康保险政策领域的历史要长得多（Cochrane，1995；Pauly 等，1995；Bluhm，2007，第 67 - 68页）。保证续保本身是保险合同条款的一种形式，这种条款在其他形式的保险中更为常见，比如人寿保险，它是一种定额保险。在一定的保险额度下，个人在一定期限内（如 10 年、20 年甚至 30 年）有固定的保险费率。与固定保险利益的人寿保险不同，在健康保险中，保险利益的价值往往随着医疗成本（或健康资本的价值）的增加而逐年增加。保证续保，保留了保证期间到期后"不重新承保"原定的保障额度的条款，同时还允许特定保险群体（整个风险池）的保费增加。前面的研究已讨论过，即使对于那些患有慢性疾病的人来说，保证续保也是一种可以负担得起的保障措施（Herring 和 Pauly，2006）。然而，非团体市场的较小规模，以及较大规模的团体保险的更快发展，意味着可能只有少数人受益于保证续保保险（Pauly 和 Lieberthal，2008）。此外，奥巴马医改法对个体医学核保的禁止也使得保证续保条款变得毫无意义。

保证签单，即保证一个人可以从健康保险商获得健康保险保障，是比社区费率或保证续保具有更大限制作用的健康保险监管规定。奥巴马医改法的保证签单条款规定："所有个人和团体健康计划必须保证向所有申请者签发保单，无论健康状况或其他因素如何。"（凯撒家庭基金会，2012a）保证签单的法律和政策的主要好处是它们增加了个人获得健康保险的可能性。然而，如果没有使用某种价格上限（即保费限制），则保证签单条款对个人提供的风险管理服务就比较少。因此，大多数文献在分析研究保证签单问题时，会同时考虑社区费率、费率区间或其他保费监管措施等问题（例如 Klein，1995）。

费率区间，意味着参保人群中成本较高的成员相对于他们在全额医疗保险计划中的保费将受到限制，这是一种限制健康保险价格的保费监管形式。与社区费率相比，费率区间是另外一种保费限制形式，"费率区间意味着费率处于最低和最高保费之间"。社区费率也可以被认为是一种极端的费率区间形式，它意味着"……将费率区间收紧到 0%。"（Van de Ven 等，2000）因此，费率区间可以用一个因子来表示，也可以用倍数来表示，按照相关监管规定，最高的保险费不能超过最低的 4倍。这种监管措施在奥巴马医改法和其他国家（如荷兰）都有应用（Van de Ven，2011）。

费率区间，有助于解决社区费率中的一些固有难题，比如说对保险费的限制可能过于严格等，这些问题使得健康保险商无法以财务上可行的方式运营。费率区间还意味着，健康保险商可能会从某些参保个体身上获利，而在另一些人身上则发生亏损。此外，费率区间是一种比社区费率更复杂的监管形式，因此，监管成本可能会更高，更难以实施和监控。

州健康保险监管的法律是指各州为了规范在该州销售的健康保险计划而制定的法律。州保险监管机构监管的重点是非团体和小型团体保险市场。州保险监管可以对此进行广泛的监督和管理。费率区间和社区费率是两种主要的州保险监管方式，可以适用于在州内销售的健康保险计划（Sloan 和 Conover，1998）。各州在监管过程中，可以要求健康保险商事先报批保险费率；也可以简单地要求健康保险公司设计好在本州销售的保单之后，再备案它们的费率和条款（Klein，1995）。奥巴马医改法更加强调这种州监管机构的重要性，因为在健康保险市场上销售的非团体健康保险保单必须遵守州政府监管规定和要求（Harrington，2010）。

州政府健康保险监管的一个政策选择是，可以允许健康保险计划的跨州销售。跨州销售是指一个州的消费者购买和使用另一个州批准销售的健康保险计划。这是州健康保险监管法律的一个重要的变化，它可以让消费者选择他们希望获得的健康保险保障金额。按照强制保险利益的监管要求，那些想要较少数量保险的消费者可以选择那些监管要求较低的州的保险计划，而那些想要更高程度保障的消费者可以从监管要求较高的州购买保险。帕伦特（Parente）及其同事在 ACA 实施之前进行的一项分析表明，这种变化可能会在实质上降低无保险人的数量，同时也会改变无保险人员的组成和人们通过非团体市场获得的保险保障的特征（Parente 等，2011）。实质上，最终越来越多的消费者从监管要求较低的州购买健康保险，那里的健康保险可能更便宜。

雇主强制规定，是 ACA 政策的一项要求，是指雇主必须向雇员提供健康保险，否则须向联邦政府支付罚款。在美国以外的许多国家已经执行了这项政策，"这种基于雇佣行为的做法是欧洲、拉丁美洲和亚洲社会保险体系的支柱，在这些国家，雇主长期以来一直被强制参与医疗服务融资。"（Krueger 和 Reinhardt，1994）克鲁格和莱因哈特进一步区分了个人强制要求和雇主强制要求的影响，他们发现"尽管雇主会在名义上支付费用，但从长远来看，大部分成本可能会以较低的工资形式转移到雇员身上"。此外，"根据它们的结构，雇主强制可能或多或少都比个人强制更好"。

雇主强制的主要优点是，可以促使雇主提供雇员所需的健康保险；而主要的缺点是，可能会导致雇员失业，尤其是对低薪工人而言。例如，贝克尔和利维（Baicker 和 Levy，2008）发现"……0.2% 的全职工人和 1.4% 的无保险的全职工人将因为健康保险的强制要求而失去工作"（Baicker 和 Levy，2008）。这些失业人口也集中在收入和教育水平较低的群体范围内，他们的生存状态也变得更加困难。因此，雇主强制要求的一个明显不足之处在于对雇员的影响，在某些方面，它相当于是对个人的强制保险要求，因为在这种情况下，强制保险的监管政策肯定影响那些被要求接受强制健康保险计划的雇员。雇主强制的另一个主要缺点是，它增加了健康保险制度的复杂性，因为雇主强制要求需要明确谁是雇员，以及它们的雇主是否需要遵从监管机构的强制规定，比如要确定雇员是全职员工，还是兼职员工。

个人强制保险规定，是 ACA 政策的又一项要求，是指个人必须获得健康保险，否则须向联邦政府缴纳罚款（税款）。这种强制要求的一个主要优势是，它能确保个体获得最低限度的保险保障，而不会像雇主强制要求的那样导致前面讨论过的扭曲（Pauly 等，1991）。个人强制要求的主要缺点在于，它充当了税收的角色，将个人的财务资源从可能想要消费的商品和服务转移到消费医疗服务。这意味着个人强制保险可能会使保险消费倾向比较低的个体，过度投保并面临特别高的税负，由于他们可能具有较低的风险厌恶程度，个人的健康风险状态较好，以及自身具有较强的预防、缓解和管理所面临的健康风险的能力等。此外，制定和实施个人强制保险规定，也同样可能导致一定的社会福利净损失，实际上在任何有税收的情况下都是如此。目前，许多有资格获得非团体健康保险补贴的个人不愿意依照奥巴马医改法的强制要求购买保险，因为他们可能不愿意支付应付的部分费用，或者更愿意为不参保而支付罚款，或不知道是否存在税收的惩罚措施（Bias 等，2015）。

税收和保费补贴，是指通过税收制度和基于 ACA 的健康保险交易所（市场）提供的间接和直接的健康保险费用补贴。雇主提供的健康保险的税收补贴，是健康保险间接价格补贴的一种形式。健康保险补贴的另一个例子是，拥有政府提供的健康保险的人可获得精算有利保费的好处。尽管已有不少的补贴，但最近通过 ACA 对非团体健康保险提供的保费补贴也越来越多。在实施奥巴马医改法之前，有大量未投保的个人，这是由于个人没有利用补贴政策，以及补贴无法获得或不足以吸引不同人群的个人购买，如第六章所述。

高风险的资金池是为高额医疗费用的个体提供的另一种医疗融资形式。[①] 高风险池的设计目的是，为非团体健康市场以外的个人在无法获得保险或保费被认为负担不起时提供健康保险计划。尽管它们本质上是公共保险计划，但仍然可以被认为是标准的健康保险产品。例如，肖莱（Chollet，2002）认为高风险池可以在 30 个州使用，并发现这些高风险组合中的承保个体通常只占总人口的一小部分。在保障生效之前，高风险池还有一个 6 个月至 1 年的等待期的规定，以避免可能的逆向选择行为。

能够或应该被高风险池覆盖的人数与可能被视为"不可保"的人数有关。例

---

① 作者注：值得注意的是，"高风险资金池"在经济意义上并不一定是有风险的。风险是指具有不同概率分布的一系列可能的意外事件。高风险池中的许多参保个人成本很高，但却相当确定，发生意外的情况就比较低。因此，称其为"高成本池"可能会更准确。

如，劳迪西纳（Laudicina，1988）估计有一百万到两百万的未投保人是"医学上不可保"的。Laudicina 进一步指出，高风险池的主要缺点是：（1）保险保障的成本，也即高风险池对加入者收取的价格过高；（2）《雇员退休收入保障法》（ERISA）优先，换句话说，由于 ERISA 的存在，自筹资金计划不能用于分担高风险池的成本；（3）缺乏成本控制技术，除了健康保险商使用的标准方法之外，高风险池几乎无法控制成本。

继续扩大公共健康保险项目，是本章探讨的众多政策选择方案中另一个重要的政策选择。Medicaid 的扩大和 Medicare 成员的增长是过去 20 年未参保人口减少的主要原因。尽管个体获得保险的数量还相对较低，但由于 Medicaid 计划的持续增长，以及 ACA 对非团体健康保险补贴政策的实施，使得被保险人的数量持续增长。这种公共健康保险项目的扩张不一定能够实现全民覆盖，这意味着多种健康服务费用支付机制将在健康保险体系中继续发挥各自的作用。本章最后一节和第九章中将继续讨论公共健康保险项目的扩张和发展。

第四节　公共健康保险的意义

一、联邦政府的团体采购

美国健康保险业的发展和规模的扩大，主要得益于联邦政府在提供健康保险方面的作用的日益增强。这一点可以清楚地由 Medicaid 计划的扩展来说明。联邦政府为各州提供资金支持，以推动各州 Medicaid 计划的扩展。奥巴马医改法要求，联邦政府对各州 Medicaid 计划的扩展在前三年提供 100% 财政资助，随后将改为对各州 Medicaid 计划扩展所需费用进行持续资助，但比例降为 90%。这次 Medicaid 计划扩展的主要内容是，要解决先前未参保人群的保险保障问题，因此，保障范围将扩展覆盖 65 岁以下没有子女的低收入成年人（低收入人群被定义为收入处于低于联邦贫困线 133% 和联邦贫困线之间的人群）（CMS）。尽管 Medicaid 计划的扩展将会导致以州为基础的 Medicaid 计划的参保人群和低收入的参保人群中的一些人被挤出，但 Medicaid 计划的扩大也会使很大一部分以前未参保人群获得保险保障。然而，对于各州来说，这种扩展是可选择的，许多州选择不使用联邦政府资助的资金扩展他们的 Medicaid 计划，但随着时间的推移，接受 Medicaid 计划扩展的州会越来越多（McMorrow 等，2015）。

Medicaid 计划的扩展有许多特点，使得联邦政府成为这个健康保险市场的最终团体购买者。联邦政府为 Medicaid 计划的扩展提供了绝大部分的资金支持，而且已经为各州现有的 Medicaid 计划提供了一半的资金支持，在很多情况下支持的力度还会更大。此外，需要说明的是，"州政府现有的 Medicaid 计划所得到的联邦基金的全部资助都可能面临潜在的违规风险"，并且需要对州 Medicaid 计划的相关条款内容进行修改（凯撒家庭基金会，2012b）。也就是说，实施 Medicaid 计划的扩展取决于各州对现有的州 Medicaid 计划的相关监管法律的修订。在这种情况下，以联邦政府的资金支持来扩大 Medicaid 计划也可能会导致各州的 Medicaid 计划之间保持更多的一致性，因为各州的政策都要符合联邦政府的统一要求。

在非团体健康保险市场和小型团体健康保险市场，联邦政府也将承担更多的健康保险责任，使得其更接近成为这些市场的主要团体购买者。健康保险交易所有两种不同类型的政策：一是通过健康保险交易所的发展推动市场的形成和监管，包括对于健康保险商实施的强制保险规定如费率限制，以及对于个人的强制购买保险的要求，如最低数量的限制；二是政府对于健康保险的资助功能，联邦政府不仅将向个人提供购买健康保险的补贴，而且要对通过小型企业健康选择计划（SHOP）交易所购买保险的小型企业提供税收抵免（CMS，2016c）。对于那些享受高额补贴的人来说，联邦政府直接支付了大部分保费。这些决策选择意味着联邦政府通过建立健康保险交易所提供了大量的金融中介服务。

联邦政府还通过再保险、风险走廊和风险调整（3Rs）计划，对非团体健康保险计划进行间接补贴。在非团体健康保险和小型团体健康保险市场上，"3Rs"计划的目的都是帮助健康保险商应对费率变化带来的经营风险，并且这种变化可能会导致健康保险计划中的逆向选择行为。再保险计划，"为健康保险公司提供再保险融资支持，以支付参保人可能的高额的索赔费用"；风险走廊计划，"限制健康保险提供商的损失（和收益）"；风险调整计划，则"将资金从低风险计划转移到高风险计划"（CMS，2012）。再保险和风险走廊计划为临时性项目，从 2014 年持续到 2016 年，而风险调整计划则是永久性的联邦政府健康保险项目。

风险调整计划，旨在为健康保险商提供风险管理服务，最终实现联邦政府为个人提供额外风险管理服务的目的。风险调整计划基于"……计划是精算意义上的平均风险……"和"……将低风险计划的资金转移到高风险计划"（CMS，2012）。该计划类似于在 Medicare 优先计划中使用的分层的慢性疾病状态（HCC）的基础等级评分法来确定个体的风险状况（凯撒家庭基金会，2014）。然而，与上述评分法不同的是，风险调整计划是追溯性的（事后支付），而不是前瞻性的（事前支付），这使得大量风险需要参与非团体和小型团体市场的健康保险商进行管理。

在大型团体健康保险市场上，联邦政府扮演了保险监管和供给的双重角色。最突出的例子是"最低的基本保障要求"，要求必须覆盖某些基本的服务，或者在保障价值方面达到与之相当的数量（Bagley 和 Levy，2014；CMS，2016a）。这在某种意义上提高了大型雇主提供保险数量的下限，尽管许多雇主已经提供了远高于这个下限的大量的健康保险保障。支付能力条款作为健康保险监管规定的一部分，能够影响所有人的应付保费水平，从而影响保险的价格。终身保险的限额和新的年度自付最高限额也将增加大雇主必须提供的最低保险数量（Harrington，2010）。相反，对高成本保险计划征收新的联邦消费税（凯迪拉克税），是对大型雇主向雇员提供的保险数量上限的限制性措施，并且对超过一定数量的健康保险计划实施更高价格的措施，也会对接近完全保险的保险计划产生遏制作用（Herring 和 Lentz，2011）。

最后，个人所获得的保险类型仍然是基于人口结构和经济特征。年龄和收入依然是人们意图购买的不同类型、不同价格和不同特征的健康保险计划的主要决定因素。健康保险市场的异质性将持续存在，尤其是对 18～64 岁的成年人来说，他们在大公司工作的能力和愿望也将是健康保险保障程度差异的一个主要影响因素。尽管有个人强制保险要求，这一年龄组的个人可能继续选择不投保。现有的健康保险类型的多样性，以及谁能获得哪种健康保险计划类型，可以满足不同人群的健康保险需求偏好和消费选择，也导致了全体人口健康保险保障水平不平等的持续发展。

二、多样化和同质化

健康保险计划多样性的一个特别重要的方面，是社会健康保险项目中的多样性，如 Medicare 和 Medicaid。Medicare 计划提供的健康保险保障通常比 Medicaid 的质量更高和保护期限更长。Medicare 比 Medicaid 有更高的质量，是因为其更高的支付比率被更多的医疗服务提供者所接受。而 Medicaid 的参与者面临的选择医疗服务提供者的范围通常要小得多。与 Medicaid 相比，Medicare 有更大范围的可报销药物的清单，尽管保险的数量因各州和疾病状态而异（Madden 等，2015）。Medicare 的保障期限也更长、更安全，因为对于 65 岁及以上的人来说，实际上 Medicare 是自动登记的，不会因为任何原因而丧失资格。相反，Medicaid 的登记资格是基于个体和人口结构的特征，并且需要重新登记以保留获得该计划的资格（CMS，2016e）。

虽然两种类型计划的保险数量的比较是相对困难的，但 65 岁及以上的人参保 Medicare 计划的总数已经超过了 Medicaid 计划的参保人数。对保险的数量进行比较，存在两个难点：一是 Medicaid 项目，不是统一的联邦设立的计划，各州都自有特点；二是 Medicare 项目的受益人可以用额外的财务资源来购买补充性的健康保险计划。例如，虽然 Medicare 项目存在着一个保障缺口，尤其是 B 部分对于医疗服务商提供的服务还有无限制的 20% 的共保率，使得个体没有实现完全保险状态，但由于 Medigap 政策的有效性和普遍性，个体可以通过自付费用购买 Medigap 以保障自身的全部风险，这样就可以在很大程度上对冲这种共同保险的影响，当然需要为此付出很大的成本和代价，"……支付的保费超过索赔额达到 25% 以上"（Starc，2014）。相反，虽然 Medicaid 项目只有有限的甚至完全没有自付费用，但它涵盖了

Medicare 项目没有涵盖的医疗服务，如养老院服务，使其在某些方面能够实现完全保险，目前 Medicaid 的支付率使得其覆盖范围在现实中还远远不够广泛（Cleverley 等，2010）。

最初设计的社会健康保险方案是"一刀切"或同质化性质，而现有的健康计划的安排则是多样性的，就一点而言，Medicare 计划和 Medicaid 计划是非常相似的。传统的 Medicare 是一个完全同质化的健康保险计划，所有人都获得了相同的保险保障。传统的 Medicaid 计划在一个特定的州内具有极高程度的同质性，联邦政府通过"强制的保险利益要求"一直限制 Medicaid 的保障范围（CMS，2016d）。由于这两个项目都有管理式医疗保险方案，或者在许多州的 Medicaid 计划中，强制使用管理式医疗保险以减少费用支出，因此健康保险计划的保障范围存在一些额外的异质性〔尽管这些强制规定在减少费用支出方面的效果尚不清楚（Duggan 和 Hayford，2013）〕。虽然 Medicare 计划为特定的个体向所有管理式医疗服务公司支付相同的费用，但商业健康保险商可以选择改变其提供的健康保险的范围、个人所需支付的费用水平以及他们提供保险服务的地点，这会导致 Medicare 优先计划在全美国存在巨大差异（Selim 等，2013）。特别需要指出的是，如果不能够减小健康保险供给的差异性，以获得规模经济和范围经济效应，这种 Medicare 计划保障程度的差异性就可能是不公平的或低效率的。

当讨论健康福利的性质时，健康保险公司将在其中具有重要的职能和作用，因为它们为大型雇主和政府提供的首要服务就是第三方支付服务。因此，健康保险公司将继续成为许多健康保险计划的管理者，这与他们作为健康保险供给者的角色是一致的。在讨论谁应该从健康保险计划中获得什么，以及谁应该对健康保险体系的结果承担责任以及承担多大的责任等重大问题时，健康保险公司仍然是一个利益攸关的角色。自从雇主提供的健康保险计划问世以来，以及最近实施的 Medicare 优先计划，健康保险公司在健康保险市场的运作中都发挥了相似的重要作用。

健康保险公司在未来为个体提供健康风险管理服务方面的作用尚不明确。从某种意义上说，健康风险管理是健康保险市场提供的更有价值的服务，因为它是个体无法自行提供的服务，他们必须以某种方式与他人合作，以降低在采取了预防和预防性储蓄等措施后剩余的健康风险。在许多健康保险市场上，健康保险公司与政府机构或雇主共同承担健康风险管理的职能。在 ACA 健康保险交易所市场和 Medicaid 扩张的情况下，这种情况将继续存在。一方面，健康保险商可以通过 Medicaid 的管理式医疗政策，以及健康保险交易所（市场）的健康计划来提供风险管理服务。另一方面，健康保险商在不营利的情况下，可以有意愿和能力自由退出此类市场（Dafny 等，2015）。这就增加了全国范围内由于健康保险保障程度的差异而产生的不公平，以及由于健康保险公司可能从风险选择中（例如"随意选取樱桃"和

"撇奶油"① ） 而不是从提供的风险管理服务中获得更多利润，进而所导致的低效率（Barros，2003；Chiappori 和 Salanie，2000）。

虽然健康保险保障程度的差异性可能是低效或不公平的，但运用同质化的健康保险计划为多样化的风险池提供健康保险服务，可能面临费率压缩的风险。为特定人群提供的健康保险的平均价格，健康保险商是可以控制和管理的，即保险费率可以是精算公平、精算不公平或精算有利的。然而，个体面临的保险价格则取决于他们的自身健康风险特征，尤其是那些决定他们预期的和实际的医疗成本的因素。更一般地说，保险价格的变化很大程度上取决于健康保险公司在建立风险池方面的选择。无论出于何种原因，健康保险公司都不加选择地倾向于压缩费率，这意味着保费的差异小于预期索赔的差异。社会健康保险项目通常都有主观的非选择性政策，这意味着它们的目的是将不同的风险群体放在同一个健康保险计划中。费率压缩会导致保险价格的变化，即保费的分布与经济价格的分布之间存在反向变动关系。这意味着，对于接受同一类型健康保险的个体而言，其保险的真实价格差别很大。

随着健康保险计划更具公共性，决定个人是否有资格购买健康保险的人口学意义上的特征，在很大程度上会决定其支付的保险价格。换句话说，将健康保险计划进一步推向公共领域，会加剧不同群体中个体保险价格的差异。那些拥有公共健康保险计划或雇主提供的健康保险的个体在某种程度上已经面临着保险价格的差异。奥巴马医改法实施后，健康保险计划的扩展意味着先前未投保的个人，以及从非团体和小型团体健康保险市场转移到 Medicaid 计划或健康保险交易所的个体，也将为未来的健康保险计划支付不同的价格。

不同个体支付的保险价格差异所引起的主要问题是，由谁选择支付什么样的保险价格。保险价格应该根据健康状况或财富水平而有所不同吗？是否应该根据年龄或健康保险和医疗服务市场的地理差异而有所不同？这些问题需要更多的价值判断，因此它们可能更像是规范性问题，而不是实证性问题。公共健康保险制度的主要问题是，将医疗成本从私人领域转入公共领域，使得医疗成本和医疗服务选择在更大程度上成为公共政策选择，而不是私人（个人）的决策选择。由于政策补贴使得公共健康保险计划实际上是精算公平的，甚至是精算有利的，因此政策补贴的有效性可能会更加强化上述这些问题。而不同的个体应该从公共健康保险计划中获得多少风险管理服务？应当利用健康保险系统将收入从谁转移支付给谁？这些问题的讨论将是本书第九章的主要内容。

---

① 译者注："随意选取樱桃"是指在采摘樱桃时选择成熟的好吃的果子；而"撇奶油"是指撇取最好的奶油，即所谓的刮脂效应，这里主要是说明健康保险公司在经营过程中的挑三拣四，选择对自己有利的风险主体进行承保的无效率行为。

参考文献

［1］ Anderson, G. F. , Reinhardt, U. E. , Hussey, P. S. , & Petrosyan, V. (2003). It's the prices, stupid: Why the United States is so different from other countries. *Health Affairs*, 22 (3), 89 – 105.

［2］ Bagley, N. , & Levy, H. (2014). Essential health benefits and the affordable care act: Law and process. *Journal of Health Politics*, *Policy and Law*, 39 (2), 441 – 465.

［3］ Baicker, K. , Congdon, W. J. , & Mullainathan, S. (2012). Health insurance coverage and take – up: Lessons from behavioral economics. *Milbank Quarterly*, 90 (1), 107 – 134.

［4］ Baicker, K. , & Levy, H. (2008). Employer health insurance mandates and the risk of unemployment. *Risk Management and Insurance Review*, 11 (1), 109 – 132.

［5］ Barros, P. P. (2003). Cream – skimming, incentives for efficiency and payment system. *Journal of Health Economics*, 22 (3), 419 – 443.

［6］ Bias, T. K. , Agarwal, P. , & Fitzgerald, P. (2015). Changing awareness of the health insurance marketplace. *American Journal of Public Health*, 105 (S5), S633 – S636.

［7］ Bluhm, W. F. (2007). *Individual health insurance*. Winsted, CT: ACTEX Publications.

［8］ Borch, K. (1962). Equilibrium in a reinsurance market. *Econometrica*, 30 (3), 424 – 444.

［9］ Borgers, T. , Strausz, R. , & Krahmer, D. (2015). *An introduction to the theory of mechanism design*. New York: Oxford University Press.

［10］ Buchmueller, T. , & DiNardo, J. (2002). Did community rating induce an adverse selection death spiral? evidence from New York, Pennsylvania, and Connecticut. *The American Economic Review*, 92 (1), 280 – 294.

［11］ Catlin, M. K. , Poisal, J. A. , & Cowan, C. A. (2015). Out – of – pocket health care expenditures, by insurance status, 2007 – 10. *Health Affairs*, 34 (1), 111 – 116.

［12］ Cawley, J. , Moriya, A. S. , & Simon, K. (2015). The impact of the macroeconomy on health insurance coverage: Evidence from the great recession. *Health Economics*, 24 (2), 206 – 223.

［13］ Centers for Medicare and Medicaid Services. (2012). Reinsurance, risk corridors, and risk adjustment final rule. Retrieved from https: //www. cms. gov/CCIIO/ Resources/Files/Downloads/3rs – final – rule. pdf.

[14] Centers for Medicare and Medicaid Services. (2015). Office of the actuary. Retrieved from https：//www. cms. gov/About – CMS/Agency – Information/CMSLeadership/ Office_ OACT. html.

[15] Centers for Medicare and Medicaid Services. (2016a). Information on essential health benefits (EHB) benchmark plans. Retrieved from https：//www. cms. gov/cciio/ resources/data – resources/ehb. html.

[16] Centers for Medicare and Medicaid Services. (2016b). National health expenditure data. Retrieved from https：//www. cms. gov/Research – Statistics – Data – and – Systems/Statistics – Trends – and – Reports/NationalHealthExpendData/.

[17] Centers for Medicare and Medicaid Services. (2016c). Overview of the SHOP marketplace. Retrieved from https：//www. healthcare. gov/small – businesses/provide – shop – coverage/.

[18] Centers for Medicare and Medicaid Services. (2016d). Benefits. Retrieved from https：//www. medicaid. gov/medicaid – chip – program – information/by – topics/benefits/ medicaid – benefits. html.

[19] Centers for Medicare and Medicaid Services. (2016e). Eligibility. Retrieved from http：//medicaid. gov/affordablecareact/provisions/eligibility. html.

[20] Chiappori, P. , & Salanie, B. (2000). Testing for asymmetric information in insurance markets. *The Journal of Political Economy*, 108 (1), 56.

[21] Chollet, D. (2002). Expanding individual health insurance coverage：Are high – risk pools the answer? *Health Affairs*, 23 (Web exclusive), W349 – 52.

[22] Cleverley, W. , Song, P. , & Cleverley, J. (2010). *Essentials of health care finance*. Burlington, MA：Jones & Bartlett Learning.

[23] Cochrane, J. H. (1995). Time – consistent health insurance. *The Journal of Political Economy*, 103 (3), 445 – 473.

[24] Cochrane, J. H. (2009). *Health – status insurance：How markets can provide health security.* (No. 633). Washington, D. C. ：Cato Institute. Retrieved from http：// www. cato. org/publications/policy – analysis/healthstatus – insurance – how – markets – can – provide – health – security.

[25] Commission, Medicare Payment Advisory. (2010). *Report to the Congress： Medicare payment policy.* MedPAC：Washington D. C.

[26] Cutler, D. M. , Finkelstein, A. , & McGarry, K. (2008). Preference heterogeneity and insurance markets：Explaining a puzzle of insurance. *The American Economic Review*, 98 (2), 157 – 162.

[27] Cutler, D. M. , & Gruber, J. (1996). Does public insurance crowd out private

insurance？. *The Quarterly Journal of Economics*, 111 (2), 391 – 430.

［28］ Cutler, D. M. , & Ly, D. P. (2011). The (paper) work of medicine: Understanding international medical costs. *Journal of Economic Perspectives*, 25 (2), 3 – 25.

［29］ Cutler, D. M. , & Reber, S. J. (1998). Paying for health insurance: The trade – off between competition and adverse selection. *The Quarterly Journal of Economics*, 113 (2), 433 – 466.

［30］ Dafny, L. , Gruber, J. , & Ody, C. (2015). More insurers lower premiums: Evidence from initial pricing in the health insurance marketplaces. *American Journal of Health Economics*, 1 (1), 53 – 81.

［31］ Duggan, M. , & Hayford, T. (2013). Has the shift to managed care reduced Medicaid expenditures？ evidence from state and local – level mandates. *Journal of Policy Analysis and Management*, 32 (3), 505 – 535.

［32］ Elias, M. , Martin, W. , Robin, O. , & Chloe, A. (2014). *International profiles of health care systems*, 2014. New York: The Commonwealth Fund.

［33］ Ettner, S. L. (1997). Adverse selection and the purchase of Medigap insurance by the elderly. *Journal of Health Economics*, 16 (5), 543 – 562.

［34］ Feldstein, M. (1999). Tax avoidance and the deadweight loss of the income tax. *Review of Economics and Statistics*, 81 (4), 674 – 680.

［35］ Field, R. I. (2013). *Mother of invention: How the government created "free – market" health care.* New York: Oxford University Press.

［36］ Finkelstein, A. , Hendren, N. , & Luttmer, E. F. (2015). The value of Medicaid: Interpreting results from the Oregon health insurance experiment.

［37］ Folland, S. , Goodman, A. C. , & Stano, M. (2013). *The economics of health and health care* (7th ed.). Upper Saddle River, NJ: Pearson.

［38］ Furman, J. , & Fiedler, M. (2016). The Cadillac Tax—A crucial tool for delivery – system reform. *New England Journal of Medicine*, 374 (11), 1008 – 1009.

［39］ Glied, S. (2009). Single payer as a financing mechanism. *Journal of Health Politics, Policy and Law*, 34 (4), 593 – 615.

［40］ Goldfarb, Z. A. , & Somashekhar, S. (2013, July 2). White house delays health – care rule that businesses provide insurance to workers. *Washington Post*.

［41］ Gruber, J. (1997). Health insurance for poor women and children in the U. S. : Lessons from the past decade. In J. M. Poterba (Ed.), *Tax policy and the economy, volume 11* (pp. 169 – 211). Cambridge, MA: MIT.

［42］ Grunow, M. , & Nuscheler, R. (2014). Public and private health insurance in Germany: The ignored risk selection problem. *Health Economics*, 23 (6), 670 – 687.

［43］ Hall, M. A. (2012). Regulating stop – loss coverage may be needed to deter self – insuring small employers from undermining market reforms. *Health Affairs*, 31 (2), 316 – 323.

［44］ Harrington, S. E. (2010). US health – care reform: The Patient Protection and Affordable Care Act. *The Journal of Risk and Insurance*, 77 (3), 703 – 708.

［45］ Herring, B. , & Lentz, L. K. (2011). What can we expect from the "Cadillac tax" in 2018 and beyond? . *Inquiry*, 48 (4), 322 – 337.

［46］ Herring, B. , & Pauly, M. V. (2006). Incentive – compatible guaranteed renewable health insurance premiums. *Journal of Health Economics*, 25 (3), 395 – 417.

［47］ Hoffman, B. (2003). Health care reform and social movements in the United States. *American Journal of Public Health*, 93 (1), 75 – 85.

［48］ Klein, R. W. (1995). Insurance regulation in transition. *The Journal of Risk and Insurance*, 62 (3), 363 – 404.

［49］ Kronick, R. , & Gilmer, T. (2002). Insuring low – income adults: Does public coverage crowd out private? *Health Affairs*, 21 (1), 225 – 239.

［50］ Krueger, A. B. , & Reinhardt, U. E. (1994). The economics of employer versus individual mandates. *Health Affairs*, 13 (2), 34 – 53.

［51］ Laudicina, S. S. (1988). State health risk pools: Insuring the "uninsurable" . *Health Affairs*, 7 (4), 97 – 104.

［52］ Lynch, J. W. , Kaplan, G. A. , Pamuk, E. R. , Cohen, R. D. , Heck, K. E. , Balfour, J. L. , et al. (1998). Income inequality and mortality in metropolitan areas of the United States. *American Journal of Public Health*, 88 (7), 1074 – 1080.

［53］ Lyon, R. M. , Cobbe, S. M. , Bradley, J. M. , & Grubb, N. R. (2004). Surviving out of hospital cardiac arrest at home: A postcode lottery? *Emergency Medicine Journal*, 21 (5), 619 – 624.

［54］ Madden, J. M. , Adams, A. S. , LeCates, R. F. , Ross – Degnan, D. , Zhang, F. , Huskamp, H. A. , et al. (2015). Changes in drug coverage generosity and untreated serious mental illness: Transitioning from Medicaid to Medicare Part D. *JAMA Psychiatry*, 72 (2), 179 – 188.

［55］ Mankiw, N. G. , & Taylor, M. P. (2006). *Microeconomics*. London: Thompson Learning.

［56］ Manning, W. G. , & Marquis, M. S. (1996). Health insurance: The tradeoff between risk pooling and moral hazard. *Journal of Health Economics*, 15 (5), 609 – 639.

［57］ Mas – Colell, A. , Whinston, M. D. , & Green, J. R. (1995). *Microeconomic theory* (1st ed.). New York: Oxford University Press.

[58] McMorrow, S. , Kenney, G. M. , Long, S. K. , & Anderson, N. (2015). Uninsurance among young adults continues to decline, particularly in Medicaid expansion states. *Health Affairs*, 34 (4), 616 – 620.

[59] Myles, G. D. (1995). *Public economics.* Cambridge, U. K. : Cambridge University Press.

[60] Nault, B. R. (1996). Equivalence of taxes and subsidies in the control of production externalities. *Management Science*, 42 (3), 307 – 320.

[61] Neumann, P. J. (2004). *Using cost – effectiveness analysis to improve health care: Opportunities and barriers.* Oxford: Oxford University Press.

[62] Newhouse, J. P. , Price, M. , Hsu, J. , McWilliams, J. M. , & McGuire, T. G. (2015). How much favorable selection is left in Medicare Advantage? . *American Journal of Health Economics*, 1 (1), 1 – 26.

[63] Oberlander, J. (2003). *The political life of Medicare.* Chicago: University of Chicago Press.

[64] Organization for Economic Cooperation and Development (OECD). (2013). *Health at a glance* 2013: *OECD indicators.* Paris: OECD.

[65] Parente, S. T. , Feldman, R. , Abraham, J. , & Xu, Y. (2011). Consumer response to a national marketplace for individual health insurance. *The Journal of Risk and Insurance*, 78 (2), 389 – 411.

[66] Patient Protection and Affordable Care Act. (2010). 42 U. S. C. § 18001 et seq.

[67] Pauly, M. V. (1968). The economics of moral hazard: Comment. *The American Economic Review*, 58 (3), 531 – 537.

[68] Pauly, M. V. , Danzon, P. , Feldstein, P. , & Hoff, J. (1991). A plan for "responsible national health insurance" . *Health Affairs*, 10 (1), 5 – 25.

[69] Pauly, M. V. , Kunreuther, H. , & Hirth, R. (1995). Guaranteed renewability in insurance. *Journal of Risk and Uncertainty*, 10 (2), 143 – 156.

[70] Pauly, M. V. , Leive, A. , & Harrington, S. E. (2015). (No. w21565). Cambridge, MA: National Bureau of Economic Research. Retrieved from http: // www. nber. org/papers/w21565.

[71] Pauly, M. V. , & Lieberthal, R. D. (2008). How risky is individual health insurance? . *Health Affairs*, 27 (3), w242 – w249.

[72] Pierson, P. (2000). Increasing returns, path dependence, and the study of politics. *American Political Science Review*, 94 (2), 251 – 267.

[73] Rothschild, M. , & Stiglitz, J. (1976). Equilibrium in competitive insurance markets: An essay on the economics of imperfect information. *The Quarterly Journal of*

Economics, 90 (4), 629 – 649.

[74] Selim, A. J., Fincke, B. G., Rogers, W. H., Qian, S., Selim, B. J., & Kazis, L. E. (2013). Guidelinerecommended medications: Variation across Medicare Advantage plans and associated mortality. *Journal of Managed Care Pharmacy*, 19 (2), 132 – 138.

[75] Sen, A. (1980). Equality of what?. *The Tanner Lecture on Human Values*, I, 197 – 220.

[76] Sloan, F. A., & Conover, C. J. (1998). Effects of state reforms on health insurance coverage of adults. *Inquiry*, 35 (3), 280 – 293.

[77] Starc, A. (2014). Insurer pricing and consumer welfare: Evidence from Medigap. *The Rand Journal of Economics*, 45 (1), 198 – 220.

[78] The Henry J. Kaiser Family Foundation. (2012a). FAQ on ACOs: Accountable care organizations, explained. Retrieved from http: //kff. org/health – reform/fact – sheet/ health – insurance – marketreforms – guaranteed – issue/.

[79] The Henry J. Kaiser Family Foundation. (2012b). A guide to the supreme Court's decision on the ACA's Medicaid expansion. Retrieved from http: //kff. org/health – reform/ issue – brief/a – guide – tothe – supreme – courts – decision/.

[80] The Henry J. Kaiser Family Foundation. (2014). Explaining health care reform: Risk adjustment, reinsurance, and risk corridors. Retrieved from http: //kff. org/health – reform/issue – brief/explaining – health – care – reform – risk – adjustment – reinsurance – and – risk – corridors/.

[81] The Henry J. Kaiser Family Foundation. (2015). *Employer health benefits*: 2015 *annual survey*. Menlo Park, California: Henry J. Kaiser Family Foundation.

[82] Van de Ven, W. P. M. M. (2011). Risk adjustment and risk equalization: What needs to be done?. *Health Economics*, *Policy and Law*, 6 (1), 147 – 156.

[83] Van de Ven, W. P. M. M., van Vliet, R. C., Schut, F. T., & van Barneveld, E. M. (2000). Access to coverage for high – risks in a competitive individual health insurance market: Via premium rate restrictions or risk – adjusted premium subsidies?. *Journal of Health Economics*, 19 (3), 311 – 339.

[84] Williams, A. (1997). Intergenerational equity: An exploration of the "fair innings" argument. *Health Economics*, 6 (2), 117 – 132.

[85] Woolhandler, S., Campbell, T., & Himmelstein, D. U. (2003). Costs of health care administration in the United States and Canada. *The New England Journal of Medicine*, 349 (8), 768 – 775.

第九章 公共政策选择

第一节 价值经济学

一、价值的含义

一个第三方支付系统，必须制定关于支付什么，支付多少以及如何支付的一系列规则。这是因为，作为一种财务系统，它假设所有损失都具有可衡量的财务后果，如果健康冲击不可衡量，或者不是经济损失（"非财产"风险），则更难以确定其是可保风险，还是不可保风险（Rey，2003）。本书的前几章探讨了当前用来确定健康价值和衡量健康状况的技术，如"质量调整生命年（QALYs）"（见第八章）和"生命价值"（见第二章），但这些技术还有待完善。在某种意义上，政策制定者需要的是一种类似于衡量"健康保险价值"的方法，以便对健康保险政策进行选择，从而改善个人和整体福利。

在健康保险计划和其他项目上的费用支出，是一种有助于改善社会福利的主要政策选择。健康保险费用支出决策的内容，包括健康保险支出费用总额，个体的健康保险费用支出差异以及不同群体获得健康保险补贴的数量。鉴于经济资源的有限性，健康保险计划与其他项目（包括其他形式的医疗服务费用支出和非医疗服务费用支出）存在"竞争"关系。例如，个人和社会如何在健康保险费用支出和教育、食品或住房费用支出的增量变化问题上作出决定（即"大炮与黄油"问题[①]）。

在健康保险市场上，这个决策选择问题可以追溯到衡量个人生命价值的必要性，以及如何衡量的困难性。将健康保险费用支出与其他类型的费用支出（如环境项目）进行比较时，由于不同类型项目的投入和产出显著不同，使得问题变得更加复杂和困难。例如，环境项目的投入可能包括水处理系统，而健康服务项目的投入

[①] 译者注：指军事与经济并重的政策（《21世纪汉英经济实用词典》）。大炮与黄油的矛盾是西方经济学的根本出发点，即资源有限而欲望无穷使得资源配置与分配发生问题。因此，任何一个社会都要决定生产多少大炮与黄油，这就是社会所面临的选择问题。

可能包括医院服务的支出。环境项目的成果可能包括水的清洁，而医疗服务项目的成果可能包括降低残疾率。如何应对这一决策选择问题的挑战和困难是公共政策经济手段的核心。

经济学，通常是在相对的或者边际的基础上，根据个体的偏好来确定价值的含义。资源本身不具有内在价值，在某种程度上，是个人赋予了其价值。例如，健康之所以是一种有价值的商品，更准确地是因为人们偏好更健康的状态。价值也是在相对基础上定义的，也就是说价值是根据与其他商品的比较来衡量的。因此，就健康价值问题而言，更准确地说，相对于不健康的状态，人们更偏好健康的状态。价值也可以在边际基础上进行定义，从某种意义上说，经济学家在衡量生命价值或风险厌恶态度时，通常分析和验证那些不重要的或小的选择，以便确定特定决策选择的合意性（如第二章讨论的）。就健康而言，其价值的增加是小规模的，并且这种积极变化的边际（额外）成本也是"可以接受的"。因此，这种既能改善健康又能节约成本的决策选择就是非常理想化的，但绝大多数的经济政策选择都涉及权衡取舍，即通过放弃价值较低的选择来获得更有价值的商品和服务。

成本效益分析（CBA）方法[①]，在经济学中常常被用来作为衡量价值的方法。它也是一种非常普遍的方法，可作为个人、团体或社会层面的决策工具。个人在作出自身的决策选择时，可以被视为显性或隐性地使用了 CBA 范式。当个体试图最大化期望效用时，是通过作出效益最大化决策，同时使得放弃其他消费品的选择成本最小化来实现的。就健康而言，第二章（特别是第二节）显示的预期收益计算方法也是 CBA 的一种形式。CBA 旨在成为一个自由判断的工具，用于在资源配置方面进行公共决策。CBA 已经应用于环境政策和交通政策的制定，并且逐步成为联邦、州和地方各级政府进行政策制定和评估的首选工具（Neumann，2004，第 11 - 12 页）。

CBA 以美元为单位计算医疗干预措施或健康保险计划的成本和收益，然后衡量其边际成本和边际收益。将所有商品和服务的成本和收益以财务形式衡量，可以对其进行公平比较，同时也有助于预算的编制。当一个商品的目标是净边际收益为零时，实现这一目标的方法是设定等于边际收益的边际成本。无论是通过直接的渠道，还是通过放弃消费其他商品以获得更大效用的机会的间接渠道，都不可能在不产生更大损害的条件下，通过额外消费获得更多的收益。就健康而言，这意味着可以利用任何健康保险计划，直到达到最优的均衡点，即额外消费的边际收益等于边

---

① 译者注：成本效益分析方法又称"效益—成本分析"，运筹学领域中的一种决策分析方法。它是对将要采用的、可以互相替代的系统，或对某一特定决策行动进行评价，通过对可能获得的收益和可能付出的成本作出权衡，从而识别出最优系统或最优决策（《现代经济词典》）。

际成本的均衡状态。

在健康经济学文献中，标准 CBA 技术已经应用于衡量医疗服务系统提供的干预措施和医疗项目的价值。这些方法通常用于比较两种治疗方案的相对价值，例如比较"药物 A 与药物 B"。但是，CBA 不仅限用于药物干预的成本效益分析，还可用于比较某种疾病的药物治疗和手术治疗，也可用于比较由公共卫生机构和医师分别提供的同种疫苗的价值，或在特殊情况下比较医疗服务与教育干预的价值（Teutsch 等，2016）。鉴于健康保险计划在财务上或健康状态方面也有成本和收益，可以采用同样的方法来提高健康保险的价值。

评估健康保险计划对于健康状态的影响时，通常使用"成本效率分析"（CEA），这是 CBA 的一种变化形式。这是因为 CBA 通常使用货币作为一种计量单位，但由于计量方法和健康资本的主观性，健康很难用货币衡量。因此，在比较分析时，CEA 使用非财务成果进行替代。非财务成果衡量指标包括生存指标（如节省的生命年）、生活质量指标（如无痛日数），或者两项指标的组合（如 QALYs）（Neumann，2004）。非财务结果还包括避免健康不利事件的发生，如心脏病发作或高血压等健康指标异常。CEA 常常包括另类方案的比较，比如以财务形式衡量的成本和以非财务形式衡量的收益的比较分析。

CBA 和 CEA 是有效配置稀缺的健康保险财务资源的理性决策工具。两种决策工具都可以针对具体问题给出确切的答案，例如，考虑到消费者对风险管理和健康资本的偏好，以及特定的支付意愿阈值，健康保险的共保率应是 20% 还是 15%[①]？如果个体在健康保险上花费更多，他可以额外得到多少（结果是什么）？这些工具有利于理性决策，因为它可以让社会达到某一特定预算组合的最高效用水平，即为投入的资金获得最大收益。它们是资源配置工具，使个体能够在可消费总量超过预算时比较多个决策选择。鉴于健康保险存在成本，CBA 和 CEA 能够帮助个人、组织和社会层面作出是否支付该成本的决策。

CBA 或 CEA 这种工具的独特视角，可以用来将健康保险的研究成果与价值的评估整合在一起。本书就是着眼于考察健康保险计划的成本和收益。如果希望提高健康保险的价值，CBA 和 CEA 可以比较不同类型的健康保险计划及其替代的健康保险安排的成本和收益，以回答最终的问题："它值得吗？"。决策者可以运用 CBA 和 CEA 方法，为公共系统提供的健康保险计划的最低价值设定一个共同阈值，从而最大限度地减少浪费并促进公平，并降低整体系统的不平等特征。CBA 和 CEA 也提出了为什么政府会花钱购买健康保险计划而不是将钱投向其他高性价比的医疗

---

① 作者注：支付健康资本的意愿阈值，可能包括每个生命质量调整年（QALY）10 万美元的限额，或每个节省生命年（LYS）5 万美元的限额。

服务的问题。然而，尽管 CEA 在医疗服务领域得以广泛运用，但它在健康保险方面的使用还存有很大的争议（Garber 等，1996；Neumann，2004）。

需要特别指出的是，成本效率是一个指导原则，可以协助决策者决定如何提高健康保险的价值。由于健康保险的公共性越来越显著（第八章），遵循成本效率原则对决策者而言比个人更重要。健康保险变得越来越公共化，这意味着需要建立一个透明的、基于规则的系统为不同的受益人和团体配置健康保险基金。在某种程度上，私人（个人或雇主提供的）健康保险也是如此。从某种意义上说，这种健康保险比通过由个人控制的预防性储蓄现金来自付相关的医疗费用支出更具有"公共性"。如果倾向于更多地使用健康保险，尤其是公共健康保险，那么就有机会更多地运用 CEA 来提高健康保险的价值。这可能是使用公共健康保险来管理健康风险和支付医疗费用的意外收获，也可能是通过应用现有技术提高公共费用支出的成本效率来提高健康保险价值的一个机会。

二、健康保险价值的变化

前面的第六章和第八章，都描述了健康保险的经济价格如何取决于健康保险计划本身的特征以及个体从健康保险保障中获得的预期收益。价格差异并不是美国独有的，在许多国家的全民健康保险体系和单一付款人制度中，参保人可以支付不同的费率以获得不同程度的福利，这具体取决于他们参与的健康保险计划。健康保险价格的变化是以下因素共同作用的结果，包括基于市场导向的健康保险制度、政策制定者选择和建立的社会保险制度方式以及人们的健康资本的变化。财务实力改善健康的能力是有限的，只要有些人相对于其他人拥有更高水平的人力资本，那么通过健康保险计划或任何其他机制来平衡这些差异是不可能的。

健康资本是不可替代的，健康保险作为一种金融产品，在解决不同类型的健康保险计划在价格方面的差异等问题时，也只能起到有限的作用。进一步讲，健康保险亦不是唯一能够维持健康状态和规避健康资本损失的机制，甚至也不一定是最好的机制。其他形式的健康费用支出，诸如健康促进、预防和预防性储蓄等，相对于健康保险可能具备更有吸引力的成本收益比，特别体现在它们可能以较低的成本实现这一目标。其他促进健康的方法可能远远超出了医疗服务体系的范畴，比如格罗斯曼（Grossman）最先提出了教育因素在促进健康方面的作用，可以参阅在第二章中已讨论过的将教育因素考虑在内的健康资本模型（Grossman，1972）。

在某种程度上，健康保险以外的商品或服务在效率方面可能更有吸引力，鼓励消费这些商品或服务也可以促使健康保险的价值最大化。然而，鼓励使用健康保险以外的商品或服务也意味着对健康保险费用支出的限制，特别是对于那些面临相对较高保险价格的人来说更是如此。将大部分预算用于购买健康保险计划的人，可能很少或没有费用投入其他的健康促进活动。同样地，对于拥有较高数量健康保险的人来说，健康保险数量或质量的略微下降几乎不会导致收益的减少，反而可能会因为健康保险费用支出转向其他健康促进活动而受益。

　　健康保险计划保障范围的最低数量，也就是常说的"下限"，也可能存在差异。即使在奥巴马医改法颁布之后，个人可获得的最低保险的数量和质量仍在变化。例如，尽管制定了个体更容易获得健康保险计划的政策，但仍有一定比例的人没有保险，这表明对一部分人来说，最低可接受的健康保险保障范围为零。ACA 要解决的一个主要问题是 Medicaid 的保障下限。虽然各州可以决定是否扩大 Medicaid 范围，但联邦政府设定了 Medicaid 计划最低保障的可接受水平，同时，在那些接受 Medicaid 扩展资金资助的州中，联邦政府明确界定了获得 Medicaid 保障的资格要求是基于个体的收入水平。从公共物品提供的角度而言，在一个将存在着未参保人群看作负公共产品（public bad）①的社会中，在全国范围内扩大健康保险保障范围的最低可接受水平有助于增进社会福利。

　　从纯粹的财务视角看健康保险保障问题时，实际上可以确定一个最低保障的下限标准，并且这种方式也可以实现不让任何人退出健康保险市场的目的，至少是客观上是可行的。例如，在健康保险保障的最低限额形式中，包括可以确定灾难性疾病保障的最低限额形式，该形式明确规定超过一定金额比如 30 000 美元的损失，就是所谓的灾难性损失，换句话说，灾难性疾病的保险保障的最低下限标准是 30 000 美元，健康保险计划要对所有这类的巨额索赔进行赔偿。这与 ACA 的再保险项目（CMS，2012）类似，但仍有区别。在这种情况下，无论个体的健康特征如何，都将能确保获得一个最低限额的保障，个体也可以选择购买类似 Medigap 的补充性健康保险。即使有强制规定，许多人也可能选择放弃健康保险，这就重新回到未投保问题的讨论上。为所有人提供最低限额的健康福利的替代策略是，比如可以将 Medicaid 计划改造成为全民健康保险计划（即"所有人的 Medicaid"），它可能会为所有人提供一个负担得起的最低限额保障，同时允许个人用额外的补充性保险来"增加"（top up）这项健康保险计划的保障额度。下面第二节主要分析具体的政策建议；在这之前，介绍一下提高健康保险价值的一般方法。

三、提升健康保险的价值

　　上文已经讨论到，健康保险在风险管理服务和第三方支付服务两方面都具有优

---

　　① 译者注："public bad"在此译为"公共负产品，或负公共产品"。在经济学中，与"public good"相对应。空气污染是一种负公共产品的最明显的例子，它是非排他性和非竞争性的，并且对福利产生负面影响。参考 Charles D. Kolstad, Environmental Economics Second Edition。

势，区分健康保险在这两方面的作用很重要，可以更好地评估健康保险本身的价值，当然也可以运用成本收益方法进行更深入的分析。健康保险，在为高额低频的损失提供风险管理服务时最有价值；预防性储蓄，通常不足以应对巨额的损失；健康预防，在应对很多健康冲击如患者患有严重心脏病时，就是一种没有多大作用或者不可能有任何作用的策略。因此，相对于其他的替代方案，健康保险对于高额低频损失的风险管理来说是非常有价值的。

从第三方支付服务的角度来看，健康保险可以为各种形式的、高成本的、复杂的医疗服务作出最佳的支付安排。这与健康保险作为一种金融中介的特点有关，它本质上就是被设计用来支付大额索赔，其核心功能是确定如何支付医疗服务费用。举一个具体的例子，个体无法单独建立和实施一个预付制（PPS）系统。此外，健康保险具有规模经济和范围经济效应，相比于发生概率高但预期损失小的风险，健康保险为发生概率低但预期损失大的风险所花费的风险管理服务和第三方支付服务的成本较低。灾难性疾病损失引致的医疗服务越来越复杂，使用第三方支付服务系统应对这些不断上升的成本具有优势，有助于增加健康保险的价值。

提高健康保险的价值，可以通过增加健康保险边际收益的方式。已有大量的实证研究证明，健康保险的优势或者说价值主要包括，降低死亡率，减少个体的生理和心理健康问题的发病率，以及经济收益（如更低的破产率等）等方面（Sommers 等，2014）。可以运用边际方法分析和检验健康保险合同的具体条款和内容，以确定它们对于被保险人是否是有利的。例如，弗兰克（Frank）等通过"基于价值的保险设计"（VBID）方法，研究了健康保险合同中他汀类药物共付额的小幅下降所带来的影响。他们发现由于这一微小的变化，"治疗组（VBID 品牌他汀类药物使用者）相对于对照组的药物依从性增加了 2.7%"（Frank 等，2012）。

提高健康保险的价值，也可以通过降低健康保险边际成本的方式。在健康保险设计的研究中，相关的边际成本变化的情况非常多，小到共付额的改变，大到从较高数量的健康保险计划转移到较低数量的保险计划的变化。健康保险边际成本的小幅变化，可能会带来健康保险价值的较小变化。例如，塞尔比（Selby）等评估了个人对医院急诊部门服务的费用支出从 5~10 美元增加到 25~35 美元的反应。研究发现"……急诊部门的使用减少了 15%，而其他门诊服务的使用没有相应的增加"。对于增加共付额的群组，该研究没有发现这种变化的负向影响（Selby 等，1996）。边际成本的较大变化，也可能带来健康保险的更大变化。例如，在"高免赔额"健康计划（HDHP），或"消费者导向"健康计划（CDHP）中，由于参保个体为了避免支付免赔额，就会尽量避免医疗服务的利用，这最终会导致医疗服务使用的大幅减少（Bundorf，2016）。

就如何提高健康保险的价值而言，还应该分析和探讨健康保险制度的重大变革，比如 Medicaid 计划的大规模扩展的影响。例如，Cheng 和 Chiang（1997）研究了在中国台湾地区实施的全民健康保险制度，该制度为以前没有保险的一部分人提供了健康保险。研究发现，该制度实施后，先前未参保人群的就医次数显著增加，虽然急诊部门的访问次数也有所增加，但在统计学上并不显著（Cheng 和 Chiang，1997）。拜克（Baicker）等进行的俄勒冈健康保险实验研究，通过 Medicaid 计划随机扩展一组新的受益人，研究发现健康保险的增加可以显著改善抑郁病的治疗状况，但其他健康状况没有改善（Baicker 等，2013）。芬克尔斯坦和麦克奈特（Finkelstein 和 McKnight）的一项研究发现，在老年人中引入 Medicare 计划对死亡率没有影响，但却使得这一人群的自付费用显著下降（Finkelstein 和 McKnight，2008），从而证明参保 Medicare 计划个体获得了经济效益但并没有直接改善他们的健康状况。

从成本效率的另一角度看，健康保险成本的降低也可以提高其价值。例如，不同保险商的附加成本存在显著差异，团体健康保险通常比非团体健康保险的附加成本更低。例如，保利和珀西（Pauly 和 Percy，2000）提到这样一个事实，"……非团体健康保险计划的管理费用或'附加成本'的比率远远高于团体健康保险计划，至少对于大中型规模的团体健康保险计划而言是如此，主要是因为以一对一的方式出售和购买健康保险的费用高于单一的团体决策者购买的费用支出。"由于所采用的成本管控措施，Medicare 的附加管理成本很低，仅占项目总成本 1%～6% 的比例。然而，关于这种观点的实证检验和准确性存在一些争议（Sullivan，2013）。

文献中，有些研究更侧重于降低健康保险的绝对管理成本，而不是仅仅研究某些干预措施对降低附加成本的影响。例如，伯威克和哈克巴斯（Berwick 和 Hackbarth，2012）提出，医疗服务中存在六种形式的浪费，其中的两种类型是，"管理复杂性"和"定价失败"。根据他们的评估，两者分别浪费了 107 亿～3 890 亿美元和 84 亿～1 780 亿美元（Berwick 和 Hackbarth，2012）。他们引用一些将美国与加拿大或美国与其他国家健康保险制度进行比较的研究，以便对浪费进行估算（Cutler 和 Ly，2011；Pozen 和 Cutler，2010；Woolhandler 等，2003）。这些比较研究都表明，美国如果采用全民健康保险制度或单一付款人制度可以降低健康保险的管理成本，从而提高其成本效率比。

在美国推行单一付款人制度或建立基于全民健康保险的制度体系的提案，代表了未来美国健康保险整体市场的更大变化，这种制度变迁和过渡的成本可能很大。可以参考最近实行全民医疗保险计划的发达国家或地区，如中国台湾地区。就其整个健康保险制度而言，实施新制度的计划阶段就花费了 7 年时间，在研究、实施和改造现有的医疗融资体系方面付出了相当大的代价和成本。由于规划过程以及随后发生的其他变化，估计 2003 年索赔管理的成本占新的全民健康保险方案预算总额的 2.2%（Cheng, 2003）。目前, 尚不清楚美国能否实现如此低的制度转换成本比率。

本节区分了健康保险的边际成本和边际效益, 以便区分和权衡健康保险的这两个要素。然而, 大多数健康保险选择都与成本、收益的增加（或成本节约、收益减少）有关。很显然, 健康保险公司应明确采取在不增加成本的情况下提高收益, 或在不减少收益的情况下降低成本的决策选择; 然而, 这样的决策选择很可能极少, 一个很简单的原因是它们都是健康保险领域中的"非常容易实现的事情"（low hanging fruit）。在本书中看到的大多数政策和手段的选择, 以及那些需要平衡成本和收益的选择, 都需要权衡取舍。

第二节　健康保险保障的扩展和降低

一、健康保险扩展和降低的定义

在健康保险机制中, 存在着许多固有的矛盾和冲突, 比如如何权衡医疗费用支出总额的调整, 以增加或减少健康保险的数量或质量。医疗费用支出的增加会增加健康保险的数量, 而减少开支则会减少可用的健康保险数量。在美国和其他国家, 为了增加健康保险的数量, 已经多次实施增加健康保险费用支出的方案。例如, Medicare 和 Medicaid 的引入, Medicare D 部分增加的可报销药物的保险利益, 以及奥巴马医改法的实施, 都代表着公共健康保险项目保障数量的扩大。健康保险增长的影响, 不仅体现为参保人数的增加, 也体现为人们拥有的健康保险保障额度的增加和自付费用的减少。在美国和其他国家, 低保额的健康保险计划是不太受欢迎的, 也只能在更小的范围内实施。例如, 出于控制医疗成本的目的, 健康维护组织（HMO）等管理式医疗计划应运而生（Bodenheimer, 1996）。此外, 经济衰退也会导致美国健康保险覆盖人数和保额数量的减少（Sheiner, 2015）。

健康保险商一直专注于"成本控制", 以应对成本增加导致的健康保险费用上涨。这关系到健康保险商作为金融中介机构, 特别是在支付医疗费用方面作用的发挥。降低保险数量的方案包括, 从按服务付费方式向管理式医疗服务的支付方式转变, 在支付常规性医疗费用时的限制措施, 缩小个人可获得的医疗服务供应商网络, 以及直接增加被保险人的财务责任等（Claxton 等, 2015）。

二、通过扩展和降低来实现健康保险价值

健康保险计划扩展覆盖到其他的未参保个体, 有可能获得潜在的较高边际效益, 同时也会产生较高的边际成本。由于奥巴马医改法的实施及其社会健康保险计

划的扩展，未参保人群在全部人口中的占比非常小，在某种意义上说，这些剩余的未参保人群与那些参保群体有很大的不同。① 剩余的未参保人口主要由以下几类群体组成，包括有资格获得非团体健康保险但是不愿或不能支付大部分健康保险费用的人，有资格获得 Medicaid 但未参保的人，以及由于州政府决定不实施 Medicaid 计划扩展或其他人口特征而不符合 Medicaid 资格的人。这些未参保个体都有一些共同的特点，比如他们对健康保险的偏好较低，风险厌恶程度较低，几乎没有需要保护的金融资产，而且也可能不喜欢这些公共健康保险项目。因此，健康保险计划扩展到这些未参保群体的边际收益也很高，因为这种扩展对其他项目的挤出效应很小。相反，全民健康保险制度可能是使这些剩余未参保人口参保的唯一途径。

由于 Medicaid 项目的边际成本较低，借助其实现健康保险计划的扩展就是一个比较好的选择。Medicaid 为投保人提供了较为可观的保险保障金额，但相对于其他形式的健康保险而言，其对医疗服务的支付数额较少。值得注意的是，由于Medicaid 提供的保险数量和质量普遍较低，因此 Medicaid 计划扩展的好处也可能比较小，而同时 Medicaid 计划扩展的边际成本也比较低。

鉴于 Medicaid 计划扩展的联邦制特征，同时各州在如何建立和管理 Medicaid 计划方面还保留一些自主的回旋余地，因此，Medicaid 计划扩展在政治上也有较大的吸引力（预算和政策重点中心，2015）。Medicaid 的保障范围是其显著优势，它是应对个体健康冲击导致的费用支出的最佳方式，特别是针对那些急性护理问题，而本质上健康保险的功能就是如此。最后，对于 Medicaid 是否存在一些缺陷或者显著的低价值认知，撰写本书时尚不清楚。就个人而言，特别是那些在健康保险公司的管理医疗保险计划范围内的人，可能认为他们目前的健康保险保单与 Medicaid 和Medicaid 管理式医疗计划没什么太大的区别（Epstein 等，2014）。

在现存的健康保险制度下，非团体健康保险市场的扩大相对容易。全部 50 个州都建立了非团体健康保险市场。随着奥巴马医改法的颁布和首次推出，每个州都开始建立州的或联邦政府资助的健康保险交易所（即健康保险市场）。通常，由于他们的健康保险保障额度比其他群体要少，这些个人和家庭可以通过额外的支出购买非团体健康保险计划以获得更多的保障。也就是说，未投保和健康保险不足的群体在很大程度上是由无法获得团体健康保险计划保障的中产阶级及其以下的人群组成的。

从成本收益的角度来看，非团体健康保险市场的主要缺点是，所销售的健康保险产品的成本很高。由于非团体健康保险计划的规模较小，因而其附加成本也较高，远不如雇主提供的团体健康保险计划具有优势（Glied，2005，第 41 页）。此外，有资格获得非团体健康保险保障，以及相应的政策补贴的个体可能最容易被排

---

① 作者注：一个例外是，在一些州，那些低收入的未参保人群还没有参保 Medicaid 的扩展计划。

挤出去，因为这些人比那些收入分配处于最底端的人群有更多的财务资源可以用于购买健康保险。还需要说明的是，为了使健康保险具有足够的吸引力，就需要提供较多的补贴，而有资格享受健康保险补贴的团体的规模越来越大，可能会使健康保险的成本变得非常的昂贵。最后，Medicaid 计划和非团体健康保险市场的共存，使得个人可能会在投保和不投保之间"摇摆不定"，导致未来一个很长时期内个体保障的不确定性和政府的高成本（Graves 和 Swartz，2013）。

虽然医疗服务不平等在美国可能会持续存在，但提高健康保险价值的方法之一，是通过增加许多形式的健康保险计划的数量，终止那些进一步加剧不平等的健康保险项目。降低健康保险的数量可能是具有成本效率的，例如在雇主提供的健康保险市场中，政策补贴会导致部分人群的过度投保。降低这种类型的健康保险的数量，可能会把资金从相对富裕的群体（这些人能够获得并保持一份较好的工作，而且他们的雇主能够提供健康保险）转向其他群体，这些群体因医疗服务费用支出得到保障而获得更大的收益，并且减少过度投保也可以提高政府预算支出的公平性。与之相反的观点是，降低雇主提供的健康保险的数量的负面影响，目前还不为人所知。实际上，雇主也可以灵活地应对政策变化，比如消费税（或者凯迪拉克税）的加征，而导致的健康保险价格的变化作出反应，具体来说，包括促使雇员分担雇主提供的健康保险的更多的财务责任，或者改变这种健康保险计划的数量和质量特征，或者完全取消这种健康保险形式。

降低雇主提供的健康保险计划的税收补贴，肯定会减少其保障的"慷慨程度"（数量）。奥巴马医改法将通过对"高成本"的健康保险计划征收间接消费税的方式，来降低雇主提供的健康保险计划的税收补贴。这些税收将基于总支出，而不是健康保险自身特征进行征收。因此，这些消费税将通过对限制总费用支出的行为进行激励的方式来减少这种类型保险的数量。为了控制健康保险的成本，雇主只能利用如下两种方法：一是减少健康保险数量。二是在一个尽可能小的程度上降低健康保险质量。这种财务责任的增长是否会导致更有价值的健康保险，取决于距离该市场"最优"均衡点有多远，例如，雇主提供的健康保险计划的共同保险费率在多大程度上低于其边际成本和边际收益相等的市场均衡水平。

目前尚不明确的是，减少雇主提供的健康保险的数量是否会对美国经济的竞争优势产生积极的影响。从理论上讲，雇主提供的健康保险的制度可能会拖累或削弱美国公司相对于非美国公司的竞争力。这是因为雇佣员工时，在员工福利和间接管理成本方面，雇主需要承担更高的雇员工资，由此产生了额外费用。[①] 这种情况在

---

① 译者注：原文为"wedge"，直译为楔子，在此意指为雇员提供健康保险的雇主（公司）相对于其他不提供保险的雇员（公司），需要承担额外的保险费用。

就业的许多方面都是适用的，例如，雇主还必须为他们的雇员提供 IT 支持和办公设施的预算。由于其他国家的雇主不必负担提供健康保险的成本和费用，因此，对于美国雇主来说，健康保险的成本问题就显得尤其重要。另一方面，其他国家的雇主和雇员可能有更高的劳动税负担，因此尚不清楚将健康保险的财务责任从私人预算转移到公共预算，是否真的会对美国的生产率和竞争优势产生影响。

超额保险带来的福利所得，以及降低雇主提供的健康保险的税收补贴所带来的竞争力提高，必然与提供其他形式的健康保险的费用相冲突。如果减少或取消雇主提供的健康保险补贴只会导致保额的减少，那么这种变化的影响就更容易估计。但是，如果雇员从雇主提供的健康保险市场转向非团体健康保险市场，这种变化可能会增加健康保险的平均成本，因为雇主提供的健康保险计划更具有成本优势。

鉴于美国的分层的健康保险制度不太可能改变，如果普遍降低健康保障金额，某些人可能会选择退出一般的保险池（如社会医疗保险项目）。在德国，一小部分高收入群体可以根据自己的意愿选择购买商业健康保险。商业健康保险中类似于保证续保条款（guaranteed renewability）对个体的保障程度，与公共健康保险的保障程度相当甚至可能更高（Hofmann 和 Browne，2013）。如果降低雇主提供的健康保险的保障金额，会使那些想要获得更多保额的人自愿退出该市场并购买更大保额的保险，那么对这些人来说可能是有益的。如果提供更多的公共健康保险可以改变雇主提供的健康保险的性质，使其更加同质化而不是更"慷慨"，那么这个政策选择是值得的。在降低保险数量的问题上，允许个人退出公共健康保险体系可能不如阻止私人保单获得公共补贴有效。以德国为例，小部分人退出公共医疗保险体系，并没有导致该体系瓦解。

政策补贴在 Medicare 计划中也很重要。Medicare 的特点是，对传统 Medicare 计划和那些参加 Medicare 优先计划的群体提供很大程度的补贴。Medicare 之前作为奥巴马医改法（ACA）削减成本的来源之一，该法降低了对医院的偿付率，这样就可以为增加其他类型的健康保险项目提供资金（《患者保护与平价医疗法》，2010）。收取更公平、与风险评级更对应的保费，将直接降低健康保险计划的精算有利性，导致 Medicare 保额的减少。

如果 Medicare 项目的受益人为了降低保费而减少保险数量，那么更加精算公平的费率会使得 Medicare 项目的收入增加，同时降低其提供的健康保险数量。同样的道理也适用于 Medicare 优先计划，降低保险补贴将使得投保人支付更多保费，或者降低保险需求。个人可以通过购买补充性健康保险（Medigap）来弥补他们的医疗保险保障的不足，这在目前 Medicare 受益人中非常受欢迎（Starc，2014）。与雇主提供的健康保险计划一样，政府可以选择为那些参加公共健康保险计划的人提供更高额的健康保险，但提供补贴不是必须的。最终，减少健康保险数量意味着把目前花费在更高额的公共医疗保险项目上的资金用于可以改善健康的替代方案。

在扩张某些健康保险市场的同时，缩减其他健康保险市场的同一主题和目标是获得更高的价值，包括对成本相对较低、效率相对较低或成本较高、效率较高的选择的权衡。换言之，很少有健康保险方案既能保证边际成本相对较低又具有较高的边际收益。相反地，大多数情况下可以通过大幅减少收益来节省成本。因此，扩张和收缩的价值取决于困难的政策选择。例如，虽然 Medicaid 是一种成本相对较低的健康保险形式，但如果 Medicaid 扩展到联邦贫困线（FPL）的 200%，以便为许多健康状况相对较好的个人提供额外的保障时，那么它将成为一种低成本、低效益的决策选择。相反地，关于私人、团体健康保险的文献研究表明，那些获得这种健康保险的人认为它具有很高的价值，因此，减少雇主提供的健康保险的补贴，会降低个体的保险保障程度，进而使得这些个体遭受一定的福利损失。

第三节 健康保险面临的持续挑战

一、健康保险面临的挑战

健康保险理论文献中，如何量化和分析健康保险的规模经济效应和范围经济效应，是主要的理论挑战之一。生命的价值是难以测定的，但理论上必须进行分析和测度，以便将成本收益分析方法应用于健康保险领域。成本收益分析的基础是测量健康干预措施的边际效益，这是一个计算问题，计算的是特定疾病或伤害引起的人力资本的变化，通过医疗服务能够恢复的人力资本水平以及健康保险能够筹集的医疗服务资金等问题。与之相反的观点是，相比通过具有相应成本的健康保险提供筹资给社会的不同群体，直接提供上述这些福利更加节省成本。换言之，除非健康保险公司有能力通过规模经济来实现效率，否则健康保险计划本身的使用就会降低医疗服务的总价值。因此，衡量健康保险的规模经济和范围经济的影响以及健康保险的管理成本，是决定健康保险何时以及怎么样才有价值的关键。

从成本收益分析的角度来看，这类问题的研究是贯穿全书的核心，更大规模的健康保险公司会对社会更有利吗？更少的商业健康保险和更多的公共健康保险计划，会获得更多的社会福利吗？或者更多的商业健康保险而不是现有的社会健康保险，会让人们变得更好吗？基于奥巴马医改法，这些问题更加切中要害。从某种意义上说，奥巴马医改法不仅强化了当前的多个付款人的健康保险制度，而且将这种支付机制延伸应用于健康保险交易所。如果在健康保险中确实存在规模经济效应，那么当前的多个付款人的支付系统就要比少数几个付款人（或单个付款人）的支付系统的成本大得多。如果健康保险存在范围经济效应，那么公共健康保险相比私人健康保险就具有巨大的优势。范围经济效应也意味着目前公共健康保险市场的分离，特别是 Medicaid 和 Medicare 的分离，这远不如通过把两个项目整合成一个具有单一付款人系统的公共健康保险制度更有效率。

更广泛地说，在医疗服务和健康政策中也都存在这种权衡。例如，除了健康保险补贴外，奥巴马医改法还包括公共卫生基金。预防和公共卫生基金的规模很小，过去几年仅有150亿美元，而2016年健康保险补贴的成本已达到6 600亿美元（国会预算办公室，2016；Haberkorn，2012）。与健康保险补贴相比，预防和公共卫生基金的成本效益更好，增加其预算将会更好地服务于公共卫生事业的发展。然而，包括政府预算在内的所有预算都是有限的，各种政策计划都在争夺有限的预算资源，健康保险的使用可能会妨碍人们消费其他经济上更划算的商品和服务。但是，从理论角度来说，这也是健康保险面临的一大挑战。比较不同类型的健康保险计划已经足够困难，而比较分析基于公众健康的公共卫生福利系统与基于公共健康保险计划的社会健康保险系统的难度会更大，但一个理论和实践的重大课题是，必须明确地回答，更多的健康保险保障是保护和促进健康资本的最具效率的方式吗？

二、健康保险的局限性

奥巴马医改法，不仅通过为公共健康保险计划提供更多的资金，而且也通过调整非团体健康保险市场的结构，从而解决了未参保人群的保障问题。奥巴马医改法着眼于推动健康保险市场的供给侧的变革，更进一步分析，这些政策干预主要侧重于财务方面的改革，即通过为健康保险提供更多资金，以及在财务上通过强制（税收）惩罚未投保群体。在某种程度上，由于个人强制保险规定要求惩罚未购买健康保险的个人，这也间接地解决了健康保险市场需求方的问题。例如，购买非团体健康保险的政策补贴，是通过健康保险交易所间接提供的，而不是直接支付给消费者，这也相当于一种隐性的税收惩罚。

健康保险市场的需求因素分析，对于保险不足现象的行为经济学的解释具有重要意义。行为变量和因素对于健康保险市场的影响和阻碍，可能需要采取非货币干预措施来应对和解决，这意味着除健康保险计划之外还需要其他解决方案。消费者行为研究，包括个体对健康风险的感知与实际健康风险之间的偏差，以及有参保资格的个体在获取保险时所不得不面对的决策困难，诸如差异性、偏见和障碍等（Baicker等，2012）。采取有效的非货币干预政策，以及促进现有和新增的健康保险计划增长，可能会影响健康保险需求的规模和结构，进而潜在地解决健康保险市场需求不足的问题。例如，通过教育等非健康干预措施，可以帮助人们了解自身健康的价值，并让他们获得更多的健康资本，从而可以间接地增加健康保险需求。

从根本上来说，健康保险市场的需求之所以存在问题，是因为仍然存在着大量的未参保人群。提高健康保险参保率的两大障碍因素是，收入效应和获得健康保险保障的低优先级（即在消费决策选择过程中，不优先考虑购买健康保险）。其中，收入效应，是指收入水平对健康保险消费水平的影响程度，通常也指收入较低人群可能无力购买或自我认知无力购买健康保险的可能性。一方面，雇主根据强制健康保险的要求，奥巴马医改法的"雇主共同责任"条款规定，ACA 基于年收入的9.5%制定了雇员个人健康保险保费的负担标准。考虑到健康资本的重要性，个人有动力为自己的健康负责，这个设定可能是合理的（McDonough 和 Adashi，2015）。另一方面，雇员收入的9.5%的比例用于健康保险支出，远高于目前许多人购买健康保险的显性的保费支出水平，当然上述条款规定是个人支付健康保险费用的上限，其余部分的健康保险费用由政府或雇主提供补贴。大量的文献研究健康保险购买过程中的低优先级现象，例如，许多有资格获得健康保险计划的人，特别是有资格参与 Medicaid 计划的人，却并没有获得这些健康保险项目的保障。上述有关保险不足现象的研究表明，为那些没有任何健康保险计划的人群提供健康保险保障是极其困难的，但却并非不可能，这个问题也是未来健康保险经济学的重要研究领域。

　　事实上，健康保险的有效性是有限的，因为尽管有相当比例的人口未被保险覆盖，但医疗服务已然耗费了大量的资金。随着未参保群体以及其他健康保险数量较低群体的保险覆盖面的扩大，将加剧健康保险"保费增长"的问题，所有健康保险市场的费用增速都远超过经济增长的速度。在保险费上涨快于工资的情况下，这种增长是某些群体"被价格挤出"健康保险市场的主要原因之一。由于健康保险作为第三方支付者负责支付医疗服务费用，因此在某一特定地理区域内医疗服务供给有限的情况下，健康保险公司之间就存在相互竞争。与任何价格补贴一样，健康保险补贴往往会抬高保险的价格（Feldstein，1999）。因此，在某种意义上，健康保险扩张战略是自我限制的，无法进一步增大规模以解决日益增长的索赔费用，而索赔费用的增加又是健康保险费增长的主要驱动因素。

　　最终，由于健康保险保费的上涨，任何医疗服务潜在成本的上升都会影响个人的预算支出。向健康保险市场投入更多资金，意味着通过第三方支付系统支出更多的资金，这反过来会增加医疗服务成本，从而增加健康保险的保费支出（Weisbrod，1991）。在非团体健康保险市场上，个人的保费或财务支出增加，会直接影响他们的预算费用。由雇主提供健康保险的群体，其需要缴纳的保费或承担的财务责任会直接增加，此外，也会出现保险保障质量下降、工资压缩以及其他形式的员工福利的减少等方面的间接变化。那些有公共健康保险计划的人，可能也需要承担保费和财务责任增长的直接影响，以及由保险保障质量下降和其他政府福利降低而产生的间接影响。随着健康保险的税收增加，保费增长也间接影响人们的预算支出。在一个公共健康保险计划发挥着重要作用的健康保险体系中，个体的保险成本的增长是由于用于社会健康保险的费用增加、税收增长或其他政府福利的降低，而不是私人健康保险保费的增长。

应对保费增长的各种解决方案，可能也会扩大未参保人口的规模。限制健康险保费增长的方法，包括降低保险的数量或质量，或者通过减少补贴来提高保险费率的水平。无论是哪种解决方案，都使得健康保险对成本较高或健康保险收益较低的人群的吸引力变得相对较低。尽管从不参保到参保，或者提高参保率，都可以获得最大的边际效益，但未参保和参保程度很低的人最有可能降低保额以控制成本，这是因为他们用于购买健康保险，或者说用于医疗服务的预算有限。因此，在覆盖范围的广度和健康保险的承受能力之间需要作出权衡和选择。

一般来说，健康保险的规模问题，可能比限制问题更重要，但是尤为重要的问题是，许多健康保险计划没有提供本书的第二章和第三章中所定义的风险管理服务。在前文的论述中将传统的风险管理服务视为一种机制，用于资助由疾病或伤害引起的，但无法预见的医疗服务费用。虽然个体有可能确定其遭受损失的概率，甚至通过保护性行为改变损失的概率，但传统意义上的风险管理是一种事前产品，即必须在发生损失前购买。而许多由政府、雇主提供的，以及基于医疗服务提供商的健康保险，更像是预付制的医疗保险计划。所有的健康保险市场的一个突出的特征是，常常会对过去的损失提供一定程度的保障，但通常在其他险种中却不会存在这种情况。这就大大限制了健康保险的功能和作用，原因在于大部分用于健康保险的资金都被用于为医疗服务筹资，而这又是因为医疗服务的性质是需要预先筹资，然后才可以直接消费。

如此多的健康保险费用花费在风险管理服务之外的原因是，健康保险具有的第三方支付功能。健康保险作为众多医疗服务的融资渠道，用于支付巨额的医疗费用，就这一点而言，它会一直处于增长态势。由于健康保险是这样的医疗服务费用支付机制，从本质上说，健康保险的扩张，就是要为高健康服务成本或特定健康状况的人群支付相应的医疗服务费用。雇主提供的健康保险计划的税收补贴，激励雇主或雇员将健康保险作为一种储蓄或预付机制，无论个人的边际税率是多少，通过雇主提供的健康保险预付的医疗服务节省下来的资金都可以免税。[①] 政府的税收系统对一般储蓄征税，可以激励人们对健康保险有更多的需求，而不是激励人们增加可以管理更广泛风险的预防性储蓄。

使用第三方支付系统为确定或几乎确定的医疗服务支出提供资金，在某种意义上说，这限制了健康保险的功能，使得健康保险的效率大大降低，其原因是第三方

---

① 作者注：充分披露：作者本人当然试图尽可能多地通过他的灵活支出账户（FSA）等税收优惠渠道支付他的医疗费用支出。

支付服务具有相当大的附加管理成本。任何由健康保险公司支付的医疗服务费用的索赔都必须经过裁定、验证和处理，付款必须由第三方付款人支付给供应商，所有这些理赔过程和环节都会产生一定的成本。个人通过购买健康保险来为医疗服务费用筹资，由此形成的健康保险的附加成本可以被模拟为一种无形的"税收"，因为如果个人能够直接支付医疗服务费用，他们就可以为自己（或社会）节省这些附加成本。

从医疗服务提供商的角度来看，健康保险是低效的，因为他们必须为提供的医疗服务建立应收账款账户。这些应收账款本身会提高理赔成本，因为它包括延迟付款的融资成本以及与提供医疗服务有关的不确定性成本，并非所有理赔都按索赔的额度支付（或者说全部赔付）。正是为了避免支付健康保险中包含的医疗服务融资成本，"直接初级护理"和"特约诊疗"等模式才具有吸引力。然而，即便是这些"新模式"的医疗融资，也需要建立在一种类型的健康保险模式基础之上，这种模式要求个体支付"双重费用"，除了实际支付的医疗费用之外，还要预先支付一笔会员费（Carnahan，2006；Ng 和 Weisser，1974）。尽管这种"新颖"的医疗融资形式效果并不好，但这一趋势仍减少了自付费用以及医疗费用支出的总额。

通过为艾滋病（HIV），即人类免疫缺陷病毒的治疗提供费用保障的例子，可以说明健康保险系统为特定的昂贵治疗费用提供第三方支付服务的合理性和效果。由于许多州的 Medicaid 计划都涵盖了 HIV 治疗费用的保障内容，其感染者使用的高效抗逆转录病毒疗法（HAART）大部分由 Medicaid 计划提供资金。事实上，由于治疗药物的高成本，HIV 作为一种"医疗需要"的资格条件，被列为获得 Medicaid 资格的重要条件之一（Buchanan 和 Smith，1994）。巴塔查里亚（Bhattacharya）等（2003）研究了健康保险计划在改善 HIV 患者健康状况方面的有效性，发现私人健康保险计划比公共健康保险计划更有效地改善了 HIV 携带者的生存状况，并认为这种差异是由于 Medicaid 中对获得 HAART 的限制造成的（Bhattacharya 等，2003）。基于上述的治疗的有效性和效果的差异，从成本收益的视角看，作者认为应当支持私人保险扩张，它可能会有更好的治疗效果，而成本也会比公共保险计划更低。

HIV 的案例研究结果表明，在公共健康保险体系之外支付 HAART 治疗和其他形式的靶向治疗的机制可能在经济上更加划算，因为这种支付机制避免了健康保险的附加管理成本，特别是如果它能够利用规模经济效应的优势，将重点放在艾滋病患者身上以降低医疗成本。关键问题在于，在此项目中，政府福利管理的成本是高于还是低于 Medicaid 的成本，以及这种方法是否能够达到足够的规模，以便与医疗服务提供者和生物制药公司进行讨价还价。此外，该体系如果不是一种"独立但平等"的医疗融资方式，那么对大多数人来说是难以接受的，这也是一个明显的道德层面的问题。

健康保险的替代方案，包括直接使用第三方支付资助特定的福利或疾病。美国也存在这些替代方案，例如联邦认证的健康中心（FHQCs）。FQHCs 提供一系列疾病的护理，而无须考虑支付能力，其大量资金来自医疗保险体系之外（O'Malley等，2005）。虽然 FQHCs 在过去的 15 年中有所扩大，但仍有额外的扩张空间，它既为未投保人提供护理，又为无法支付保险护理费用的被保险人提供护理（Shin等，2015）。

健康保险的诸多局限性说明，相比那些指定的或强制性的健康项目，通过社会健康保险计划为个体的医疗服务筹资可能更有效率。这类强制性的健康项目通常被称为"代金券"。例如，补充营养援助计划（SNAP）（也就是俗称的"食品券"），为个人提供了一笔他们只能花费在食品上的资金（Barnhill，2011）。医疗服务代金券，将提供只能用于购买医疗服务或健康保险的资金。这种福利通常包括在雇主提供的健康保险计划中，它为雇员设立了灵活支出账户（FSAs）或健康支出账户（HSAs）中作为员工福利的补充或"补差"（Hamilton 和 Marton，2008）。也有人提议将其作为应对 Medicare 计划存在问题的解决方案，在该计划中，受益人将获得基于健康风险状况评级的代金券，可以用它购买其他健康保险保障以补足或替代Medicare 福利（Ginsburg，1981）。

这种医疗服务代金券制度主要存在两个问题：选择问题和潜在的规模不经济问题。鉴于消费者可能会"货比三家"地购买医疗服务或健康保险，代金券制度将存在竞争优势。但是，任何代金券都必须规定哪些支出是允许的，哪些是不允许的，这就可能限制选择的数量。而从政策制定者的角度来看，健康保险的好处恰恰在于约束个体的选择，由于其特有的第三方付款人功能，个人在使用健康保险时就不必事先确定或选择保险利益的范围。如果通过大量的公司提供健康保险（外包）比通过政府项目提供健康保险（内包）更昂贵，医疗服务代金券制度也会加剧健康保险的高成本问题。任何的可替代的制度，无论是单一付款人制度或者是更私有化的制度，同样需要处理健康福利计划提供的保障范围和自由度方面的问题。

三、公共选择

从本质上说，健康保险计划的公共性特征，决定了健康保险本身就是一种公共决策选择，这不仅表现在健康保险计划的设计过程中，而且还是一个持续的挑战。根据第一章所描述的健康保险的"委托—代理"观点，消费者显然是委托人，但代理人的身份可能因健康保险的类型而异。消费者是健康保险市场的主体，受益于由健康保险支付医疗消费费用支出产生的效用。可以将健康保险商视为代理人，无论该健康保险商是健康保险公司、雇主、政府还是医疗服务的提供者。无论健康保险商以何种形式出现，它代表被保险人作出的选择都具有公共性特征，因为它管理着积聚了大量参保人保费的庞大的风险资金池。这些选择的公共性还在于健康保险商的选择必须遵循基本的经济学规则，即它必须使每个被保险人在相同条件下获得同等的利益。

无论消费者选择何种类型的健康保险，健康保险商作为健康保险代理人的角色是普遍存在的。因为只要通过第三方支付医疗服务费用，健康保险商就是被保险人的代理人。在按服务付费的系统中，医疗服务提供者按照每一项具体的医疗服务来收取费用，健康保险商需要代表被保险人与医疗服务提供者协商价格。管理式医疗模式也包括了支付服务，健康保险商也需要代表被保险人协商费率并对医疗服务施加限制。健康保险公司、雇主、政府和医疗服务提供者作为健康保险商时所面临的相似激励措施表明，他们可能会代表被保险人作出相似的决定。换句话说，鉴于可用于整个参保人群的资源有限，所有的健康保险商都有责任提供尽可能多的医疗服务。

在健康保险市场运行过程中，政府的健康保险政策是十分必要，也是十分重要的，因为作为代理人的健康保险商总是代表特定的群体作出决策选择。而被保险人之所以接受健康保险商为其代理人作出相应的决策选择，是因为这是健康保险机制安排的一个重要的内容。因此，根据政府政策作出的健康保险决策选择，就可能影响许多人的福利（效用）。就健康保险监管而言，情况也是如此，有利于改善整个健康保险市场的干预措施，也将有利于从该市场获得健康保险的消费者的福利改进。但是，以补偿原则为基础的健康保险支付机制（现金津贴的支付）对于管理者来说，是非常复杂的。事实上，健康保险以收益为基础支付医疗费用（非现金方式，即实物偿付），意味着健康保险商会密切关注或者具有内在的驱动力去促进和改善参保成员的健康状态，并基于这种责任的履行情况获得相应的激励和回报。

第四节　健康保险的未来

一、风险管理策略的菜单

作为风险管理策略"菜单"选项的一个重要形式，健康保险不仅是本书的主题，也是本书所涵盖和涉及的更为广泛的风险管理和保险学研究的主题。① 个体总是需要对他们自身面临的健康风险，对如何采取相应的规避、预防或减轻健康风险

---

① 作者注：如果读者需要更详细、更全面地研究风险管理问题，可以参见 Dionne（2013）的文章，对于初学者来说，是一个很好的入门级的介绍。

的决策选择，以及健康风险管理的总体策略进行计算或盘算。这些计算是十分必要的，因为在既定的健康保险供给特征的条件下，个体需要确定特定的健康保险是否是合意的，以及应该购买的健康保险数量。随着时间的推移，需要对购买健康保险作出深思熟虑判断的人，同样也会收集大量信息，以判断和计算是否采取应对健康风险的非健康保险形式的其他策略。

健康保险的未来必须考虑到这样一个事实，即单纯的健康资本的基本风险，并不足以激励消费者购买健康保险，或激励健康保险机构提供健康保险产品。其他的策略选择，包括预防性储蓄、预防和防范等方式，可能会随着时间的推移越来越具有更为重要的降低健康风险的作用，并在个人的健康资本遭受到冲击时支付大部分医疗服务费用。但是由于这些成本较低的风险管理策略选择的局限性，在很大程度上仍需健康保险来发挥更大的作用。个体的预算约束使得他们难以存钱或借贷来支付医疗服务费用。一般地，预防性行为的效果可能低于预期，并且评估其效果的有用信息很少。缓解或防范措施，可能不足以应对或规避巨额的医疗费用支出，特别是健康保险自身的缓解健康风险的功能可能降低这种策略的有用性和竞争力。因此，相对于健康保险来说，这些低成本替代策略可能是相对低效率的，如果考虑个人和群体风险管理的内在动机和需求，那么人们就会审慎和明智地使用更多健康保险策略来应对健康风险。

虽然健康风险不是提供健康保险的充分条件，但却是必要条件。在传统风险厌恶的意义上，可以确定的支出不能用保险支付。相关医学方面的文献已经证明，健康确实是有风险的，正如贯穿本书的健康风险主题。风险既有概率因素，也有时间变化的因素，这是保险要保障什么的基础。管理无风险的健康成本的替代策略，更多的是一种医疗服务融资和偿付的形式。换句话说，在没有风险的情况下，第三方支付服务可被视作为一种团体购买计划。这是一种利用规模优势获得团体折扣的方式，或者是一种在长周期内分摊大额资本支出成本以平滑消费的方式。① 健康保险意味着某种程度的健康风险，即使一些健康保险服务供应商仅提供融资而不承担任何风险，这种方式类似于抵押贷款服务人员收取付款的方式，并跟踪向银行、住房保险公司和其他风险当事人支付的款项。通过区分或明确当前健康保险合同中的这种支付服务，健康保险可以重点关注一些能够通过风险管理得以规避或降低的风险。

即便关注风险管理的健康保险范围有限，健康保险依然在社会中扮演着重要的角色。就健康冲击的频率、概率以及潜在严重程度而言，健康风险极大。健康资本

---

① 作者注：当然，即使是这些例子也暗示了一些或大量的风险，就像房价崩溃所显示的那样。这里的要点是，可以将医疗支出的消费平滑因素分离出来，但如果没有风险，就没有什么可保的。

非常宝贵，即使是很小的相对风险也能产生巨大的绝对经济影响。健康风险与个人健康的内在价值和工具价值息息相关，人们从良好的健康状态中获得效用，健康的状态使他们能够以自己选择的方式生活。事实上，从某种意义上来说，在没有健康资本的情况下，对任何财产进行估价都是困难的，对于没有健康的人来说，汽车、房子或教育有什么好处呢？健康风险也可以使整个人群的风险程度发生很大变化，年龄、性别和居住地等人口结构因素都可能会影响健康和健康风险。但显然，无论如何，健康对所有人来说都是一笔风险资产。

健康保险虽然不是健康促进体系的全部，但由于健康风险和健康价值的存在，使其成为该系统的重要组成部分。健康保险的存在，是因为人们希望保持健康，并希望解决明显影响健康状态的问题。健康保险是一种机制，可以将前期缴纳的保费转作未来发生疾病时的医疗费用，以应对这些风险，无论这些保险费是直接来自投保人，还是间接来自雇主或社会保险计划。健康保险也可以通过定义和量化健康风险来帮助个人应对健康风险，可以提出一个不确定的命题，即如果个体生病了会发生什么？实际上健康保险机制可以将这种不确定性转化为个体通过与保险公司议价形成的一种有形的金融交易。

健康保险商具有将健康冲击转化为财务或保险条款的动机和能力，即使该过程是不完善且主观的。健康保险将健康货币化，使不可替代的、非流动性的资产具有可替代性和流动性，从而更有价值。然而，其他形式的消费和健康投资也可以达到相同的目的，实际上，保护健康的个人行为可能更有效，更具成本效益比，正是因为它是私人的而非公开的，因此较少受到健康保险"一刀切"规则的影响。未来，健康保险可能会继续定义健康风险和医疗服务的价值，并重点关注当前和新兴的进行潜在风险管理的医疗服务技术。

二、作为主要策略的健康保险

虽然在美国有很多关于健康保险计划的选择，但大幅降低第三方支付的医疗费用并不是"菜单上的选择"。即使通过健康保险提供的医疗融资大幅减少，大多数医疗支付仍将来自第三方平台。此外，许多类型的健康保险将继续拥有显著的精算意义上的价值，这意味着共保率（α）远远高于道德风险文献中所描述的最优水平。[1] 一个很有可能出现的情形是，随着健康保险被用于支付越来越多的医疗费用支出，以及未参保人数的持续减少，健康保险在美国及其之外地区的重要性会日益增加。

健康保险还将继续为医疗服务提供金融中介服务，不受其风险管理的作用程度

---

[1] 作者注：需要注意的是，第三方支付的款项的百分比相当于算术定义的健康保险的平均精算价值。

的影响。医疗服务费用报销系统，如 CPT 和 DRG 系统，完全实现了定义医疗服务的目的，使得人们更容易估计健康风险，即便他们选择个人承担所有财务风险。从这个意义上说，每个美国人都已经有了一种"健康保险"，由于第三方支付服务如此普遍，以至于几乎所有的健康风险都已经根据其财务后果进行了界定。诸如使用责任医疗组织（ACO）、捆绑支付计划以及其他将风险转移给医疗提供者的方法等政策选择，仍然是长期趋势，这意味着政府在建立公共的第三方支付服务系统方面发挥着强大作用。公共支付系统为私人保险公司节省了设计专有的医疗报销系统的成本，因此他们可能会继续采用这些系统。例如，所谓的"私人 ACOs"，在这种新型的、基于医疗服务提供者的健康保险的增长中占了相当大的比例（Muhlestein，2013）。

向公共健康保险制度发展的趋势，也意味着政府在制定第三方支付规则方面扮演着越来越重要的角色。大多数国家医疗保险系统和单一付款人系统在确定医疗服务定义和系统支付范围方面扮演着金融中介的角色。在某种程度上，这是公共医疗融资务实的一面，因为政府计划不可能为"一切"埋单后仍保有偿付能力。相反，所有的社会健康保险计划都是一种公共的政策选择。非美国和美国健康保险体系的主要区别在于，国民健康保险制度和国家医疗服务系统是在全国范围内而不是基于特定的计划作出决策，而在美国的社会健康制度中，则是基于特定的计划、人口或雇主进行决策。基于"成本"或"成本加成"系统的第三方支付服务是一种历史产物，几乎已经消失，而且不太可能再次出现。现代医疗服务体系的复杂性，需要同样复杂的医疗服务融资体系。

本书提出的一个开放性问题是，谁将成为未来的健康保险商？本书探讨了每个健康保险商的主要特点和缺点。健康保险公司会继续在提供健康保险方面发挥作用吗？或者他们的服务会被视为只增加系统的附加管理成本而没有可观的收益吗？雇主会继续为雇员提供健康保险吗？还是决定将其在健康保险中的角色交给其他利益相关者？有多少公共医疗保险系统将由政府部门提供，又有多少将外包给私营公司？最后，在这个未来的系统中，医疗服务提供者在提供保险方面将扮演什么角色？

虽然目前并不能确定未来的健康保险商，但可以说他们都不算是"完美"的健康保险商。换句话说，选择其中任何一个群体作为健康保险市场供给的"赢家"，都不太可能形成完美的健康保险生产体系。相反，选择留用一家主要的健康保险商可能会解决美国健康保险市场的碎片化特征，使其降到足够低的成本进而产生效率增益，并足以弥补由健康保险体系变化以及竞争减少带来的暂时性破坏。换句话说，无论是通过政府干预的力量还是市场的力量，减少健康保险商的数量可能是优化健康保险制度的一种方式。

一个相关的问题是谁将成为未来的健康保险的从业者。任何健康保险的扩张都需要吸收保险专业人员，尤其需要健康保险专业人员具备的专业知识，以确保健康保险体系的财务偿付能力和生存能力。虽然可以在没有精算师、核保师和营销人员（如英国的NHS①或其他机构）的情况下提供健康保险，但健康保险计划必须具有精算价值，在某种意义上是可"承保"的，也是可"交易"的，而不论这些功能是显性的还是隐性的。特别是设立公共健康保险计划的政府和提供健康保险保障计划的医疗服务机构，对它们而言，将其中一些服务外包出去会更有效率和价值。

"服务内包与服务外包"，是本书的主题之一，这个问题在未来可能会继续存在。例如，让私人精算师为健康保险公司和健康保险咨询公司工作，还是让精算师为政府计划和精算机构工作，或者让其他金融分析师在医疗机构"内部"工作，哪个更好？是使用包含营销和承保成本的基于精算不公平保费的保险，还是为了降低或消除营销成本而强制或自动选择一种更同质化的保险？虽然这些问题没有明确的答案，但美国健康保险的多样性继续受到奥巴马医改法的影响，将会有更多的实证研究来探究和回答这些问题。最后，服务内包与服务外包的问题是一个与价值判断相关的问题，即分担健康保险管理责任的价值是否值得？

三、健康保险的潜在优势

本书主要讨论了绝大多数的医疗服务费用支出，是如何通过健康保险体系，以及第三方支付系统进行融通和周转的。随着时间的推移，健康保险体系的第三方支付服务功能具有越来越重要的作用，公共（政府资助）来源的健康保险计划占比越来越大。这些趋势既可能产生积极影响，也可能带来消极的经济效应，例如关于道德风险的文献表明，降低风险敞口可能导致净负面效应；而关于未参保人和外部性的文献表明，提高大多数群体的参保率会带来巨大的社会福利收益。大量资金来源于政府的这一事实意味着，公共健康保险政策将使资源配置更加优化。换句话说，健康保险未来的成败，在很大程度上取决于政府在联邦和州级之间的健康保险的政策选择。

按照奥巴马医改法要求，将医疗费用支出从个人自付转移到公共预算中，这预示着通过改善公共政策选择，来改善健康保险市场的可能性会越来越大。初步的实证研究表明，增加医疗保险的补贴和Medicaid的扩展显著减少了未参保人数

---

① 译者注：英国国家医疗服务体系（NHS），遵行救济贫民的选择性原则，并提倡了普遍性原则。凡有收入的英国公民都必须参加社会保险，按统一的标准缴纳保险费，按统一的标准享受有关福利，而不问收入多少，福利系统由政府统一管理实行。

（McMorrow 等，2015）。目前尚不清楚的是，由于实际上自费支出所占比例不会大幅下降，这些扩展是否会继续维持自费支出比例的下降趋势。较富裕的中产阶级成员是否会接受较少的政策补贴的健康保险计划也尚不清楚，这可能取决于个人被强制缴费的数量以及健康保险费用未来的变化趋势。奥巴马医改法和健康保险体系的成功可能依赖于赔付支出和保障额度的增加，这就再一次要求公共机构强化执行能力，并对如何运营和监管健康保险市场进行全面细致的评估。

将政策重点放在能够改善健康保险的政策干预措施上，可能会获得非常好的投资回报（ROI）。健康冲击的负面效应可能被推迟，甚至可以通过新的医疗技术和有针对性的预防活动来逆转。例如，针对丙型肝炎的新型治疗方式副作用较少，可以改善患者的健康状况，降低疾病的患病率，并为慢性、重症患者的医疗护理节省一些相关费用（Liu 等，2012）。又如，所谓的非传染性疾病，如糖尿病、心脏病和癌症，需要患者作出改变生活行为的决策（Ezzati 和 Riboli，2013）。为有效的医疗技术提供资金并支持健康行为的健康保险，将减轻这些疾病给社会造成的负担。健康保险的这些促进措施的投资回报（ROI）还包括非货币性结果，比如更好的健康状态和满意度，即使他们无法在经济上"偿还"这些治疗的费用，但这本身就是非常有价值的。

在健康资本分析框架下，基于投资回报率的视角，对于健康保险的这些促进措施的投资具有自身鲜明的特点。从投资角度来看，并不是所有的治疗或预防行为都能带来积极的回报。降低健康保险的数量和质量，也有助于促进保险的增长，因为可以扩大对于其他具有更高价值的投资的保险保障。如果个人的保障额度不够高，最好的解决方案是降低税收补贴的价值。这些人可以通过购买健康保险或医疗服务来选择对健康资本进行额外投资，这样就不会产生税收补贴支出的福利扭曲效应。相反，对于那些拥有无效率的低保障健康保险的人来说，直接提供政策补贴，例如以代金券或社会保险的形式提供补贴，可以增加健康保险的价值。

四、健康保险可以让生活更美好

促进健康是健康保险的一个基本目标，这使得它在所有的保险行业中显得与众不同，甚至是独一无二的，也就是说，健康保险在保护健康方面显然具有重大作用。与此相反，如果房屋是贬值很快的资产（正如汽车就是贬值很快的资产），房屋保险会有些不同，贬值会被简单地反映在保单的价格中。相比之下，在某种程度上，健康保险的作用不仅应由健康资本所蕴含的社会财富的变化来说明，而且应由健康保险维持健康价值的能力来判断。如果健康保险体系能很好地保有和提升这种财富的价值，那么其价值和作用就会得到充分的发挥。在一定程度上，评估健康保险对健康的影响也给健康保险带来了独特的挑战，因为健康保险只能用财务手段来影响个体的健康状况。对于大多数人来说，个体健康是他作为自己的健康资本生产者的责任，因此不管基于健康保险保障的激励措施有多少，健康保险的功能发挥都会受到限制。

健康保险关心的是社会和个人层面的风险管理。健康资本是宏观经济中非常有价值的资产，而医疗费用支出占经济总产出的比例很高。同样地，许多人在健康和医疗卫生费用支出方面经历了巨大的波动，即使是那些由于新诊断的慢性疾病而存在高额索赔的人，他们的医疗费用支出在急增后可能会回落到较低的水平（Herring和Pauly，2006）。目前，在可预见的范围内，医疗服务成本的增长还没有明确的限制，而且当前医疗服务费用占经济总量的比重仅为20%，与医疗服务在未来整个经济中的比重相比还有很大的空间。在可预见的将来，医疗服务支出将继续作为推动经济增长的重要因素。健康保险也将随之保持不断的发展，如果设计得当，它将在健康风险管理方面具有越来越重要的作用。

在某种程度上，健康保险也具有自身的独特性，因为它保障的是主观的、不可替代的损失。在某些方面，最佳的描述健康保险的模型，是库克和格雷厄姆（Cook和Graham，1977）建立的不可替代商品的保险模型（Cook和Graham，1977）。这意味着，大量的健康资本会遭受那些健康保险难以管理，或者不可能管理的特殊风险的冲击。尽管健康保险可以被简单地视为一种融资工具，即一种社会成员之间互相支付医疗费用的对价工具。但值得思考的是，保险是否是，或者为什么是，支付此类费用的最佳工具。健康保险也可以被看作是一个所有人都参与的公共健康项目，其目标是最大限度地促进社会的健康水平，而不是让个体独自管理风险。这里的主要问题是，在何种程度上，拥有一个更大的公共健康保险系统会让人们生活得更好，毕竟健康是非常个性化的，那么人们希望在多大程度上让它服从于市场的商品交易规则，或者服从于政府政策的同质化原则？

健康保险的优化是一个动态问题，需要持续的关注和调整。随着社会的财富水平、人群中的财富分配格局以及医疗技术进步的不断变化和发展，大力推动健康保险的发展和完善，努力发挥健康保险的功能和价值，对社会的经济福祉的增进具有极为重要的意义。通过更客观地了解健康保险的成本和收益，将形成一套更现实的健康保险政策，使得个人、政策制定者和社会更有效地配置稀缺的保险资金，以实现改善人类健康的终极目标。健康保险不是免费的，健康保险的好处也不是无限的。相反，健康保险是评估和说明健康对个人和社会重要性的重要工具。总之，健康保险最主要的作用是帮助个体管理他们的健康风险，其次是为获得医疗服务提供筹资，最终使得健康保险达到最优的效率水平。

参考文献

［1］ Baicker, K. , Congdon, W. J. , & Mullainathan, S. （2012）. Health insurance coverage and take – up: Lessons from behavioral economics. *Milbank Quarterly*, 90 （1）, 107 – 134.

［2］ Baicker, K. , Taubman, S. L. , Allen, H. L. , Bernstein, M. , Gruber, J. H. , Newhouse, J. P. , et al. （2013）. The Oregon experiment—Effects of Medicaid on clinical outcomes. *The New England Journal of Medicine*, 368 （18）, 1713 – 1722.

［3］ Barnhill, A. （2011）. Impact and ethics of excluding sweetened beverages from the SNAP program. *American Journal of Public Health*, 101 （11）, 2037 – 2043.

［4］ Berwick, D. M. , & Hackbarth, A. D. （2012）. Eliminating waste in US health care. *Journal of the American Medical Association*, 307 （14）, 1513 – 1516.

［5］ Bhattacharya, J. , Goldman, D. , & Sood, N. （2003）. The link between public and private insurance and HIV – related mortality. *Journal of Health Economics*, 22 （6）, 1105 – 1122.

［6］ Bodenheimer, T. （1996）. The HMO backlash—Righteous or reactionary? . *The New England Journal of Medicine*, 335 （21）, 1601 – 1604.

［7］ Buchanan, R. J. , & Smith, S. R. （1994）. Medicaid policies for HIV – related prescription drugs. *Health Care Financing Review*, 15 （3）, 43 – 61.

［8］ Bundorf, M. K. （2016）. Consumer – directed health plans: A review of the evidence. *The Journal of Risk and Insurance*, 83 （1）, 9 – 41.

［9］ Carnahan, S. J. （2006）. Law, medicine, and wealth: Does concierge medicine promote health care choice or is it a barrier to access? *Stanford Law & Policy Review*, 17 （1）, 121 – 164.

［10］ Center on Budget and Policy Priorities. （2015）. *Policy basics: Introduction to Medicaid.* Washington, DC: CBPP.

［11］ Centers for Medicare and Medicaid Services. （2012）. Reinsurance, risk corridors, and risk adjustment final rule. Retrieved from https: //www. cms. gov/CCIIO/ Resources/Files/Downloads/3rs – final – rule. pdf.

［12］ Cheng, T. （2003）. Taiwan's new national health insurance program: Genesis and experience so far. *Health Affairs*, 22 （3）, 61 – 76.

［13］ Cheng, S. H. , & Chiang, T. L. （1997）. The effect of universal health insurance on health care utilization in Taiwan: Results from a natural experiment. *Journal of the American Medical Association*, 278 （2）, 89 – 93.

［14］ Claxton, G. , Rae, M. , Panchal, N. , Whitmore, H. , Damico, A. , Kenward, K. , et al. (2015). Health benefits in 2015: Stable trends in the employer market. *Health Affairs*, 34 (10), 1779 – 1788.

［15］ Congressional Budget Office. (2016). *Federal subsidies for health insurance coverage for people under age 65: 2016 to 2026*. Washington, D. C. : CBO.

［16］ Cook, P. J. , & Graham, D. A. (1977). The demand for insurance and protection: The case of irreplaceable commodities. *The Quarterly Journal of Economics*, 91 (1), 143 – 156.

［17］ Cutler, D. M. , & Ly, D. P. (2011). The (paper) work of medicine: Understanding international medical costs. *Journal of Economic Perspectives*, 25 (2), 3 – 25.

［18］ Dionne, G. (2013). Risk management: History, definition, and critique. *Risk Management and Insurance Review*, 16 (2), 147 – 166.

［19］ Epstein, A. M. , Sommers, B. D. , Kuznetsov, Y. , & Blendon, R. J. (2014). Low – income residents in three states view Medicaid as equal to or better than private coverage, support expansion. *Health Affairs*, 33 (11), 2041 – 2047.

［20］ Ezzati, M. , & Riboli, E. (2013). Behavioral and dietary risk factors for noncommunicable diseases. *New England Journal of Medicine*, 369 (10), 954 – 964.

［21］ Feldstein, M. (1999). Tax avoidance and the deadweight loss of the income tax. *Review of Economics and Statistics*, 81 (4), 674 – 680.

［22］ Finkelstein, A. , & McKnight, R. (2008). What did Medicare do? The initial impact of Medicare on mortality and out of pocket medical spending. *Journal of Public Economics*, 92 (7), 1644 – 1668.

［23］ Frank, M. B. , Fendrick, A. M. , He, Y. , Zbrozek, A. , Holtz, N. , Leung, S. , et al. (2012). The effect of a large regional health plan's value – based insurance design program on statin use. *Medical Care*, 50 (11), 934 – 939.

［24］ Garber, A. M. , Weinstein, M. C. , Torrance, G. W. , & Kamlet, M. (1996). Theoretical foundations of cost – effectiveness analysis. In M. R. Gold, J. E. Siegel, L. B. Russel, & M. C. Weinstein (Eds.), *Cost – effectiveness in health and medicine* (pp. 25 – 53). Oxford: Oxford University Press.

［25］ Ginsburg, P. B. (1981). Medicare vouchers and the procompetition strategy. *Health Affairs*, 1 (1), 39 – 52.

［26］ Glied, S. (2005). The employer – based health insurance system: Mistake or cornerstone? In D. Mechanic (Ed.), *Policy challenges in modern health care* (pp. 37 – 52). New Brunswick, NJ: Rutgers University Press.

［27］ Graves, J. A. , & Swartz, K. (2013). Understanding state variation in health insurance dynamics can help tailor enrollment strategies for ACA expansion. *Health Affairs*, 32 (10), 1832 – 1840.

[28] Grossman, M. (1972). On the concept of health capital and the demand for health. *The Journal of Political Economy*, 80 (2), 223 – 255.

[29] Haberkorn, J. (2012). *Health policy brief: The prevention and public health fund.* (Brief No. 63). Bethesda, MD: Health Affairs.

[30] Hamilton, B. H., & Marton, J. (2008). Employee choice of flexible spending account participation and health plan. *Health Economics*, 17 (7), 793 – 813.

[31] Herring, B., & Pauly, M. V. (2006). Incentive – compatible guaranteed renewable health insurance premiums. *Journal of Health Economics*, 25 (3), 395 – 417.

[32] Hofmann, A., & Browne, M. (2013). One – sided commitment in dynamic insurance contracts: Evidence from private health insurance in Germany. *The Journal of Risk and Uncertainty*, 46 (1), 81 – 112.

[33] Liu, S., Cipriano, L. E., Holodniy, M., Owens, D. K., & Goldhaber – Fiebert, J. D. (2012). New protease inhibitors for the treatment of chronic hepatitis C: A cost – effectiveness analysis. *Annals of Internal Medicine*, 156 (4), 279 – 290.

[34] McDonough, J. E., & Adashi, E. Y. (2015). In defense of the employer mandate: Hedging against uninsurance. *Journal of the American Medical Association*, 313 (7), 665 – 666.

[35] McMorrow, S., Kenney, G. M., Long, S. K., & Anderson, N. (2015). Uninsurance among young adults continues to decline, particularly in Medicaid expansion states. *Health Affairs*, 34 (4), 616 – 620.

[36] Muhlestein, D. (2013). Continued growth of public and private accountable care organizations. *Health Affairs Blog*. Retrieved from http://healthaffairs.org/blog/2013/02/19/continued – growthof – public – and – private – accountable – care – organizations/.

[37] Neumann, P. J. (2004). *Using cost – effectiveness analysis to improve health care: Opportunities and barriers.* Oxford: Oxford University Press.

[38] Ng, Y., & Weisser, M. (1974). Optimal pricing with a budget constraint—The case of the two – part tariff. *The Review of Economic Studies*, 41 (3), 337 – 345.

[39] O'Malley, A. S., Forrest, C. B., Politzer, R. M., Wulu, J. T., & Shi, L. (2005). Health center trends, 1994 – 2001: What do they portend for the federal growth initiative? *Health Affairs*, 24 (2), 465 – 472.

[40] Patient Protection and Affordable Care Act. (2010). H. R. 3590, 111 Cong.

[41] Pauly, M. V., & Percy, A. M. (2000). Cost and performance: A comparison of the individual and group health insurance markets. *Journal of Health Politics, Policy and Law*,

25 (1), 9 – 26.

[42] Pozen, A. , & Cutler, D. M. (2010). Medical spending differences in the United States and Canada: The role of prices, procedures, and administrative expenses. *Inquiry*, 47 (2), 124 – 134.

[43] Rey, B. (2003). A note on optimal insurance in the presence of a nonpecuniary background risk. *Theory and Decision*, 54 (1), 73 – 83.

[44] Selby, J. V. , Fireman, B. H. , & Swain, B. E. (1996). Effect of a copayment on use of the emergency department in a health maintenance organization. *The New England Journal of Medicine*, 334 (10), 635 – 642.

[45] Sheiner, L. (2015). Health spending growth: *The effects of the great recession.* Washington, DC: Brookings Institution.

[46] Shin, P. , Sharac, J. , Barber, Z. , Rosenbaum, S. J. , & Paradise, J. (2015). *Community health centers: A 2013 profile and prospects as ACA implementation proceeds.* Menlo Park, CA: The Henry J. Kaiser Family Foundation.

[47] Sommers, B. D. , Long, S. K. , & Baicker, K. (2014). Changes in mortality after Massachusetts health care reform: A quasi – experimental study. *Annals of Internal Medicine*, 160 (9), 585 – 593.

[48] Starc, A. (2014). Insurer pricing and consumer welfare: Evidence from Medigap. *The Rand Journal of Economics*, 45 (1), 198 – 220.

[49] Sullivan, K. (2013). How to think clearly about Medicare administrative costs: Data sources and measurement. *Journal of Health Politics, Policy and Law*, 38 (3), 479 – 504.

[50] Teutsch, S. M. , Glied, S. , & Roy, K. (2016). Strengthening the use of economics in informing U. S. public health policy. *American Journal of Preventive Medicine*, 50 (5 Suppl 1), S1 – 3.

[51] Weisbrod, B. A. (1991). The health care quadrilemma: An essay on technological change, insurance, quality of care, and cost containment. *The Journal of Economic Literature*, 29 (2), 523 – 552.

[52] Woolhandler, S. , Campbell, T. , & Himmelstein, D. U. (2003). Costs of health care administration in the United States and Canada. *The New England Journal of Medicine*, 349 (8), 768 – 775.

索 引

A

Adverse selection death spiral 逆向选择死亡螺旋

Adverse selection problem 逆向选择问题

Affordability 购买力

Affordable care act（ACA）平价医疗法案

Age – based coverage 以年龄为基础的保险

Agent 见 provider

Antibiotics 抗生素

Antiselection 见 Adverse selection

Arrow – Pratt model Arrow – Pratt 模型

Asymmetric information 信息不对称

Automobile insurance 机动车辆保险

B

Bankruptcy 破产

Basis risk 基准风险

Baylor hospital 贝勒医院

Baylor plan 贝勒计划

Behavioral economics 行为经济学

Behavioral insurance 行为保险学

Benefit mandates 保险利益强制规定

Benefits basis 利益基础

Blue Cross and Blue Shield 蓝十字和蓝盾协会

Blue Medicare 蓝色医疗保险

Budget set 预算集

Bundled payment 捆绑支付

C

Cadillac tax 凯迪拉克税（消费税）

Canada 加拿大

Cancer 癌症、恶性肿瘤

Capitated basis 按人数（支付）

Capitation 按人头（付费）

Contingent claims 或有索赔权

Contract of adhesion 附和合同

Cooperative health insurance 互助健康保险

Cooperative societies 合作社

Copayment 共同支付

Corner solution 角点解

Cost based reimbursement 基于费用的支付（制度）

Cost – benefit analysis （CBA）成本收益分析

Cost/benefit test 成本收益测试

Cost containment 成本控制

Cost control 成本控制

Cost – effective 成本效率

Cost – effective care 具有成本效率的医疗服务

Cost – effectiveness 成本效率

Cost – effectiveness analysis （CEA）成本效率分析

Cost of administration 管理费用

Cost of claims 索赔费用

Cost of healthcare claims 医疗服务的索赔成本

Cost – plus 成本加成

Cost plus reimbursement 成本加成支付

Cost – plus system 成本加成系统

Costs of administration 管理费用

Coverage limits 限额

Cream skimming 撇奶油（择优挑选）

Cross – state sales 跨州销售

Cross – subsidy 交叉补贴

Crowding out 挤出效应

Crowd out 挤出

    Medicare 老年和残障医疗保险计划

Current procedural terminology （CPT）现行程序术语代码系统

Customary and reasonable 惯常且合理

Customary charges 常规收费

Customary practice of their peers 同行的习惯做法

D

tax system 税收制度

Diversity 多样性

Diversity of individuals 个体多样性

DRG – based prospective payment system 基于 DRG 的预付费系统

Dual eligible 双重资格

E

Economic agent 经济代理人

Economic externalities 经济外部性

Economic price of insurance 保险的经济价格

Economics of choice 理性选择经济学

Economies of scale 规模经济

Economies of scope 范围经济

Education 教育

  as a form of wealth 一种财富形式

Effectiveness 有效

Efficacy 有效性

Efficiency 效率

Elasticity of demand 需求弹性

Emergency department 急诊科

Emergency Medical Treatment And Active Labor Act（EMTALA）紧急医疗救助和
活跃分娩法案

Employee contribution 雇员的缴费比例

Employee Retirement Income Security Act（ERISA）雇员退休收入保障法

Employer generosity 雇主慷慨程度

Employer mandate 雇主强制要求

Employer premium share 雇主保费份额

Employer – provided health insurance 雇主提供的健康保险

  self – insured 自保

  subsidy for 补贴

  tax deductibility of 税收抵扣

  tax exemption 税收免除

  tax exemption for 税收免除（同上）

F

Federally qualified health centers（FHQC）联邦认证的健康中心

Federal poverty level（FPL）联邦贫困线

Fee – for – service 按服务项目付费

File – and – use 报备制

Financial intermediation 金融中介

Financial viability 财务可行性

First welfare theorem 福利经济学第一定理

Fixed – case rate 支付固定费用

Fixed cost of writing insurance 被保险人风险的固定成本

Fixed costs 固定成本

Fixed fee 固定费用

Flexible spending account（FSA）灵活支出账户

Floor 下限

Flow of funds 资金流量

Flu vaccine 流感疫苗

Focused factories 聚焦工厂

For profit 营利性

Fragmentation 碎片化

Fraud and abuse 欺诈和滥用

Full coverage 完全的保障

Full insurance 全额保险

Full protection 涵盖（针对）所有（健康）风险的保障

Fundamental theorems of welfare economics 福利经济学基本定理

G

Generosity 慷慨

Geographic variation health insurance and healthcare markets 健康保险和医疗服务
市场的地理差异

Germany 德国

Government market 政府市场

Government – provided 政府提供的保险

Government regulations 政府监管

Grandfather plans 祖父计划

I

Indifference curves 无差异曲线

Indirect choice 间接选择

Indirect demand 间接需求

Individual decision problem 个人决策问题

Individual Health insurance market 个人健康保险市场

Individual mandate 个人强制

Industrial sickness funds 行业疾病基金

Inefficiency 低效率

Inequality in price 价格的不平等

Inequality 不平等

Inequitable 不平等的

Informational advantage 信息优势

　　providers 提供商

Informational asymmetries 信息不对称

Information constraints 信息约束

In – kind benefits 实物福利

In network 网络内的

Insouring 服务内包

Insurance choices 保险选择

　　marginal 边际的

Insurance expansion 保险扩张

　　cost effectiveness of 成本效率

Insurance premiums 保费

　　employee share 雇员承担的份额

　　employer share 员工承担的份额

Insurer viability 保险商运营情况

Integrated delivery systems（IDSs）整合型医疗卫生服务系统

Intensive margin 内涵边际

Intertemporal utility 跨期效用

Irreplaceable commodities 不可替代的商品

IRS（Internal Revenue Service）美国税务局

Italy 意大利

J

Japan 日本

Job lock 工作锁定

K

Kaiser Permanente 凯撒医疗集团

L

Large group market 大型团体市场

Laser – eye surgery（LASIK）激光眼科手术

Law of demand 需求定律

Law of large numbers 大数定律

    diminishing marginal returns 边际报酬递减

Length of stay 住院时间

Level coverage 保险水平

Life year saved（LYS）节省的生命年

Limitations on payouts 支出限制

Liquidity constraints 流动性限制

List price 药物价目表

Loading cost 附加成本

   costs of administration, reserves, and profits 运营成本、准备金和利润

Loading factor 附加因子

Long – term care 长期护理

Loss modeling 损失模型

Low quality health insurance 低质量的健康保险

Lump – sum transfer 一次性的财政转移支付

M

Maine versus Vermont 缅因州 vs 佛蒙特州

Malpractice insurance 职业责任保险

Managed care 健康管理

Medicare managed care 管理型医疗保险计划

Managed care company 管理式医疗公司

Managed care payment 管理式医疗支付

Managed care plans 管理式医疗计划

Managed competition 管理性竞争

Managed health care companies 管理型医疗服务公司

Managed Medicaid 管理型医疗补助计划

Managed Medicare 管理型医疗保险计划

Mandate 授权、强制

Mandatory benefits 强制性福利

Marginal basis 边际基础

Marginal benefit 边际效益

Marginal choice 边际选择

Marginal cost 边际成本

Marginal tax rates 边际税率

Market clearing 市场出清

Market failure 市场失灵

Markets demand side 市场需求方面

Markets supply side 市场供给方面

Market thickness 市场厚度或者活跃度

Medicaid 州医疗补助

    income – based eligibility 基于收入的资格

    mental illness 精神疾病

    pregnancy 怀孕

Medicaid for all 全民医疗补助

Medicaid waivers Medicaid 豁免

Medical debt 医疗债务

Medical examinations 体检

Medical loss ratio 医疗赔付率

Medically necessary 必要的医疗服务

Medically needy 需要医疗服务的人

Medical malpractice case 医疗事故案件

N

Narrow networks 狭窄的网络

Notional Flood Insurance Program（NFIP）国家洪水保险计划

National health insurance 全民健康保险

National Health Service（NHS）全民健康医疗服务制度

Non – communicable diseases 非传染性疾病

Non – economic damages 非经济损失

Non – excludable 非排他性

Nongroup 非团体

Nongroup coverage 非团体保险

Nongroup health insurance 非团体健康保险

Nongroup market 非团体市场

   coverage expansion 保险扩张

Non – healthcare interventions 非卫生保健干预

   public health services，education，higher quality food，or housing 公共卫生服务、

   教育、高质量食品或住房

Nonmonetary intervention 非货币干预

Non – pecuniary risk 非财产风险

Non – rivalrous 非竞争性

Nonsatiation 非饱和性

Not – for – profit 非营利性

O

Occupational illness 职业病

Occupation – rated health insurance 以职业定价为基础的健康保险

Opportunity cost 机会成本

Optimal benefit 最优收益

Optimal decision 最优决策

Optimal health insurance 最优健康保险

Optimal health insurance systems 最优的健康保险制度

Optimal insurance literature 最优保险的文献

P

Pharmacological interventions 药物干预

Planning problem 规划问题

Pooling equilibrium 均衡集

Poor information 信息不足

Postcode lottery 邮编彩票

Precaution 预防

Precautionary savings 预防性储蓄

Pre – existing condition 预存情况

Preference for insurance 保险偏好

Preferences 偏好

Preferred providers 优先选择的供应商

Premium growth 保费增长

Prepaid 预付

Prepaid benefit 预付收益

Pre – paid healthcare 预付的医疗服务

Prescription drug costs 处方药费用

Prescription drugs 处方药

Preventative activities 预防性活动

Preventative care 预防性护理

Prevention 预防

Preventive care 预防性医疗服务

Price effect 价格效应

Price elasticity 价格弹性

Price of health insurance 健康保险价格

Price – reducing effects of health insurance 健康保险的价格递减效应

Price – setter 定价者

Price signals 价格信号

Price smoothing 价格平滑

Price system 价格体系

Price taker 价格接受者

Price – taking behavior 价格接受行为

Pricing failures 定价失败

Principal – agent 委托代理

Principal – agent model 委托代理模型

Q

Quality 质量

Quality – adjusted life year （QALY） 质量调整生命年

Quality of health plans 健康计划的质量

Quantity floor on health insurance 健康保险的数量下限

Quantity of coverage 保额数量

Quantity of health insurance 健康保险数量

Quantity of insurance 保险数量

R

RAND Health Insurance Experiment 兰德健康保险实验

Randomized controlled trial 随机对照试验

Rate banding 费率区间

Rate compression 费率压缩

Rate regulation 费率监管

Redistributive good 再分配的公共物品

Regulation 监管

Reinsurance 再保险

Reinsurance Risk corridors and Risk adjustment （3Rs） 再保险、风险走廊和风险调整 （3Rs）

Relative value 相对价值

Religious institutions 宗教组织

Reserve 准备金

Residual claimant 剩余索赔权

Resource Based Relative Value System （RBRVS） 以资源为基础的相对价值体系

Return on investment （ROI） 投资回报

Reunderwriting 重新承保

Revelation mechanism 揭示机制

Risk 风险

Risk averse 风险规避

Risk averse individuals 风险厌恶者

Shocks 冲击

SHOP exchange 健康选择计划交易所

Sickness funds 疾病基金

Single payer 单一付款人

    health insurance 健康保险

    insurance 保险

    system 系统

    third – party payment system 第三方支付系统

Skin in the game 风险共担

Small area variations 小地域差异

Small group market 小型团体市场

Social determinants of health 影响健康的社会因素

Social health insurance 社会医疗保险

Social insurance 社会保险

Social insurance benefits 社会保险福利

    phase out 逐步取消

Social insurance programs 社会保险计划

Social insurance systems 社会保险系统

Social planner 社会规划者

Social planner's problem 社会规划者的问题

Social Security Act 社会保障法（美）

Social welfare functions 社会福利函数

Solidarity 团结、共同责任

Solvency 偿付能力

Sophistication of medical technology 医疗技术的复杂化

Spill over 溢出

Spillover effects 溢出效应

Standard gamble（SG）标准博弈法

Standard portfolio problem 标准投资组合问题

State benefit mandates 州的利益强制规定

State health insurance regulation 政府健康保险监管

State insurance regulation 政府保险监管

Status quo bias 现状偏见

Step – therapies 分步治疗

T

Tiebout – type model Tiebout – type 模型

Time inconsistency problem 时间不一致问题

Time preference rate of 时间偏好

Time trade off （TTO）时间权衡法

Tonsillectomies 扁桃体手术

Trade – off 权衡

Traditional fee – for – service Medicare 传统的按服务项目收费的医疗保险

Traditional Medicaid 传统的 Medicaid

Traditional Medicare 传统的 Medicare

Tragedy of the commons 公地悲剧

Transaction costs 交易成本

Transactional science 多学科交叉

   HSR as 卫生服务研究

Two part price 双重费用

U

Unaffordable 负担不起的

Uncompensated charity care 不需补偿的慈善医疗救助

Underinsured 保险不足

Underwriting 承保

Uninsurable risks 不可保风险

Uninsurance rate 未参保率

Uninsured 无保险

   behavioral explanations 行为解释

United Kingdom 英国

United States 美国

Universal coverage 全民覆盖

Universal health insurance 全民健康保险

Universal health insurance coverage 全民健康保险覆盖

Universal insurance 全民保险

Unused observables 未使用的观测数据

Upcoding 一种违法的虚报医药费行为

Usual and customary charges 常规收费

　　四十载惊涛拍岸，九万里风鹏正举。这是中华民族和新中国历史非凡的 40 年。当代中国，以对外开放促进改革创新，以思想解放推动社会变革。从学习借鉴他人经验做法，到全面推进理论创新、制度创新、科技创新、文化创新，目的是不忘初心、牢记使命，全心全意为人民谋幸福。习近平总书记在党的十九大报告中指出"人民健康是民族昌盛和国家富强的重要标志"。作为维护全民健康权的重要抓手和媒介手段，健康保险整个行业都必须坚定不移地坚持改革开放、创新发展。但光有理想和热情是不行的，还需要有正确的理论指导。没有理论基础，创新就不可能持久；构建了理论基础，创新才有出路。历史证明，有了正确的保险理论指导，保险业发展的形势就比较好，对经济社会发展的贡献就比较大。

　　《健康保险系列译丛》，旨在通过引进翻译国外健康保险经典著作，会同之前组织编著的《健康保险系列丛书》，探究并构建起健康保险行业科学、系统的知识理论体系框架，更好地推动专业健康保险公司持续快速协调发展，在国家治理体系中发挥更加重要的作用。

　　近二十年来，西方保险理论研究有了长足发展，健康保险研究文献与日俱增，但绝大部分研究集中在市场实践和本国制度规制方面，并多以专题研究报告的形式体现，更新速度快但经典性学术专著少，给选版工作增加了难度。在选版过程中，严格对照编委会与学术顾问团确定的基本原则，选取了 11 本外文著作作为候选翻译著作；后经编委会及学术顾问团的专题研究，确定了 5 本专著作为译丛首次出版发行的翻译著作。

西学东渐百余年来，汉译西方经典成了一道引人注目的风景线，众多学术大家对经典译丛提出了很多原则和标准，最为有名的当为严复先生的"信、达、雅"原则。学术翻译不同于原创著作，不是单纯地在外国语言和中国语言之间进行简单的文字切换，更是一种中文学术交流融合的过程，是一个全新的语言表达和凝聚译者思想感悟的再创造过程。从根本上而言，这是一次汉语学术专家用汉语对一种异质学术思想的诠解和思考。绝不是无思想的劳作，更不是机械的语言对接，而是学术思想在宏大的文化语境中的审视和转换。在我们看来，此次译丛，"信"和"达"是最重要的。所谓的"信"和"达"不仅是指可信地、准确地传达原著所表达的思想内容，还包括对原文表达方式甚至表达习惯的尊重和尽可能地如实传达。这样一来，对担纲著作翻译工作的译者要求非常高，一方面应当是健康保险领域的专家学者，在健康保险领域具有深厚的学术功底和较高的学术造诣，同时又要在翻译实践方面具备扎实的双语基本功及较强的外语与汉语转换能力，最好还能与原著作者有学术或思想的交流。"谁来译"一度成为译丛项目最大的桎梏。

最终五位潜心学术的专家学者担纲了译丛的翻译工作。《简明健康保险经济学》，由王稳教授负责译校。王稳现任中国出口信用保险公司首席经济学家，对外经济贸易大学教授、博士生导师，沃顿商学院高级访问学者，长期从事保险领域研究，中英文功底深厚，并与该书作者 Robert D. Lieberthal 博士在沃顿商学院的数位老师有着非常密切的学术交流。该中译本，体现了王稳教授一贯追求的高水准，在忠实原著学术价值的基础上又相当"友好"地照顾了读者的阅读感。

《健康保险》（第 2 版），由朱铭来教授负责译校。朱铭来为南开大学金融学院教授、博士生导师，美国佐治亚州立大学商学院风险管理与保险学系博士研究生毕业。长期从事健康保险领域理论研究，有多部译著，此英文原著为朱铭来教授国外学习期间的专业书籍。

《人身风险的医学选择》（第5版），由张晓博士负责译校。张晓博士为东南大学副教授、公共卫生学院医疗保险系主任，主持和参与完成了国内第一个医疗保险本科专业课程体系设置与修订，是医学与保险结合领域的专家，有多部学术译作。

《美国医疗卫生服务体系》（第7版），由杨燕绥教授负责译校。杨燕绥为清华大学公共管理学院教授、医院管理研究院教授、博士生导师，美国约翰霍普金斯公共卫生学院特聘教授，与本书作者石磊玉博士是多年挚友和研究同行，同台执教多年，熟谙双方的学术思想。

《欧洲自愿健康保险》，由王国军教授负责译校。王国军为对外经济贸易大学保险学院教授、博士生导师，保险法与相互保险研究中心主任，在保险法学、保险制度规制方面研究经历相当丰富，有多部译著，有关欧洲自愿健康保险的制度规制部分是原著作中的重要部分，正属于王国军教授的研究范畴。

整个翻译工作不但耗费精力巨大，还将不时面临来自行业内专家和读者的"挑剔"和质疑，对于早已"功成名就"的专家来说，世俗标准下的投入与回报严重不相符，未尝不是件"高风险"创作。但五位专家老师和其所带领的研究团队，怀着高度的敬业精神，投入了大量的时间精力到译丛的翻译工作中，字斟句酌，反复打磨，有时甚至为一个词组"兴师动众"地多方查询论证，只是为了保证中文读者与源语言读者以同样的程度理解专著。这一过程是对学术功底和意志力的极大考验，五位专家老师和其研究团队用严谨细致的学术作风和扎实深厚的学术功底，为译丛工作倾力付出，彰显了大家风范。

译丛得以发行出版，离不开众多专家学者以及出版社的倾力支持。李保仁教授、卓志教授、孙祁祥教授、李秀芳教授、王桥教授、于保荣教授、马海涛教授、王欢教授、王绪瑾教授、朱恒鹏教授、朱俊生教授、孙洁教授、李玲教授、李晓林教授、余晖教授、郑伟教授、郑秉文教授、赵尚梅教授、郝演苏教授、庹国柱教授、曹建海教授、董朝晖博士、魏华林教授等专家学者给予译丛工作许多指导和帮助。此外，中国金融出版社魏革军社长、蒋万进总编辑、编辑部王效端主任等为丛书出版提供了大力支持，编辑团队为译丛审校和出版发行做了大量工作，在此一并表示最衷心的感谢！

译丛是项全新工作，难免有疏漏之处，随着中外健康保险的发展与研究的深入，还有很多需要改进与完善的地方。我们也将不断丰富译丛书目，引进更多对行业发展有借鉴指导价值的经典著作。希望《健康保险系列译丛》与《健康保险系列丛书》共同构建起健康保险知识理论体系框架，在中国健康保险黄金发展期，为健康保险行业进一步全面深化改革提供有力保障，成为健康保险发展道路上的基石和动力。